"十三五"国家重点出版物出版规划项目

南水北调中线一期工程文物保护项目
河北省考古发掘报告
第 11 号

磁县滏阳营至槐树屯段墓葬考古发掘报告

南水北调中线干线工程建设管理局
河北省南水北调工程建设领导小组办公室
河 北 省 文 物 局

编 著

科学出版社
北京

内 容 简 介

本报告主要对南水北调中线工程磁县中段考古工作所发现的墓葬情况进行了阐述，共发现古墓葬100座，时代涵盖汉晋、唐宋元明清，墓葬形制多样，主要为竖穴土坑墓、土洞墓、砖室墓三大类，出土了一批文物标本，其中不乏墓志等承载文字信息的重要遗物。三座带天井的西晋砖室墓则属本地区首次发现，填补了汉魏至北朝时期墓葬形制演变的空白；明清时期家族墓地的发掘，揭露了从墓葬排列规律到一夫多妻同穴合葬等各种埋葬情况。这批考古材料对于研究冀南地区历代墓葬的划分、丧葬制度及当时社会生活状况，都不失为一批难得的实物资料。

本书可供从事文物考古、历史学及相关学科的研究者和大专院校相关专业师生参考、阅读。

图书在版编目（CIP）数据

磁县滏阳营至槐树屯段墓葬考古发掘报告 / 南水北调中线干线工程建设管理局，河北省南水北调工程建设领导小组办公室，河北省文物局编著. —北京：科学出版社，2020.9

（南水北调中线一期工程文物保护项目 河北省考古发掘报告；第11号）

"十三五"国家重点出版物出版规划项目

ISBN 978-7-03-065983-5

Ⅰ. ①磁⋯ Ⅱ. ①南⋯②河⋯③河⋯ Ⅲ. ①墓群-考古-发掘报告-磁县 Ⅳ. ①K878.85

中国版本图书馆CIP数据核字（2020）第163742号

责任编辑：赵 越 / 责任校对：邹慧卿
责任印制：肖 兴 / 封面设计：陈 敬

科学出版社 出版

北京东黄城根北街16号
邮政编码：100717
http://www.sciencep.com

中国科学院印刷厂 印刷

科学出版社发行 各地新华书店经销

*

2020年9月第 一 版　开本：889×1194　1/16
2020年9月第一次印刷　印张：14 3/4　插页：20
字数：430 000

定价：328.00元

（如有印装质量问题，我社负责调换）

"13th Five-Year Plan" National Key Publications Publishing and Planning Project

Reports on the Cultural Relics Conservation
in the South-to-North Water Diversion Project
Hebei Vol.11

An Excavation Report on Tombs in Fuyangying and Huaishutun of Cixian County

Construction and Administration Bureau of the South-to-North Wate
Diversion Middle Route Projectr
Office for Hebei Provincial Construction Commission of the South-to-North
Water Diversion Project
Bureau of Cultural Relics of Hebei Province

Science Press
Beijing

南水北调中线一期工程文物保护项目

河北省编辑委员会

主　　　任	孙士彬
副　主　任	张立方　张　野　张铁龙
编　　　委	孙士彬　张立方　张　野　张铁龙
	刘智敏　韩立森　李耀光　郭瑞海
	任亚珊　毛保中　贾金标
总　　　编	张立方
副　总　编	张文瑞

南水北调中线一期工程文物保护项目

河北省考古发掘报告第11号

磁县滏阳营至槐树屯段墓葬考古发掘报告

项目承担单位

邯郸市文物保护研究所

主 编

王 晖 薛玉川 尹建兵

目 录

第一章　概述 ……………………………………………………………………………………（1）
　一　磁县地理位置与政区沿革 ………………………………………………………………（1）
　二　磁县滏阳营至槐树屯段墓葬发掘缘起与工作概况 ……………………………………（2）

第二章　发掘分区 ………………………………………………………………………………（5）
　一　滏阳营墓区（第Ⅰ墓区） ………………………………………………………………（5）
　二　湾漳营墓区（第Ⅱ墓区） ………………………………………………………………（6）
　三　东窑头墓区（第Ⅲ墓区） ………………………………………………………………（7）
　四　槐树屯墓区（第Ⅳ墓区） ………………………………………………………………（8）

第三章　墓葬清理 ………………………………………………………………………………（9）
　一　西汉墓 ……………………………………………………………………………………（9）
　二　晋代墓 ……………………………………………………………………………………（16）
　三　唐代墓 ……………………………………………………………………………………（46）
　四　宋代墓 ……………………………………………………………………………………（54）
　五　元代墓 ……………………………………………………………………………………（62）
　六　明代墓 ……………………………………………………………………………………（78）
　七　清代墓 ……………………………………………………………………………………（107）

第四章　结语 ……………………………………………………………………………………（185）
　一　墓葬的年代 ………………………………………………………………………………（185）
　二　墓葬的葬俗特征 …………………………………………………………………………（190）

附表一　滏阳营墓区（Ⅰ区）墓葬登记表 ……………………………………………………（201）
附表二　湾漳营墓区（Ⅱ区）墓葬登记表 ……………………………………………………（202）
附表三　东窑头墓区（Ⅲ区）墓葬登记表 ……………………………………………………（205）
附表四　槐树屯墓区（Ⅳ区）墓葬登记表 ……………………………………………………（207）
附表五　明代墓葬出土铜钱统计表 ……………………………………………………………（212）
附表六　清代墓葬出土的宋、明时期铜钱标本拓片统计表 …………………………………（213）
附表七　清代墓葬出土的清代铜钱标本拓片统计表 …………………………………………（214）
附表八　滏阳营至槐树屯发掘明代墓葬统计表 ………………………………………………（217）

附表九　清代墓葬出土钱文年代最晚的铜钱统计表 …………………………………………（218）
附录一　唐代墓葬出土墓志铭文 ……………………………………………………………（219）
附录二　明代墓葬出土墓志铭文 ……………………………………………………………（221）

插图目录

图一　磁县境内（东部）及周边的国家级文物保护单位分布示意图 ……………………（3）
图二　南水北调滏阳营至槐树屯段墓葬发掘区域示意图 ……………………………（4）
图三　ⅣM41平、剖面图 ……………………………………………………………（10）
图四　ⅣM38平、剖面图 ……………………………………………………………（11）
图五　ⅣM40平、剖面图 ……………………………………………………………（12）
图六　ⅣM39平、剖面图 ……………………………………………………………（13）
图七　ⅣM42平、剖面图 ……………………………………………………………（14）
图八　汉代墓葬出土遗物 ……………………………………………………………（15）
图九　ⅡM2平、剖面图 ………………………………………………………………（17）
图一〇　ⅣM14～ⅣM16平面位置示意图 …………………………………………（18）
图一一　ⅣM14平、剖面图 …………………………………………………………（21）
图一二　ⅣM14局部剖面图 …………………………………………………………（21）
图一三　ⅣM14墓室平面图 …………………………………………………………（22）
图一四　ⅣM15平、剖面图 …………………………………………………………（24）
图一五　ⅣM15局部剖面图 …………………………………………………………（24）
图一六　ⅣM15墓室平面图 …………………………………………………………（25）
图一七　ⅣM16平、剖面图 …………………………………………………………（27）
图一八　ⅣM16局部剖面图 …………………………………………………………（28）
图一九　ⅣM16墓室平面图 …………………………………………………………（29）
图二〇　晋代墓葬出土陶器（一）……………………………………………………（30）
图二一　晋代墓葬出土陶器（二）……………………………………………………（32）
图二二　晋代墓葬出土陶器（三）……………………………………………………（33）
图二三　晋代墓葬出土陶器（四）……………………………………………………（36）
图二四　刻划字砖拓片 ………………………………………………………………（37）
图二五　晋代墓葬出土铜器 …………………………………………………………（38）
图二六　晋代墓葬出土铜镜拓片 ……………………………………………………（39）
图二七　晋代墓葬出土铜钱标本拓片（一）…………………………………………（41）
图二八　晋代墓葬出土铜钱标本拓片（二）…………………………………………（42）
图二九　晋代墓葬出土铁器 …………………………………………………………（44）

图三〇	晋代墓葬出土器物	（45）
图三一	ⅡM1平、剖面图	（47）
图三二	ⅣM12平、剖面图	（49）
图三三	唐代墓葬出土陶器	（50）
图三四	唐代墓葬出土器物	（52）
图三五	"开元通宝"铜钱标本拓片	（53）
图三六	唐代墓葬出土墓志（ⅣM12∶1）拓片	（53）
图三七	ⅣM18平、剖面图	（55）
图三八	ⅢM17、ⅢM18、ⅢM12开口层位及平面位置图	（56）
图三九	ⅢM17平、剖面图	（57）
图四〇	ⅢM18平、剖面图	（58）
图四一	ⅢM12平、剖面图	（59）
图四二	ⅣM17平、剖面图	（60）
图四三	宋代墓葬出土器物及拓片	（62）
图四四	ⅣM7平、剖面图	（64）
图四五	ⅣM6平、剖面图	（65）
图四六	ⅣM13平、剖面图	（66）
图四七	ⅣM11平、剖面图	（67）
图四八	元代墓葬出土瓷器	（69）
图四九	元代墓葬出土陶瓷器及文字拓片	（71）
图五〇	元代墓葬出土铜钱标本拓片（一）	（73）
图五一	元代墓葬出土铜钱标本拓片（二）	（75）
图五二	元代墓葬出土铜钱标本拓片（三）	（77）
图五三	ⅢM11平面图	（79）
图五四	ⅣM4平面图	（80）
图五五	ⅣM21平面图	（80）
图五六	ⅡM21平、剖面图	（81）
图五七	ⅢM5平、剖面图	（83）
图五八	ⅢM4平、剖面图	（84）
图五九	ⅢM9平、剖面图	（85）
图六〇	ⅢM10平、剖面图	（87）
图六一	ⅡM28平、剖面图	（88）
图六二	ⅣM9平、剖面图	（89）
图六三	ⅣM10平、剖面图	（90）
图六四	ⅡM29平、剖面图	（91）

图六五	ⅡM27平、剖面图	（92）
图六六	ⅢM21平、剖面图	（93）
图六七	ⅣM23平、剖面图	（94）
图六八	ⅣM24平、剖面图	（95）
图六九	ⅡM17平、剖面图	（96）
图七〇	ⅡM30被破坏之后的上部平面图及石牌坊构件	（98）
图七一	ⅡM30再建墓穴之后的平、剖面图	（99）
图七二	明代墓葬出土铜簪	（100）
图七三	明代墓葬出土铜钱标本拓片（一）	（102）
图七四	明代墓葬出土铜钱标本拓片（二）	（103）
图七五	明代墓葬出土器物	（105）
图七六	明代墓葬出土墓志（ⅢM5：7）拓片（一）	（106）
图七七	明代墓葬出土墓志（ⅢM5：7）拓片（二）	（106）
图七八	ⅡM4平面图	（109）
图七九	ⅡM18平面图	（109）
图八〇	ⅡM5平面图	（109）
图八一	ⅣM35平、剖面图	（111）
图八二	ⅢM15平面图	（112）
图八三	ⅡM12平面图	（113）
图八四	ⅡM10平面图	（114）
图八五	ⅣM29平面图	（116）
图八六	ⅣM30平、剖面图	（117）
图八七	ⅡM7平、剖面图	（118）
图八八	ⅡM31平、剖面图	（119）
图八九	ⅣM20平、剖面图	（120）
图九〇	ⅢM7平、剖面图	（122）
图九一	ⅣM32平、剖面图	（123）
图九二	ⅡM13平、剖面图	（124）
图九三	ⅡM15平面图	（125）
图九四	ⅡM24平面图	（125）
图九五	ⅡM9平面图	（126）
图九六	ⅢM14平、剖面图	（127）
图九七	ⅣM34平、剖面图	（128）
图九八	ⅠM1平面图	（129）
图九九	ⅡM8平面图	（130）

图一〇〇	ⅣM36平面图	（132）
图一〇一	ⅣM37平面图	（132）
图一〇二	ⅢM16平面图	（133）
图一〇三	ⅡM6平面图	（134）
图一〇四	ⅢM13平面图	（135）
图一〇五	ⅣM22平面图	（136）
图一〇六	ⅢM8平面图	（138）
图一〇七	ⅣM28平面图	（139）
图一〇八	ⅣM2平面图	（140）
图一〇九	ⅣM3平、剖面图	（141）
图一一〇	ⅡM11平面图	（142）
图一一一	ⅢM22平面图	（143）
图一一二	ⅢM23平面图	（144）
图一一三	ⅡM3平面图	（145）
图一一四	ⅡM20平面图	（146）
图一一五	ⅣM26平面图	（147）
图一一六	ⅣM31平面图	（148）
图一一七	ⅣM27平面图	（149）
图一一八	ⅢM6平面图	（151）
图一一九	ⅢM2平、剖面图	（152）
图一二〇	ⅣM8平、剖面图	（154）
图一二一	ⅡM32平面图	（155）
图一二二	ⅣM19平、剖面图	（157）
图一二三	清代墓出土陶器	（158）
图一二四	清代墓出土铜器（一）	（160）
图一二五	清代墓出土铜器（二）	（162）
图一二六	清代墓葬出土宋、明时期铜钱标本拓片	（164）
图一二七	清代墓葬出土"顺治通宝"铜钱标本拓片	（165）
图一二八	清代墓葬出土"顺治通宝""康熙通宝"铜钱标本拓片	（166）
图一二九	清代墓葬出土"康熙通宝"铜钱标本拓片	（167）
图一三〇	清代墓葬出土"康熙通宝""雍正通宝""乾隆通宝"铜钱标本拓片	（168）
图一三一	清代墓葬出土"嘉庆通宝""道光通宝""光绪通宝"铜钱标本拓片	（169）
图一三二	清代墓出土器物（一）	（171）
图一三三	清代墓出土器物（二）	（172）
图一三四	清代墓出土瓷器（一）	（174）

图一三五	清代墓出土瓷器（二）	（176）
图一三六	清代墓出土瓷器（三）	（177）
图一三七	清代墓出土瓷器（四）	（179）
图一三八	清代墓出土瓷器（五）	（181）
图一三九	清代墓出土器物（三）	（183）
图一四〇	墓葬形制比较图	（191）
图一四一	ⅡM21、ⅡM17、ⅡM18平面图	（193）

图版目录

图版一　南水北调渠线通过磁县墓群（局部）示意图
图版二　南水北调滏阳营至槐树屯段渠线内遗迹分布总图
图版三　滏阳营墓区（第Ⅰ墓区）遗迹分布示意图
图版四　湾漳营墓区（第Ⅱ墓区）遗迹分布示意图
图版五　东窑头墓区（第Ⅲ墓区）遗迹分布示意图
图版六　槐树屯墓区（第Ⅳ墓区）遗迹分布示意图（一）
图版七　槐树屯墓区（第Ⅳ墓区）遗迹分布示意图（二）
图版八　西汉时期墓葬ⅣM39～ⅣM42
图版九　西晋时期墓葬ⅣM14～ⅣM16
图版一〇　西晋时期墓葬ⅣM14～ⅣM16墓室（局部）
图版一一　唐代墓葬ⅣM12
图版一二　元代墓葬ⅣM6、ⅣM7
图版一三　明代墓葬ⅢM5、ⅣM23、ⅣM24
图版一四　明代墓葬ⅡM30
图版一五　明清时期墓葬
图版一六　清代墓葬ⅣM29～ⅣM32、ⅡM4、ⅡM9
图版一七　清代墓葬ⅡM13、ⅣM27、ⅣM28
图版一八　清代墓葬ⅢM2、ⅡM20
图版一九　清代墓葬ⅣM19
图版二〇　清代墓葬ⅡM3、ⅡM10、ⅢM13、ⅢM22、ⅣM25、ⅣM26（局部）
图版二一　西汉时期墓葬出土器物
图版二二　西晋时期墓葬出土陶器
图版二三　唐代墓葬ⅣM12出土陶器
图版二四　宋代、元代墓葬出土器物
图版二五　元代墓葬出土瓷器（一）
图版二六　元代墓葬出土瓷器（二）
图版二七　明代墓葬出土板瓦

图版二八　明代墓葬出土朱符砖瓦
图版二九　明代墓葬出土瓷罐
图版三〇　清代墓葬出土瓷罐（一）
图版三一　清代墓葬出土瓷罐（二）
图版三二　清代墓葬出土器物

第一章 概 述

一 磁县地理位置与政区沿革

磁县地处太行山东麓，河北省的最南部，自西向东分为山区、丘陵、平原三部分，东西海拔高度相差很大，西部最高峰的炉峰山海拔1087.6米，东北部最低处海拔65米。磁县西与涉县交界，东与成安、临漳县毗邻，西北与武安市相连，北与峰峰矿区、邯郸县接壤，南部有自西向东流淌的漳河，隔河相望是河南省安阳县。磁县面积1015平方千米，有354个自然村，县政府驻地在京广铁路东侧，向北距离战国时期的赵邯郸故城之赵王城遗址26千米，向南略偏东距离曹魏、东魏、北齐时期的首都邺城遗址10千米。

磁县由于地处高山向平原过渡的丘陵区域，是人类自山洞移居平原之间的最佳选择地带，也是人类在奴隶社会、封建社会期间最宜居的好地方。文化遗存有国家级文物保护单位的南城村遗址。其时代为新石器时代至商、汉时期。该遗址是南水北调工程重点文物考古项目之一。河北省文物研究所会同邯郸市文物保护研究所、磁县文物保管所组成磁县南城遗址考古队，自2007年至2008年，历时419天，先后对南城遗址进行了两次田野考古发掘，发掘总面积6580平方米，清理各类遗迹358处，出土有编号的成型文物669件。其中重要发现为78座先商时期墓葬。2013年5月，该遗址被国务院公布为第七批全国重点文物保护单位。

磁县在春秋时期的辖域先属卫，后归晋。战国属赵。秦属邯郸郡。汉初为邺县、梁期、武安三县地，属魏郡。三国魏时，分武安县地置临水县，属广平郡。文化遗存有国家级文物保护单位的讲武城遗址，其时代为战国至汉时期。讲武城在战国时修建，东汉末年这里成为曹操训练将士的军事要地，唐代之后被废弃。唐朝以前名"武城"，宋朝时改名为"讲武城"。该城平面为南北长，东西窄，呈长方形城邑，四周城墙为版筑而成，城墙开有城门。这里南达郑卫，北通燕赵，东进古邺，西联伯阳城，为研究战、汉、唐等各个时期的历史状况、社会经济、建筑制度等提供了丰富的实物资料，尤其是研究城墙的修筑方式具有重要意义和价值。

磁县到北魏改属魏郡，隋始设慈州，辖滏阳县。唐代临水改名昭义，宋熙宁六年并入滏阳县，属磁州。宋代滏阳县属河北西路磁州。金属河北西路彰德府磁州。元属中书省广平路磁州。明初省滏阳县入州，改属河南省彰德府。清雍正四年改属广平府。民国二年降磁州为磁县。文化遗存有二处，一是国家级文物保护单位——磁县北朝墓群，该墓群在邺城西5千米之外的漳河沿岸一带，遍布磁县的38个村庄，南北长约50千米，东西宽20千米，分布面积1000平方千米,当时称为"魏之西陵"或葬于"邺西北"。目前可视有土丘、编号在册的墓葬共134座,它是自曹操营建邺都之后,包括曹魏时期,及其之后的后赵、冉魏、前燕、东魏、北齐等时期帝王将相和皇亲国戚的陵墓区域。特别是我国东魏北齐时期,磁县北朝墓群是保存面积最大、数量较多、规格较高的一处,它是研究此时期墓葬等级制度不可多得的宝贵实物资料(图版一)。二是国家级文物保护单位——磁州窑遗址,时代为北齐、隋、宋、元时期。其分布于漳河流域的北贾璧、冶子、东艾口、观台等十余个自然村和滏阳河流域的彭城镇、临水镇及义井镇三个乡镇范围之内。由于磁州窑产品以其质朴、挺拔的造型,豪放、粗犷、生动的装饰风格,影响了河南、山西、山东等地,形成了庞大的磁州窑民窑体系。同时在生产、传播交流中,又影响了朝鲜、日本、泰国、越南等国家。由此磁州窑被称为中国北方最大的民窑体系,是古代民间窑场的杰出代表。另外,磁县境内水陆交通便利,自古就是兵家必争之地,例如宋代名将宗泽、岳飞抗击金兵的保卫战,便在磁州境内及有名的磁州治所北约10千米的贺兰山一带,他们都成为民族英雄,被后人传颂(图一)。

二 磁县滏阳营至槐树屯段墓葬发掘缘起与工作概况

南水北调工程是国家重点建设工程,也是继三峡水电站之后全国最大的水利建设项目,其中线穿越鄂、豫、冀三省到达京、津两市,它的建成将大大缓解北方干旱少雨状况,改善沿线周围的生态环境,是一项利国利民造福子孙后代的宏大工程。南水北调中线工程自河南省安阳市丰乐镇穿漳河进入河北磁县境内的讲武城乡,经过磁县、邯郸县、复兴区、永年县等三县一区,进入邢台境内。规划的水渠所经磁县区域,其地理环境优越,气候宜人,非常适合人类居住,因而地上地下古遗址、墓葬众多,文物十分丰富,其中滏阳营至槐树屯段就位于国家级文物保护单位磁县北朝墓群的范围之内。

为了支援南水北调文物保护工作,受河北省文物局南水北调中线工程文物保护领导小组办公室委托,邯郸市文物保护研究所会同磁县文物保管所,经报请国家文物局批准,对磁县境内滏阳营至槐树屯段的考古发掘项目进行了发掘。发掘领队乔登云,执行领队薛玉川,工地负责人尹建兵,参加发掘人员有邯郸市文物保护研究所乐庆森、王晖、曹凤堂、薛东亮(负责工地测绘和照相),磁县文物保管所赵学峰、张利亚,此外永年县文物保管所、武安市文物保管所、大名县文物保管所、临漳县文物保管所、峰峰矿区文物保管所等均派业务骨干参加了本次的考古发掘工作。

为了确保发掘工作的地点选择无误以及对文化堆积层先行大体了解,在磁县文物保管所及峰峰矿区、临漳、永年等县文物部门的协作之下,对滏阳营、湾漳营、东窑头、前湾漳、固城、东槐树、槐树屯等七个自然村的土地所有权属区域进行了考古勘探,南水北调工程渠段南起NSBD·K8+700,北至NSBD·K12+890(南水北调四字按首位拼音字母缩写为NSBD,后面阿拉伯数字为水利部门提供带状图所标的渠线千米数,下同),这一渠段长4190米,渠宽104~154米,面积约49.63万平方米;另有建筑及其他施工等附属设施占地11.3645万平方米。

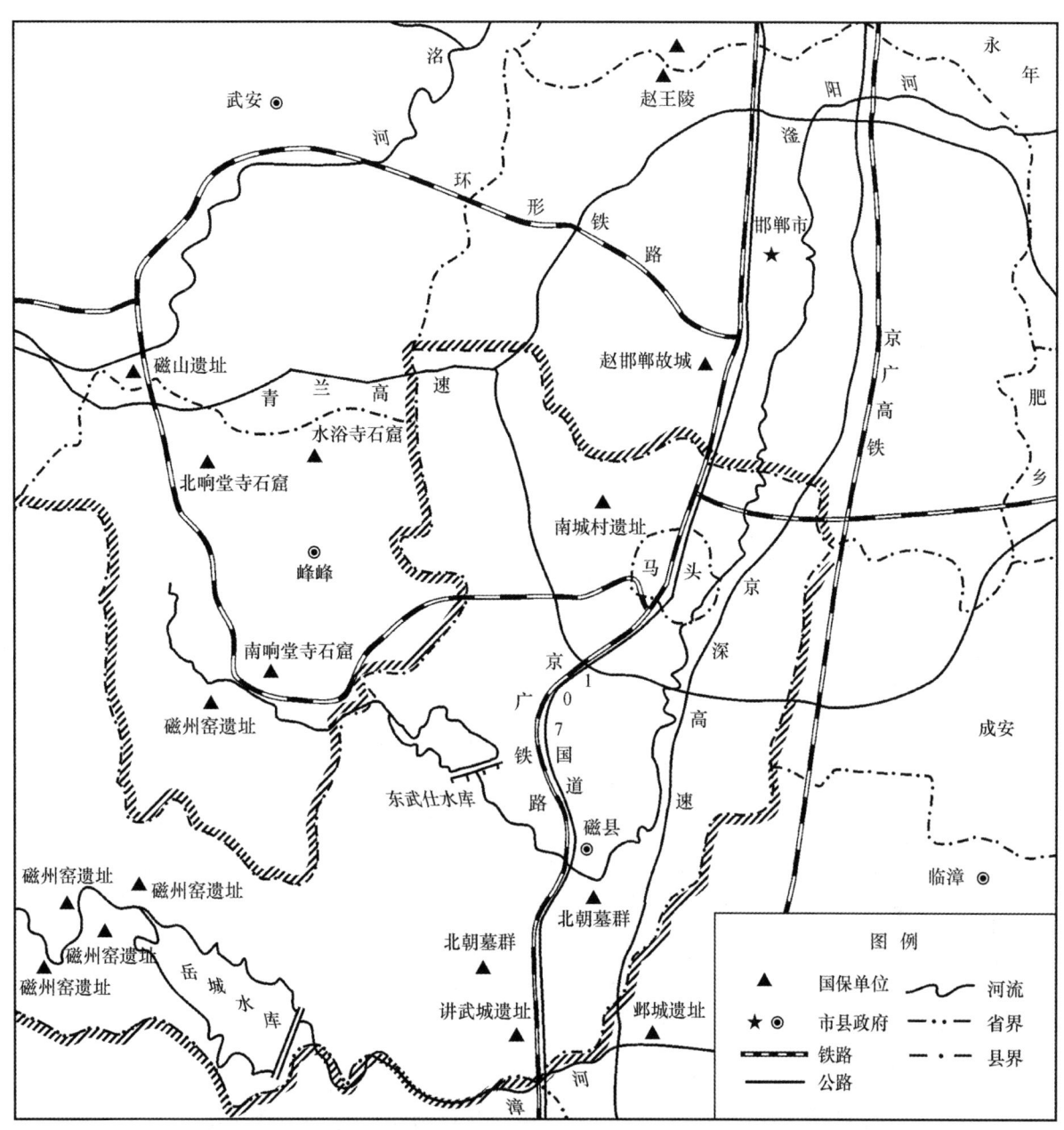

图一　磁县境内（东部）及周边的国家级文物保护单位分布示意图

田野勘探工作于2005年冬至2006年初春进行，历时近三个月，勘探总面积60.99万平方米，探明古代遗址（人类生活居住址、窑址、道路、水井等）和古墓葬多处。

在文物调查、田野勘探工作的基础之上，考古队于2006年10月初至2007年9月下旬进行了发掘，共发掘龙山文化遗址、先商遗址、北朝遗址各一处，还发掘陶窑、道路、水井多处（以上遗迹遗物发掘报告另作报道）及古墓葬100座，其中西汉墓5座、晋墓4座、唐墓2座、宋墓5座、元墓4座、明墓18座、清墓62座。为配合南水北调工程的文物保护和保障水利工程的顺利进行奠定了良好的基础（图二）。

2017年夏至2018年夏，薛玉川、王晖、尹建兵对墓葬发掘获得的资料进行了系统的整理，

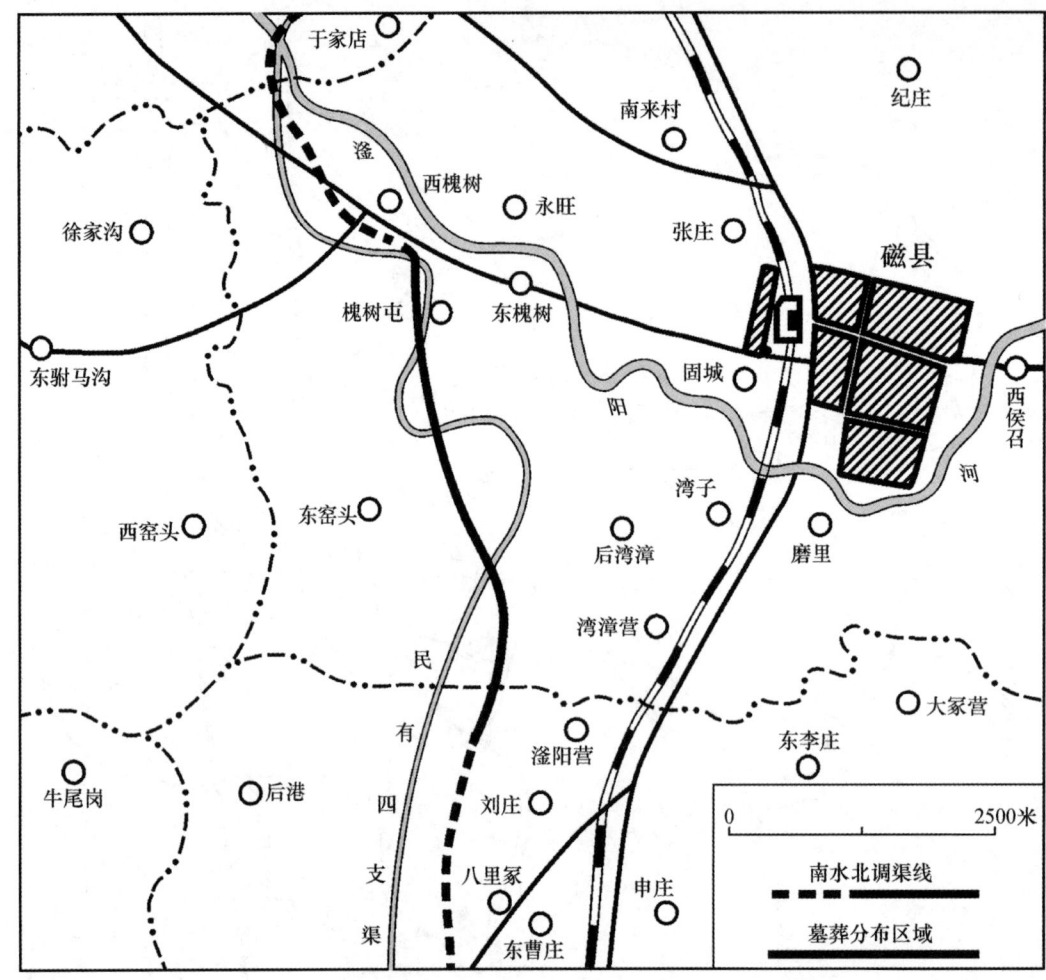

图二 南水北调滏阳营至槐树屯段墓葬发掘区域示意图

根据文字记录、照相拓片、测绘图纸与实物等很多细节的反复推敲，并结合多年以来邯郸境内古遗址发掘的历代文化层出土的器物对比，完成了本报告的书稿。参加墓葬发掘实物的室内整理人员还有薛胜利、李延萍、李楠等。

磁县滏阳营、湾漳营、东窑头、槐树屯干部、村民对本次发掘工作给予了大力支持和协助，特别是湾漳营村领导帮助考古队解决了吃、住、水、电以及用工等问题，邯郸市博物馆提供了室内整理的场地，在此一并表示感谢！

第二章 发掘分区

邯郸市文物保护研究所承担的南水北调考古发掘渠段，位于漳河北岸的全国重点文物保护单位"北朝墓群"的范围之内略偏北部，由南到北依次涉及滏阳营、湾漳营、东窑头、前湾漳、固城、东槐树、槐树屯七个自然村，根据土地的所有权属、地形地貌、墓葬的分布情况，自南向北依次分区为滏阳营（第Ⅰ墓区）、湾漳营（第Ⅱ墓区）、东窑头（第Ⅲ墓区）、槐树屯（第Ⅳ墓区）四个墓区。为了便于记录，分别将四个墓区写为NCF、NCW、NCD、NCH（南水北调、磁县、滏阳营的"南""磁""滏"三字按首位拼音字母速写为NCF；南水北调、磁县、湾漳营的"南""磁""湾"三字按首位拼音字母速写为NCW；南水北调、磁县、东窑头的"南""磁""东"三字按首位拼音字母速写为NCD；南水北调、磁县、槐树屯的"南""磁""槐"三字按首位拼音字母速写为NCH，下同）。由于固城、前湾漳、东槐树三村的土地极少，如"花插着"（交叉或交错着的单独一块）的农田或用作烧砖窑及取土场，而且没有发现重要的古遗迹、遗物，故在划分墓葬发掘区时，已经将该三村所辖区域分别归属于相邻的发掘区（图版二）。

一 滏阳营墓区（第Ⅰ墓区）

1. 地理位置

滏阳营村位于河北省磁县县城西南约4千米，南水北调中线工程主干渠从该村西约1.2千米处由南向北通过。滏阳营墓区在NSBD·K8+700～K9+097，长度397米的区间，东经114°19.90′，北纬36°19.84′，海拔89米。南端依据滏阳营村西一座便桥为界（该界线向南为河北省文物研究所考古工作区），便桥北边有一座机井房及葡萄园；北端与湾漳营村耕地相接。地势西高东低，差距较大，全部为耕地，现地表呈有规律的梯田，农作物多为小麦。南水北调渠线内有自北向南排列的四眼浇灌农田的机井，中部偏南有一条东西向乡间道路。在南水北调渠线的东西两侧，举目可见很多现存的北朝时期墓冢，由于风化、人为等原因，致使封土的大小、高低有别，个别的墓冢前还残留有石刻人像、马、羊等石像生。

2. 地层堆积与遗存情况

文化层堆积在该渠段较复杂，东半部和西半部相比较，地层关系在西半部有的地方缺失一层，极个别的缺失两层，总体来说，自地表向下可分为四层，土层分别为灰褐色耕土、黄色砂土、红褐土、黄灰色黏土，略发黑，再向下为黑褐色黏性次生土层。

该段仅发现2座墓葬，均为竖穴土坑墓，开口于第1层下，东南至西北方向，时代为清代（图版三）。1座单身葬，出土有瓷罐和"乾隆通宝"铜钱；1座夫妇合葬，骨架已迁走，出土有"康熙通宝"铜钱（附表一）。

二 湾漳营墓区（第Ⅱ墓区）

1. 地理位置

湾漳营村位于磁县县城西南3千米，南水北调中线工程主干渠从该村西约1.5千米处由南向北通过。湾漳营墓区在NSBD·K9+097～K9+746、长度649米的区间，东经114°19.90′，北纬36°20.00′，海拔90米。南端与滏阳营村耕地之间以由西向东流向的冲沟为界，北端与东窑头村耕地相接。在该区的南部发现有北朝时期人类生活遗址、窑址，在中部有现代机井，在北部有大面积的现代烧砖窑和窑用取土场，在整个区域之内还有错综复杂的乡间道路及田间小路，南部为西高东低的丘陵地段，有由西向东流向的三条冲沟，中部有一条东西向人为的较宽的沟，沟内是乡间道路，在北部地势略平，由于烧砖取土或农田建设，现地貌已成高低不平状。地表现为大面积的麦田，一少部分为秋收之后的玉米、棉花待耕土地。

2. 地层堆积与遗存情况

该渠段南部与北部的文化层堆积差别较大，靠南部有少量的地段地势较高，但地层关系较清晰，自上而下分别为耕土、黄色土、灰褐土、红褐色土四层，再向下为黑褐色次生土层。有个别的地方缺失一层；该段的中部及向北大部区域地势较低、略平，文化层堆积大多数只有一层，少数地段分为两层。除在南部一座北朝时期瓦窑的上层发现一座清代墓葬之外，其余所发掘的31座墓葬均位于北部地势较低、略平地带，且皆开口层位于耕土层下。

2006年10月31日至2007年1月24日完成了32座墓葬的发掘。其中有砖室墓4座，竖穴墓道土洞墓4座，单墓道竖穴土坑墓1座（ⅡM21），竖穴土坑墓23座（图版四）。

墓葬的时代，除晋代、唐代墓各1座及6座明代墓之外，余24座皆为清代墓（附表二）。

三　东窑头墓区（第Ⅲ墓区）

1. 地理位置

东窑头村位于磁县县城西南约5千米，南水北调中线工程主干渠从该村东约0.7千米的高岗地带，由南向北通过。东窑头墓区在NSBD·K9+746～K11+061、长度1315米的区间。南端与湾漳营村耕地为界，此处现在正是烧砖窑的大面积取土场，北端与东槐树村（东槐树村土地在东窑头与槐树屯两村之间长约200米，即NSBD·K11+061～K11+261）耕地相连。在该段之内为丘陵式的梯田、沟壑，以及人为形成的东窑头水库排放水渠、道路、烧砖窑和窑用取土场等；有前湾漳少量耕地和固城村"花插着"的农田。东窑头发现的墓葬多数分布在东窑头水库放水渠两侧的高岗坡地，所有的墓葬均开口于耕土层下，这是其所处的高岗位置水土极易流失导致，目前已经无法得知墓葬的原开口层位（图版五）。

2. 地层堆积与遗存情况

东窑头村境内渠段呈中部高、南北两端略低状，地层堆积在该渠段的两端较为明显，特别是南部的砖窑取土场断面，土层淤积的叠压层数多，也比较厚，故墓葬开口层位也有明显的差异。

2007年3月中旬至4月底完成了24座墓葬的发掘，出土各类小件文物220余件。墓葬形制有单墓道砖室墓3座，长方形竖穴土坑墓道的土洞墓5座，长方形竖穴土坑墓16座，墓葬的时代为宋、明、清时期。从这些墓葬的分布排列来看，除有少数分散的墓葬之外，可以明显区分出5处家族墓地，分别为宋代1处，明代1处，清代3处。

宋代墓葬3座，都遭到过严重的盗扰，砖结构大部分被毁，骨架和随葬品几乎损失殆尽。仅在ⅢM12发现白釉盘、陶球、玉环各1件，在ⅢM17发现1件残损的白釉碗，再无其他随葬品。

明代墓葬6座，其中单人葬1座、已迁出墓葬3座、三人葬和四人葬各1座。清代墓葬15座，其中为单人葬3座，双人合葬8座，三人合葬2座，四人合葬1座，埋葬人数不明的1座。明清时期墓葬大部分保存较完整，均有木棺葬具，埋葬之后再迁出的有4座，约占1/5。随葬品以瓷罐和铜钱为主，部分有朱符板瓦，诸如朱砂书写"镇墓大吉"之类的吉祥语。在ⅢM5的墓道底部发现青石质墓志一盒，志文详细记载了墓主常遵道的生平及家庭状况，"卒于万历三十三年十二月二十一日"（附表三）。

四 槐树屯墓区（第Ⅳ墓区）

1. 地理位置

槐树屯村位于磁县县城西约3.7千米，南水北调中线工程主干渠从该村西数十米处由南向北通过，涉及一座民房、养鸡场等临时建筑。槐树屯墓区在NSBD·K11+061～K12+890、长度1829米的区间。北端以槐树屯村地界内的洗煤厂东围墙为界，南端与东槐树村（槐树屯与东窑头土地之间长约200米，即NSBD·K11+061～K11+261所有权为东槐树村所有，此段划归"槐树屯墓区"）耕地相连。第Ⅳ工作区之内除南部一段稍微平坦之外，余皆为丘陵式的梯田、沟壑及农田灌溉的水渠、田间小道，在槐树屯村西南部有一段裸露的红土夹杂河卵石的高岗坡地段。多数为麦田，极少数为棉花、玉米的冬季闲置地块。槐树屯发现的墓葬，多数分布在村西、西南及村南一带（图版六、图版七）。

2. 地层堆积与遗存情况

文化层堆积，在该渠段的村西南部地势较高，水土流失较严重，大多为次生土层之上是耕土层，少部分保存到耕土层之下的黄土（含少量细绵沙）层；在该渠段的西部及南部文化层逐渐加厚，土层最厚者可达到四层以上，土层自上而下分别为耕土、黄土（含少量细绵沙）、黄褐土、红褐土，再向下为次生土。该渠段的所有墓葬除M39、M12、M6～M10、M13开口于第2层的黄土层下之外，其余皆开口层位于耕土层下。

自2006年10月初至2007年9月下旬发掘工作全部结束，历时一年的时间，完成了42座墓葬的发掘。其中砖室墓9座，竖穴墓道洞室墓7座，余均为竖穴土坑墓。从时代上划分为：

西汉时期墓葬5座，均为竖穴土坑、单棺墓，出土有陶罐和铜带钩等。

西晋时期墓葬3座，由墓道、过洞、天井、甬道、砖室五部分组成。2座单人葬，1座夫妇合葬，出土有陶器、铜器、铁器、骨器、石器等，另外还发现漆器残存痕迹。

唐代墓葬1座，竖穴墓道、砖砌墓室，从出土的一方青石质墓志可知该墓主名叫李九，同夫人张氏"以天保元年正月十五日合葬于滏阳县西南一十里之平原礼也"。

宋元明清时期墓葬共33座。其中宋代砖室墓2座，元代竖穴墓道土洞墓4座，明代土坑墓、竖穴墓道土洞墓、砖室墓各2座，清代除砖室墓、竖穴墓道土洞墓各1座之外，土坑墓19座（附表四）。

第三章 墓葬清理

本次发掘自西汉时期至清代墓葬共100座。其中西汉墓5座、晋墓4座、唐墓2座、宋墓5座、元墓4座、明墓18座、清墓62座。西汉墓均为竖穴土坑墓，晋、唐、宋墓全部为砖室墓，元墓皆为竖穴墓道土洞墓，明墓分别为竖穴土坑墓3座、斜坡式墓道竖穴土坑墓1座、竖穴墓道土洞墓10座、砖室墓4座，清墓分别为竖穴土坑墓59座、竖穴墓道土洞墓2座、砖室墓1座。

一 西 汉 墓

西汉墓5座，位于槐树屯（第Ⅳ墓区）村西南1000米左右、NSBD·K11+138～190米之间，地貌为西高东低的丘陵地带，现为麦田，分别编号为ⅣM38～ⅣM42。均为竖穴土坑、单棺墓，出土有陶罐和铜带钩等。

1. 墓葬的形制及结构、葬具及随葬品位置

5座墓相距较近，间距多为数十米，开口于距地表0.4～0.5米深处、第2层黄土层下。均为竖穴土坑墓，平面呈长方形或不规则长方形，口大底小，墓室壁面除一座无二层台之外，其他均有二层台。墓室内皆为单人葬，墓主全是仰身，其直肢、屈肢皆有。随葬品极少，每座墓皆随葬有陶罐1件，铜带钩仅见于2座墓内。

根据墓室壁面有无二层台的区别，划分为二型。

A型　4座。

顺向两长边的壁面有二层台。可分为二式。

Ⅰ式：2座。二层台的高低呈平行状，二层台以下的壁面皆呈垂直形，而二层台以上壁面呈垂直形或略微袋状。

ⅣM41　二层台以上壁面呈垂直形。该墓东南距ⅣM40约29米，西南距ⅣM42约21米。墓口平面为长方形，墓向为13°。现存墓口长2.2米，宽1.1米，墓底长2.3米，宽0.7米，深1.9米。西侧二层台台面宽0.15米，东侧二层台台面宽0.24米，台面发现木板灰迹。二层台以下距墓底0.6米，墓底一已朽的木棺，棺底灰迹长1.86米，北宽0.56米，南宽0.52米。人骨基本完好，仰身直肢，男性，年龄不详。木棺的右前方放置灰陶罐1件，左下肢的左侧有铜带钩1件（图三；

图版八，1）。

ⅣM38　二层台以上壁面呈略微上大下小的倾斜状。该墓北距ⅣM37约64米，现为麦田，耕土层下发现平面为不规则长方形墓圹，墓的上部早期被破坏，原总深尺度不详。北侧二层台已经被破坏，仅存南侧的壁面有二层台，台面宽0.2米，二层台以上至墓口残存高0.3米；二层台以下至墓底高0.5米。墓向为103°。墓圹现存口部长2.5米，东端宽1.08米，西端宽0.86米；墓

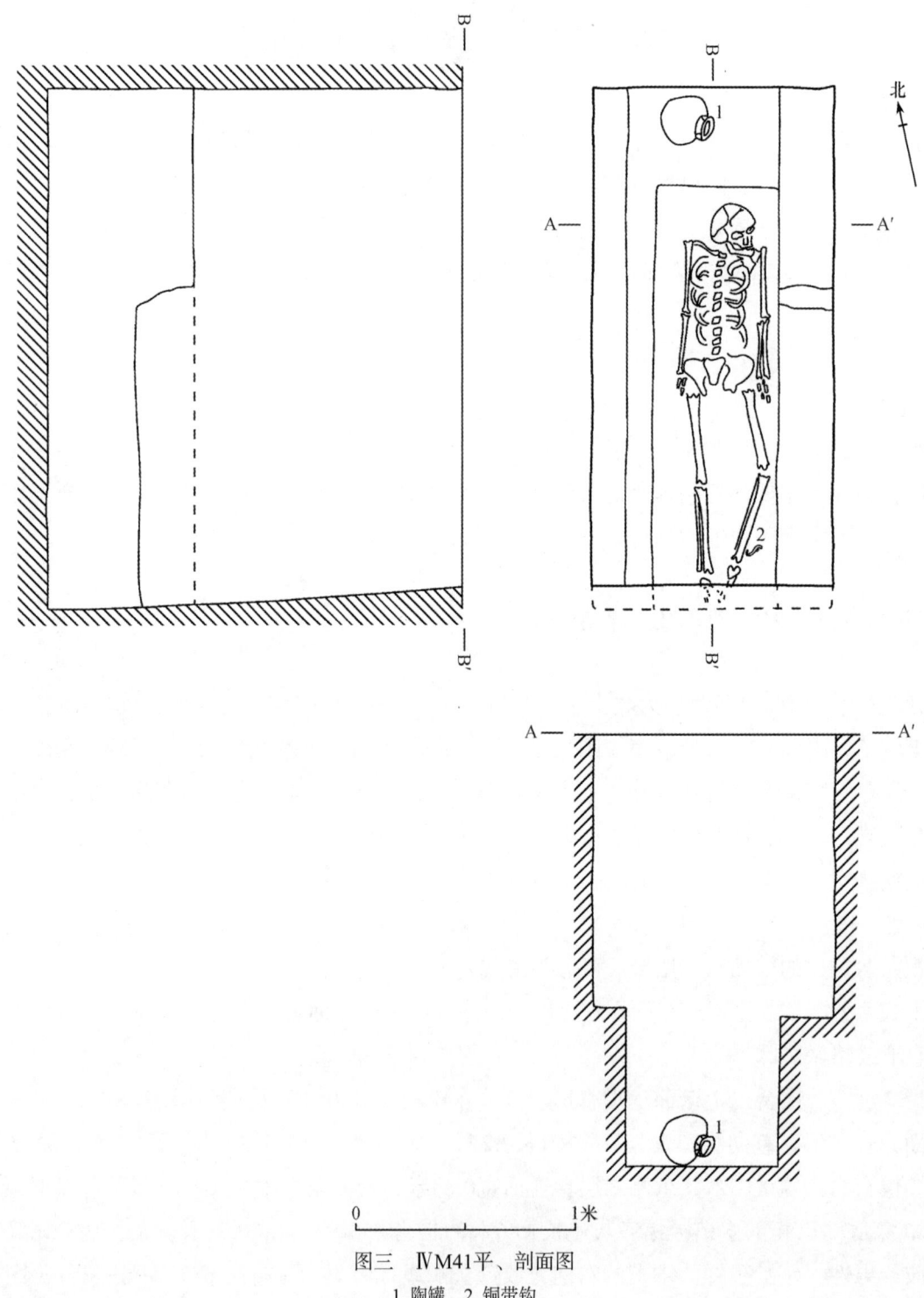

图三　ⅣM41平、剖面图

1. 陶罐　2. 铜带钩

底长2.5米，宽0.6米，残存总深0.8米。墓底一已朽的木棺，棺灰迹长1.78米，宽0.6米，一具人骨为仰身直肢，头向东侧，面向南，右上肢略曲，男性，年龄不详。木棺前方放置灰陶罐1件（图四）。

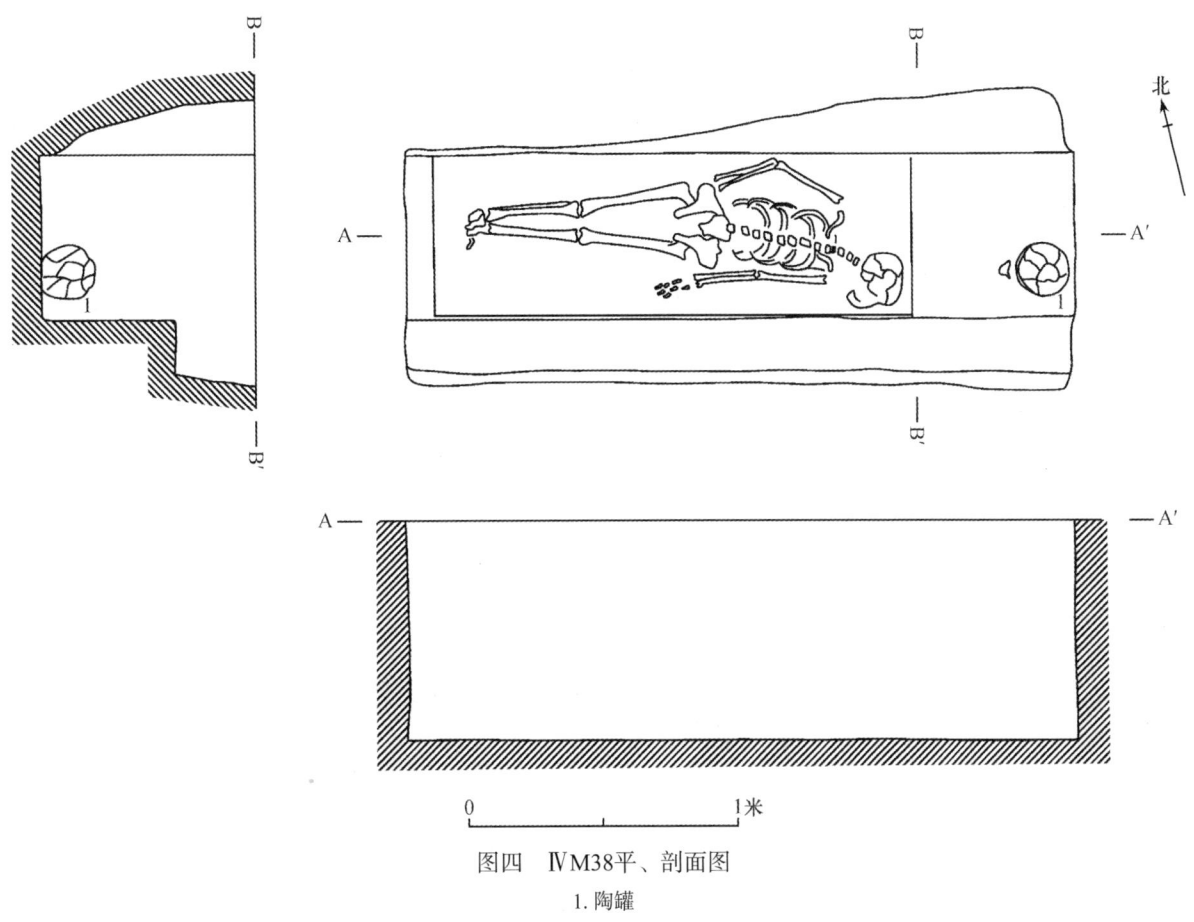

图四　ⅣM38平、剖面图
1. 陶罐

Ⅱ式：2座。二层台的高低平行，二层台以上的壁面垂直或略微袋状倾斜，二层台以下的壁面有陡坡或不规则斜坡状。

ⅣM40　二层台以下的壁面为陡坡状。该墓西北距ⅣM41约29米、西距ⅣM42约40米。墓口平面为长方形，墓向为100°。墓口长2.2米，宽0.9米，墓底长1.99米，宽0.54米，深1.6米。顺向两长边的壁面二层台台面宽0.14米，二层台以上至墓口高1.1米，呈垂直形；二层台以下至墓底高0.5米，呈上大下小陡坡状。墓底一木棺已朽，棺底灰迹长1.66米，东宽0.42米，西宽0.42米，墓主为女性，年龄不详，仰身，双臂微屈，双手置于右腹部，双下肢向右侧弯曲。木棺的右前方放置灰陶罐1件（图五；图版八，2）。

ⅣM39　该墓北距M40约28米。墓口平面呈长方形，方向16°。现存墓口长2.1米，宽1米，墓底长2.4米，宽0.6米，深1.8米。顺向两长边的壁面有二层台，台面宽0.1米（多处坍塌），在台面发现木板灰迹。二层台向上至墓口高1.2米，呈垂直形；二层台以下至墓底高0.6米，呈上大下小不规则斜坡状。墓底木棺已朽，棺底灰迹长1.8米，宽0.56米。人骨基本完好，仰身直肢，左上肢弯曲，男性，年龄不详。木棺前方放置灰陶罐1件，墓主口内有残铜带钩1件（图

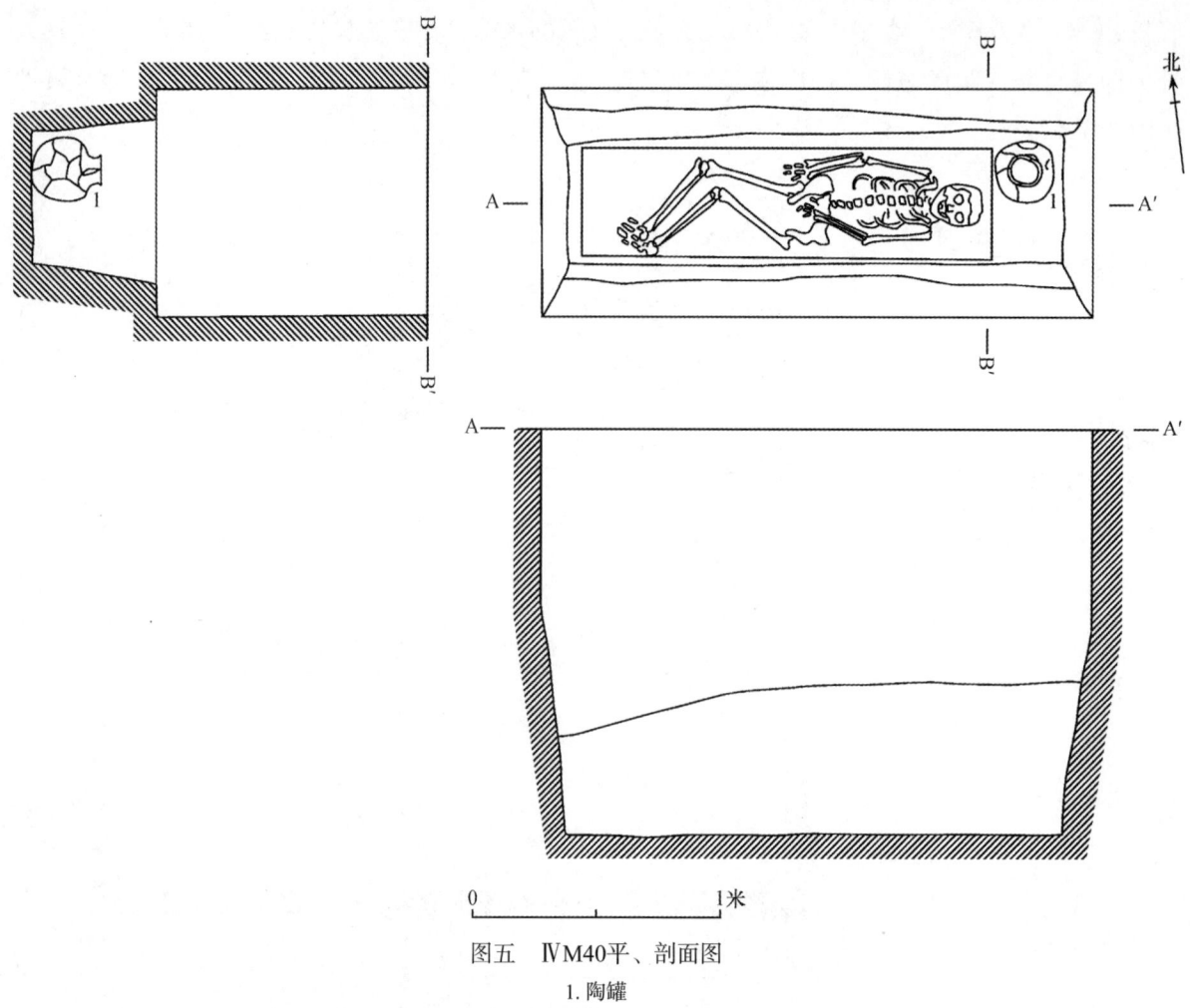

图五 ⅣM40平、剖面图
1. 陶罐

六;图版八,3)。

B型　1座。

墓室壁面没有二层台,土圹四壁自墓口垂直向下,约到1/2处突然向内折,呈收缩陡坡态势直至墓底,在顺向两侧面的转折处发现有横向排列的木板灰。

ⅣM42　该墓东距ⅣM40约40米。耕土层下发现墓口,墓圹平面为长方形,墓口大、墓底小,墓向为10°。墓口长2.2米,宽1米,墓底长1.8米,宽0.7米,深1.8米。墓底木棺已朽,棺灰迹长1.56米,宽0.41米,一具人骨,向右边侧身屈肢,男性,年龄50～55岁。木棺右前方放置灰陶罐1件(图七;图版八,4)。

2. 随葬器物

5座墓共出土器物7件,其中陶器5件、铜器2件。

(1) 陶器

5件。仅有罐一类,分别出自ⅣM38～ⅣM42,5座墓内各1件。全部为泥质灰陶,制法均

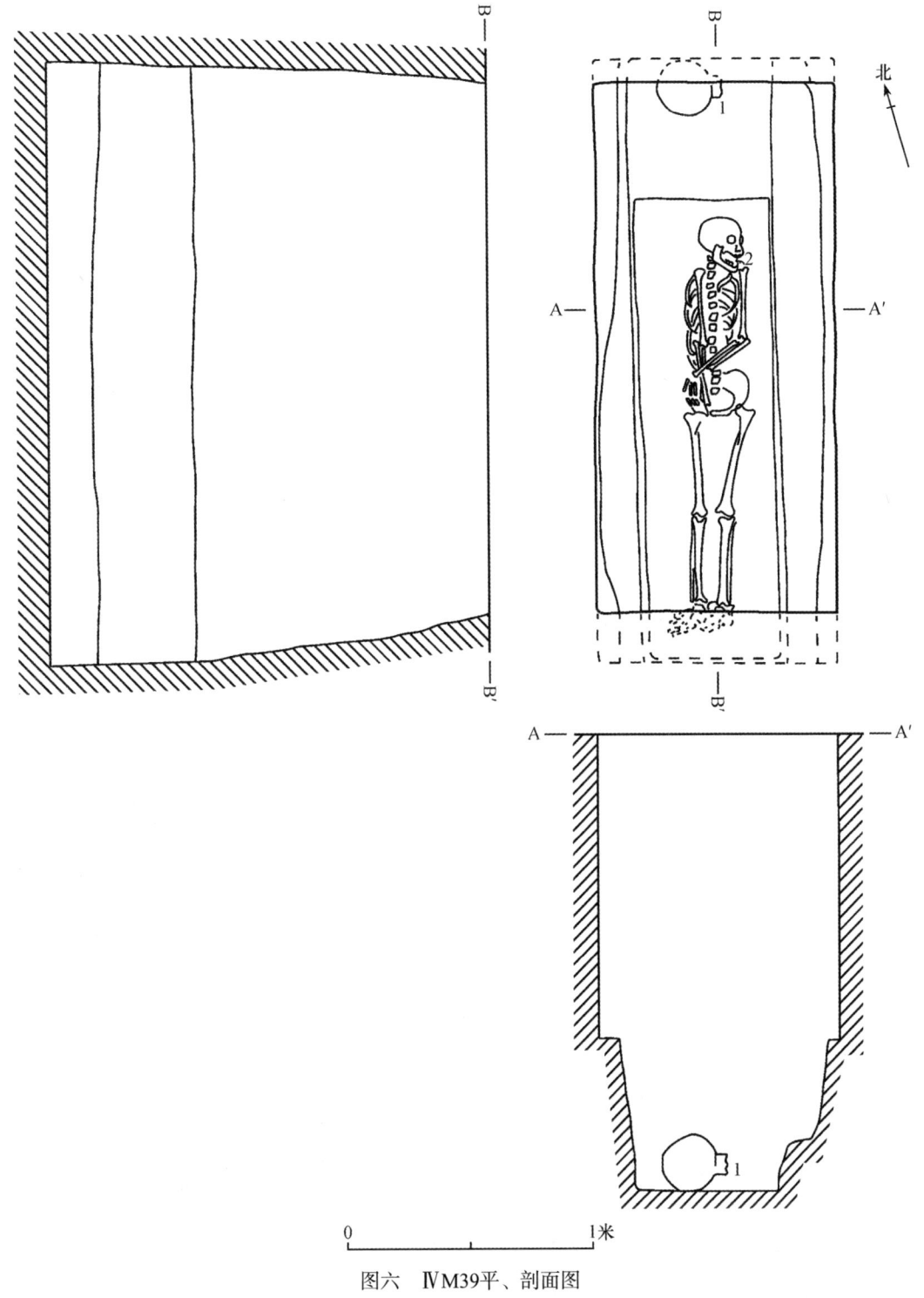

图六　ⅣM39平、剖面图
1. 陶罐　2. 铜带钩

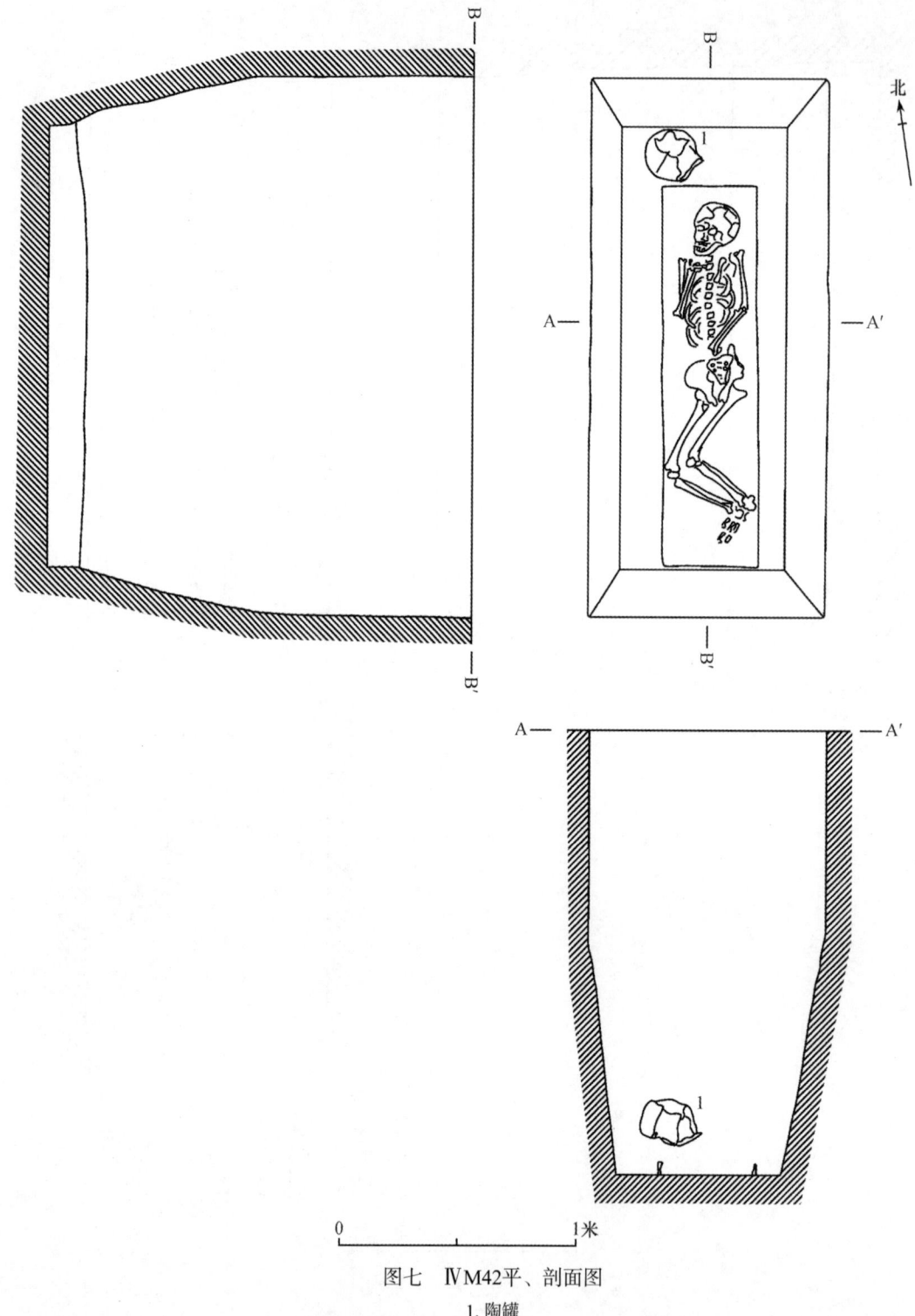

图七　ⅣM42平、剖面图
1. 陶罐

采用轮制；器表肩部均有一或二组的轮旋环形弦纹，有的还在下腹部至底施满横向绳纹。依据腹部及底部的不同，可分二型。

A型　3件。近似盘形口，高颈，球形腹，圜底向内凹，肩部有轮旋环形弦纹，下腹部至底施满横向绳纹。

ⅣM39：1，口部残缺，不能复原。圆柱形高颈，腹外壁微显高低不平，圜底向内凹较明显。肩部有一刻划的符号，类似"工"字，其下有一组九条细小的环形轮旋弦纹，在下腹部至底部施满横向绳纹。颈径9.9厘米，腹径24.2厘米，底径约8.8厘米，残高23.6厘米（图八，1；图版二一，1）。

ⅣM40：1，残，可复原。近似盘形口，口沿略方外侈，高颈，颈中部向内弧曲，腹外壁较平，圜底微显向内凹。肩部有两组细小的篦齿状环形轮旋弦纹，在下腹部至底部施满横向绳纹。口径13.5厘米，腹径23.4厘米，底径约8厘米，高24.2厘米（图八，2；图版二一，3）。

ⅣM42：1，口部残缺，不能复原。颈壁略直，腹外壁微显高低不平，圜底向内凹较明显。肩部有两组细小的10至12条环形轮旋弦纹，在下腹部至底部施满横向绳纹。颈径9厘米，腹径23.4厘米，底径11厘米，残高19.8厘米（图八，3；图版二一，2）。

B型　2件。近似盘形口，高颈，微弧形溜肩，鼓腹，下腹部至底部边沿为斜向往内缓收，

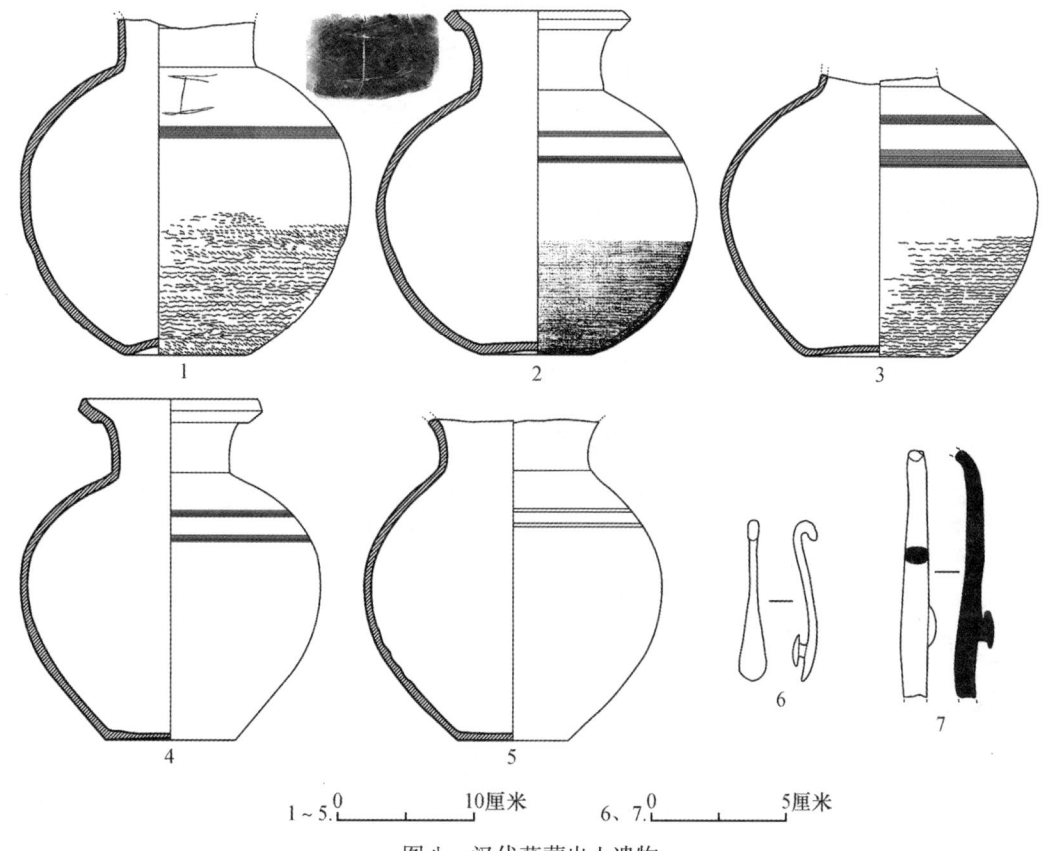

图八　汉代墓葬出土遗物

1~3.A型陶罐（ⅣM39：1、ⅣM40：1、ⅣM42：1）　4、5.B型陶罐（ⅣM41：1、ⅣM38：1）　6.A型铜带钩（ⅣM41：2）
7.B型铜带钩（ⅣM39：2）

小平底。肩部有轮旋环形弦纹。

ⅣM41：1，完好。近似盘形口，口沿略方外侈，高颈，颈下部向内弧曲，腹上部向外鼓，腹下部向内收，平底略微向内缓凹。肩部有两组细小的篦齿状环形轮旋弦纹。口径13.6厘米，腹径22厘米，底径9.6厘米，高24厘米（图八，4；图版二一，4）。

ⅣM38：1，口部残缺，不能复原。高颈，颈下部向内微弧曲，腹上部向外鼓，腹下部向内收，平底。肩部有两组、每组两条细小的环形轮旋弦纹。颈径11.2厘米，腹径21.6厘米，底径8厘米，残高22.6厘米（图八，5）。

（2）铜器

2件。仅有铜带钩一种，分别出自ⅣM39、ⅣM41两座墓内。可分二型，每一型各有1件。

A型　琵琶形。ⅣM41：2，兽形钩首，细长半圆形柱状钩颈，钩前面呈弧形，背面平且微微显缓弧，钩背有一个饼状单面略鼓起的圆纽，圆纽靠下部。素面。长5.65厘米，最大宽度1厘米，厚0.25～0.35厘米（图八，6；图版二一，5）。

B型　曲棍形。ⅣM39：2，钩首、尾端皆缺失，不能复原。钩体弯曲，自钩颈向下由细渐宽，其断面呈椭圆形，最大宽度在腹部，钩背有纽置中部偏下，纽呈圆饼形，纽柱呈圆柱体。素面。残长8.7厘米，最大宽度1厘米，厚0.4～0.75厘米（图八，7）。

二　晋　代　墓

晋代墓4座。其中1座位于湾漳营（第Ⅱ墓区）村西南约150米处；另外3座位于槐树屯（第Ⅳ墓区）村西南约150米处，为东西向并列，其墓向、间距、形制均基本相同，视3座墓为一处家族墓地。

1. 墓葬的形制及结构、葬具及随葬品位置

4座墓均为砖室墓，又可分为竖穴砖室墓（1座）、单墓道有天井土洞砖室墓（3座墓不仅形制几乎完全相同，其随葬的器物从种类和形态看也极为接近。时代为西晋时期）。

（1）竖穴砖室墓

1座。

ⅡM2　单人葬，墓向为187°。位于NSBD·K9+562米、湾漳营烧砖厂东南角约20米处。是一座平面为竖穴长条形砖室墓。

该墓开口于耕土层下，竖穴、土圹口大底小，断面近似梯形，南北长2.45米，南端宽0.96米，北端宽0.68米，个别地段最大宽度1米，深0.72米；砖室紧靠土圹四壁的底部用单砖向上砌筑，砖呈灰色，整砖长26厘米，宽16厘米，厚5厘米，所砌砖框用整砖较少，多为半截砖或砖块，墓室内长1.8米，前端宽0.39米，后端宽0.32米，高0.38米。墓底用砖平卧顺铺，顶部用砖搭成人字形。

墓室内看不出所用葬具的痕迹，有一具仰身直肢的男性骨架，头向南，面向上。随葬有五铢钱7枚，在头骨的东侧放置泥质灰陶碗1件（图九）。

（2）单墓道有天井土洞砖室墓

3座，位于槐树屯村西南，在NSBD·K12+45米处，丘陵地带，墓地为西北地势较高，东南地势略低，为一斜形平台。北部有东西向一处断崖，断崖下为一条废弃的人工水渠，现已改为耕地，3座墓除南部的墓道之外，北部大部分都处于人工渠范围之内。3座墓呈东西并

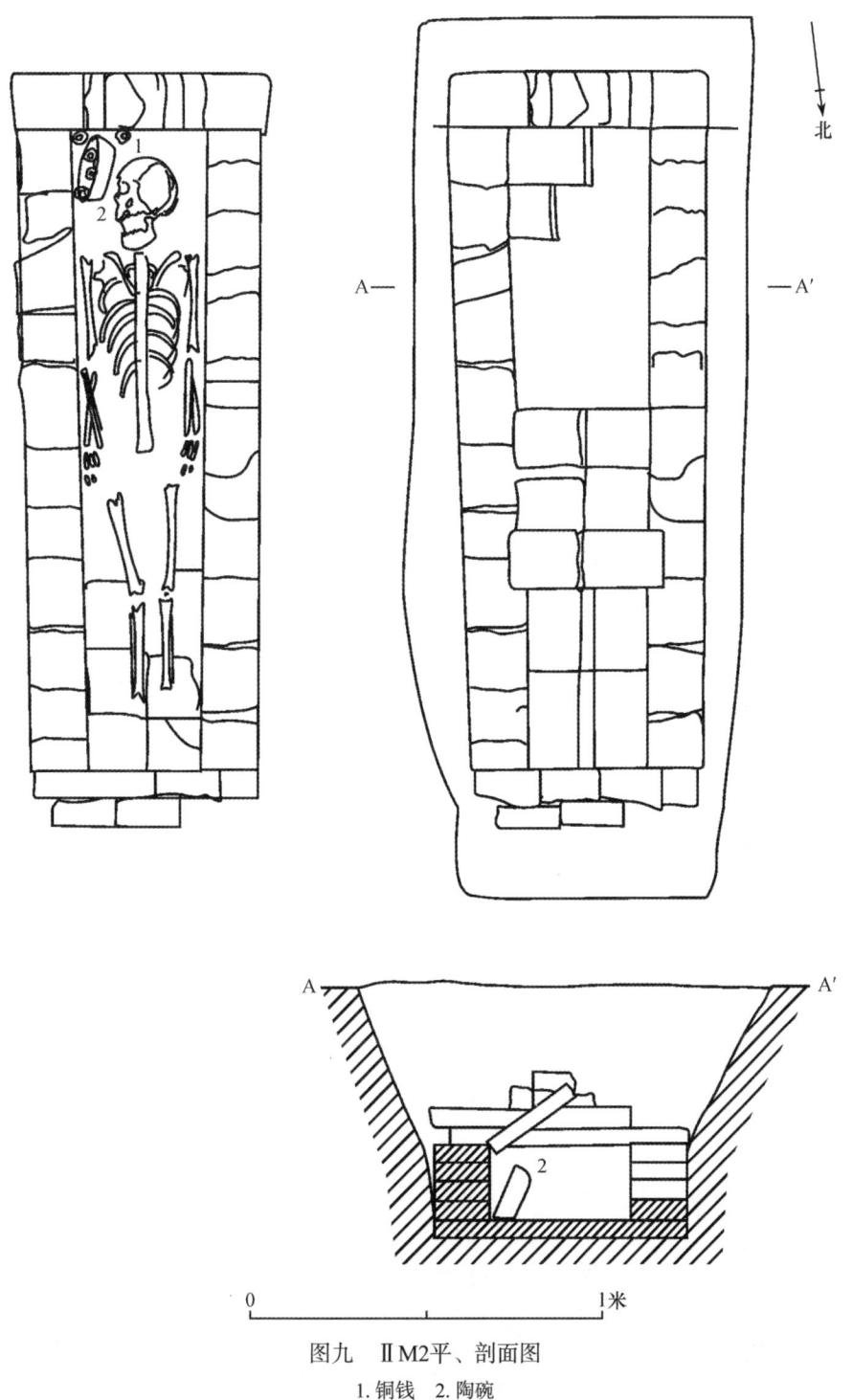

图九　ⅡM2平、剖面图
1. 铜钱　2. 陶碗

列，自西向东分别编号为ⅣM14、ⅣM15、ⅣM16，ⅣM14与ⅣM15的墓道间距8.8米，ⅣM15与ⅣM16的墓道间距8.4米，墓开口均见于距地表0.25米的耕土层下，坐北朝南。3座墓形制相同，均由狭长露天斜坡单墓道、"过洞"和长方形"天井"、甬道及土洞中砌筑的砖室几部分组成，墓向为190°（图一〇；图版九）。3座墓均有盗洞，遭受过盗掘，受到了不同程度的破坏。ⅣM14、ⅣM15为单人葬，ⅣM16为夫妇合葬墓（图版一〇）。

墓道的平面呈长方条形。斜壁口大底小，底部呈南浅北深的斜坡状。

过洞在墓道与天井之间，洞口顶部呈弧圆状，直壁略斜，缓坡底。

天井呈长方形竖穴式，四壁略微倾斜、上口稍大于底部，呈南高北低的缓坡底。天井南通斜底形墓道口，天井的北壁掏挖甬道。

甬道，直壁平底，上部呈弧形。东西两壁砌砖框，砖券顶。砖框和券顶均为单砖错缝顺砌，砖框砌筑14层，第15层砌券顶，券顶甬道口砌单层和平砌一层（墓室内砌双层）。砖框与土圹之间留有间隙，填五花土和残砖。甬道底南北向铺砖。甬道口用两道封门砖封堵。

墓室建在掏挖成土洞形状的生土之内，偏于墓道中轴线西侧。土洞平面近似正方形，砖室的平面形状与土洞平面相近似，只是砖室平面的每边砌成微弧形，总体看平面呈弧边正方形。四壁由底向上逐渐收拢至顶，四角互不交错连接。由底向上13层砌筑方法为单砖错缝平铺。约第14层时有一层为丁砖竖砌，再往上为单砖错缝平铺，并逐渐收缩至砖室顶部。墓顶为层层叠收的"四面坡"形式。砖缝之间用泥质红陶罐残片和青釉瓷片填挤。墓底为单层砖平铺，砖的一面为素面，一面为绳纹，其规格为长34厘米，宽17厘米，厚度上有7～7.5厘米和5.5厘米两种规格。

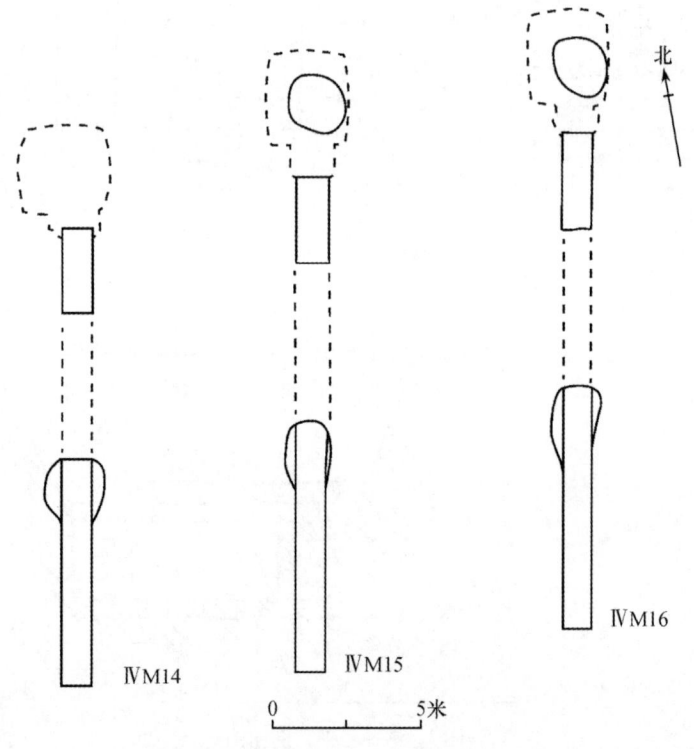

图一〇　ⅣM14~ⅣM16平面位置示意图

3座墓因遭受过盗掘，随葬品仅见有泥质灰陶器、釉陶器、铜器、铁器、骨器、石器，另有漆器残存痕迹。

ⅣM14　该墓总长18.36米，墓底距开口深5.4米。

墓道位于墓室的南侧略偏东，墓道长7.5米，宽1.1米，底宽1米，最深处3.8米。

在墓道北壁掏挖过洞，洞顶呈弧形、直壁缓坡底，过洞长4.4米，宽1米，高1.68米。

天井口长2.8米，宽1.1米，底长2.6米，宽1米，深5.14~5.36米。

甬道东西两壁的砖框和券顶均为单砖错缝顺砌，砖框之上砌券顶。砖框与土圹之间留有0.1~0.14米的间隙，遗留五花土和残砖。甬道底南北向"人"字形铺设灰砖。甬道土圹口高2.06米，宽1.6米，壁长0.64米。砖框甬道口高1.32米，宽1.34米，内宽0.98米。砖框长0.84米，高1.64米，宽1.28米，内宽0.94米，壁高1.24米，券顶高0.4米，厚0.17~0.23米。甬道口两道封门砖之间留有0.6米的间隙。两道封门砖均被破坏，第一道封门砖位于甬道口，单砖错缝平铺，残留18~20层，呈塔式状弧形封堵。上窄下宽。残高1.06~1.2米，宽1.34米。第二道封门砖位于砖框甬道中部，单砖错缝平铺砌，残留9层，残高0.64米，宽0.17米。

砖室的四壁，平面为砌砖成向外弧形，东壁弧0.06米，西壁弧0.12米，北壁弧0.1米，四角互不交错连接。四壁砌筑由底向上逐渐收拢成顶。在四壁由底向上13层为单砖错缝砌筑时，第14层为丁砖竖砌，第15~50层为单砖错缝顺铺。墓顶完整，顶端留一个长方形，填补3块半截残砖封顶，南北长0.34米，东西宽0.22米。墓底铺砖呈"人"字形铺设，砖圹无压铺地砖。墓底四边不等，东壁2.74米，西壁2.5米，南壁2.6米，北壁2.5米，高3.2米。

墓室底的东北部有一个东西向长方形砖台，用砖交叉砌筑3层，东西长1.16~1.26米，宽1.05米，高0.22米。砖台的西端被盗墓者破坏0.37~0.44米。

葬具及人骨架：墓底放置单棺，棺木已腐朽，仅存浅灰色板灰，棺首北、棺尾南，长2.06米，宽0.45~0.7米。棺内底铺白灰厚1厘米。棺内的人尸骨已被盗墓者拖在墓室的东部，呈仰身直肢，头向东南、面向上，墓主为女性，年龄25~30岁。

随葬品：出土位置大致分为两处，器物编号共34件（套），另见5件朱漆漆器印痕（未编号），总计39件（套）。由于被盗扰，随葬品大多数已非原处，出土时其具体位置如下。

一处是放置在墓室之内的有泥质灰陶器23件（其中青釉陶2件）、铁器1件、铜器4件（套）、骨器1件，共29件（套）：在墓室口的西侧放置口向东倾倒的陶罐1件；在棺南部的东侧放置陶奁1件，在陶奁的东北侧放置口向上的陶碗1件，在陶碗的东侧放置陶扁壶1件。在墓主左臂肘关节的南侧放置陶罐1件；在墓主左盆骨的边缘放置口向上的陶盘1件，扁壶和盘均已被盗墓者砸碎，弃之于铺底砖上；在墓主双股骨之间放置陶樽1套，口向下倒置，樽内有陶勺；在墓主的右膝关节下放置口向上平置的陶多子盒1件；在墓主右手的北侧放置口向西倾斜的陶碗1件，在陶碗的东侧放置女立俑1件，在陶碗的东南侧贴东砖圹南北并列放置6件陶罐和陶灶、陶井；在墓主的胸部下压2件陶罐。在砖台的南侧、墓主右膝关节的北侧放置铁镜1件，镜面向下，纽向上，东高西低倾斜状。棺内有7件（组或套）器物，其中在棺内的西北部、中部放置陶质酱釉罐各1件，1件口向上直立，1件口向东倾倒；在2件釉陶罐之间放置骨梳1件，在骨梳的四周散乱放置铜花形饰1件；在釉陶罐的西南侧散乱放置铜鎏金花形饰2套共3件。在棺底散乱放置铜五铢钱1套共78枚。

二处是被盗墓者弃之在甬道口的器物计5件（套），分别是残铁犁铧1件、铜钱2套共10枚、陶盆1个、圆形云母饰片1套共2片。

另外，见朱漆漆器印痕者5件。分别位于墓主左大腿外侧不远处放置2件，其中1件呈长方形，南北向放置，南北长20厘米，宽10厘米；在长方形漆器的西北角被另1件椭圆形漆器叠压，直径8～10厘米。在墓主左小腿的西侧放置2件漆器，其中1件呈长方形，南北向放置，南北长20厘米，宽10厘米；在长方形漆器的西南角叠压另1件椭圆形漆器，直径8～10厘米。在棺内的西北部放置1件长方形漆器，东西向放置，东西长18厘米，宽10厘米，该漆器之上放置1件釉陶罐和铜花形饰件（图一一～图一三）。

ⅣM15　该墓总长20.1米，墓底距开口深6.07米。

墓道位于墓室的南侧偏东，墓道长8.2米，宽1.1米，底宽1米，最深处4米。

在墓道的北壁掏挖过洞，洞口顶部呈弧形，斜壁，缓坡底。过洞长5.5米，宽1米，高1.7米。

天井口长2.72米，宽1.12米。底长2.54米，宽1米，深5.6～6米。

甬道东西两壁的砖框和券顶均为单砖错缝顺砌。砖框与土圹之间留有0.15～0.22米的间隙，填五花土和残砖。甬道底南北向"一"字形铺设灰砖。甬道土圹口高1.64米，宽1.74米，壁长0.86米。砖框甬道口高1.4米，宽0.94米，券顶高0.4米，厚0.17～0.23米。甬道口两道封门砖之间留有0.2米的间隙，遗留五花土和残砖。第一道封门砖位于土圹甬道口，单砖错缝平砌24层，呈塔式状弧形封堵，高1.64米，宽0.17～1.34米。第二道封门砖位于砖框甬道口，单砖斜式竖砌9层，高1.4米，宽0.94米。

砖室的四壁，平面为砌砖成向外弧形，东西两壁弧0.12米，北壁弧0.05米，四角互不交错连接。四壁为单砖错缝砌筑，由底向上逐渐收拢成顶。墓底铺砖中部呈"人"字形铺设，砖圹压铺底砖，四边铺底砖与砖框呈直角交错状。墓底东西宽2.4米，南北长2.7米，残高2.7米。墓室底的东半部有一个南北向长方形砖台，用砖交叉砌筑3层，长2.1米，宽0.7米，高0.22米。在其砖台的东部有一个1层砖台，砖东西向放置，长2.1米，宽0.34米，高0.07米。

在墓室的正上方有一个椭圆形的盗洞，直到墓底。壁已坍塌成口大底小状。盗洞口东西2.4米，南北2.4米，深3.1米；底东西0.5～0.66米，南北1.08米。

葬具及人骨架：在墓底放置单棺，棺木已腐朽，仅存浅灰色板灰，棺首北、棺尾南，长2.2米，宽0.45～0.7米。棺内底铺白灰厚1厘米，人骨架已被盗墓者拖在棺与西侧墓壁之间，呈俯身直肢，头向南面向西，左臂屈曲于腹部下，骨骼腐朽较甚，头骨已残碎，系男性，年龄35～40岁。

随葬品：器物编号32件（套）。其中泥质灰陶器27件（套），石器2件，铁器1件，铜器2件。另见5件朱漆漆器印痕（未编号），总计37件（套）。由于被盗扰，随葬品大多数已非原处。出土时泥质灰陶器27件及部分朱漆漆器分别置于墓室口、砖台上、墓室东部等处；其他的

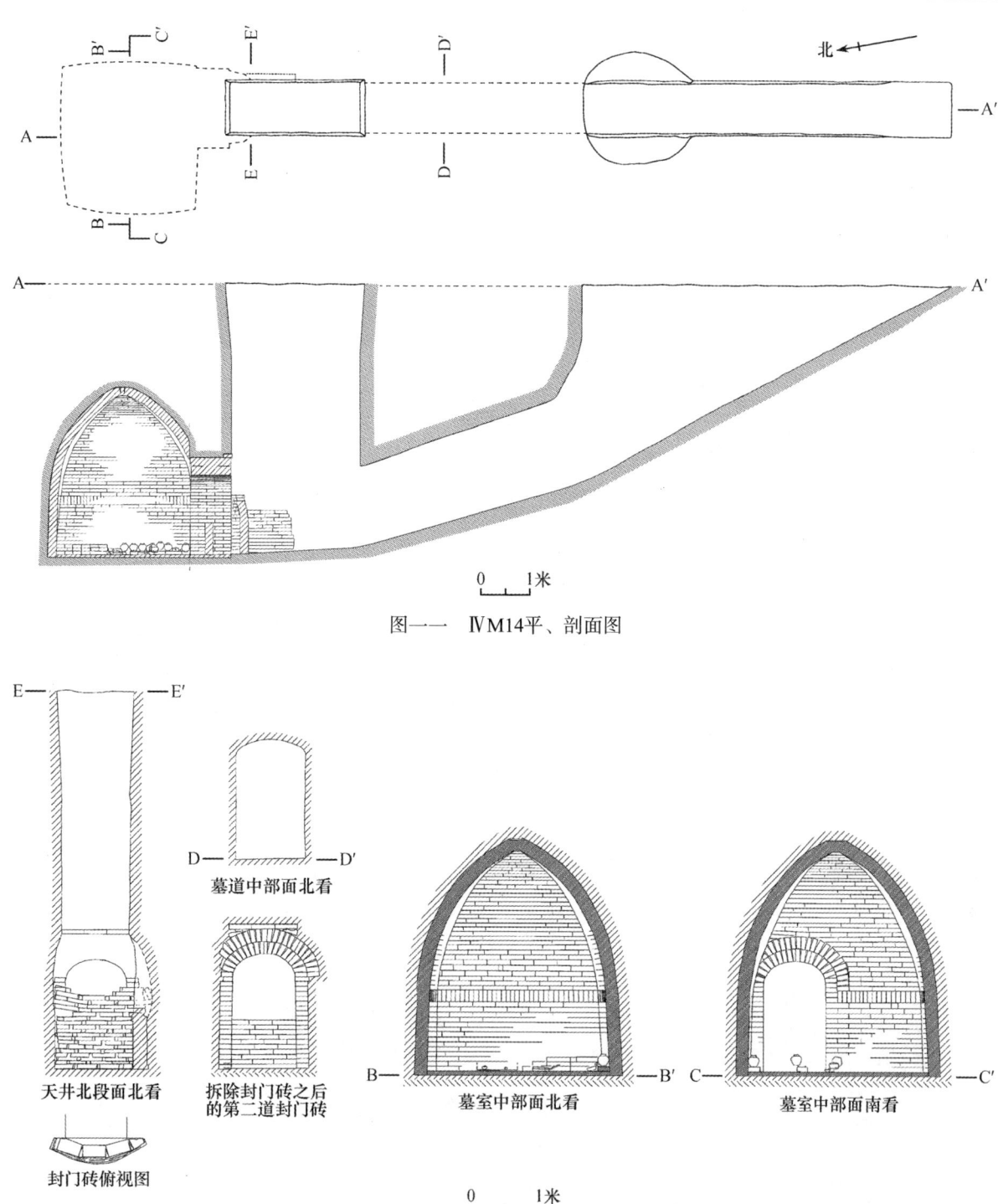

图一一　ⅣM14平、剖面图

图一二　ⅣM14局部剖面图

石器、铁器、铜器类共5件及部分朱漆漆器分别置于棺内以及棺的北端西侧。其具体位置为：

墓室口有1件陶马，在马的身体下压多子盒1件，在马和多子盒的西北侧放置樽1件，樽内有陶勺1件。

三层砖台的南部放置陶罐4件、陶盘1件，歪七倒八倾倒成半圆形；三层砖台的北部倾倒置陶罐1件。

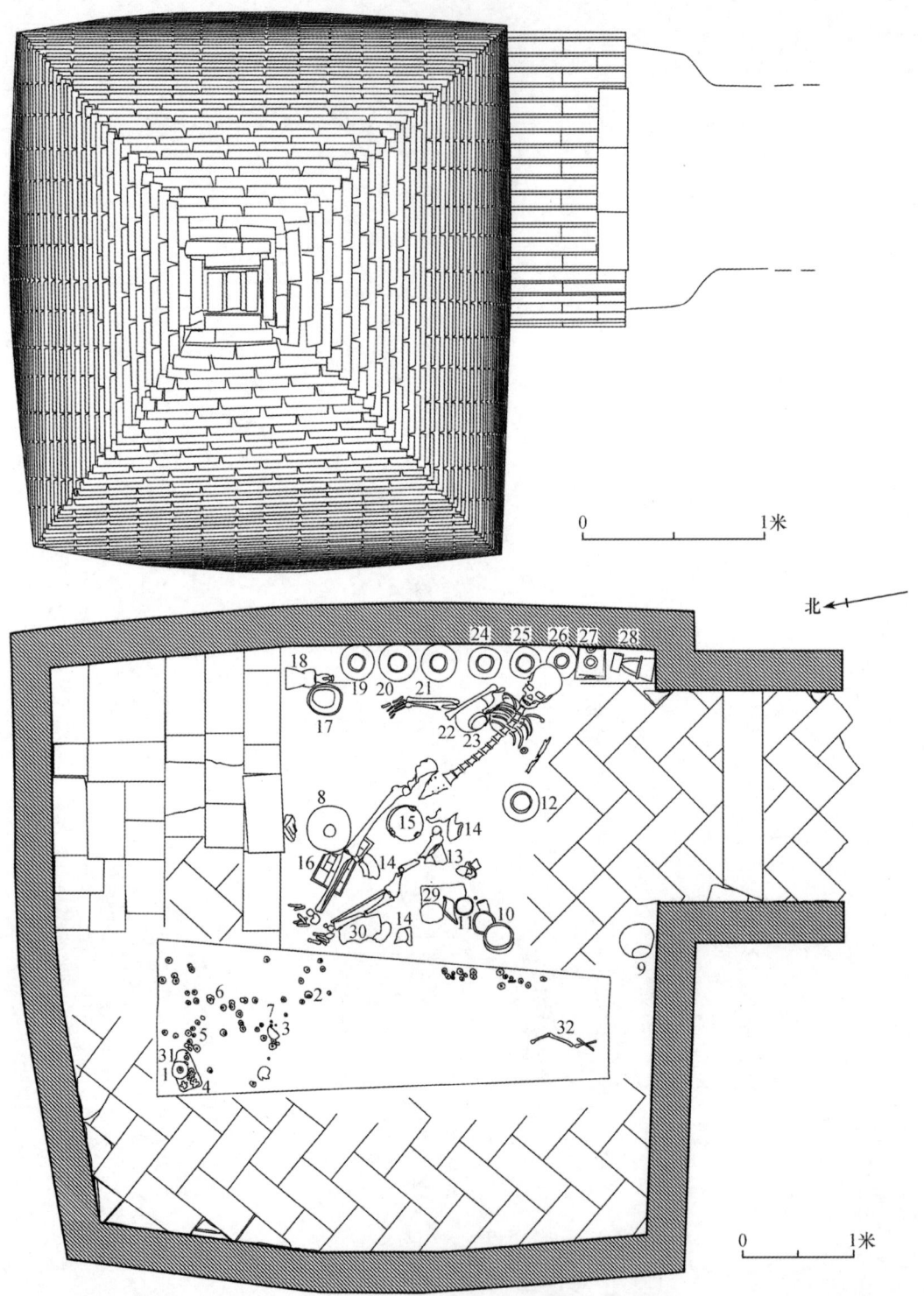

图一三　ⅣM14墓室平面图

1、2. 酱釉陶罐　3. 骨梳　4. 铜花形饰件　5、7. 铜鎏金花形饰　6. 铜钱　8. 铁镜　9、12、19~26. 陶罐　10. 陶奁　11、17. 陶碗　13. 陶扁壶　14. 陶盘　15. 陶樽　16. 陶多子盒　18. 陶女立俑　27. 陶灶　28. 陶井　29~31. 漆器残痕　32. 兽骨

一层砖台的中南部有陶奁和陶耳杯各1件，奁已残碎，耳杯口朝下倒置；一层砖台的中北部有口朝下倒置的陶碗1件，在陶碗的西北侧有朱漆漆器残痕，约呈椭圆形，口径宽14～24厘米；一层砖台北端的下侧，放置1件头向东、面向南，呈倾倒形状的陶女立俑。

墓室东部南北并列放置11件陶器和1件朱漆漆器：由南向北分别为口朝下倒置的碗1件，牛头朝南直立的牛车1件，直立于牛身东侧的男立俑1件，位于牛车北侧、贴靠东墙壁的井1件，在井西侧放有扁壶1件，口向上直立于井北侧的灶1件，叠压在井和灶上边的罐1件，在灶西北侧口向上直立罐1件，在该罐东北侧有直径7～18厘米的椭圆形漆器1件，在该罐西北侧靠有侧立的碗1件。墓室的东北角放置陶厕所1件；陶厕所南侧有口向上直立的碗1件。

棺北端西侧南北向放置1件黛砚，长15厘米，宽10厘米。

棺内的北端放置3件朱漆漆器、1件黛砚、1件铜叉形饰件、1件铁刀、1串铜钱，还发现有两块膨润土。其中3件漆器东西并列，器别不详。东侧漆器呈不规则形状，南北向放置，长26厘米，宽7～10厘米；中间漆器呈长方形，东北西南向放置，长18厘米，宽24厘米；西侧漆器呈梭形，两头小中间宽，南北向放置，长24厘米，宽9厘米。在中间的漆器上叠压1件铜叉形饰件和1件石板（黛砚），铜叉形饰件东北西南向放置，饰件的南端，叠压石板；中间漆器的西北侧边缘，东北西南向放置铁刀，锈蚀残断。紧贴漆器的西北侧放置兽或禽肢骨，腐朽较甚，种属不详。漆器的南侧放置膨润土2块，呈长方形，南北并列，北侧膨润土长10厘米，宽8厘米，厚4.5厘米。南侧的膨润土已经挤压成薄片，南北长13厘米，宽9厘米。在膨润土的东南侧放置呈"9"形状的1串五铢钱，锈蚀在一起，共241枚。

在揭取砖台的砖时，发现带"昌邑"字的砖一块，在揭取铺地砖时，发现带"宜侯王"字的砖一块。两块砖的字体均是刻划在带绳纹的一面，应是在进窑烧制前，砖坯有一定湿度的时候刻划的（图一四～图一六）。

ⅣM16　该墓总长21.9米，墓底距开口深6.7米。

墓道位于墓室的南侧偏东，墓道长8.7米，宽1.04米，最深处4.4米。

在墓道的北壁掏挖过洞，洞顶呈弧形，直壁缓坡底，洞长5.7米，宽1.04米，高1.8米。

天井口长3.2米，宽1.2米。底长3米，宽1米，深6.14～6.6米。

甬道东西两壁的砖框和券顶均为单砖错缝顺砌，砖框之上砌券顶。砖框与土圹之间留有0.06～0.15米的间隙，填五花土和残砖。甬道底铺砖，南北向"一"字形铺设。甬道土圹口高1.6米，宽1.4米，壁长0.94米。砖框甬道口高1.32米，宽1.34米，内宽0.98米，砖框长0.84米，厚0.17米，壁高1米，券顶高0.32米，厚0.24～0.34米。甬道口用两道封门砖，第一道封门砖位于土圹甬道口，单砖错缝平砌24层，呈塔式状弧形封堵，高1.6米，宽1米。第二道封门砖位于砖圹甬道口，单砖斜式竖砌9层，高1.32米，宽0.98米。两道封门砖之间留有0.32米的间隙，遗留五花土和残砖。

砖室的四壁，平面为砌砖呈向外弧形，四角互不交错、不叠压。四壁为单砖错缝砌筑，向上逐渐收拢成顶，在由底向上13层砌筑方法为单砖错缝平铺时，第14层为丁砖竖砌，第15～49（48）层为单砖错缝平铺，东西两壁少一层。砖缝之间用红陶残片和青釉瓷片塞挤。墓底铺砖

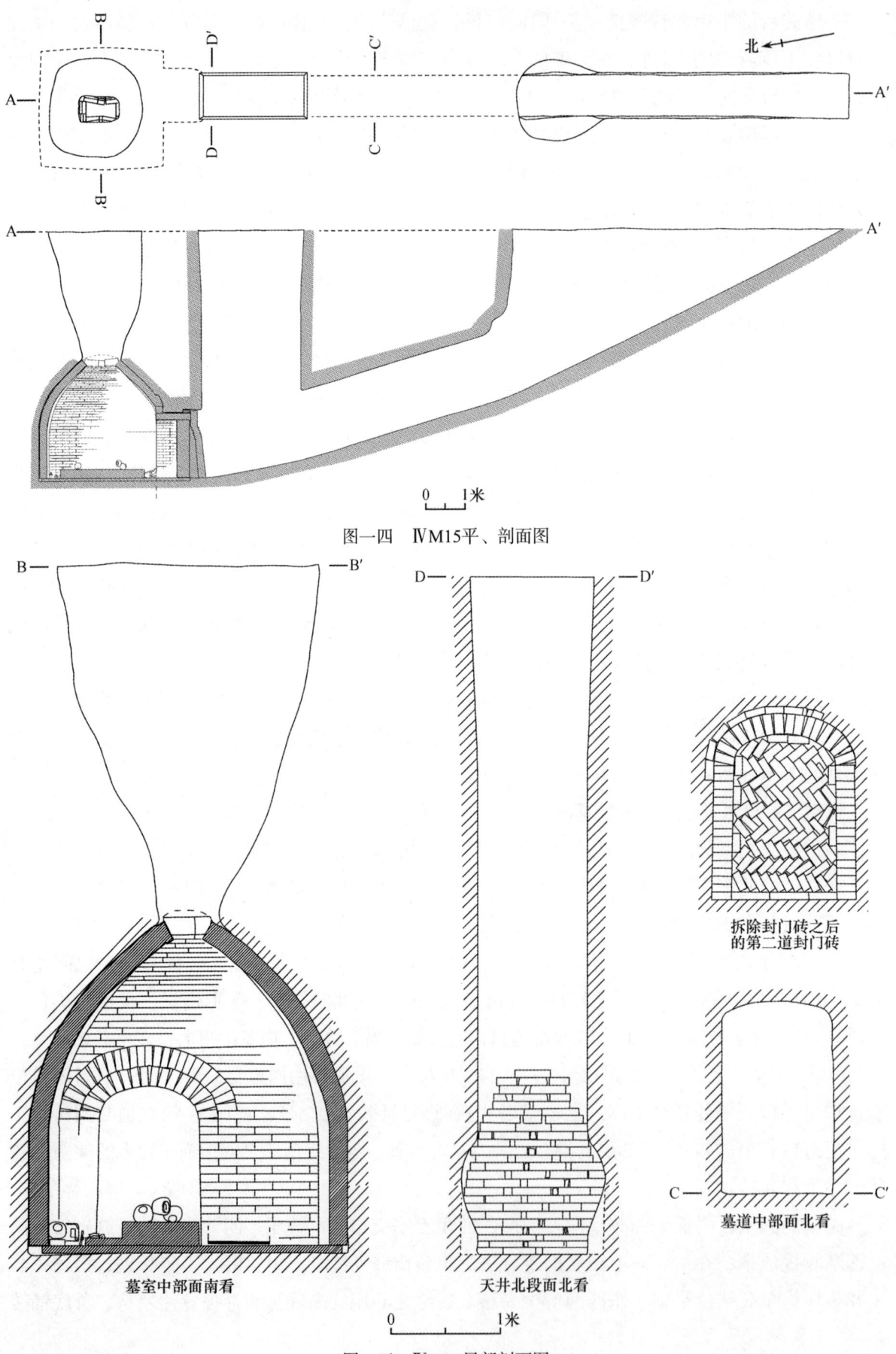

图一四 ⅣM15平、剖面图

图一五 ⅣM15局部剖面图

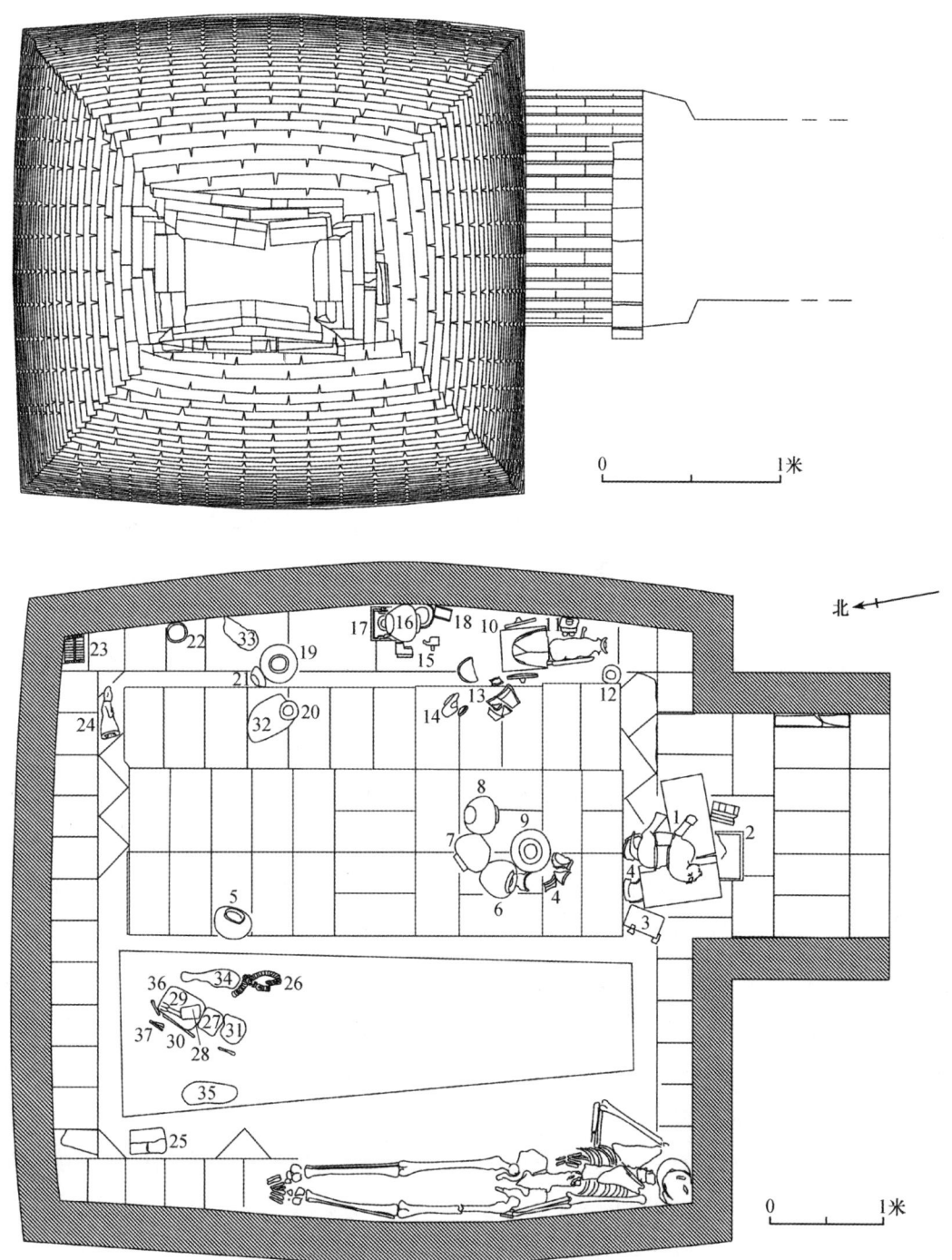

图一六　ⅣM15墓室平面图

1.陶马　2.陶多子盒　3.陶樽　4~8、16、19.陶罐　9.陶盘　10.陶牛车　11.陶男立俑　12、20~22.陶碗　13.陶盉　14.陶耳杯　15.陶扁壶　17.陶灶　18.陶井　23.陶厕所　24.陶女立俑　25、28.黛砚　26.铜钱（五铢）　27.膨润土　29.铜叉形饰件　30.铁刀　31~36.漆器残痕　37.兽骨残骸

呈南北向"一"字形铺设，东西两侧的铺地砖呈横向放置，砖框压铺地砖呈交错状。墓底东西宽2.62米，南北长2.66米，东西北三壁弧0.08米，南壁弧0.04米，残高2.78米。

墓室底的东半部有一个长方形砖台，砖台面的砖为东西向"一"字形放置，错缝交叉砌筑，共砌筑三层。砖台南北长1.4米，宽0.68米，高0.22米。在砖台的东部有一个窄砖台，砖为南北向"一"字形砌筑二层，南北长1.06米，宽0.17米，高0.14米。

在墓室的正上方有一个椭圆形的盗洞，直到墓底。洞壁已坍塌成口大底小状。盗洞口东西长2.5米，南北宽2.2米，深3.6米。盗洞底东西宽0.9米，南北长0.96米。

葬具及人骨架：在墓底东西并列两口木棺，棺木已腐朽，仅存呈黑、白、黄三色的板灰迹，棺首北、棺尾南。两棺内各放置人骨架一具。

东棺　内长2.1米，宽0.36～0.6米。棺内底铺白灰厚1厘米。人骨为男性，仰身直肢，右小腿向东屈曲，骨骼腐朽严重成渣状。

西棺　内长1.96米，宽0.4～0.6米。棺内底铺白灰厚1厘米。人的骨骼被盗扰，仅在棺内北部有堆在一起的头骨和臂骨，其他骨骼已被盗墓者拖至木棺之外、砖床的南部。女性，原葬式不详。

随葬品：器物编号共47件。其中陶器32件（其中青釉陶2件），石器2件，铁器4件，铜器9件。另见4件朱漆漆器印痕（未编号），总计51件。由于被盗扰，随葬品大多数已非原处。

陶器的出土可分为五个部位：

一是在墓室的东北部。南北向并列放置两排，每排器物上下又有叠压，共23件。在第一排贴北壁砖框放置10件陶器，由西向东排列为罐4件、奁1件、樽1件、双系扁壶1件。其中第1件罐的口部扣置1件碗，第2件罐的口上放置1件耳杯，樽内放置1件勺。在第二排放置6件器物，由西向东排列为厕所1件、罐4件、多子盒1件。其中第1、2件罐的南部放置口朝下倒置的耳杯、罐各1件；多子盒的南半部下压灶、俑、盘、井各1件，在灶和多子盒之间放置1件碗。

二是在墓室的东南角，放置牛车1套、俑2件。其中牛头朝西直立，1件俑的头向西、面向下位于牛身的北侧，另1件俑的头向东、面向上置于车棚的南侧。另外，还有1件青釉陶小罐，口向东，倾倒于墓室的东南部。

三是在木棺之内，东棺墓主的双膝之间放置口向上直立的壶1件；在西棺棺内的北部，放置口向上、略向南倾斜的三系青釉陶罐1件。

四是在砖台南部，放置口朝西倾斜的钵1件。

五是在甬道中部，甬道中部偏北放置鞍马、碗各1件。其中马头向西、脚朝北，碗放在鞍马的南侧。

石器及朱漆漆器的位置：黛砚2件。其中1件置于墓室的东壁中部铺地砖上，另1件平置于东棺内墓主两膝盖之间。在黛砚下还压了朱漆漆器1件，经黛砚和填土的挤压形成不规则长方形，长16厘米，宽10厘米。

铁器的位置：铁器4件。其中在东棺顶南部西侧放置铁尺1件，墓主下肢处的陶壶东侧放置铁刀2件，墓室东壁中部黛砚的南侧放置条形铁器1件。

铜器及朱漆漆器的位置：铜器9件（套）、朱漆漆器3件。分别放置于二层台砖床的南端及砖床的中部有铜镜2面、铜花形饰件2片，在铜镜的四周有朱漆漆器，腐朽较甚，器别不详，其中朱漆碗1件，残，夹纻胎，碗内绘黑色旋纹一道。东棺墓主头骨的东北侧放置面向上、纽朝下铜镜1面；五铢钱3套共38枚，其中墓主左腿内侧放置一串铜五铢钱；墓主双膝之间陶壶的东南侧放置铜五铢钱1枚。西棺内三系釉陶罐的南侧放置1件铜十字花形饰件，棺内南部散乱放置18枚铜五铢钱。在东西两棺墓主的头骨下均有长方形朱漆漆器，根据摆放位置和形状，判断可能为漆盒，经头骨、棺顶和填土的挤压，其厚度不详。东棺内漆盒长约55厘米，宽20厘米，西棺内漆盒长约48厘米，宽26厘米。

另外，在东棺墓主头骨的东北侧，东西向放置一块长方形膨润土，长0.1米，宽0.06米，厚0.04米（图一七~图一九）。

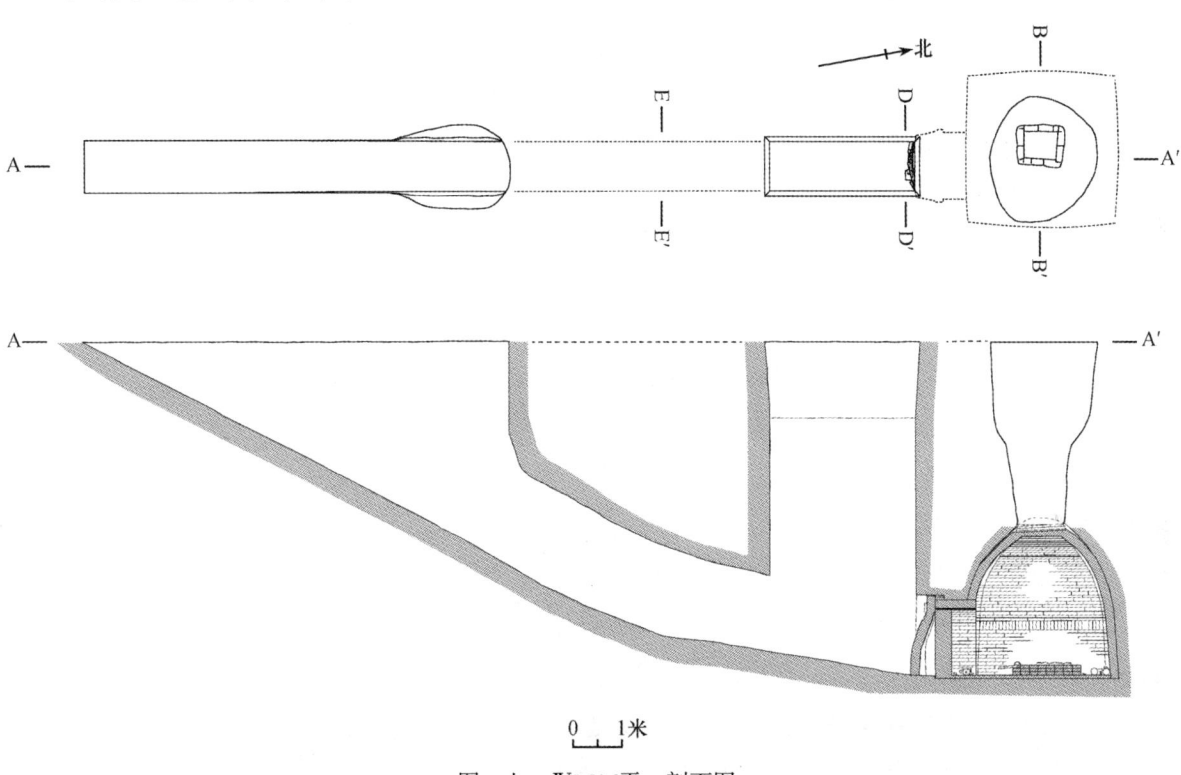

图一七　ⅣM16平、剖面图

2. 随葬器物

4座墓共出土器物115件（套）。其中有陶器84件（套）、铜器18件（套）、铁器7件、骨器1件、石器5件（套）。另外还发现漆器残存痕14处（件）。现按照质地分述如下：

（1）陶器

84件（套）。陶质全部为泥质灰陶（其中釉陶器4件），制造方法除牛、马、俑以及极个别的小型器物、建筑构件的砖为模制之外，余多采用轮制，器物的个别部位或附属件则用手工制作；器表多为素面磨光，个别施有弦纹、压印纹、模印纹、绳纹、刻划纹。主要有碗、钵、

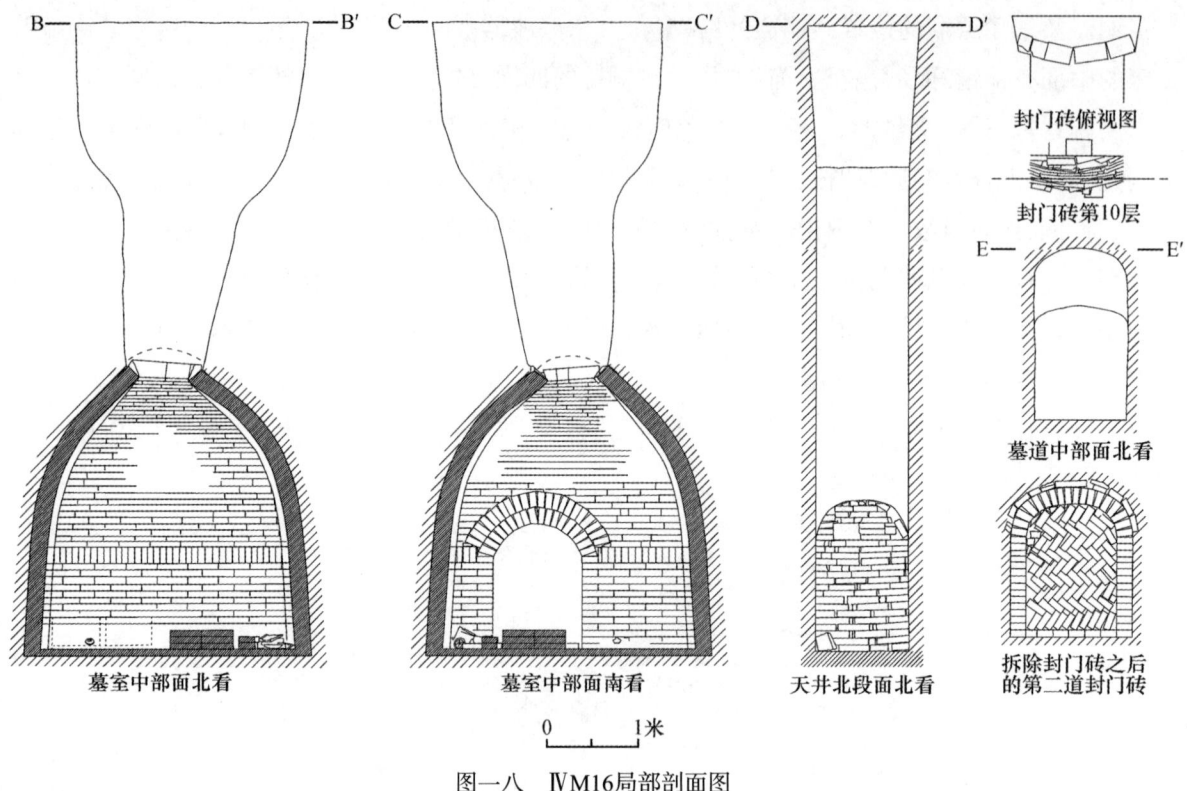

图一八 ⅣM16局部剖面图

盘、盆、罐、壶、樽、勺、耳杯、奁、多子盒、井、灶、厕所、男女直立俑、鞍马、牛车、刻字砖等。

碗 10件。形制基本相同，口大底小，圆唇，腹壁弧曲，无圈足，外底较平，内底有一环形凸。按照体形大小，可分二型。

A型 2件。体形稍大，腹略深，外底略显缓上凹，内底有一环形凸纹。

ⅡM2：2，腹外壁接近唇部有一环形凹纹，内底在环形凸的圈内又有一较小的环形凹纹。口径17.3厘米，底径10.2厘米，高6.8厘米（图二〇，1）。

ⅣM14：17，腹外壁微显高低不平，并有细小的轮旋弦纹，在腹外壁上部有一环形凹纹，腹内壁饰斜形短线纹六周。口径16.2厘米，底径8.8厘米，高5.8厘米（图二〇，2）。

B型 8件。体形较小，腹略浅，外底平，内外素面无纹饰。

标本ⅣM14：11，腹壁缓弧，外底微显缓上凹。口径7.2厘米，底径3.8厘米，高3厘米（图二〇，3）。

标本ⅣM16：25，外口沿下部微束，外腹壁中部微显缓鼓。口径9厘米，底径4.6厘米，高3.6厘米（图二〇，4）。

标本ⅣM15：20，外唇向内收，腹壁上大下小微显斜曲，底部胎泥向外挤出，近似实圈足。口径8.2厘米，底径5厘米，高3厘米（图二〇，5）。

标本ⅣM16：8，外腹壁斜曲、中部微显缓内凹，底部胎泥向外挤出，近似实圈足。口径8.6厘米，底径5.4厘米，高2.8厘米（图二〇，6）。

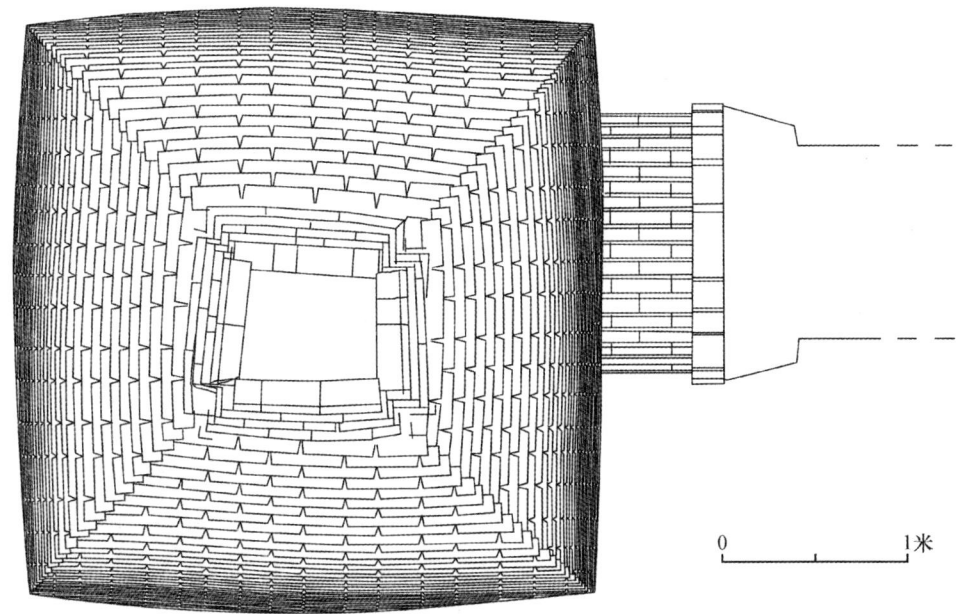

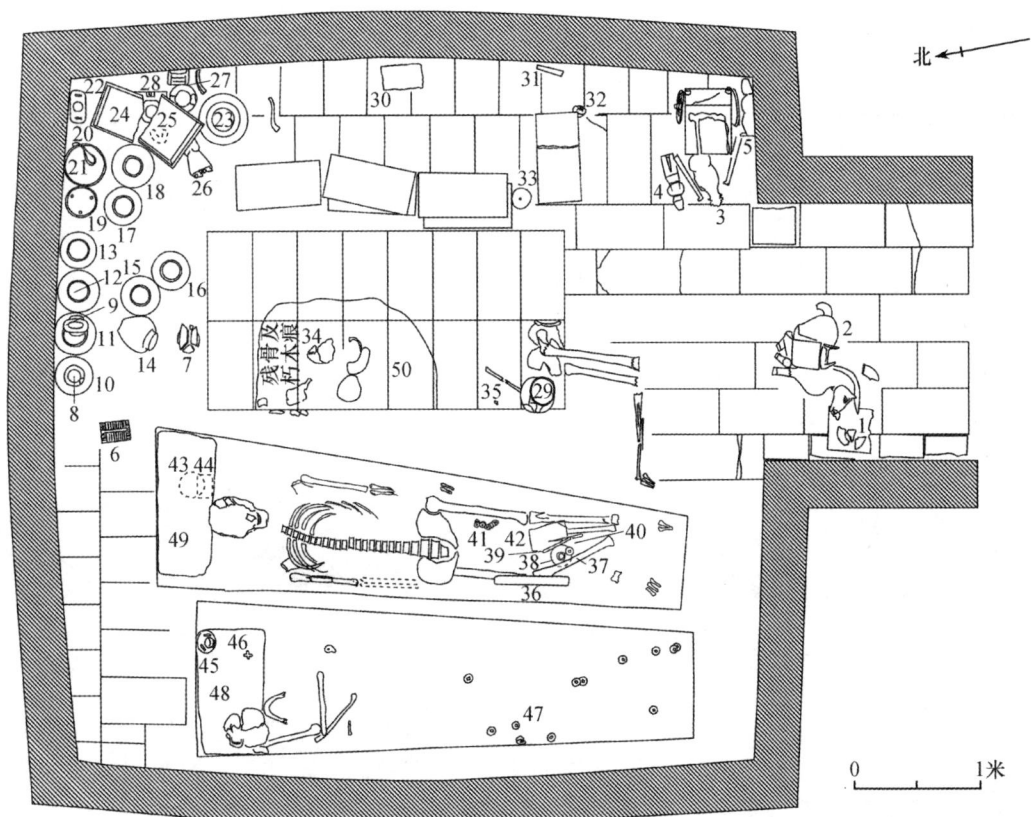

图一九　ⅣM16墓室平面图

1、8、25.陶碗　2.陶马　3.陶牛车　4、5、26.陶俑　6.陶厕所　7、9.陶耳杯　10~18.陶罐　19.陶奁　20.陶樽　21.陶勺　22.陶扁壶　23.陶盘　24.陶多子盒　27.陶井　28.陶灶　29.陶钵　30、42.黛砚　31.铁器　32、45.釉陶罐　33、34、43.铜镜　35.铜花形饰件　36.铁尺　37、41、47.铜钱　38.陶壶　39、40.铁刀　44.膨润土　46.十字形铜饰件　48~50.漆器残痕

标本ⅣM15∶21，胎体较薄，外腹壁中部微显缓内凹，底部胎泥向外挤出，近似实圈足。口径8.2厘米，底径5.2厘米，高2.8厘米（图二〇，7）。

钵 1件。ⅣM16∶29，敛口，小方唇向内斜，鼓形腹，外底平缓上凹。口径11.8厘米，底径8.6厘米，腹径13.8厘米，高7.2厘米（图二〇，8）。

盘 3件。敞口，圆唇，浅腹，外底平稍显缓上凹，内底微显缓下凹，并有环形凸纹。

标本ⅣM14∶14，外壁中部稍显缓内凹，内底有两个环圈形凸棱纹。口径18.4厘米，底径12.4厘米，高2.8厘米（图二〇，9）。

标本ⅣM16∶23，外壁斜曲，内底有环圈形凹纹和环圈形凸棱纹各一个，外底中部有一台阶式环棱，使底的中部形成圆盘状。口径19.4厘米，底径12.6厘米，高3厘米（图二〇，10）。

盆 1件。ⅣM14∶03，敞口，宽折沿，沿端再向上折，圆唇，外沿下略显缓束，腹壁弧曲，外底平微显缓上凹。内壁饰有斜形短线纹五至六周，内底周边有一环形压印。口径17.4厘

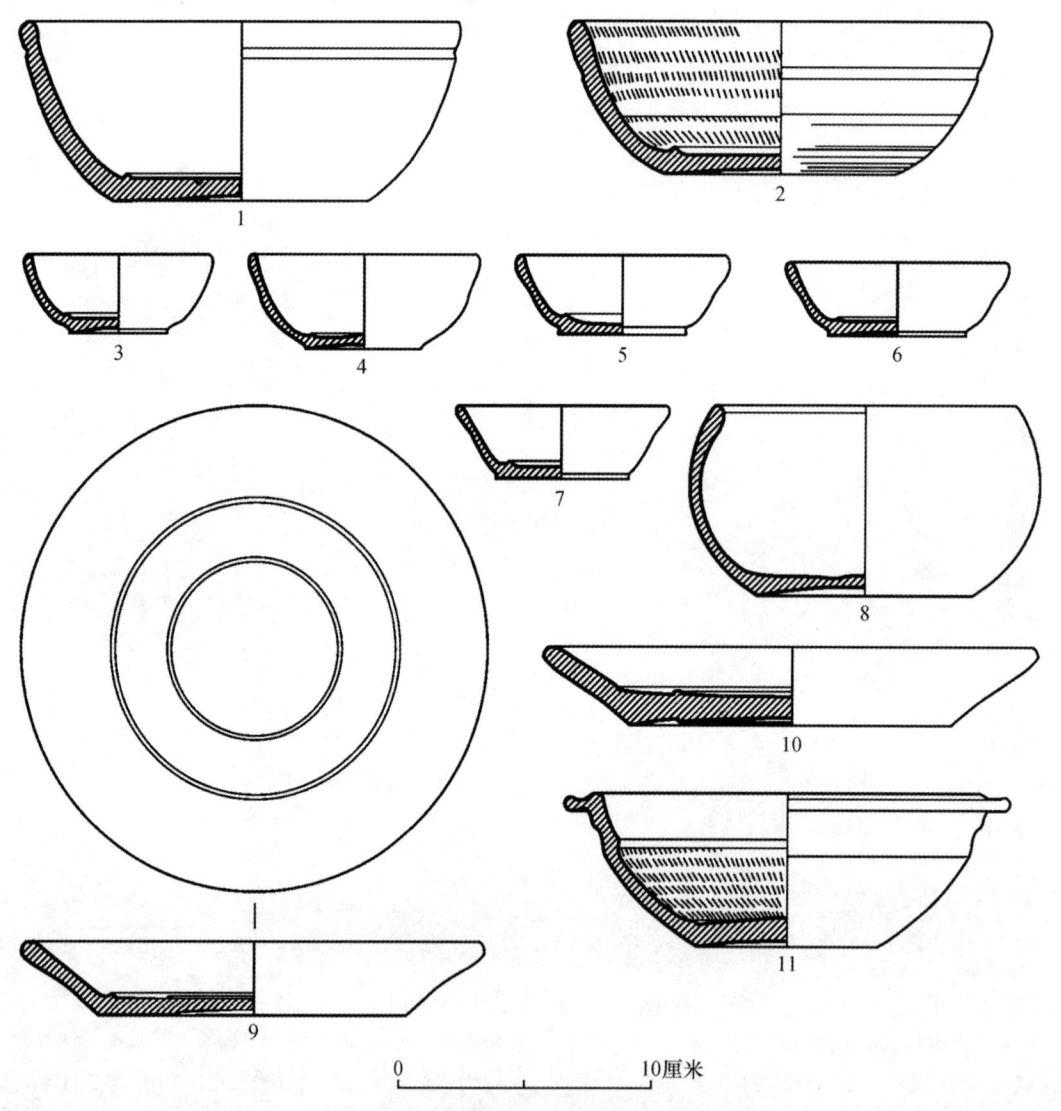

图二〇 晋代墓葬出土陶器（一）

1、2. A型碗（ⅡM2∶2、ⅣM14∶17） 3~7. B型碗（ⅣM14∶11、ⅣM16∶25、ⅣM15∶20、ⅣM16∶8、ⅣM15∶21） 8. 钵（ⅣM16∶29） 9、10. 盘（ⅣM14∶14、ⅣM16∶23） 11. 盆（ⅣM14∶03）

米，底径7厘米，高5.8厘米（图二〇，11）。

罐　30（灰陶罐26、釉陶罐4）件，分五型。

A型　24件。泥质灰陶，形制基本相同，圆唇，直口或微向内斜，鼓肩，腹部最大直径靠上部，下腹斜直微显弧曲，平底缓上凹，肩部饰有环形凹弦纹或凸弦纹一周。

标本ⅣM14：22，直口，肩部饰有环形凸弦纹一周，内壁下部有数周轮旋凹凸纹。口径8.8厘米，腹径17.6厘米，底径9厘米，高15.2厘米（图二一，1）。

标本ⅣM16：15，口上部微显向内斜，肩部饰有环形凸弦纹一周。口径7.8厘米，腹径16厘米，底径8厘米，高14.6厘米（图二一，2）。

标本ⅣM14：25，口上部微显向内斜，肩部饰有环形凹弦纹一周，内壁下部有轮旋凹凸纹。口径7.6厘米，腹径14.4厘米，底径8.6厘米，高13厘米（图二一，3）。

B型　1件。ⅣM15：16，斜直口，圆唇，圆肩，圆腹，最大直径在中部微靠上，底平微缓上凹，肩部饰有环形凸弦纹一周，上腹外壁有数周轮旋纹。口径9厘米，腹径17厘米，底径8.6厘米，高13.6厘米（图二一，4）。

C型　1件。整体呈矮胖形，口和底皆显得较大，口部与其他罐也略有不同。ⅣM14：24，口微显外敞，口沿略有外突，圆唇，颈微束，腹部最大直径在上部，底平微缓上凹，肩部饰有环形凹弦纹一周，内壁下部有轮旋凹凸纹。口径8.4厘米，腹径14.2厘米，底径9.6厘米，高11.8厘米（图二一，5）。

D型　1件，釉陶。ⅣM16：45，圆唇，直口，缓曲肩，肩部有一环形台阶，置有三个梯形系，鼓腹，最大直径靠上部，下腹斜曲，平底微缓上凹，满施青釉。口径3.9厘米，底径3.8厘米，腹径8.4厘米，高6.8厘米（图二一，6；图版二二，6）。

E型　3件，釉陶。形制基本相同，圆唇，口沿向外翻卷，束颈，折肩，肩面有三个凸点，点端无釉，弧形腹，平底微缓上凹。满施青釉。

ⅣM14：1，肩部有二至三条轮旋凹弦纹。口径2.8厘米，底径3厘米，腹径6.6厘米，高5.2厘米（图二一，7；图版二二，7）。

ⅣM16：32，口径2厘米，底径1.8厘米，腹径4.3厘米，高4厘米（图二一，8；图版二二，8）。

ⅣM14：2，口径1.5厘米，底径1.9厘米，腹径3.3厘米，高2.8厘米（图二一，9；图版二二，9）。

壶　4件。依据形制、大小，可分二型。

A型　1件，扁圆形腹。ⅣM16：38，体形较小，近似洋葱形。圆唇，小敞口，高束颈，扁圆形腹，平底微显缓上凹，内底中间有突起。肩部饰一周短斜线带状纹，外底有线束割的拇指纹，外腹壁近底缘处有刀修痕。口径2.6厘米，腹径8.6厘米，底径4.7厘米，高7厘米（图二二，1）。

B型　3件，双系扁腹壶。圆、方唇，直口，斜折肩，肩部有环凹纹一周，圆角长方扁腹，弧形底下置长条梯形2足，肩部置近似梯形系1对。

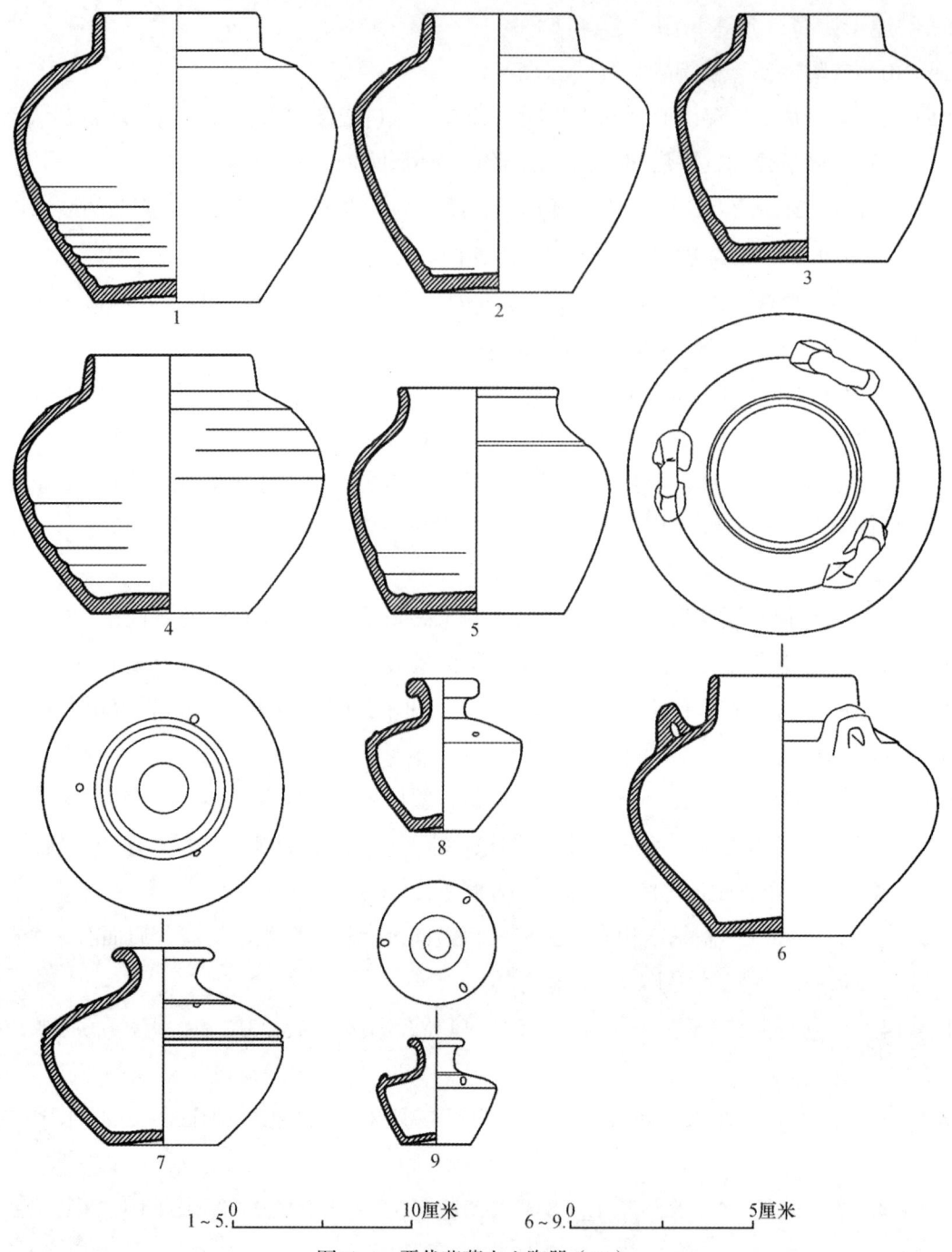

图二一　晋代墓葬出土陶器（二）

1~3. A型罐（ⅣM14:22、ⅣM16:15、ⅣM14:25）　4. B型罐（ⅣM15:16）　5. C型罐（ⅣM14:24）　6. D型罐（ⅣM16:45）　7~9. E型罐（ⅣM14:1、ⅣM16:32、ⅣM14:2）

标本ⅣM15:15，圆唇，外突沿，从腹部宽面看腹壁呈上大下小形，从腹部窄面看腹壁中部向内缓弧。口径4.4厘米，腹径8.8~14.4厘米，通高16.9厘米（图二二，2）。

标本ⅣM16:22，方唇，直口，口外沿下部有一环形凹弦纹，腹外壁垂直。口径4.2厘米，腹径7.8~13.2厘米，通高15.2厘米（图二二，3）。

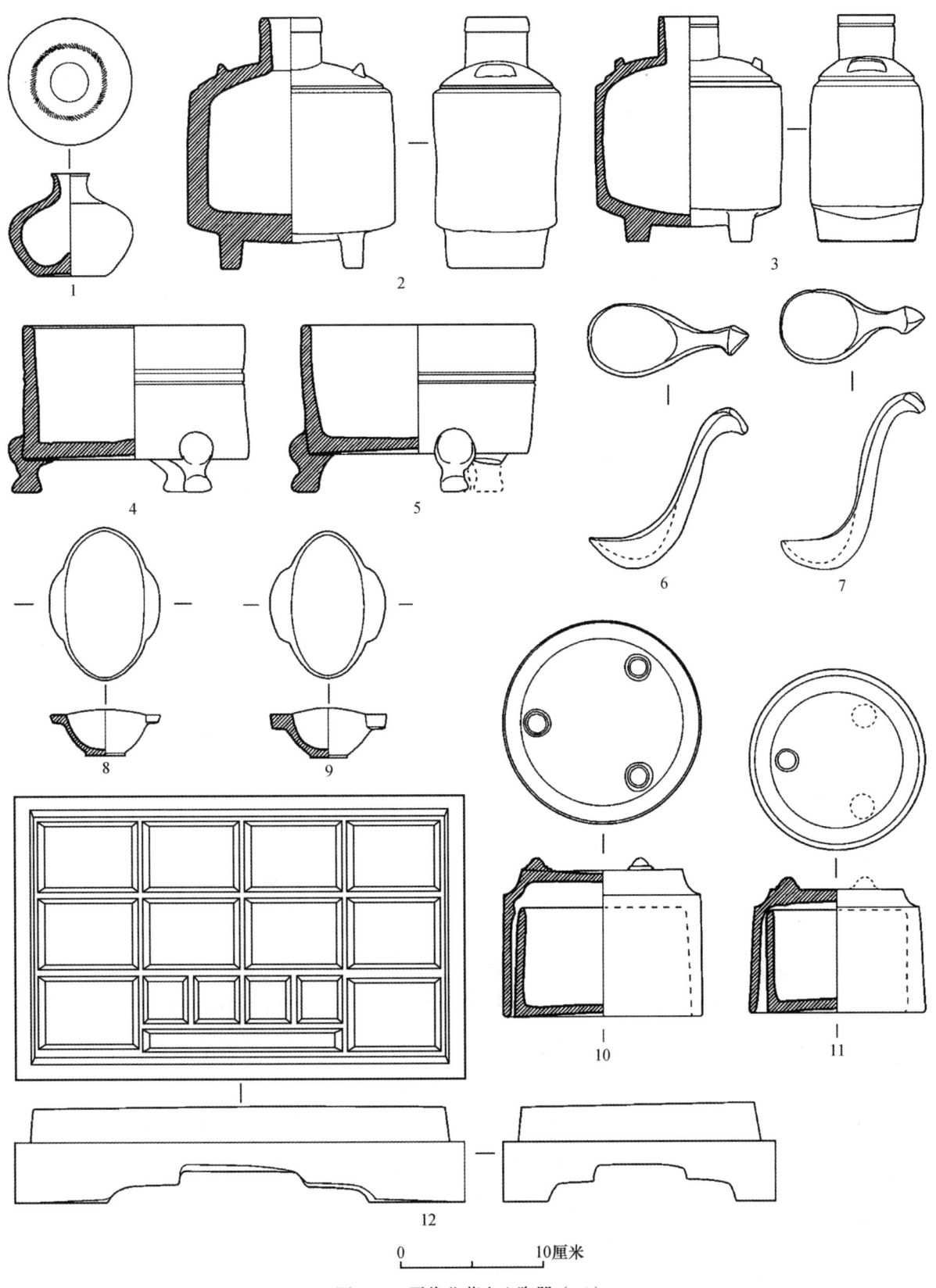

图二二　晋代墓葬出土陶器（三）

1. A型壶（ⅣM16：38）　2、3. B型壶（ⅣM15：15、ⅣM16：22）　4、5. 樽（ⅣM16：20、ⅣM15：3-1）　6、7. 勺（ⅣM15：3-2、ⅣM16：21）　8、9. 耳杯（ⅣM15：14、ⅣM16：9）　10、11. 奁（ⅣM16：19、ⅣM14：10）　12. 多子盒（ⅣM16：24）

樽 3件。每件樽内均放有一个陶勺（有的樽和勺编为一个号，另见下述勺文字）。3件樽的形制基本相同，竹节形，直壁，平底微向上缓凹，蹄形三矮足，腹外壁饰两周凹弦纹。只是在口沿、腹壁处略有不同。

标本ⅣM16：20，方唇外高内低，直口，腹部微显束。口径15.2厘米，底径15.4厘米，通高11.4厘米（图二二，4）。

标本ⅣM15：3-1，圆唇，直壁。口径16厘米，底径15.2厘米，通高11.4厘米（图二二，5）。

勺 3件。分别出土于3件樽之内。手工制作。腹部近似半圆形，长曲柄的断面呈近似三角形，柄端下折、柄端的上面呈等腰三角形且近似蛇首，从整体侧面看，形似一只蹲下的长颈鹅。3件勺的形制大体相同，只是勺池可分为椭圆形和圆形两种。

标本ⅣM15：3-2，勺池呈椭圆形。长11.2厘米，最大宽度5厘米，高10.9厘米（图二二，6）。

标本ⅣM16：21，勺池呈圆形。长10厘米，最大宽度5厘米，高12厘米（图二二，7）。

耳杯 3件。器胎较薄，椭圆形，圆唇，口微外敞，两侧有耳，两远端微向上翘，腹壁弧曲，平底。素面，无彩。

标本ⅣM15：14，青灰色。长10.4厘米，宽7.6厘米，高3.2厘米（图二二，8）。

标本ⅣM16：9，色泽偏褐色，应是火候略低所致。长10厘米，宽8厘米，高3.4厘米（图二二，9）。

奁 3件。形制基本相同。奁身与盖相套合，均呈筒形杯，盖顶略小、凸起，置乳钉纽3个，平底。

标本ⅣM16：19，圆唇，直口，奁身口大底小，壁微显斜曲。奁身口径11.8厘米，底径12.2厘米，高7.5厘米；盖口径13.8厘米，通高10.8厘米（图二二，10；图版二二，4）。

标本ⅣM14：10，奁身为直壁。奁身口径与底径皆9.8厘米，高7厘米；盖口径12.2厘米，高9.2厘米（图二二，11）。

多子盒 3件。形制基本相同，只是大小尺寸有别。长方形底座，四角为矩形足，盒面四壁略小于底座，盒内分割成大小不同的方格，其中两侧各分为3个长方形格，中间为4个长方形格、4个小正方形格及长条形格1个。标本ⅣM16：24，长31.4厘米，宽19.2厘米，高6.5厘米（图二二，12）。

井 3件。形制基本相同。井筒作喇叭形，井台地平面呈圆形，台地上置斜立两根扁圆形粗柱，双柱上承托悬山式屋顶，屋顶前后坡各有2条横向瓦垄，共4条垂脊，正脊两端设鸱尾形脊吻。标本ⅣM14：28，井口内径6厘米、外径10.2厘米，底径11.2厘米，通高18.9厘米（图二三，1）。

灶 3件。单眼灶，形制基本相同。灶台平面呈前大后小的梯形，前壁中部做出竖立的长方形火门，火门上立"山"字形的挡风墙，后壁上边的中间做出烟囱，灶台面有一个火眼，火眼周边有模印微凸的锅铲、勺等四种炊具，台面的周边用双凸线曲折环绕。标本ⅣM16：28，长15.2厘米，前壁宽13.8厘米，后壁宽12.7厘米，通高8厘米（图二三，2）。

厕所　2件。形制基本相同。平面呈长方形，无底。四壁较垂直，呈长方形筒状，前墙靠右边设竖长方形门洞。四壁上端起脊，呈悬山顶，正脊两端设鸱尾形脊吻，前后坡各置筒瓦14垄，两侧山各有筒瓦7垄。两侧山墙与屋顶之间留有三角形通风排气孔。标本ⅣM15：23，通长12.1厘米，通宽8.4厘米，通高13.8厘米（图二三，3）。

男女直立俑　6件，全部为模制，男、女各3件，形制基本上各自相同，现举例分述如下：

男直立俑　3件。标本ⅣM16：5，身体直立，头戴风帽，双目平视，面带微笑，上臂弯曲，双手交于胸前，身着窄袖、交领右衽上衣，腰束带，下穿有裆分腿长裤，足着履，两腿并立。通高21.9厘米（图二三，4；图版二二，2）。

女直立俑　3件。标本ⅣM15：24，身体直立，头发向上梳拢，至头顶盘结，其上做半圆花形、呈由前向后翻式的高髻，直鼻大眼，嘴角上翘，面目清秀，上臂弯曲，双手交于胸前，身着窄袖、交领右衽长裙，腰间束丝带，并系蝴蝶结，裙下露出双脚，足着布履，两脚分开站立。通高22.5厘米（图二三，5）。

鞍马　2件。站立式，制作方法为模制与手工相结合。马头斜向前方，挺胸，四肢直立，膘肥健壮，尾呈锥状向后轻掠，鬃向前、至额头呈一条束结的辫梢，双耳直立，两鼻孔之间的上方挂一缨络，鞍鞯俱全，鞍下有障泥、无镫，四腿及蹄有刀刮削痕迹。腹中空。

ⅣM15：1，体形高大。前后通长41.4厘米，通高36.1厘米（图二三，6）。

ⅣM16：2，体形略小，头上鬃辫向前的部分残缺，耳尖残缺。前后长30.8厘米，高30.1厘米（图二三，7；图版二二，1）。

牛车　2件。制作方法为模制与手工相结合。牛车为双辕车，一牛驾辕。牛的制作为腹中空，头略微抬起，耳朝后，瞪目，双角尖向前，直立，收尾，体肥膘圆，四柱状腿粗壮有力，背负车袢。车辕为两长杆，辕与车厢结合的不远处设一根加固的横梁，车厢底置"井"字形横梁，车底主轴为木制，已朽，无存，车底两边可见固定主轴的四个穿孔，车厢两边有高大呈饼状的车轮，轮沿较宽，各模印辐条12根，车軎呈一端大一端小的管状。车上置圆拱形轿篷，轿篷顶部的前后檐皆向外延伸，后厢靠右开一竖长方形门，供人出入。标本ⅣM15：10，牛身前后长25.2厘米，高14.2厘米，车前后长41.4厘米，高25.1厘米。牛车前后通长49.2厘米（图二三，8；图版二二，3）。

刻字砖　2件。模制，长方形，青灰色，坚硬。一面为菱形网状绳纹，并在绳纹之上用木质棍形器刻写文字，其他面皆为素面，制作不太精致，细看表面略有不平状，与墓室内其他砌筑用砖没有区别。

ⅣM15：32，长33.6~33.8厘米，宽17~17.3厘米，厚7厘米。刻写文字为"宜侯王"三字（图二三，9；图二四，2）。

ⅣM15：31，长33.7~33.9厘米，宽17.3~17.5厘米，厚7厘米。刻写文字为"昌邑"二字（图二三，10；图二四，1；图版二二，5）。

图二三　晋代墓葬出土陶器（四）
1. 井（ⅣM14：28）　2. 灶（ⅣM16：28）　3. 厕所（ⅣM15：23）　4、5. 男女直立俑（ⅣM16：5、ⅣM15：24）
6、7. 鞍马（ⅣM15：1、ⅣM16：2）　8. 牛车（ⅣM15：10）　9、10. 刻字砖（ⅣM15：32、ⅣM15：31）

图二四　刻划字砖拓片
1. "昌邑"砖拓片（ⅣM15：31）　2. "宜侯王"砖拓片（ⅣM15：32）

（2）铜器

18件（套）。没有大型饮食、生活器具，全部为体形较小的器物。从数量看钱币最多，次是装饰性的饰件，如镜、花形饰、叉形饰等。

镜　3件。皆为圆形，球面圆纽。

ⅣM16：33，背面向前面缓弧，宽缘，周边的背面略小，周边的前面略大，故呈斜面、沿边近似刃状。背面的宽缘以里饰短线纹一周，线纹与纽座之间均匀置五乳钉。直径8.2厘米，厚1厘米（图二五，1；图二六，1）。

ⅣM16：34，残碎，不能复原。背面为宽缘，宽缘以里有内向连弧纹一周。连弧纹与纽座之间饰类似动物纹或花草纹。直径13.8厘米，厚1厘米（图二五，2；图二六，2）。

ⅣM16：43，背面向前面缓弧。背面为宽缘，缘周边向外斜成刃沿，宽缘以里有内向连弧纹一周。连弧纹与纽座之间饰兽面纹及蝙蝠纹各四个。直径10.2厘米，厚0.8厘米（图二五，3；图二六，3）。

花形饰　6件，其中鎏金花形饰4件。分三型。

A型 1件。ⅣM16：35，残，可复原。呈六瓣团花形，正面略弧，背面微缓凹，缘内有环周凹形曲折线。宽2厘米，厚0.05厘米（图二五，4）。

B型 1件。ⅣM16：46，残，可复原。平面呈"十"字形，"四出"为连体花瓣，整体的中部微微略向前缓弧。"十"字形的长与宽均为3.1厘米，厚0.05厘米（图二五，5）。

C型 4件。残碎，不能复原。形制相同，花瓣形（分为五瓣花或四瓣花），体表有鎏金。

标本ⅣM14：4，五瓣花，花瓣呈滴水形，正面略弧，背面微缓凹。宽约2.8厘米，厚0.05厘米（图二五，6）。

标本ⅣM14：7，四瓣花，花瓣呈滴水形，正面略弧，背面微缓凹。宽约2.7厘米，厚0.05厘米（图二五，7）。

叉形饰 1件。ⅣM15：29，模制。残缺，不能复原。整体看近似板条连接而成，中间为两个平行"板条"，其两端各连接一个背向"板条"弯成的"m"形的三齿叉。"m"形的三齿端非锥尖状，其两侧叉齿的前端平面呈方齐头，中间叉齿的前端平面呈圆形，圆形的中心有

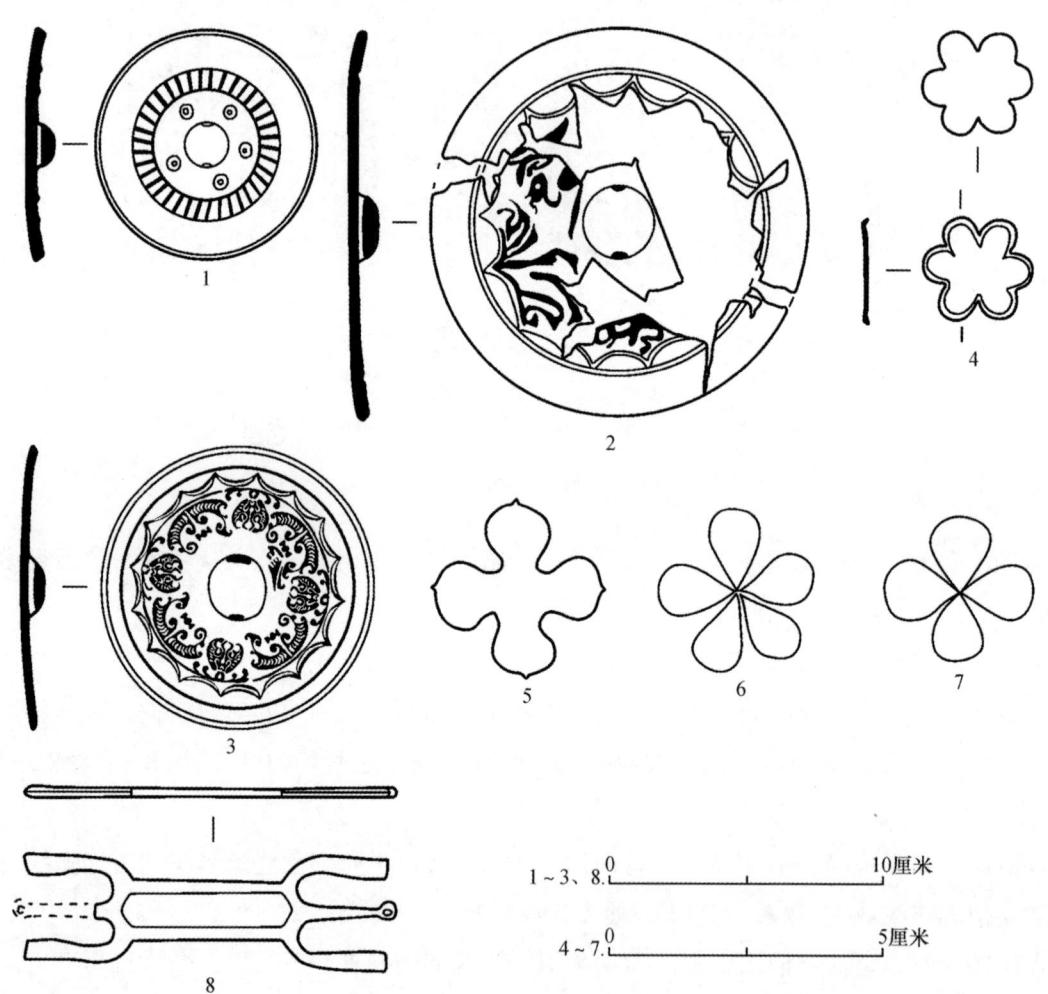

图二五 晋代墓葬出土铜器
1~3.镜（ⅣM16：33、ⅣM16：34、ⅣM16：43） 4.A型花形饰（ⅣM16：35） 5.B型花形饰（ⅣM16：46）
6、7.C型花形饰（ⅣM14：4、ⅣM14：7） 8.叉形饰（ⅣM15：29）

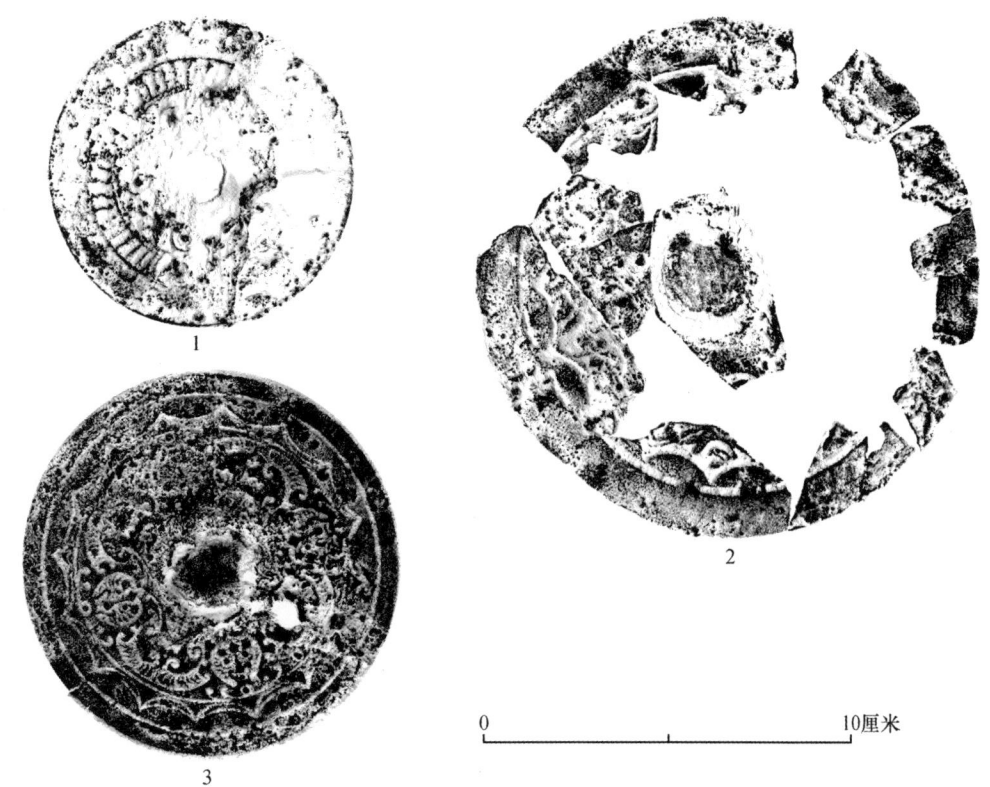

图二六　晋代墓葬出土铜镜拓片

1. 五乳钉镜（ⅣM16：33）　2. 连弧纹镜（ⅣM16：34）　3. 连弧、动物纹镜（ⅣM16：43）

一圆孔。长13.8厘米，宽4.2厘米，厚0.5厘米（图二五，8）。

铜钱　8件（套）。按照遗存位置的不同，分别为ⅣM14出土88枚铜钱编有3个号、ⅣM15出土241枚铜钱（用绳索穿为一串）编有1个号、ⅣM16出土38枚铜钱编有3个号、ⅡM2出土7枚铜钱编有1个号，4座墓共出土铜钱8件（套）374枚。因钱体锈蚀严重，多数钱文不清，很难辨识。主要是"五铢"钱，另有极少数的"半两""货泉""太平百钱"等。现分述如下：

五铢　365枚。五铢钱又可分为"完整"（与剪边五铢相对而言）的和一钱为二的（外圈谓之"綖环"五铢、内圈称之"对文"五铢、"剪边"五铢或"剪轮"五铢，本文暂称为"剪边"五铢）两种。钱面锈蚀严重，钱文不清者居多。

"完整"的五铢钱标本14枚，钱文为篆书，右左读之，"五"字交叉两笔除1枚略斜直之外（ⅣM15：26-6），余均弯曲。钱面有外廓、无内廓，背面内、外廓均有。

ⅡM2：1-1，外直径2.5厘米，方孔边长0.92厘米，厚0.1厘米，重1.57克（图二七，1）。

ⅡM2：1-2，外直径2.55厘米，方孔边长0.97厘米，厚0.15厘米，重2.6克（图二七，2）。

ⅣM14：6-6，外直径2.6厘米，方孔边长0.85厘米，厚0.12厘米，重2.12克（图二七，3）。

ⅣM15：26-9，外直径2.6厘米，方孔边长0.88厘米，厚0.12厘米，重2.67克（图二七，4）。

ⅣM15：26-3，外直径2.6厘米，方孔边长0.9厘米，厚0.18厘米，重2.84克（图二七，

5）。

ⅣM15：26-11，右边"五"字内有两个小穿孔。外直径2.6厘米，方孔边长0.92厘米，厚0.15厘米，重2.54克（图二七，7）。

ⅣM16：47-2，残，缺失约三分之一，不能复原。外直径2.58厘米，方孔边长0.91厘米，厚0.11厘米，现存重1.39克（图二七，6）。

ⅣM16：37，残，断开一块，可复原。外直径2.6厘米，方孔边长0.92厘米，厚0.2厘米，重2.43克（图二七，8）。

ⅣM16：47-5，边缘稍残缺。外直径2.5厘米，方孔边长0.91厘米，厚0.1厘米，现存重1.59克（图二七，9）。

ⅣM16：41，边缘稍残缺。外直径2.4厘米，方孔边长0.92厘米，厚0.1厘米，现存重2.04克（图二七，10）。

ⅣM15：26-12，内外廓较浅且细。外直径2.35厘米，方孔边长0.92厘米，厚0.1厘米，现存重1.99克（图二七，11）。

ⅣM14：6-8，外直径2.2厘米，方孔边长0.89厘米，厚0.1厘米，重1.5克（图二七，12）。

ⅣM15：26-7，右边"五"字内有一个小穿孔。外直径2.15厘米，方孔边长1厘米，厚0.1厘米，现存重1.74克（图二七，13）。

ⅣM15：26-6，五字交叉两笔略斜直。外直径2.3厘米，方孔边长0.85厘米，厚0.1厘米，现存重2.49克（图二七，14）。

"剪边"的五铢标本8枚：由于五铢钱的外部被"剪"去，存留较少，再加上锈蚀较重，致使钱文残存不全且不清晰。

ⅣM14：6-9，钱文不清，背面内廓清晰。残存最大直径1.9厘米，方孔边长0.89厘米，厚0.09厘米，重1.16克（图二七，15）。

ⅣM14：6-3，"五铢"字残存部分较明显，背面内廓不太明显。残存最大直径1.9厘米，方孔边长0.91厘米，厚0.09厘米，重0.73克（图二七，16）。

ⅣM14：04，右边"五"字微显，背面内廓清晰。残存最大直径1.8厘米，方孔边长0.85厘米，厚0.08厘米，重0.82克（图二八，1）。

ⅣM15：26-1，右边"五"字微显，背面内廓不显。残存最大直径1.9厘米，方孔边长0.78厘米，厚0.11厘米，重1.6克（图二八，2）。

ⅣM14：6-10，剪边无文，背面内廓较清晰。残存最大直径1.68厘米，方孔边长0.8厘米，厚0.1厘米，重0.49克（图二八，3）。

ⅣM14：6-12，钱文不清，背面内廓不太清晰，较模糊。残存最大直径1.6厘米，方孔边长0.8厘米，厚0.1厘米，重0.81克（图二八，4）。

ⅣM14：6-13，剪边无文，自中部残断开。残存最大直径1.2厘米，方孔边长0.65厘米，厚0.08厘米，重0.34克（图二八，5）。

ⅣM15：26-2，剪边无文，背面内廓较清晰。残存最大直径1.4厘米，方孔边长0.59厘米，

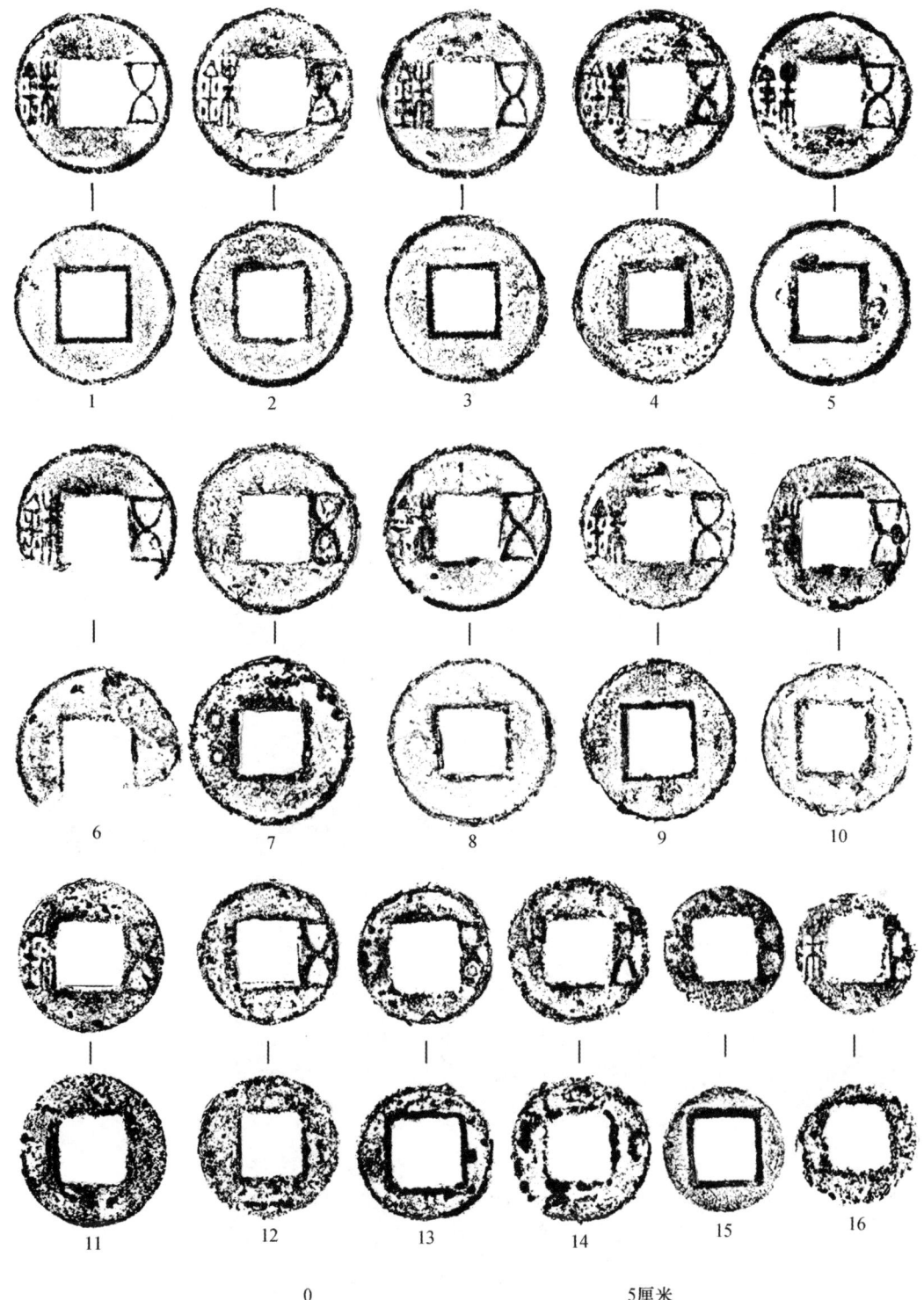

图二七 晋代墓葬出土铜钱标本拓片（一）

1~14. 五铢（ⅡM2：1-1、ⅡM2：1-2、ⅣM14：6-6、ⅣM15：26-9、ⅣM15：26-3、ⅣM16：47-2、ⅣM15：26-11、ⅣM16：37、ⅣM16：47-5、ⅣM16：41、ⅣM15：26-12、ⅣM14：6-8、ⅣM15：26-7、ⅣM15：26-6）

15、16. "剪边"五铢（ⅣM14：6-9、ⅣM14：6-3）

厚0.08厘米，重0.33克（图二八，6）。

半两　1枚。ⅣM15∶26-13，钱文为篆书，右左读之。钱面无廓，背面内外均有廓，廓皆较浅。外直径2.4厘米，方孔边长0.9厘米，厚0.1厘米，重2.64克（图二八，7）。

货泉　4枚。钱文为篆书，右左读之。钱面、背均有内外廓。

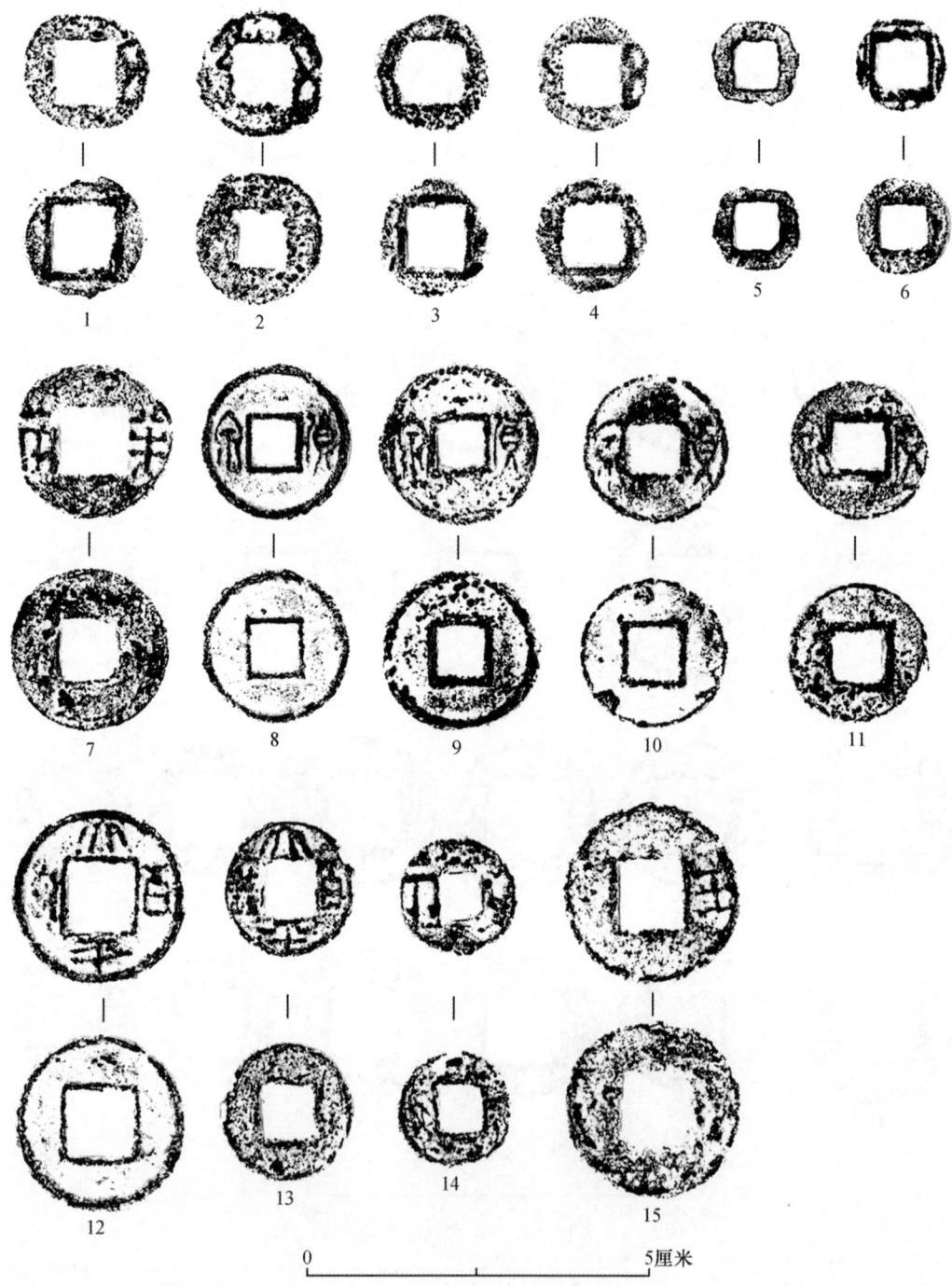

图二八　晋代墓葬出土铜钱标本拓片（二）

1~6. "剪边"五铢（ⅣM14∶04、ⅣM15∶26-1、ⅣM14∶6-10、ⅣM14∶6-12、ⅣM14∶6-13、ⅣM15∶26-2）

7. 半两（ⅣM15∶26-13）　8~11. 货泉（ⅣM14∶6-4、ⅣM15∶26-8、ⅣM15∶26-4、ⅣM15∶26-14）　12、13. 太平百钱（ⅣM16∶47-1、ⅣM14∶6-2）　14、15. 钱文不清的铜钱（ⅣM15∶26-10、ⅣM16∶47-4）

ⅣM14∶6-4，外直径2.2厘米，方孔边长0.6厘米，厚0.19厘米，重3.11克（图二八，8）。

ⅣM15∶26-8，外直径2.4厘米，方孔边长0.6厘米，厚0.2厘米，重3.28克（图二八，9）。

ⅣM15∶26-4，外直径2.1厘米，方孔边长0.61厘米，厚0.1厘米，重1.84克（图二八，10）。

ⅣM15∶26-14，外直径2厘米，方孔边长0.6厘米，厚0.1厘米，重1.76克（图二八，11）。

太平百钱　2枚。钱文为篆书，先上后下，次左后右读之。

ⅣM16∶47-1，钱面、背均有内外廓，内廓较浅且细。外直径2.6厘米，方孔边长0.85厘米，厚0.15厘米，重2.98克（图二八，12）。

ⅣM14∶6-2，钱面、背均有内外廓，廓线细且浅，其中内廓几乎看不清。外直径2厘米，方孔边长0.72厘米，厚0.09厘米，重1.14克（图二八，13）。

钱文不清的铜钱　2枚，锈蚀严重。

ⅣM16∶47-4，钱面有较浅的内外廓，背面外廓较浅、无内廓。仅在背面右侧略显一"王"字。外直径2.6厘米，方孔边长0.9厘米，厚0.11厘米，重2.18克（图二八，15）。

ⅣM15∶26-10，剪边钱，无内廓。仅在背面左侧略显近似不太全的"两"（"半两"的"两"）字。外直径1.7厘米，方孔边长0.61厘米，厚0.09厘米，重0.92克（图二八，14）。

（3）铁器

7件。完整者极少，多数为锈蚀严重，残缺不全，很难测量出确切的数据。主要有镜、刀、尺、条形器、犁铧等。

镜　1件。ⅣM14∶8，圆形，球面形圆纽，背面向前面微显缓弧。因锈蚀严重，背面有何纹饰不详，从小部分留存面推测，应是素平面。直径19.8厘米，厚2.4厘米（图二九，3）。

环首刀　3件。锈蚀严重，断为数段，大部分的部位已成为碎末，刀身向远端渐窄。

ⅣM15∶30，柄端残缺。刀全长约26厘米。刀柄长约8厘米，宽约1.4厘米；刀身长18厘米，刀身最大宽度1.8厘米（图二九，4）。

ⅣM16∶39，刀身残缺，不能复原。残存刀全长19.2厘米，刀身最大宽度1.2厘米（图二九，5）。

ⅣM16∶40，刀全长20.4厘米，刀身最大宽度1厘米（图二九，6）。

尺　1件。ⅣM16∶36，形状呈长条形，锈蚀严重，残断为五段，刻度不详。长约30厘米，宽2.5厘米，厚约0.2厘米（图二九，1）。

条形器　1件。ⅣM16∶31，直尺形条状器，横向断面呈长方形。锈蚀严重，两端残缺，仅残存一段，全貌不详，无法复原。残存长12.65厘米，最大宽度2.3厘米，厚0.5厘米（图二九，2）。

犁铧　1件。ⅣM14∶01，近似箭头形，有銎。锈蚀严重，残缺不全。残存高14.2厘米，残存宽24.5厘米，残存厚2.4厘米（图二九，7）。

（4）骨器

仅有骨梳一类。

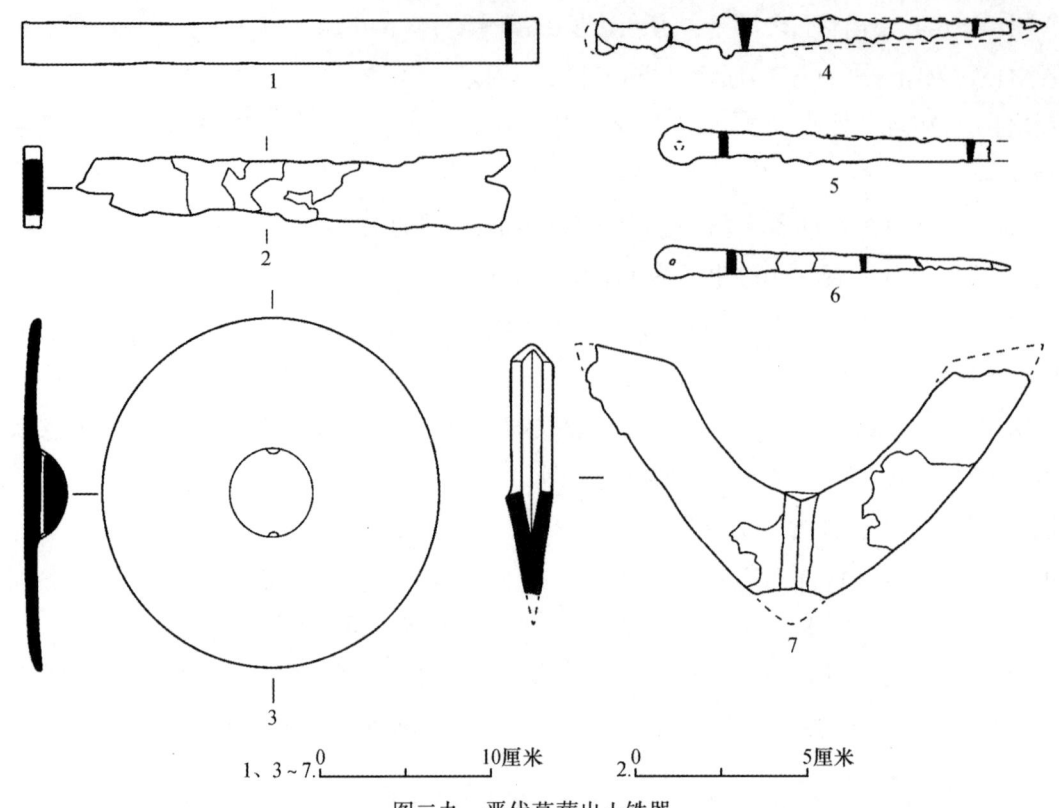

图二九 晋代墓葬出土铁器
1.尺（ⅣM16：36） 2.条形器（ⅣM16：31） 3.镜（ⅣM14：8） 4~6.环首刀（ⅣM15：30、ⅣM16：39、ⅣM16：40）
7.犁铧（ⅣM14：01）

梳 1件。ⅣM14：3，发现于ⅣM14棺内西北部两个釉陶罐之间。纵向、横向皆呈向同一侧缓弧的片状，平面为柄部近似半圆，梳齿较密、残缺不全，无法恢复原貌。宽5厘米，厚0.1~0.7厘米，残通长约4.5厘米，梳齿长约1.6厘米（图三〇，1）。

（5）石器

5件。仅有黛砚与云母饰片两类。

黛砚 4块。泥质页岩、青石质类。依据形制、大小，可分二型，其中A型略大，B型较小。

A型 2件。近似长方形板块，周边敲打成锯齿形，两面为自然平面。

ⅣM16：30，完好。长15.8厘米，宽9.8厘米，厚0.5~0.6厘米（图三〇，2）。

ⅣM15：25，断为2块，可复原。长16厘米，宽10.6厘米，厚0.5厘米（图三〇，3）。

B型 2件，长方形板块，周边简单修整，其中一面呈鸡啄坑状，遗留有黑色的颜料。

ⅣM15：28，完好，周边略加修整。长8.3厘米，宽6厘米，厚0.6厘米（图三〇，4）。

ⅣM16：42，完好，周边修饰齐整。在鸡啄坑状的一面粘连有朱砂颗粒。长11厘米，宽8.2~8.4厘米，厚0.3~0.4厘米（图三〇，5）。

云母饰片 1套2片。通体透亮，非常薄。形状近似圆形璧，"肉"多"好"小。

ⅣM14：05-1，直径1.8厘米，孔径0.15厘米，厚0.02厘米（图三〇，6）。

ⅣM14：05-2，直径1.9厘米，孔径0.2厘米，厚0.02厘米（图三〇，7）。

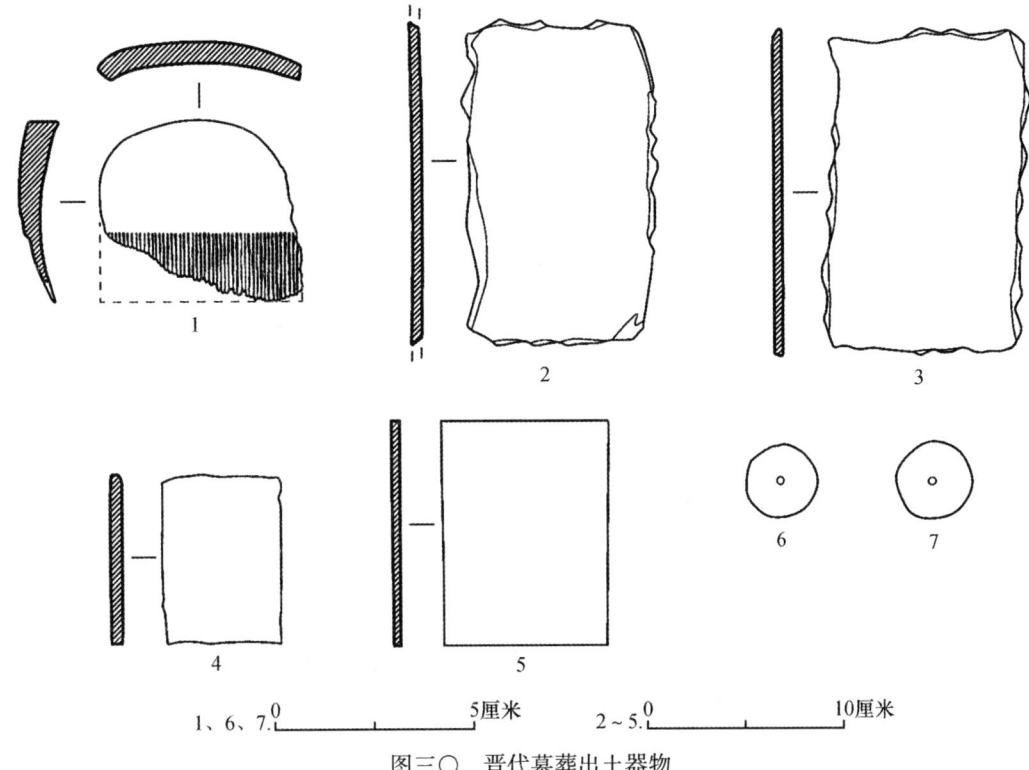

图三〇　晋代墓葬出土器物

1.骨梳（ⅣM14∶3）　2、3.A型石黛砚（ⅣM16∶30、ⅣM15∶25）　4、5.B型石黛砚（ⅣM15∶28、ⅣM16∶42）
6、7.云母饰片（ⅣM14∶05-1、ⅣM14∶05-2）

（6）漆器

14件。由于出土漆器的3座墓室均被严重扰乱，所有漆器皆遭受砸坏、坚硬胎质器物的挤压，致使器体变形、残缺、压扁、分离，无法看出或测量出其原型及其准确的数据，也就是多数仅见其印痕。能看出大概器形的有长方形、椭圆形、圆形、梭形等。除能确定1件为夹纻胎之外，余大部分为木胎，漆皮为红黑色花纹。漆块粉碎，色泽大都不清晰，纹饰无法连缀。现将大概器形及大约数据分述如下：

长方形　7件。其中数据10～20厘米的有5件，分别为长20厘米、宽10厘米的2件，长18厘米、宽10厘米的1件，长18厘米、宽24厘米的1件，长16厘米、宽10厘米的1件；数据超过20厘米的2件，分别为长55厘米、宽20厘米1件，长48厘米、宽26厘米1件，因发现于东西两棺墓主的头骨之下，故推测为漆盒或是漆枕。

椭圆形　4件。一是直径皆为8～10厘米之间者2件，次是直径14～24厘米者1件，再是直径7～8厘米之间者1件。

圆形　1件。出土时其口部经挤压已成椭圆形，夹纻胎，内部绘黑色旋纹一周，口径约为10厘米。应是漆碗或是漆钵之类。

梭形　1件。两端细，中间宽，长24厘米，宽9厘米。

器形不详　1件。该器呈不规则形状（散碎为一大片），在M15棺内的北端呈南北向散置，长约26厘米，宽7～10厘米。

三 唐 代 墓

唐墓2座。其中1座位于湾漳营（第Ⅱ墓区）村西南，长方形砖室墓；另1座位于槐树屯（第Ⅳ墓区）村西，平面呈长方形土圹墓道、方形竖穴砖室墓。

1. 墓葬的形制及结构、葬具及随葬品位置

2座墓同为砖室墓，根据墓葬形制的不同，可划分为二型。

A型　1座。

竖穴砖砌墓室，平面为长方形、顶部用砖搭成人字形的砖室墓。

ⅡM1　位于NSBD·K9+275米处、湾漳营北朝遗址第二发掘区之内。耕土层下25厘米见墓口，向下打破1座瓦窑的窑前坑上部，墓向为180°。平面为长方形土圹，其内用砖砌筑墓室。

土圹呈南北长方形，四壁垂直，墓底较平，长2.2米，宽0.88~0.92米，深0.7米。砖室靠土圹壁砌筑，南北两短壁用砖横向竖立砌起，呈南高北低状；东西两长壁先是横向竖立一砖，其上平卧顺砌两层砖，再向上是用横向砖斜搭成人字形的顶部，顶部也砌成南高北低状。砖砌外部长、宽、深同土圹的尺度，外高分别为0.66和0.49米；砖室内长1.88米，内宽0.55米，内高0.46~0.42米。墓底用砖一顺一横呈"丁"字形平铺。所用的砖多数为完整者，少数是半截砖或残砖块，砖呈灰色，单面饰绳纹，长36、宽18、厚7厘米。

铺地砖之上无发现葬具，置头向南足朝北的一具壮年男性骨架，仰身直肢，年龄35~40岁。在头骨前方有灰陶小口壶一件（图三一）。

B型　1座。

竖穴砖砌墓室。由竖穴式墓道、甬道、砖室三部分组成。

ⅣM12　在NSBD·K12+456米处，位于槐树屯村西220米左右，地处麦田之内，东距槐树屯遗址发掘探访T1约6米，该墓西壁的北部被ⅣM13打破，西距ⅣM10仅0.4米。开口于距地表深0.5米第2层黄土层下，墓向为185°。

墓道为土圹，平面呈南北向长方形，南宽北窄，东西两壁为口小底大。开口长4.4米，北宽0.9米，南宽1.1米；底长2.4米，北宽1.45米，南宽1.34米。墓道底部为南浅北深不规则式斜坡状，底的南部有两层台阶，第1层台阶长0.86米，斜下高度0.58米，第2层台阶长0.26米，底部北端的最深处距开口为4.63米。墓道北壁连接甬道，封门砖的砌法为斜向错缝平卧砌起，发掘时封门砖的上部已被盗扰破坏，现残留高度1.66米，上宽0.96米，下宽1.43米，厚0.4米。

甬道门两侧砖的砌法，因拱券顶被早期盗扰破坏，现残留东西两边各留两砖立柱形，砌法为一砖0.05米厚的磨角立柱，另一侧为一砖0.17米厚的磨角立柱。甬道长1.2米，宽1.16米，高2.4米，东西壁残留砖圹高0.84~1.6米，甬道两则砖框的砌法有两种，南部压铺地砖，一砖顺砌到顶，北部为压铺地砖错缝顺砖、"丁"字形和错缝顺砖、牙砖错缝顺砖及斜"丁"字形砌

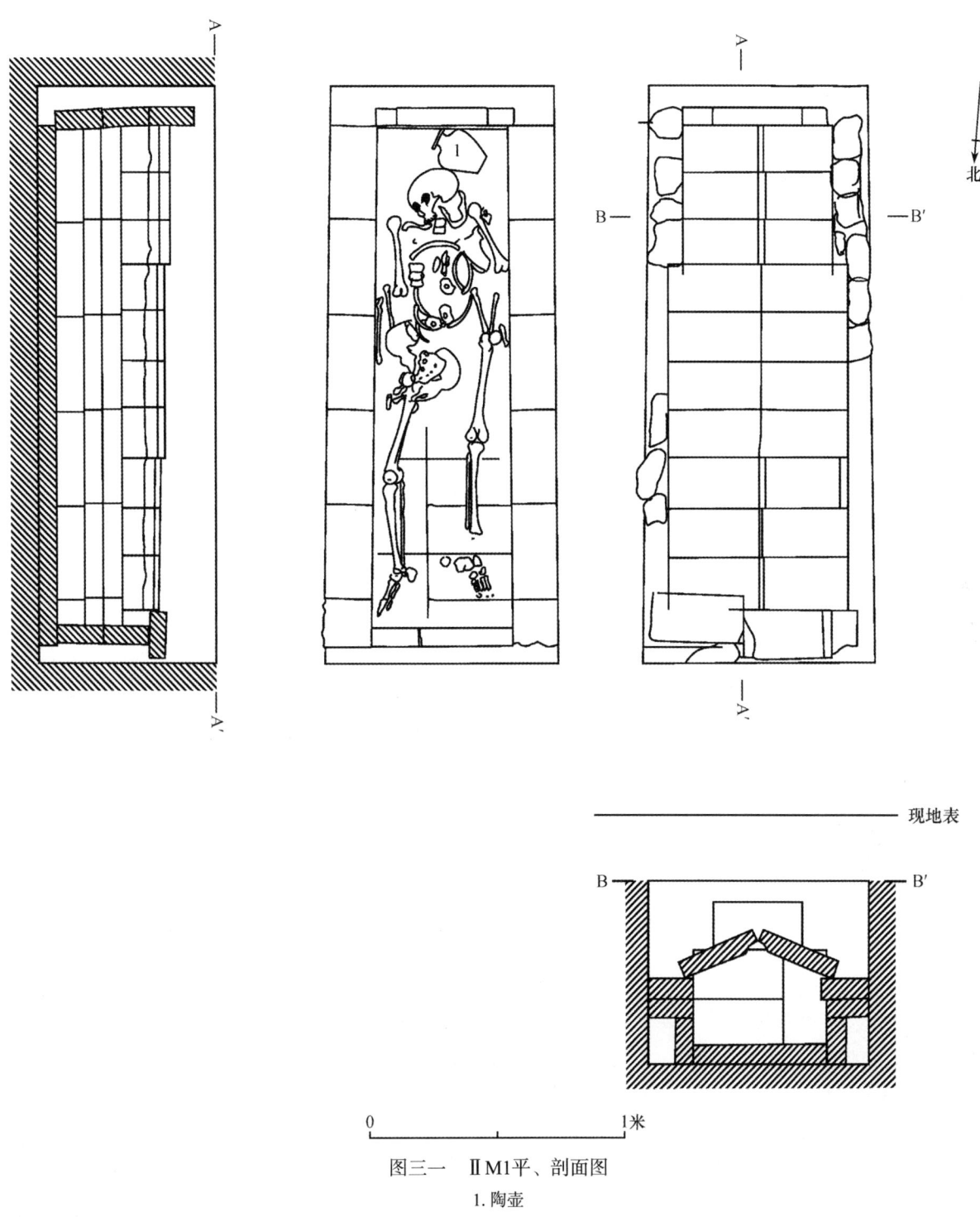

图三一　ⅡM1平、剖面图
1. 陶壶

法。甬道铺地砖基本上被破坏，只有砖框下压1砖为顺铺。甬道北接墓室。

墓室平面为方形，土圹开口南北长4米，东西宽3.8米，深4.64米，土圹四壁面呈上小下大的覆斗形。砖室顶早期被盗扰破坏，现四壁砖框均残留下部，其中南壁高0.51~1.47米，西壁高1.09~1.3米，北壁高0.18~0.92米，东壁高0.35~1.18米。砖壁的砌法为压铺地砖，3层错缝顺砌，1层"丁"字形砌，又两顺1牙砌，又1层"丁"字形砌，再两顺1牙砌，又是1层"丁"

字形砌，3层错缝顺砌，又1层"丁"字形砌，在"丁"字形砌以上只有1层顺砌就没有了。该墓砖室的长度为3.5米，宽3.44米，砖框只有南壁基本为直壁，西、北、东壁为弧形，砖室大面积为棺床，只有南侧中部一小长方形是低于棺床0.36米的墓室底部，其平面长1.4米，宽1.24米，致使棺床形成"凹"字形。床沿砖的砌法为两顺一"丁"字形砌，并有雕刻砖之造型，棺床铺地砖大部分不存在，只遗留有几块砖，铺法残留为错缝一顺两横。

该墓的砖室顶及甬道券顶因早期被盗扰破坏，原形制不详。墓室用砖的质料全部为泥质青灰砖，一面为素面，一面为绳纹，规格有多种，长宽厚分别为36×16.5-0.65（厘米）、40×19-0.7（厘米）、35×16-0.6（厘米）、33×15.5-0.6（厘米）、37×17.5-0.55（厘米）。

因受早期盗扰，葬具及人骨无存。从残存的砖结构还能够清楚看出在墓室西北角、墓门的封门砖等处留有盗洞遗痕；在清理墓室时，于南侧中部偏西也有盗洞，而此盗洞已扩展到墓室的中部，在西北角的盗洞也扩展到墓室的东侧，打破封门砖顺墓道延伸的盗洞经墓室东南部再到东北角。当我们的清理接近墓室底部时，发现全部被盗扰，而且大面积的铺地砖都被翻动而不存在；从残存砖室的现状来看，在经过多次盗扰之后，该墓室又遭到了揭顶之灾。

该墓的随葬品基本上是在底部1米厚的扰乱土层内提取的，原具体位置已无法确定。出土有石、陶、铜、铁、瓷器等，其中在棺床东侧中部有青石质方形墓志一方，边长52厘米，厚约9.5厘米，首行书"大唐故陇西李府君墓志铭并序"，墓主李九与夫人张氏"以天保元年正月十五日合葬于滏阳县西南一十里之平原礼也"。砖室东北角扰土内出铜钱1枚，棺床上扰土内出铜铆钉4枚、铁钉1枚、铜钱5枚、铁铆钉1枚、陶仓5件、陶罐1件、白釉瓷碗1件。甬道内出铜带扣及带銙各1件、铜钱27枚、残铜镜1件（仅有2片）、铁饰1件、鎏金铺首衔环饰1件、铜铆钉5枚、陶俑头1件，墓道与封门口处出残石碾盘1件（图三二；图版一一）。

2. 随葬器物

2座墓共出土器物33件（套），其中ⅡM1仅出土灰陶小口壶1件，余皆为ⅣM12所出。现按照质地的陶器、铜器、铁器、石器、瓷器等分述如下。

（1）陶器

8件。除仓为泥质红陶之外，其他全部为泥质灰陶。制造方法除俑为模制之外，其他均采用轮制，在器物的个别部位则用手工修整或手工制作（如附加堆纹）；器表只有仓采取白衣黑绘的装饰手法，其他皆为素面。主要有壶、罐、仓、俑等。

壶　1件。ⅡM1:1，泥质灰陶，素面，圆唇，口沿外翻，束颈，弧圆肩，深腹，最大腹径靠上部，平底，底中部微向上缓弧。口径9厘米，腹径16厘米，底径8.8厘米，高21厘米（图三三，1）。

罐　1件。ⅣM12:27，泥质灰陶。残缺，可复原。圆唇，束颈，内口沿以下有一环圈凹槽，圆肩，深腹，最大直径在腹上部，腹外壁有多条轮旋凹弦纹，平底微向上缓弧。口径

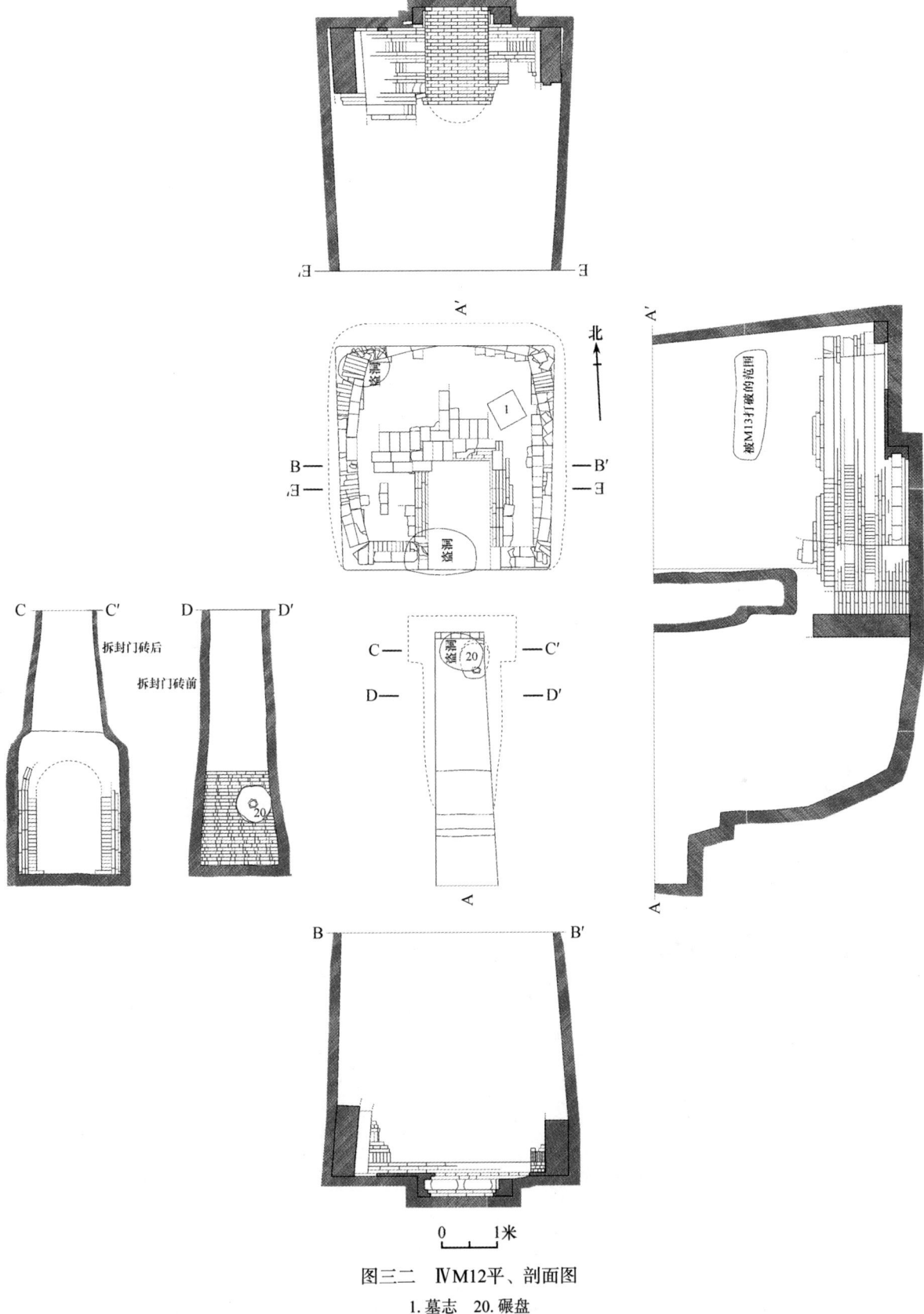

图三二　ⅣM12平、剖面图
1.墓志　20.碾盘

16.05厘米，最大腹径27.6厘米，底径12.6厘米，高29.1厘米（图三三，2；图版二三，5）。

仓　5件。残缺，可复原。附加盖，泥质红陶，白衣黑绘。圆唇，束颈，内口沿以下有一环圈凹槽，上大下小筒形腹，平底。盖为斗笠形。盖面自上而下饰三条带状环形黑绘；仓外壁黑色绘画分三层，上为俯视圆形花瓣一周，下为仰视椭圆形花瓣一周，中部绘画脱落严重，仅存有线条状圆形、三角形、卷云形、竖条纹、横条纹等残笔。依照仓的肩部、盖纽及盖面装饰，可分二型（图版二三，1）。

A型　2件。形制基本相同，微弧形溜肩，"锥头儿"形纽，盖面接近外沿处增加一周绳索状附加堆纹。

ⅣM12∶24，口径13.2厘米，最大腹径17.4厘米，底径12厘米，高28.65厘米，通高35.1厘米（图三三，3；图版二三，2）。

ⅣM12∶25，口径12.6厘米，最大腹径16.8厘米，底径10.8厘米，高28.05厘米，通高34.5厘米（图三三，4；图版二三，3）。

B型　3件。形制基本相同，圆肩，"洋葱头"形纽，盖面外沿为方形。

ⅣM12∶22，口径13.2厘米，最大腹径16.5厘米，底径11.7厘米，高26.4厘米，通高残存

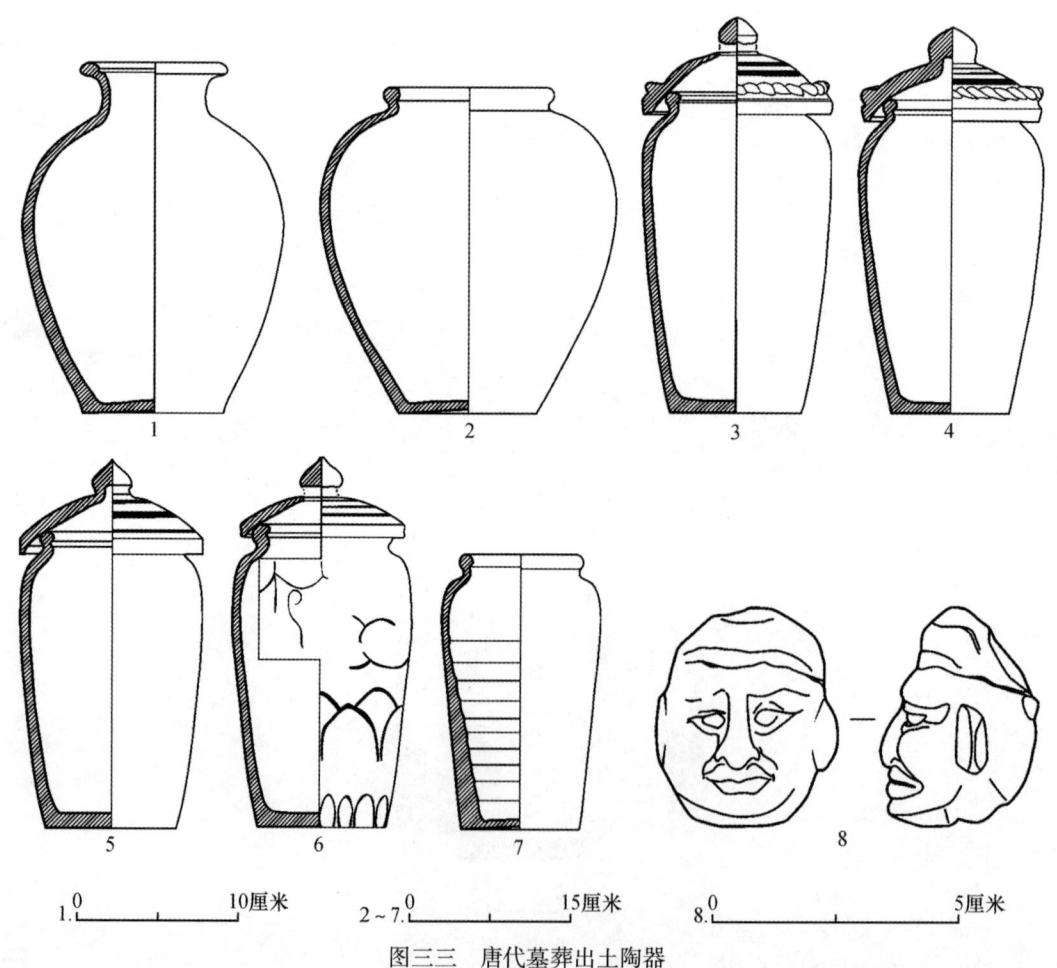

图三三　唐代墓葬出土陶器

1.壶（ⅡM1∶1）　2.罐（ⅣM12∶27）　3、4.A型仓（ⅣM12∶24、ⅣM12∶25）　5~7.B型仓（ⅣM12∶22、ⅣM12∶23、ⅣM12∶26）　8.俑（ⅣM12∶14）

29.85厘米（图三三，5）。

ⅣM12：23，口径12.8厘米，最大腹径16.8厘米，底径12.5厘米，高26.6厘米，通高33厘米（图三三，6；图版二三，4）。

ⅣM12：26，盖失。口径11.4厘米，最大腹径15.5厘米，底径11厘米，高24.7厘米（图三三，7）。

俑 1件。ⅣM12：14，泥质淡灰黄色陶。仅存俑头，下端有一锥形空洞，应是头与躯体连接时的锥形棒插入所用的孔洞。前面看近似圆形，侧面看类似抹角三角形；面目就像少数民族的大力士，圆眼，大鼻，厚嘴唇，耳朵仅有外形。头戴前高后低的小帽。火候极低，近似硬泥，用手指甲可刻划出凹坑。横向宽3.7厘米，高4.3厘米（图三三，8；图版二三，6）。

（2）铜器

19件（套）。没有大型饮食、生活器具，全部为体形较小的器物。从数量看钱币最多，次是装饰性的饰件。主要有带扣、带銙、鎏金铺首衔环饰件、铆钉、镜、铜钱等。

带扣、带銙均是腰带的一部分。一条完整的腰带是由鞓、扣、銙、铊尾组成。鞓即革带；扣、銙、铊尾是镶钉于革带上的金属或玉质的饰件，铊尾位于腰带的尾端。本次只是发现铜带扣、铜带銙各1件。

带扣 1件。ⅣM12：4，较完整。位于腰带的前端，是束腰的主要构件，由扣身、扣舌、扣环组成。扣身为舌形，双层卷合式，其前端为活动式椭圆形扣环和蛇头状扣舌，其器尾为弧形，尾端以钉铆合。最大宽度4.4厘米，通长6.5厘米（图三四，1）。

带銙 1件。ⅣM12：3，完整。銙身为半椭圆形，由底面与覆斗形顶面铆合而成，一侧有对穿圆形针孔，四角以钉铆合。最大长度3厘米，最大宽度2.45厘米（图三四，2）。

鎏金铺首衔环饰件 1件。ⅣM12：9，保存完整。形制为铺首衔环，阳面鎏金。平面呈十二瓣的团花形，断面为弓形弧曲状。阳面为隆起模制的兽面，近似龙首，口中圆环可转动。最大直径4~4.2厘米，加垂下的衔环通高4.6厘米，最大厚度0.5厘米（图三四，3）。

铆钉 9枚。整体呈"蘑菇"形，钉体的下段及尖部均残缺，不能复原。标本ⅣM12：10，上部钉帽为半圆状，钉体为锥状。钉帽直径1.7厘米，帽高0.6厘米，钉体中部直径0.4厘米，残存通长1.3厘米（图三四，4）。

镜 1件。ⅣM12：7，器形为八角葵花镜，仅残存两个角，不能复原。背面的花瓣内饰有卷云纹，内区遗存极少，仅见类似卷草纹饰。复原大约10厘米，最大厚度0.4厘米（图三四，5）。

铜钱 6套33枚。均出自ⅣM12之内，发掘时根据出土位置的不同，编有6个号。钱文全部为"开元通宝"，大部分保存完好，钱文多因锈蚀严重而看不清楚。钱文为隶书，背面无记号。钱面、背面内外有廓，其形制除极个别的不太规整之外，多较规范。字体端正，钱文的"元"字第一笔略短，第二笔左挑；"通"字走旁上部三点不相连，甬旁头部开口略大，"宝"字下部贝中间二横不与左右二竖相连。

标本ⅣM12：16，钱面及背面边廓宽窄程度略有差别。外直径2.45厘米，重3.71克（图

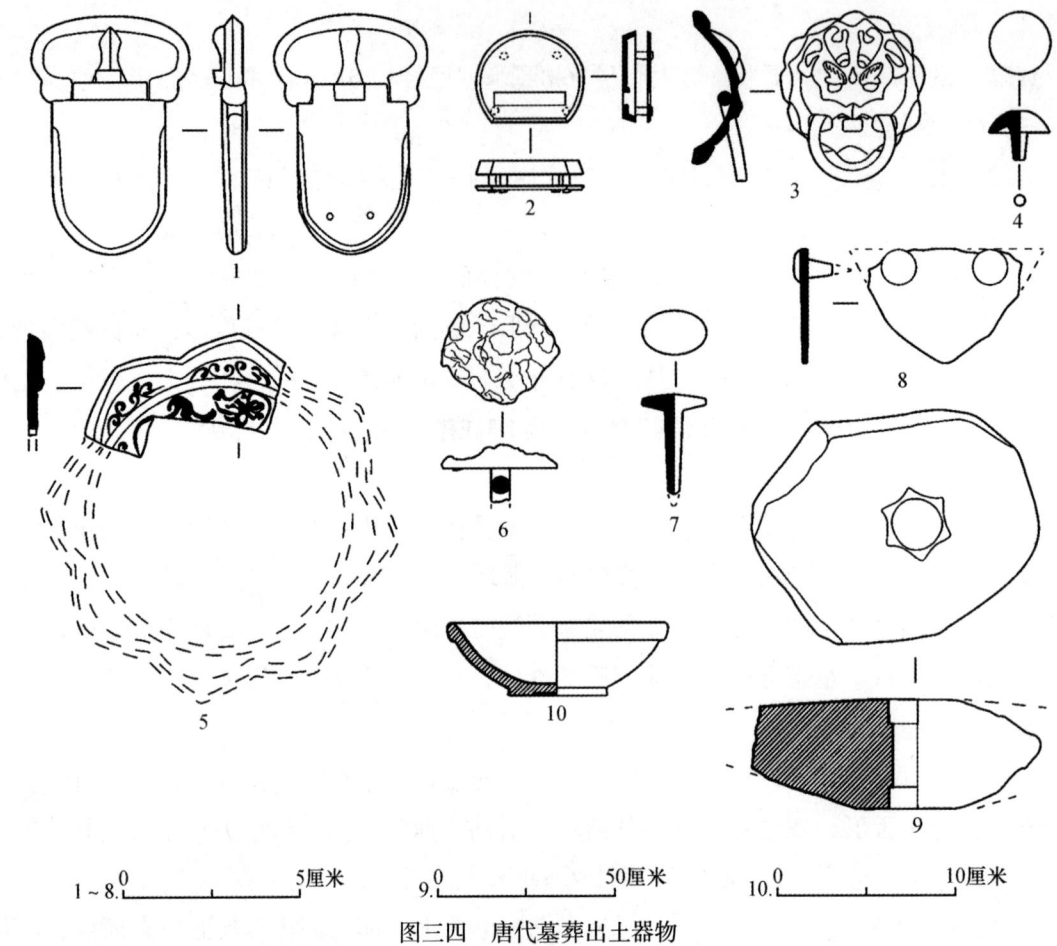

图三四 唐代墓葬出土器物

1. 铜带扣（ⅣM12：4） 2. 铜带銙（ⅣM12：3） 3. 铜鎏金铺首衔环饰件（ⅣM12：9） 4. 铜铆钉（ⅣM12：10）
5. 铜镜（ⅣM12：7） 6. 铁铆钉（ⅣM12：21） 7. 铁钉（ⅣM12：15） 8. 铁饰件（ⅣM12：19） 9. 石碾盘（ⅣM12：20）
10. 瓷碗（ⅣM12：28）

三五，1）。

标本ⅣM12：12-1，钱的内外廓较规整，外直径及重量较其他钱币微大、略重。钱外直径2.5厘米，重4.13克（图三五，2）。

标本ⅣM12：12-2，钱的内外廓较规整，钱文的"元"字末笔最后起挑非尖状，而成方头。钱外直径2.45厘米，重3.5克（图三五，3）。

标本ⅣM12：12-3，钱面的边廓宽窄程度微有差别，钱背面的外廓宽窄程度差别极大。钱外直径2.45厘米，重3.83克（图三五，4）。

（3）铁器

3件。全部为锈蚀严重，很难测量出确切数据。仅有铁钉2个、铁饰1件。

铆钉 1枚。ⅣM12：21，个体较大，锈蚀严重，残缺不全，不能复原。钉帽面较大、平面呈圆形，断面为中间厚向远端渐薄，钉体残存较短，断面为椭圆形。钉帽最大直径3.3厘米，残存通长1.6厘米（图三四，6）。

钉 1枚。ⅣM12：15，锥形尖端残缺，不能复原。钉帽面呈椭圆形，钉体与钉帽连接处

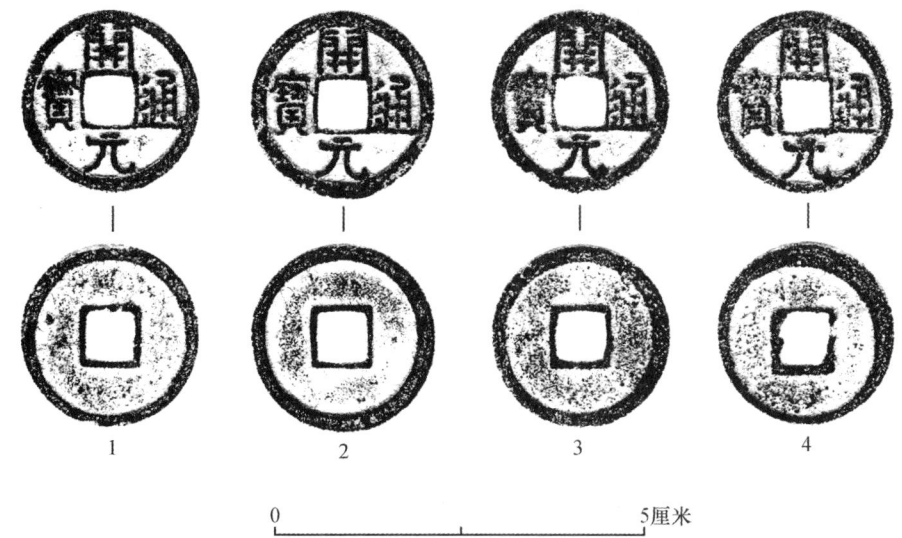

图三五　"开元通宝"铜钱标本拓片
1. ⅣM12∶16　2. ⅣM12∶12-1　3. ⅣM12∶12-2　4. ⅣM12∶12-3

较粗，向远端渐细。钉帽最大直径1.8厘米，残存通长2.7厘米（图三四，7）。

饰件　1枚。ⅣM12∶19，残缺，可复原。近似三角形，有两个钉孔，现钉孔内均遗存有残钉。现残存横向宽度4.3厘米，上下高3.1厘米，厚1.1厘米；钉帽直径0.9厘米，残存钉长1.1厘米（图三四，8）。

（4）石器

2件。仅有墓志、碾盘。

墓志　1件。ⅣM12∶1，李九墓志，青石质。方形，边长52厘米，厚9.3~9.7厘米。志文为行楷相结合的书体，共23行，满行23字，首行书"大唐故陇西李府君墓志铭并序"13字，志载："君讳九，字行贞，陇西成纪人也"，"曾祖随龙骧将军，府君讳越。祖随雁门郡太守，府君讳宗。父唐朝散大夫，府君讳德，并名高盖代，位重当时……公声飞霜雪，质耀琳琅……高尚其志，不事王侯，同西晋之七贤，类南山之四皓……"，"享年六十有七终于私弟也……（与）夫人清河张氏……以天保元年（公元742年）正月十五日合葬于滏阳县西南一十里

图三六　唐代墓葬出土墓志（ⅣM12∶1）拓片

之平原礼也……"。志的四周侧刻饰连接不断的卷云纹。该志末尾还以略小的字号刻有"其墓一千三百年后被庞黄头所发"之预言（图三六；附录一）。

碾盘　1件。ⅣM12∶20，石质为白砂质岩。残缺，仅存中间一段，不能复原。体形为中

间厚、向外缓薄的烧饼状轮形，其中心有孔，可穿轴，轴孔呈圆形，孔两外出口的周边有六角形凹槽（固定碾盘与轴之间的物体所需的空间），碾盘的上面有近似绳纹的同心圆式啄坑。残存直径80厘米，中心厚30厘米，中心孔径14厘米（图三四，9）。

（5）瓷器

仅有饮食用具1件。

碗　1件。ⅣM12：28，口沿及腹部残缺一小部分。敞口，外突唇，浅腹，腹壁呈弧形，玉璧形足，内底有3个支钉痕。内外施白釉，釉色微泛青，外腹中部以下至底部未施釉。口径12.8厘米，玉璧足径5.6厘米，高4厘米（图三四，10）。

四　宋　代　墓

本书"宋代墓"是指北宋与金（南宋时期磁县区域属女真贵族建立的金王朝所统治）时期的墓葬。

宋代墓5座，其中东窑头（第Ⅲ墓区）村东北、NSBD·K10+473～490米处3座，编号为ⅢM17、ⅢM18、ⅢM12，呈东北往西南向阶梯形排列，应是一处家族墓地，地貌呈东、南、西三面地势略高的坡地，现为麦田；槐树屯（第Ⅳ墓区）村南、NSBD·K11+663～669米处2座，编号为ⅣM17、ⅣM18，2座墓距离较近，呈东西向排列，地貌呈西北地势略高的岗坡地，现为麦田。由于两处墓地位居岗坡地带，水土流失或淤积失常，所发现的墓葬开口皆在距地表0.2～0.25米深处。

1. 墓葬的形制及结构、葬具及随葬品位置

5座墓均遭受过盗扰，破坏严重。总体特点是墓室为砖室结构，由墓室和甬道、墓道三部分组成，坐北朝南，方向190°～198°。根据墓葬形制的不同，大体上可分二型。其中A型1座，平面呈近似长柄的圆汤勺形；B型4座，平面呈"甲"字形。

A型　1座。

平面呈近似长柄的圆汤勺形，由砖室、甬道和墓道三部分组成。

ⅣM18　位于槐树屯村南、ⅣM17的东侧。墓向为198°。

墓道，位于墓室的南侧，平面呈南窄北宽长梯形，两侧壁较倾斜，口长5.4米，北宽1.6米，南宽0.63米。底部呈南浅北深的斜坡台阶式，台阶共11个，局部被破坏，每台阶宽0.22～0.32米，高0.3～0.36米。墓道底长5.9米，北端宽1.58米，南端宽0.59米，北端最大深度3.3米，与甬道、墓室深度相同。

甬道，在墓道北侧生土隔梁上掏挖而成，甬道比墓道两侧各外扩0.31米，顶呈半圆形，顶高、宽，原尺寸不详，坍塌后的残壁高2.2米，顶高0.11米，宽1.2米。

墓室，呈圆形竖穴式，砖室基本上被全部破坏。砖室内直径为2.76米，深3.3米，在墓室南部东西两侧有砖框残留，东侧砖框残长0.3米，西侧砖框残长0.3米，砖的规格为长30厘米，宽15厘米，厚5厘米。由此可知墓室原为砖砌，其墓壁、顶结构不详。墓底的北部有棺床，平面呈半圆形，南北半径为1.64米，在棺床的北部残留有部分铺地砖。

因遭受过严重盗掘，在墓室扰乱填土中残留有大量的残砖以及葬具、人骨的碎片。没有发现较完整的随葬品（图三七）。

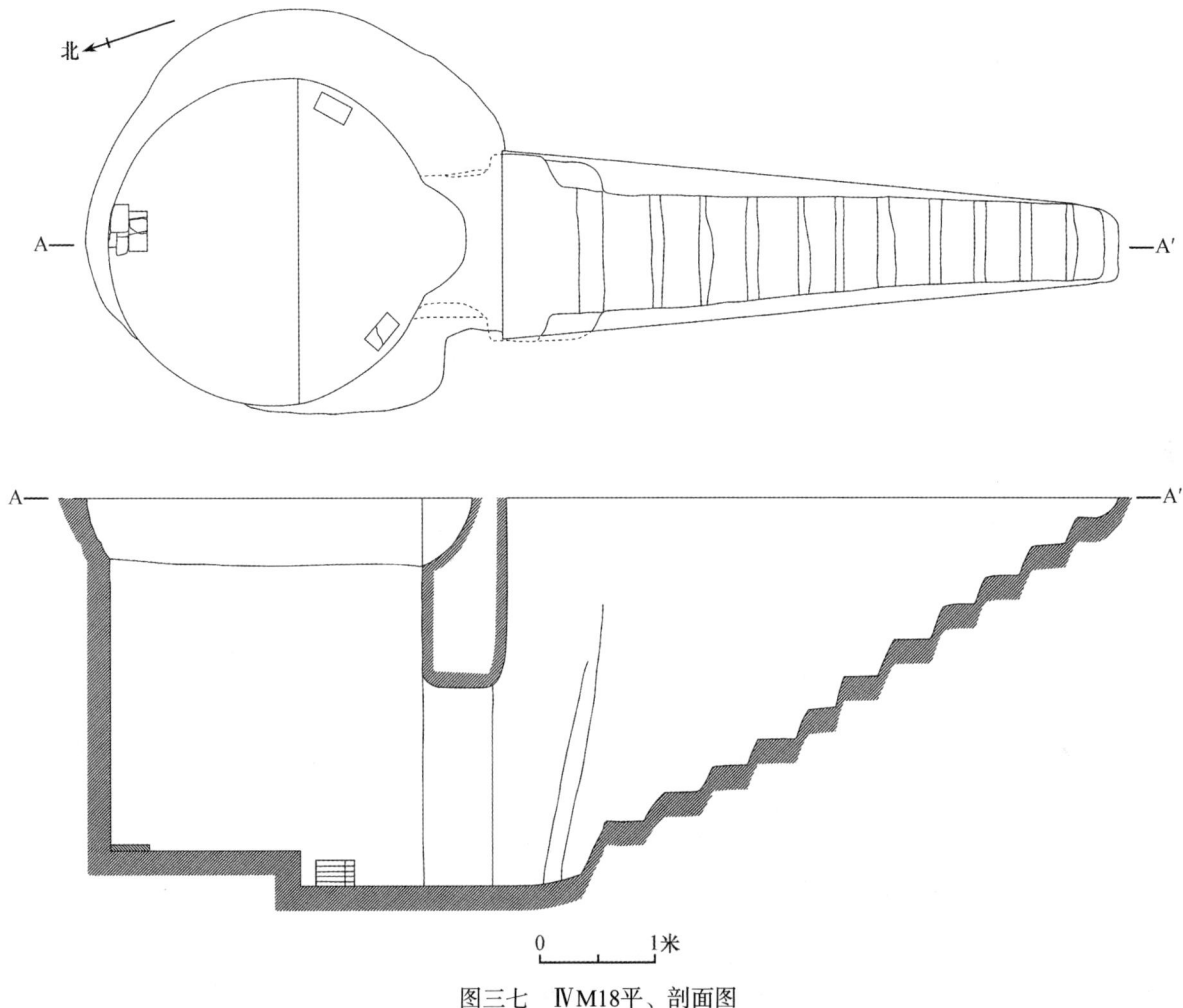

图三七 ⅣM18平、剖面图

B型 4座。

平面呈"甲"字形（图三八）。墓室平面为近方形的砖砌墓室，甬道、墓道的形制均为长条形土圹，墓道底部为台阶式。根据墓室近似方形的细微变化，还可再细分出三种形式：一是略微接近梯形的2座（ⅢM17、ⅢM18），次是呈正方形的1座（ⅢM12），三是略微接近横向长方形的1座（ⅣM17）。

ⅢM17 竖穴土坑，砖砌墓室，平面略微接近梯形，墓向为190°。位于ⅢM18的东北侧，ⅢM16的西侧。

墓道，平面呈长梯形，北宽南窄，壁面垂直。底部呈南浅北深的斜坡台阶式，现存有四个

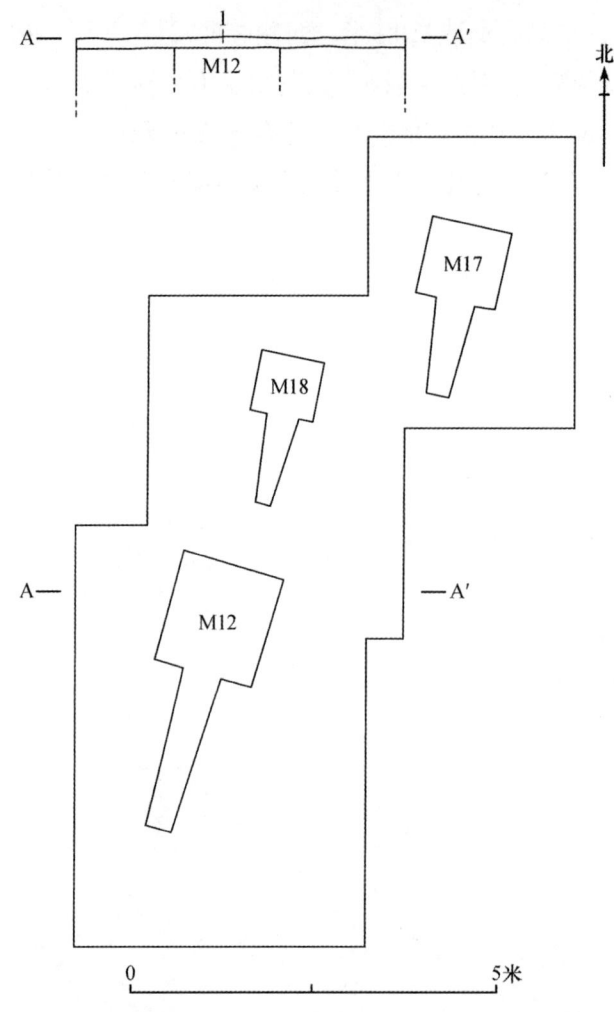

图三八　ⅢM17、ⅢM18、ⅢM12开口层位及平面位置图

台阶，大小宽窄不等，台阶局部被破坏。墓道口长1.9米，宽0.6~0.9米，深0.76~1.9米。台阶长0.6~0.9米，宽0.2~0.3米，高0.2米。

甬道，南连墓道，北接墓室。甬道土圹底部为长方形，南窄北宽，直壁平底，长0.6米，宽1~1.1米，高1.4米，保存距墓口深1.9米。甬道的砖被全部揭取，仅残留砖的印痕。

墓室，平面呈北窄南宽之梯形。砖券顶和砖框、铺底砖被全部破坏，底部残留铺地砖和砖框的印痕，南壁开墓门连通甬道。保存的土圹四壁为上小下大形，口部东西长2.14米，南北宽2米。墓底部的平面呈南大北小为梯形，南壁底东西长2.6米，北壁底东西长2.36米，南北宽2.36米，壁面保存最大高度1.9米。砖室北部留有生土棺床，呈长方形，东西长2.36~2.5米，南北宽1.4米，高0.3米。棺床北部残留1块铺地砖，东西向放置。棺床前的墓底南北宽0.8米，东西长2.5~2.6米。

根据甬道底、砖室底、棺床底残留铺地砖印痕，判断铺地砖均为东西向"一"字形铺设。砖为素面，其规格为长29厘米，宽15厘米，厚4厘米。

因遭受过严重盗掘，原有的葬具、人骨架及随葬品皆不详。仅在墓道南部的填土内、位于距墓口深0.82米，距南壁0.86米，距西壁0.38米处出土1件残缺的白釉瓷碗（图三九）。

ⅢM18　竖穴土坑，砖砌墓室，墓室底部平面略微接近梯形，墓向为190°。位于ⅢM12的北侧，ⅢM17的西南侧。

墓道，平面呈北宽南窄之长梯形。东西两壁倾斜，口小底大，呈袋状。底部呈南浅北深的斜坡台阶式，现存有四个台阶，大小宽窄不等，台阶的局部被破坏。墓道口长2.3米，宽0.44～0.9米。底长2.3米，宽0.44～1米。深0.44～1.7米。台阶长0.5～0.76米，宽0.2～0.3米，高0.2～0.26米。

甬道砖结构全部被破坏，其土圹因破坏而不甚明显。

砖室砌筑于土圹之内，土圹呈袋状、口小底大，土圹平面残留的口部东西长1.8米，南北宽1.6米。土圹底部呈北宽南窄的梯形，北壁东西边长2.2米，南壁东西边长2米，南北纵向长1.8米。残存深1.7米。砖室的砖券顶和砖框、铺地砖已不存，仅底部残留铺地砖的部分印痕，砌筑形体不详。根据甬道底、墓室底、棺床底残留铺底砖印痕，判断铺底砖均为东西向"一"字形铺设。砖室北部留有生土棺床，呈长方形，棺床顶面残留铺地砖的印痕。棺床前边的墓底

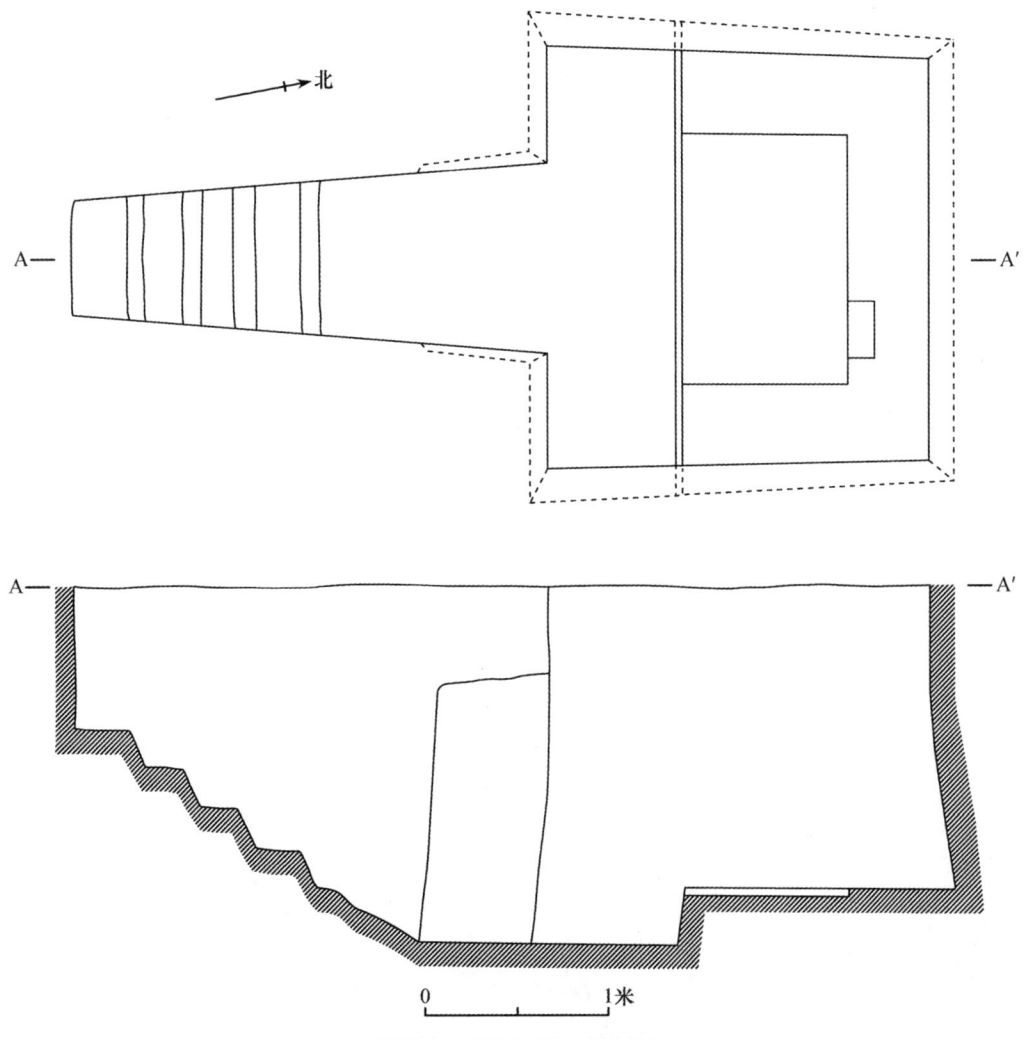

图三九　ⅢM17平、剖面图

南北宽0.86米，东西长2～2.1米。棺床，东西长2.1～2.2米，南北宽0.8米，高0.3米。

因遭受过严重盗掘，葬具、人架不详。没有发现随葬品（图四〇）。

ⅢM12　竖穴土坑，砖砌墓室，平面呈正方形，墓向为190°。位于ⅢM18的南侧。

墓道，平面呈南窄北宽的长条形，两侧壁面垂直，底部呈南浅北深的斜坡台阶式，现残留七个台阶，大小宽窄不等，个别台阶及局部被破坏。墓道口长3.3米，宽0.7～1米，深0.76～2.44米。台阶长0.7～1米，宽0.2～0.6米，高0.2～0.3米。

甬道，南连墓道，北接墓室。甬道土圹底部为长方形，南窄北宽，直壁斜底，南高北低，长1米，宽1.2～1.3米，高1.24～1.34米，距墓口深2.44～2.5米。砖结构全部被破坏，仅残留铺地砖的印痕。

墓室，用砖砌筑于土圹之内，土圹较大，口部南北长3米，东西长2.9米，底部南北长3.2米，东西长3.3米，保存最大深度2.5米。砖室略小于土圹，平面呈正方形，室内边长2.4米。砖框与土圹壁之间留有0.16～0.34厘米的间隙，填五花土和碎砖块。砖室上部、铺地砖全部被揭取，仅残留四壁砖框1～10层，残高0.04～0.56米，残长1.1～2.44米。残留四壁为单砖错缝平铺砌筑，砖缝用砂浆泥黏结，砖框内表面残留白灰痕迹，判断砖框表面涂过白灰。砖室内底的北部留有生土棺床，东西长2.4米，南北宽1.4米，高0.36米，棺床面上残留铺地砖的印痕。棺床前面的墓底南北宽1米，东西长2.4米。砖室南壁设墓口。根据甬道底、砖室底、棺床底残留铺

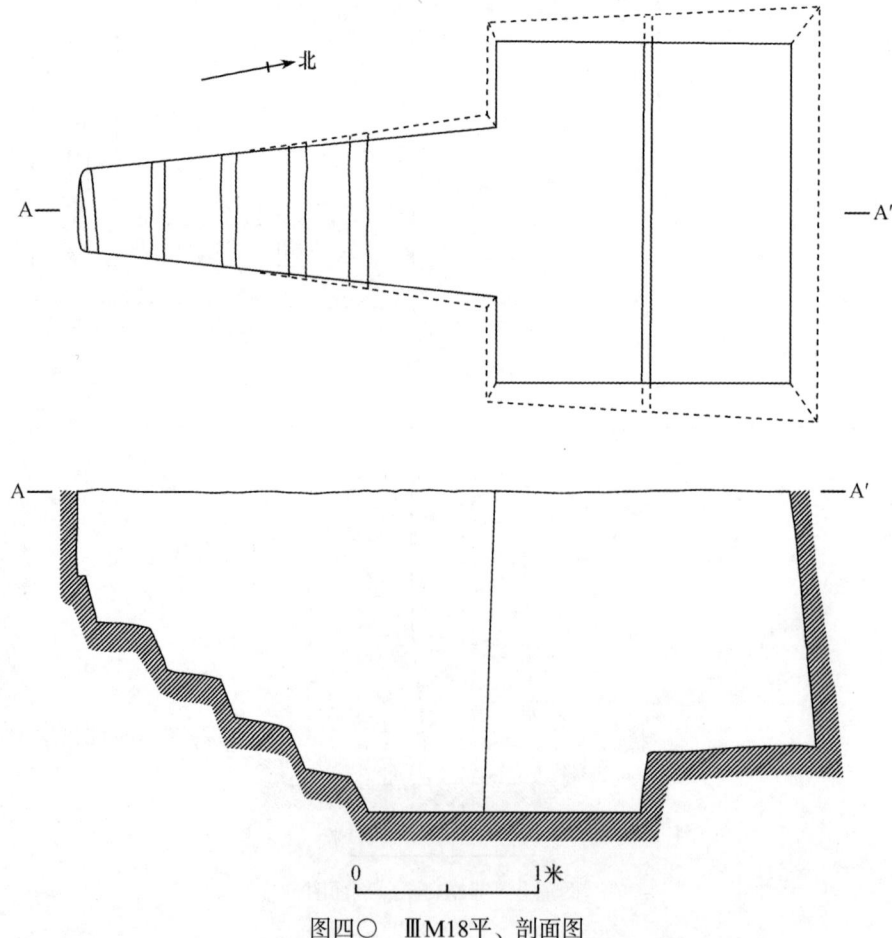

图四〇　ⅢM18平、剖面图

地砖印痕，判断铺地砖均为东西向"一"字形铺设。砖为素面，其规格长30厘米，宽15厘米，厚4厘米。

原有的葬具已遭破坏。人架两具，已脱离棺床，被扰至墓室地面东南角，2枚头骨及肢体骨骸残缺不全的堆在一起。根据头骨、牙齿判断墓主为一男一女，男性年龄40~45岁，女性年龄35~40岁。

随葬品发现于墓室扰乱土层内，有陶、瓷、铜、玉器共4件。其中距墓口1.3米、南壁0.3米、西壁2.6米处发现1个陶球，在距墓口1.7米、南壁1米、西壁0.8米有1件残缺的白釉瓷盘，距墓口深2米、南壁1.2米、西壁1.7米处出土3枚铜钱，钱文为"皇宋通宝""元丰通宝""政和通宝"。另外，在棺床的西部出土1件完好的玉环（图四一）。

ⅣM17　竖穴土坑，砖砌墓室，墓室平面略微接近横向长方形，墓向为192°。位于槐树屯村南，ⅣM18的西侧。

墓道，为长条形土坑竖穴式，北宽南窄，长3.7米，北宽1米，南宽0.6米，深3.1米。直壁。底部呈南浅北深的斜坡台阶式，台阶宽0.22~0.54米，高0.1~0.32米，共9阶，台阶局部被

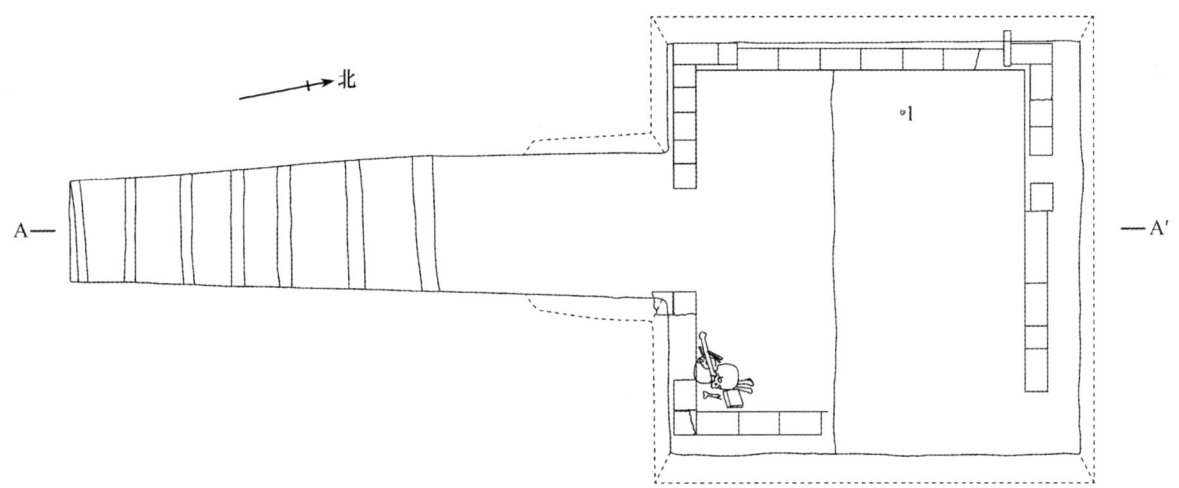

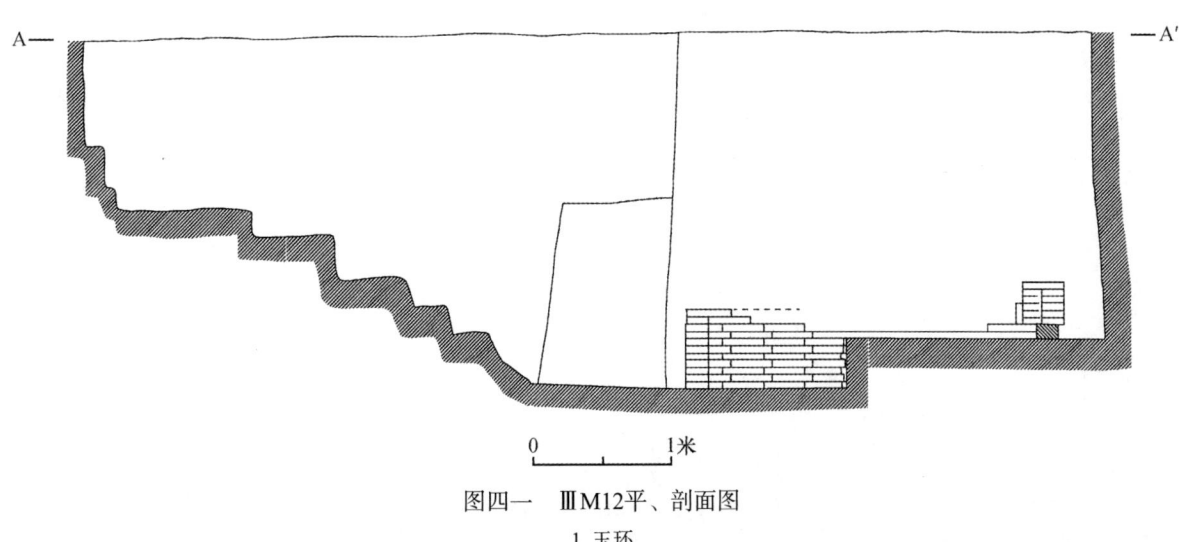

图四一　ⅢM12平、剖面图
1. 玉环

破坏。

甬道，南连墓道，北接墓室。在墓道北壁生土隔梁上掏挖甬道，顶部呈半圆形，壁已坍塌，壁高1.5米，顶高0.13米，残宽0.8~1米，在甬道底部东西两侧存有砖块，呈南北向放置，判断甬道为砖砌。东侧砖壁残长0.15米，西侧砖壁残长0.6米。砖的规格为长30厘米，宽15厘米，厚5厘米。

墓室，平面呈略微接近横向长方形，纵向（南北向）长1.8米，横向（东西向）长2米，保存深度3.1米。墓室底部的东西两侧之南部有生土二层台，残宽0.16米，高0.36米。墓室内底的北部为略高起的生土棺床，东西长2米，南北宽1.06米，高0.2米。根据棺床上残留有砖的痕迹，判断棺床面原来有平卧铺砖。砖室全部被破坏，上部造型不详。

葬具及人骨架被盗扰，在墓室的扰乱土中有残碎遗存。随葬品仅有在扰乱土中发现残碎的白釉瓷器残片以及墓道回填土中1件残锈铁质铃铛（图四二）。

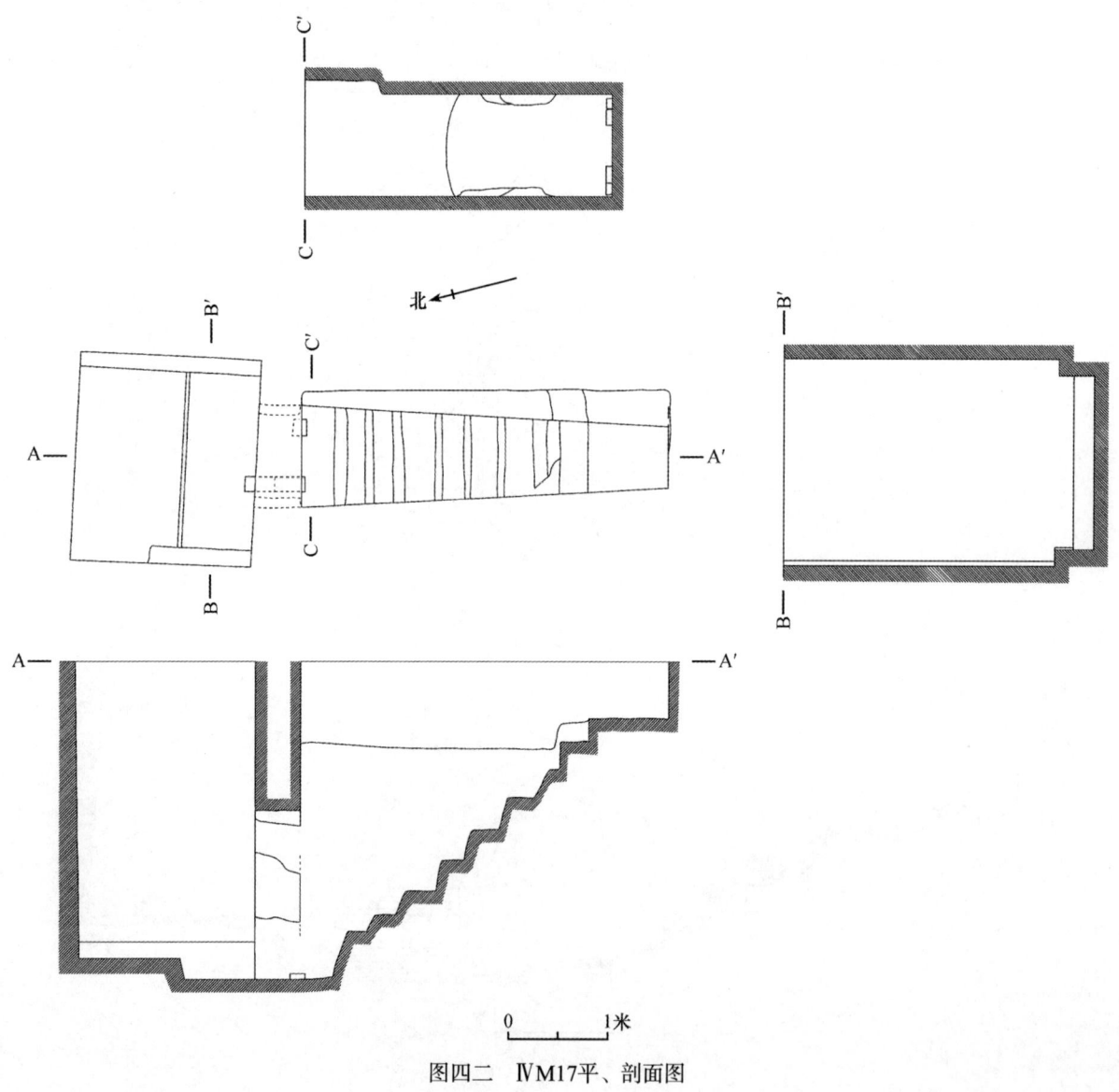

图四二　ⅣM17平、剖面图

2. 随葬器物

5座墓共出土器物6件（套），其中有陶器、铜器、铁器、玉器各1件（套），瓷器2件。现按照质地分述如下。

（1）陶器

仅有灰陶球（或称陶珠）1件。

球　1件。ⅢM12：3，保存完好。泥质灰陶，圆球形，实心，模制。直径2～2.1厘米（图四三，1）。

（2）铜器

仅有铜钱1件（套）共3枚。分别为"皇宋通宝""元丰通宝""政和通宝"。

皇宋通宝　1枚。ⅢM12：2-1，钱文为真书，先上后下，次右后左读之。钱面及背面均有廓，钱面内廓较细，背面廓较平。外直径2.6厘米，重3.7克。为宋仁宗赵祯宝元二年（公元1039年）始铸（图四三，2）。

元丰通宝　1枚。ⅢM12：2-2，钱文为篆书，顺时针旋读。钱面及背面均有廓，钱面内廓较细，背面廓较平且宽窄不规整。外直径2.4厘米，重3.67克。为宋神宗赵顼元丰年间（公元1078～1085年）铸造（图四三，3）。

政和通宝　1枚。ⅢM12：2-3，钱文为隶书，先上后下，次右后左读之。钱面及背面均有廓，制作规整，字体秀丽。外直径2.5厘米，重3.99克。宋徽宗赵佶政和年间（公元1111～1117年）铸造（图四三，4）。

（3）铁器

仅有挂饰1件。

铃铛　1件。ⅣM17：1，钟形，锈蚀严重。形体为上小下大筒形，平面呈椭圆，弧曲形顶，顶有近似方形的纽，下口是两个对称的向上凹形拱券，失舌。下口径3.6～4.4厘米，壁厚0.4厘米，通高6.8厘米（图四三，5；图版二四，1）。

（4）玉石器

仅有玉器1件。

环　1件。ⅢM12：4，通体有打磨划痕及不太明显的小坑，没有磨光，不滑溜，无光泽，应是半成品。"好"（穿）还不太圆，"肉"的断面呈稍微椭圆之状。最大直径2.5厘米，中心孔径1.3厘米（图四三，6）。

（5）瓷器

2件。均为饮食用具。

碗　1件。ⅢM17：1，口、腹部残缺，可复原。敞口，圆唇，弧曲腹，平底，圈足。内底微微向下缓弧，并遗留放射状5个三角形支钉痕，内底周边有一环凹压痕。内外施白釉，内满釉，外壁腹中部以下露胎无釉，形状呈桃形。口径20.6厘米，圈足径7.4厘米，高7.4厘米（图

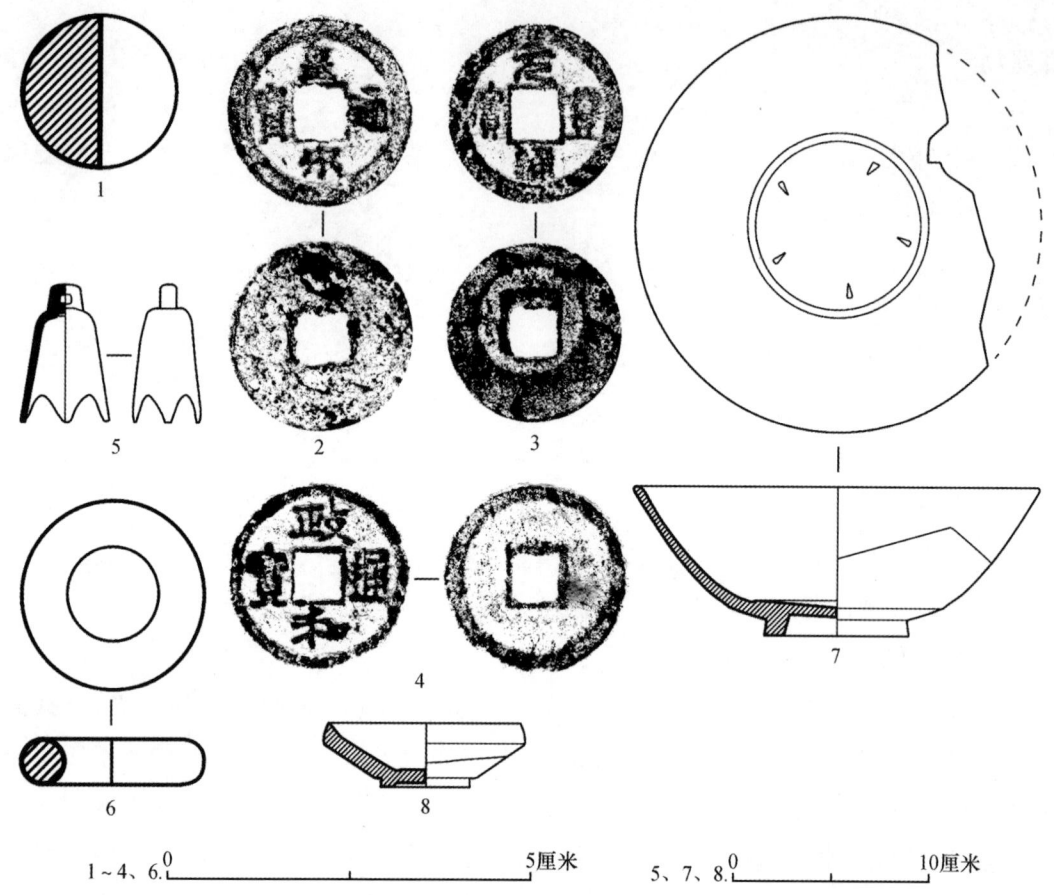

图四三 宋代墓葬出土器物及拓片

1. 陶球（ⅢM12:3） 2. "皇宋通宝"铜钱拓片（ⅢM12:2-1） 3. "元丰通宝"铜钱拓片（ⅢM12:2-2） 4. "政和通宝"铜钱拓片（ⅢM12:2-3） 5. 铁铃铛（ⅣM17:1） 6. 玉环（ⅢM12:4） 7. 白瓷碗（ⅢM17:1） 8. 白瓷盘（ⅢM12:1）

四三，7）。

盘 1件。ⅢM12:1，残缺，可复原。敞口，宽沿尖唇，斜直腹，内口向下少许呈弧曲状，平底，圈足。内外施白釉，内满釉，外壁腹中部以下露胎无釉。口径10厘米，圈足径4.6厘米，高3.2厘米（图四三，8）。

五 元 代 墓

元代墓共4座，全部位于槐树屯（第Ⅳ墓区）村西，在NSBD·K12+364~442米处。墓葬间距相对较近，编号为ⅣM6、ⅣM7、ⅣM11、ⅣM13。地貌呈西北地势略高、东南稍低的平缓地带，现为麦田。墓葬开口皆在距地表0.4~0.6米深处、第2层黄沙土层之下。

1. 墓葬的形制及结构、葬具及随葬品位置

4座墓全部为竖穴墓道土洞墓，由洞室、墓道两部分组成，坐北朝南，方向185°~192°。

墓室、墓道平面为近似长方形或长条形。除一座墓室与墓道呈"丁"字形（墓室东西向、墓道南北向）设置之外，其余的墓室与墓道为同方向设置。

墓主人的葬具皆为木质棺，从平面看，木棺放置的方向与墓道、墓室的方向，除一座墓的木棺与墓道呈"丁"字形（棺东西向、墓道南北向）放置之外，其余的墓内木棺皆与墓道同方向（南北向）放置；与墓道同向放置的木棺除一口木棺首朝南、尾向北之外，余皆首朝北、尾向南。

墓内所葬人数不等，其中二人葬2座（ⅣM7、ⅣM11），单人葬2座（ⅣM6、ⅣM13）。除1座没有随葬品之外，其他墓内有陶器、瓷器、铜器等多寡不一。

ⅣM7　夫妇二人葬，墓向为190°。墓室平面为不规则长方形，与墓道连接起来呈接近于长柄菜刀形状。位于ⅣM6的东侧2.5米。

墓道为南窄北宽，东西两壁垂直，南壁底部向北倾斜，底部微呈缓坡状。墓道口长2.3米，宽1~1.1米，墓道底长2.2米，南端深2.3米，北端深2.4米。在墓道的北壁下部掏挖洞室门，呈半圆形，洞室门上部坍塌，残存高0.8米，宽1.1米，洞室门口用缸底向上倒置的、内外施酱色釉的瓷缸封堵，缸口部残缺。

洞室上部坍塌，残存高1米。底平面呈圆角长方形，南高北低，间差0.4米，洞室底东边长、西边短，南窄北宽，东侧底边长2.2米，西侧底边长2米，南宽1.3米，北宽1.7米，洞壁残存高1米。洞底东西并列两口木棺，棺首北尾南，棺内人架各一具，木棺腐朽严重，仅存棺底黑色灰痕迹。

东棺，长1.8米，宽0.4~0.6米。男性，仰身直肢，骨骼腐朽严重，成渣状块。年龄55~60岁。

西棺，长1.9米，宽0.34~0.5米。女性，仰身直肢，双臂微屈曲，两手放于小腹至盆骨间，骨骼腐朽严重，成渣状块，年龄50~55岁。

两棺及人骨架北部距墓底高出0.3米，为淤积土所致。西棺的西侧、北侧，东棺的北侧均发现淤积土，判断系洞顶未坍塌之前渗进水，将骨骼漂起之故。

随葬品有瓷器、铜器。其中酱色釉瓷缸1件，用于封堵洞口。黑、酱紫色釉双系瓷罐2件，其中1件位于西棺内西北角，另1件放置在东棺内人头骨的东侧。白釉瓷盘、碗各1件，白釉瓷盘内放置白釉瓷碗，口向上，置于西棺顶的北部，在棺腐朽坍塌之后落于西棺墓主的面部，白釉碗的足部粘连有红色彩绘。棕色釉瓷碟2件，底对底叠压在西棺墓主的双腿、股骨之间，其中1件瓷碟足下有木板灰。橄榄形酱釉瓷瓶1件，在东棺外的西北部，口向西倾倒。在西棺墓主的头下有白釉黑绘枕1件。铜钱共48枚，其中1枚发现于墓道的南部填土内，10枚在西棺墓主的背下散乱放置，6枚散乱放置在东棺墓主背下，31枚在两棺之下的墓底散乱放置（图四四；图版一二，3、4）。

ⅣM6　单人葬，墓向为190°。墓室平面为不规则长方形。位于槐树屯遗址发掘探方T2的东南部约35米。

墓道为南窄北宽，四壁垂直，平底。墓道南北长2.5米，宽1.2~1.3米，深2.3米。在墓道的北壁下部掏挖半圆形洞室门，门的顶坍塌，残存高1.1米，宽1.3米。

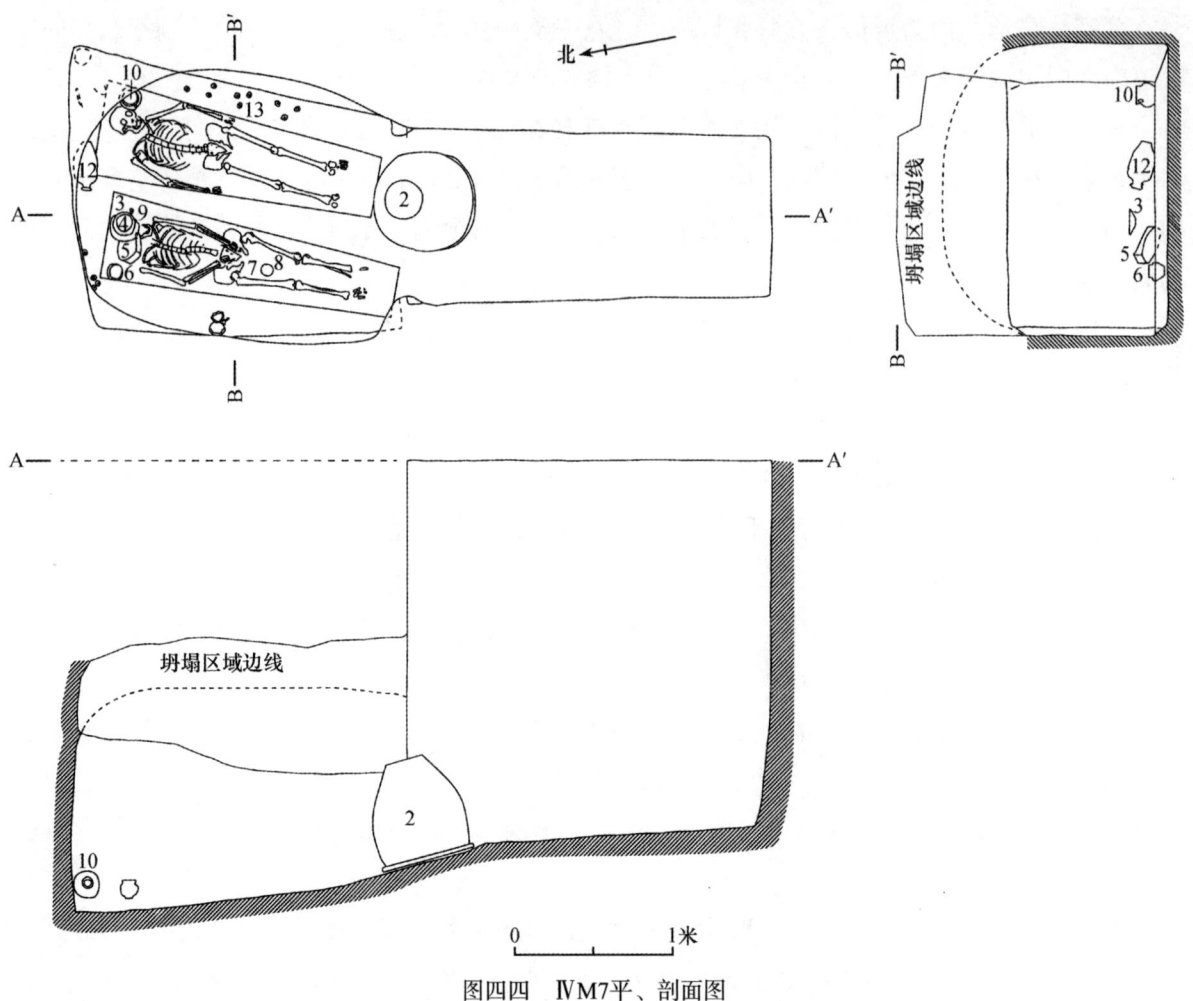

图四四　ⅣM7平、剖面图
1、9、11、13. 铜钱　2. 瓷缸　3. 瓷碗　4. 瓷盘　5. 瓷枕　6、10. 瓷罐　7、8. 瓷碟　12. 瓷瓶

洞室门口用酱色釉瓷缸封堵，缸底缺失，口部向下，底向上倒置。洞室为斜壁平底，顶部已坍塌，底呈圆角弧边不规则长方形，长2.2米，宽1.5米，壁部残存高1米。洞室底比墓道底低0.1米。洞室底西部放置一口木棺，仅占墓底不足1/2的面积。棺首北尾南，腐朽严重，仅存棺底黑色灰痕，棺底长1.8米，宽0.36～0.5米。男性，仰身直肢，面部扭向西侧，年龄30～35岁。

随葬品有陶器、瓷器、铜器等。其中夹砂灰陶釜1件，在墓室的北端中部，棺外的北侧，口向上放置。陶釜之上叠压1件白釉瓷盘，白釉瓷盘内放置1件白釉瓷碗。在陶釜的东侧有1件口向南倾斜的白釉瓷梅瓶。在棺外中部的东侧有1件酱釉瓷碟。在棺内的东北侧放置1件口向西倾斜的黑釉双系瓷罐。酱色釉瓷缸1件，用于封堵洞口。铜钱发现于三处共41枚：一是墓道的南、北两处共8枚铜钱，其中在墓道北部出1枚"祥符元宝"，其余7枚铜钱散乱放置在墓道的南部距底高0.2米处，能辨认出的有"皇宋通宝""淳化元宝""绍圣元宝""政和通宝""天禧通宝""至道通宝"。二是散乱放置在墓主的上身骨骼之下25枚，能辨认出有"治平元宝""元祐通宝""圣宋元宝""货泉"。三是在墓室底部北端和棺外的东侧发现8枚，钱文不清（图四五；图版一二，1、2）。

ⅣM13　单人葬，墓向为192°。墓室平面为近似长方形。位于槐树屯村西220米左右，在ⅣM12西侧、ⅣM10原葬墓道的南侧。该墓的洞室东壁打破ⅣM12的西壁北部，长1.6米，高0.6米，该墓的洞室西北角打破ⅣM10原葬墓道的东南角。

墓道的四壁垂直，平底。墓道南北长1.68米，宽0.87米，深1.7米。墓道北部的洞室门口放置酱色釉瓷缸1件，其作用是封堵墓口。

洞室为近似长方形，斜坡底长2.13米，南部宽0.8米，北部宽0.7米，顶部已坍塌，南端残高0.84米，北端残高1.08米。

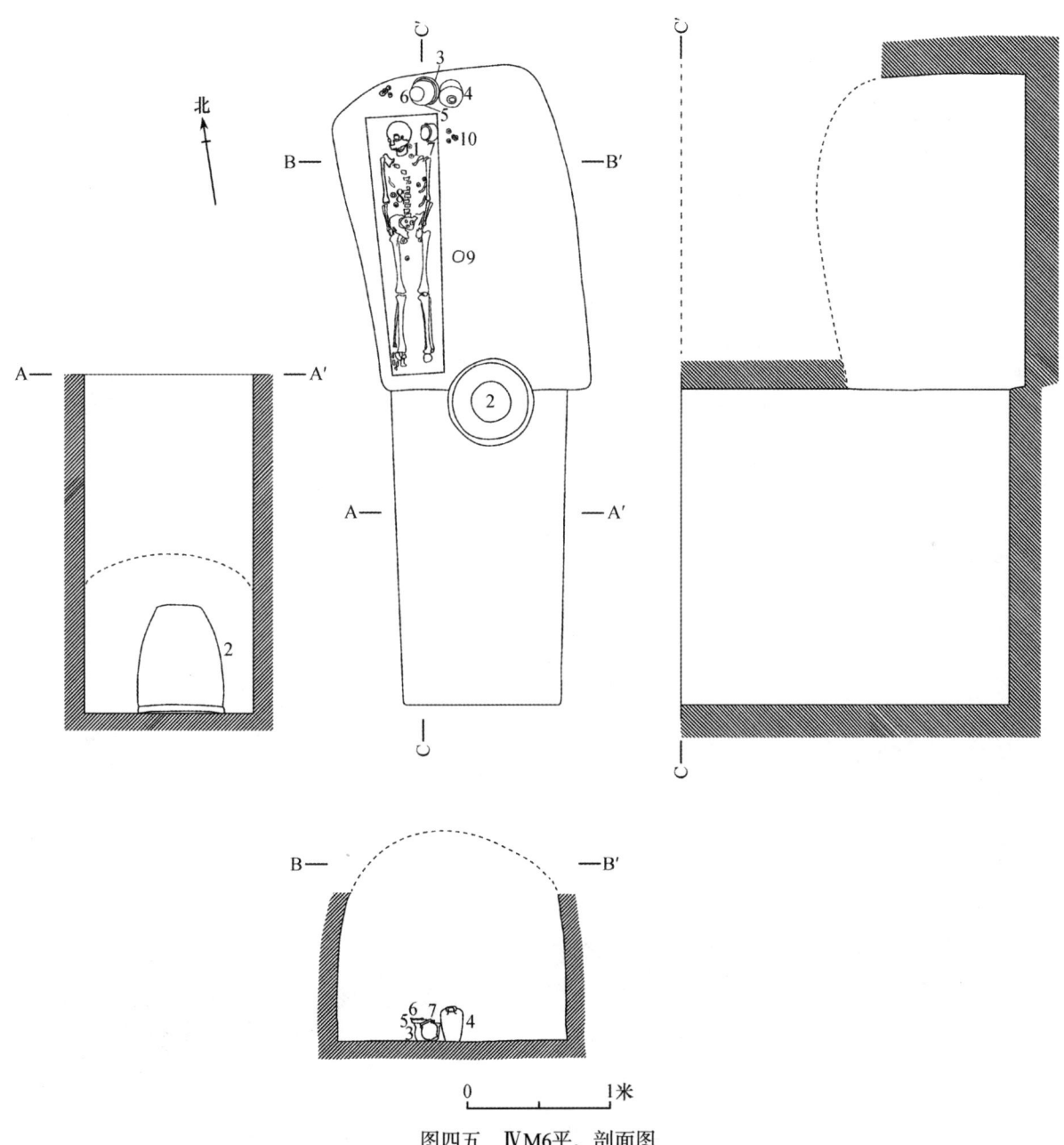

图四五　ⅣM6平、剖面图
1、8、10.铜钱　2.瓷缸　3.夹砂灰陶釜　4.瓷瓶　5.瓷盘　6.瓷碗　7.瓷罐　9.瓷碟

墓底部放置一口木棺，棺置方向与其他不同，棺首南尾北，腐朽严重，仅存棺底黑色灰痕迹，棺底长1.82米，南宽0.6米，北宽0.08米。一具人骨架基本完整，仰身直肢，男性，年龄30～35岁。

随葬品有酱釉瓷缸1件，铜钱10枚。其中瓷缸位于洞室口部，铜钱分别置于墓主左手左侧1枚，小腿左、右侧各1枚，脚骨北侧3枚，盆骨下4枚（图四六）。

ⅣM11　夫妇二人葬，墓向为187°。墓室平面为不规则东西向长方形，墓室与南北向的墓道形成"丁"字形。位于槐树屯村西，ⅣM8的北侧。

墓道在洞室南侧，四壁垂直，平底。墓道南北长2.25米，宽1.6米，深3.7米。在墓道的北壁掏挖洞室，洞口坍塌，残高0.6米，残宽1.15米，厚0.4米。

洞室坍塌，上部形状不详，下部呈东西向不规则抹角长方形，东西长2.56米，南北宽1.4米，壁部残存高0.9米。墓底东西向放置一口木棺，棺首西尾东，腐朽严重，棺底铺设厚1～2厘米的白灰，棺灰残长2.12米，宽0.52～0.8米。

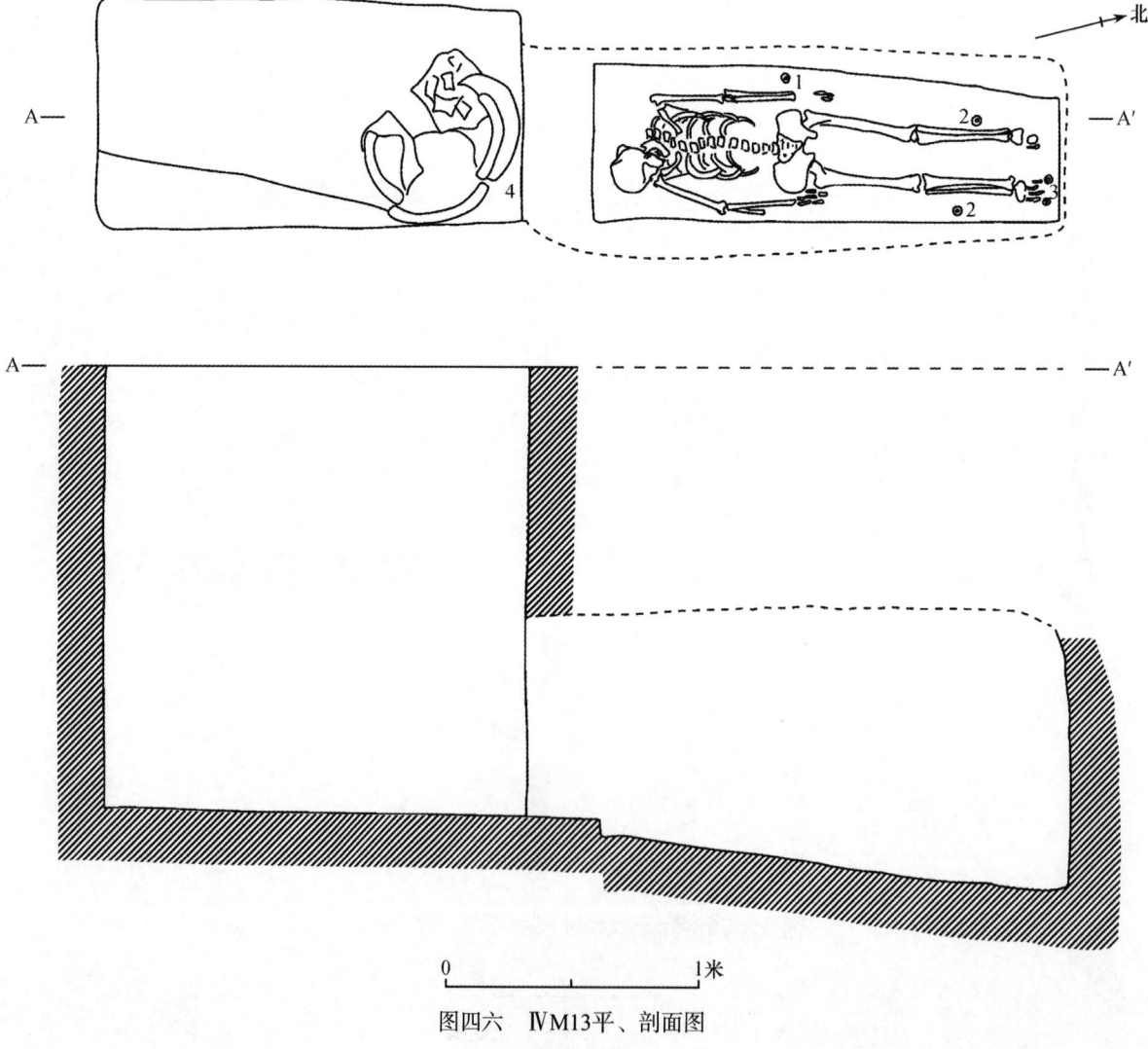

图四六　ⅣM13平、剖面图
1～3.铜钱　4.瓷缸

棺内人骨2具，部分骨骼已腐朽成粉末状，北侧为男性，粗大的骨骼基本完整，仰身直肢，年龄不详。南侧为女性，头骨破碎，与男性头骨并列，肢体骨骼散乱摆放，四肢均叠压于胸部。由此推测，应系男性死后，把女性骨架从别处迁来，摆放在男性棺内。在棺外的南侧中部竖立有一块方砖，边长32厘米，厚6厘米，砖面无发现字迹。没有发现随葬品（图四七）。

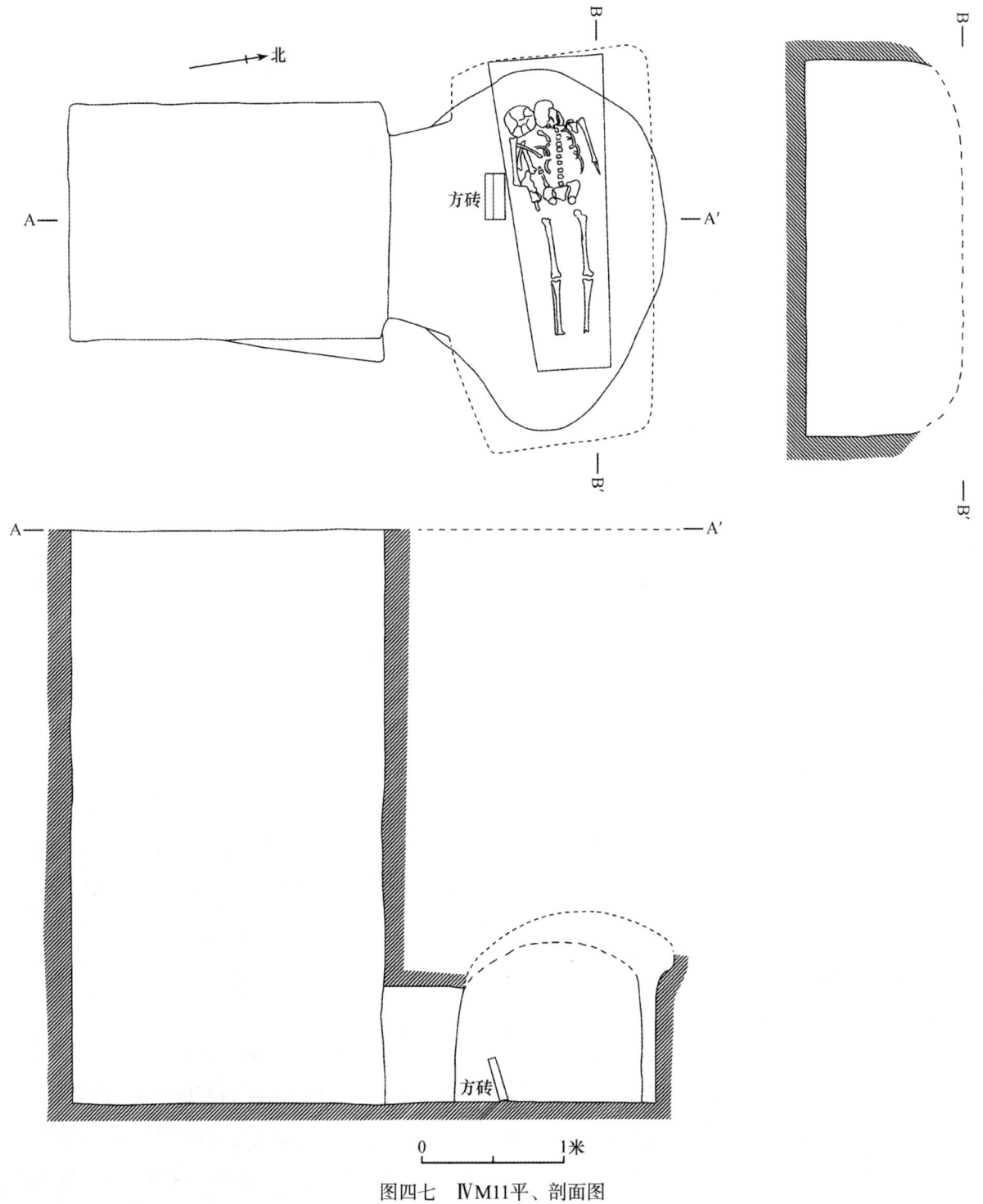

图四七　ⅣM11平、剖面图

2. 随葬器物

4座墓共出土器物28件（套）。其中铜钱11件（套）共99枚，陶器1件、瓷器16件，现按照质地分述如下。

（1）陶器

仅有炊具1件。

夹砂陶釜 1件。ⅣM6∶3，夹砂灰陶。口至腹部有断裂，可复原。敛口，方唇，唇面外高里低，内外沿微显突出，口小腹大，圜底，腹与底均呈缓曲，外口沿之下设四个对称平行的耳形銎。腹底部有烟熏火燎之深灰色痕迹。口径18厘米，最大腹径20厘米，高12厘米（图四九，1；图版二四，2）。

（2）瓷器

16件。分别为碗、盘、碟、瓶、罐、缸、枕，均为生活用具。从釉色看，酱色、白色较多，黑色、棕色较少，分别为酱色6件、白色6件、黑色2件、棕色2件。

碗 2件。个体较小，残，可复原。小圆唇或略微尖，敞口或略微侈。浅腹，腹壁中部向内弧曲，底的中部向下缓弧形成近似圜底。矮圈足，足端内着地外抬起。内外施白色釉，内满釉，外半釉，釉泽较亮，有泪痕。内部为白地酱色绘。淡土黄色胎，较硬。内底、足端皆遗留有支烧的原料颗粒。

ⅣM6∶6，小圆唇，口略微侈。内壁中部绘双环线纹，内底的中心书写一"？"字。内底及外足端均有五处沙堆支烧残迹。口径10.2厘米，足径5厘米，高3.2厘米（图四八，1；图版二五，1）。

ⅣM7∶3，唇略微尖，敞口。内壁中部绘双环线纹，内底的中心书写一"春（？）"字。内底粘连有散乱的十余粒砂子，外足端有五处沙堆支烧残迹。口径10厘米，足径3.8厘米，高3.3厘米（图四八，2；图版二五，2）。

盘 2件。分二型。

A型 1件。浅腹，玉环形足。ⅣM6∶5，口部残缺，可复原。圆唇，口部略垂直，腹下部微缓折，内腹下部与底部结合处有一圆形压印痕，形成缓慢斜坡形一直到平底，玉环形足。内外施白色釉，内满釉，外底及足端无釉，釉泽微泛青。口沿端施釉后再擦去呈"芒口"，但留有原来施的白色化妆土。青灰色胎，坚硬。口径16.6厘米，玉环形足外径9.5厘米，高3厘米（图四八，4；图版二五，4）。

B型 1件。浅腹碗形。ⅣM7∶4，口沿釉大部分剥落，整体保存基本完好。敞口，圆唇，腹壁缓弧微曲，外壁的下部有轮旋棱线纹，圈足，足端内着地外抬起，内底向中心缓凹陷。内外施白色釉，釉面有零散的棕孔及冰裂纹，釉泽一般，外壁施釉不到底，有泪痕。内部为白地褐色绘，壁面饰环状双线纹，底部浓墨书一"王"字。淡土黄色胎，坚硬。内外均有五处沙堆支烧残迹。口径14.8厘米，足径6.8厘米，高3.5厘米（图四八，3；图版二五，3）。

碟　3件。完好。体形较小，施棕色或酱色釉。分三型。

A型　1件。浅腹、侈口、腹壁向内弧曲形。ⅣM7：7，圆唇，壁厚，壁上部向内凹弧，平底。外底有漩涡式线状切割纹。内外施棕色釉，内满釉，外壁施1/2的半釉。口径8.2厘米，底径4.2厘米，高2.2厘米（图四八，5）。

B型　1件。深腹、敞口、腹壁呈上张下收倾斜形。ⅣM6：9，方唇，腹壁上、下厚，中部略薄，平底。芒口。内施酱色釉，内底有墨绘一近似环形图案。外部皆为棕色落砂。口径8.4

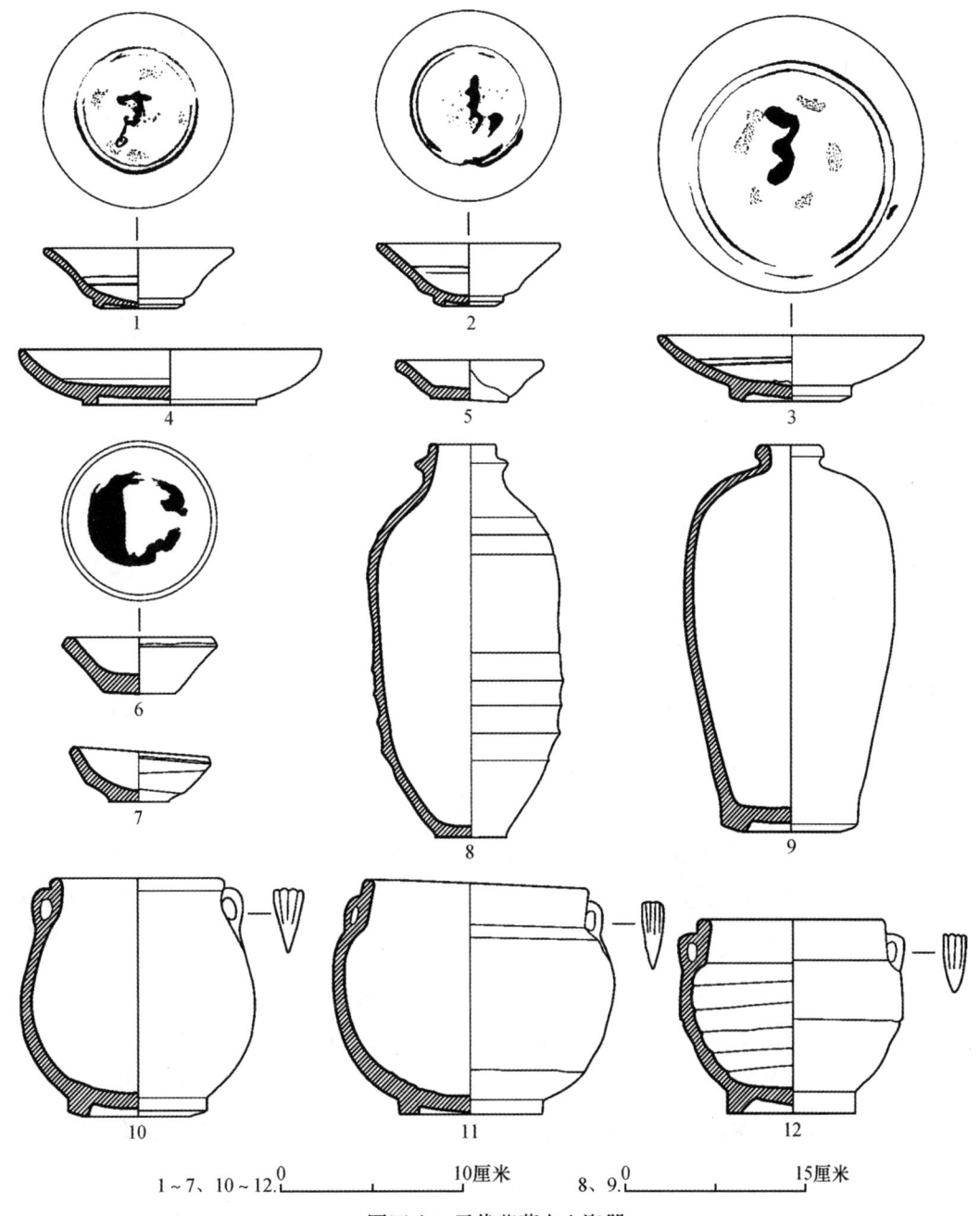

图四八　元代墓葬出土瓷器

1、2. 碗（ⅣM6：6、ⅣM7：3）　3. B型盘（ⅣM7：4）　4. A型盘（ⅣM6：5）　5. A型碟（ⅣM7：7）　6. B型碟（ⅣM6：9）
7. C型碟（ⅣM7：8）　8. 橄榄形瓶（ⅣM7：12）　9. 梅瓶（ⅣM6：4）　10. A型罐（ⅣM6：7）　11. B型Ⅰ式罐（ⅣM7：10）
12. B型Ⅱ式罐（ⅣM7：6）

厘米，底径4厘米，高3厘米（图四八，6）。

C型　1件。深腹、敞口、腹壁向外缓鼓的碗形。ⅣM7∶8，方唇，壁厚，壁中部向外略鼓，内圜底、外平底。外底有漩涡式线状切割纹。内外施白色化妆土。在化妆土上再施棕色釉，内满釉，外壁上部施釉、下部至底无釉、暴露化妆土。芒口。口径7.8厘米，底径3.4厘米，高2.9厘米（图四八，7；图版二五，5）。

瓶　2件。分为近似橄榄形瓶和梅瓶两种。

橄榄形瓶　1件。ⅣM7∶12，子母口，盖失。圆唇，小圆口较垂直，短颈，颈部有突形环箍，应是子母口之上覆盖的母口之"挡"。溜肩，深腹，腹外壁有轮旋凹凸纹，腹下部向里缓收。小平底。外壁满施淡酱色釉，釉泽较薄、暗淡。口径5.5厘米，底径5.8厘米，高31.2厘米（图四八，8；图版二六，1）。

梅瓶　1件。ⅣM6∶4，口部略有残缺，可复原。圆唇，口沿稍微显出向外翻，从断面看类似突唇，束颈，圆肩，鼓腹，最大直径在上部，下腹曲收，平底，隐圈足，足端内着地外抬起。口沿及颈内施棕色釉，外部除足端至外底露胎无釉之外，余满施白釉，釉泽较暗淡。釉面多处有冰裂纹。口径5.5厘米，足径11.2厘米，高30.7厘米（图四八，9；图版二六，2）。

双耳罐　3件。分二型。

A型　无领，垂腹，叶形双系，仅有1件。ⅣM6∶7，圆唇，唇外突，束颈，溜肩，腹壁弧曲，腹部最大直径在腹下部，缓弧底，圈足，足端内着地外抬起。内外满施黑色釉，外腹下部及外底施釉较薄，足端面施釉后再擦去。外腹上部釉面有冰裂纹。外底部分粘连有白减粗砂颗粒。白色胎，较细，坚致。口径9.6厘米，最大腹径12.8厘米，足径7.6厘米，高12.6厘米（图四八，10；图版二六，3）。

B型　长直领，鼓腹，叶形双系。分二式，每式各1件。

Ⅰ式：ⅣM7∶10，圆唇，口微敛，弧圆肩，鼓腹，最大直径在腹中部，腹内下部与内底之间没有明显的界线，且有轮旋凹凸纹，玉环形圈足。除外腹部近足处以下露胎无釉之外，其他全施酱紫色釉。足端遗留有四处细沙白减支烧痕。胎色白中透黄，较致，坚硬。口径12.4厘米，最大腹径15.4厘米，足径7.8厘米，高12.3厘米（图四八，11；图版二六，5）。

Ⅱ式：ⅣM7∶6，近似肿唇，直口，圆折肩，腹上部呈垂直状，腹下部缓收，腹内壁有轮旋凹凸纹，内底略平，外底中心有乳突，玉环形圈足。除外腹中部以下露胎无釉之外，其他全施黑色釉，釉较厚，有棕孔。足端遗留有三处细沙白减支烧痕。白色胎，较细，坚硬。口径10.4厘米，最大腹径12.3厘米，足径7.2厘米，高10.3厘米（图四八，12；图版二六，4）。

缸　3件。胎质为粉砂质黏土岩，俗称"缸土"，其主要成分是单热水云母，高岭石，并含有少量的石英、多水高岭石、赤铁矿、褐铁矿、金红石、方解石等，凡是此种原料做成的瓷器一般皆称"缸胎瓷器"。3件缸的形制为口大底小，口部为较粗壮的环形圆条状口沿，形成唇部内、外突，深腹，容量较大。内外施酱色釉，芒口。分二型。

A型　1件。形制为敛口、鼓腹、平底。ⅣM13∶4，口、腹残缺，可复原。腹壁及底皆薄，最大腹径偏中上部，中下腹部缓收，并在外壁有轮旋瓦垄纹，底小且平。口径50厘米，最大腹径57厘米，底径25.4厘米，高62.4厘米（图四九，2）。

B型　2件。形制呈敛口、上腹垂直下腹曲收、底向上缓弧。分二式。

Ⅰ式　1件。腹部略浅，矮胖。ⅣM7:2，口、腹残缺，可复原。腹壁较薄，最大腹径在上部，腹中部以下缓收，外壁下部有小且浅的轮旋瓦垄纹，平底略小且向上缓凹。口径61厘米，最大腹径62厘米，底径24厘米，高64.5厘米（图四九，3）。

Ⅱ式　1件。腹部较深，瘦高。ⅣM6:2，口部残缺，底部失，不能复原。腹壁略厚，最大腹径在上部，腹中部以下缓收，近底端时略显垂直，外壁下部有粗且深的轮旋瓦垄纹，底部的中心微向上缓弧。口径63厘米，最大腹径59厘米，底径31厘米，高74厘米（图四九，4）。

枕　1件。椭圆形（或称豆形）白釉黑绘枕。枕面接近椭圆形，但后侧稍内曲，所以又似豆形，也有人称为腰圆枕。ⅣM7:5，底部有裂纹，较完整。枕面后边内曲较浅，接近椭圆形，枕面前高后低、四边稍稍出檐，侧墙上张，向下微内收，平底，底的周边微微外突，前壁中部有一直径1.4厘米的漏孔（或称排气孔）。除底部无釉之外，余皆施微泛土黄色的白釉，枕面有墨线条绘就的如意头形开光，开光内绘山水、房屋、树木、人物、渔船等；侧墙上绘连续卷草纹。底部有一竖版长方形窑戳，戳印的上部及左下角模糊不清，右下角残见有莲花

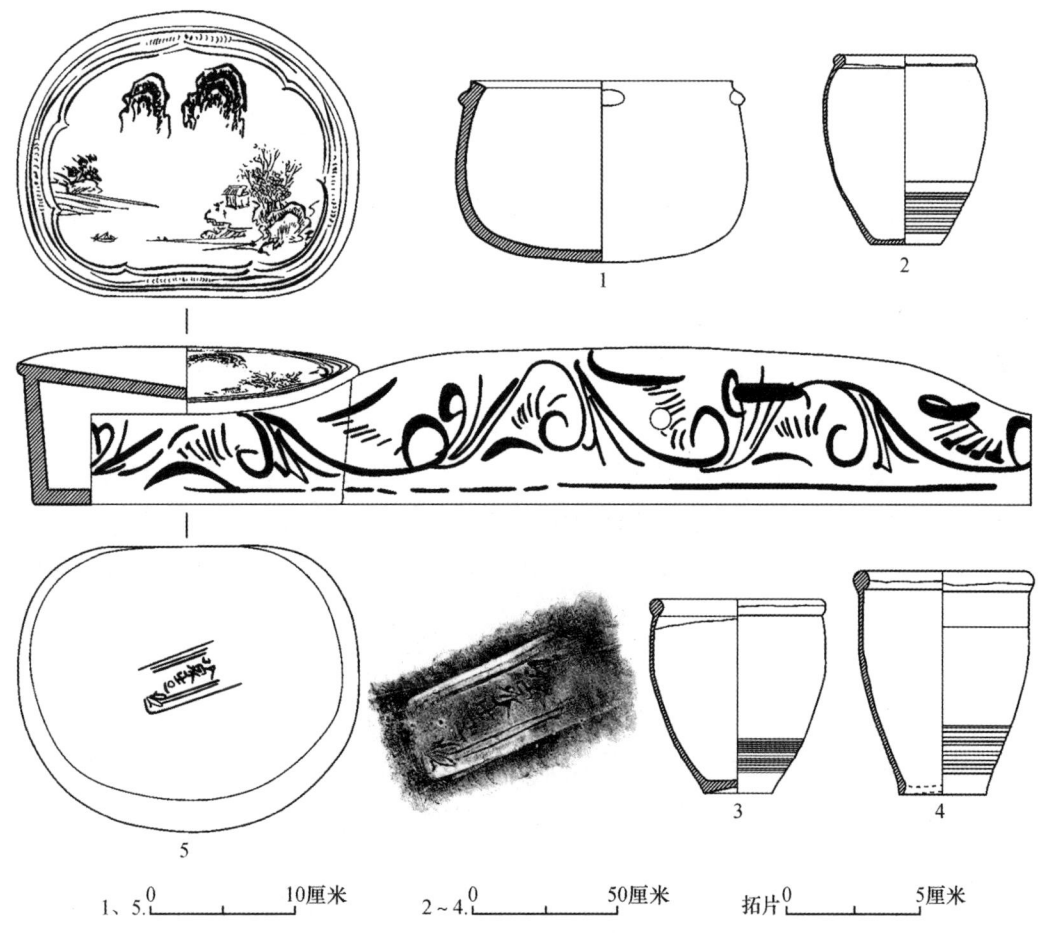

图四九　元代墓葬出土陶瓷器及文字拓片
1.夹砂陶釜（ⅣM6:3）　2.A型瓷缸（ⅣM13:4）　3.B型Ⅰ式瓷缸（ⅣM7:2）　4.B型Ⅱ式瓷缸（ⅣM6:2）
5.瓷枕（ⅣM7:5）

瓣，中部有"张家造"三字。灰白色胎，坚硬。面最大直径23.5厘米，面最小直径19.1厘米，底最大直径21.3厘米，前高10.5厘米，后高6.8厘米，端高9.4厘米（图四九，5；图版二四，3~5）。

（3）铜器

仅有钱币一类。

铜钱　11件（套）。4座墓除ⅣM11没有发现铜钱之外，按照遗存位置的不同，分别为ⅣM6出土41枚铜钱编有3个号、ⅣM7出土48枚铜钱编有4个号、ⅣM13出土10枚铜钱编有4个号，共出土铜钱11件（套）99枚。4座墓葬虽为元代，但没有发现元代钱文的钱币，均为元代以前朝代的钱币。分别有新王莽时期的"货泉"，唐代的"开元通宝""乾元重宝"，以及北宋早期的"太平通宝"直至北宋晚期的"宣和通宝"约22种钱文的宋代铜钱。现将不同钱文的标本分述如下。

货泉　1枚，钱文为篆书，先右后左读之，钱面及背面均有廓。ⅣM6：8-14，外直径2.3厘米，重3.56克（图五〇，1）。新王莽天凤元年（公元14年）开始铸造。

开元通宝　5枚，钱文为隶书，先上后下，次右后左读之。钱面及背面均有廓，钱面内廓较细，背面内廓较平，凸起不太明显。钱文的"元"字第二笔左挑。唐高祖李渊武德四年（公元621年）始铸，到唐朝亡（公元907年）直至五代十国时期均在铸造及流通。

标本ⅣM13：3-3，背面穿下有一弯月文，外直径2.5厘米，重3.53克（图五〇，2）。

标本ⅣM6：8-11，外直径2.4厘米，重3.02克（图五〇，3）。

乾元重宝　2枚，钱文为隶书，先上后下，次右后左读之。标本ⅣM13：5-3，钱面及背面均有廓，钱面内廓较细。钱文的"元"字第二笔左挑，背面穿上有一横杠，外直径2.3厘米，重2.62克（图五〇，4）。唐肃宗李亨乾元年间（公元758~759年）开始铸造。

太平通宝　2枚，钱文为隶书，先上后下，次右后左读之。钱面及背面均有廓，钱面内廓较细。宋太宗赵光义太平兴国年间（公元976~983年）铸造。

ⅣM13：3-1，外直径2.4厘米，重3.15克（图五〇，5）。

ⅣM6：10-3，外直径2.5厘米，重3.58克（图五〇，6）。

淳化元宝　1枚，钱文为草书，顺时针旋读，该钱文为宋太宗赵光义亲书。钱面及背面均有廓，钱面内廓较细。宋太宗赵光义淳化年间（公元990~994年）铸造。ⅣM6：1-3，外直径2.4厘米，重3.51克（图五〇，7）。

至道元宝　1枚，钱文为真书，顺时针旋读，该钱文为宋太宗赵光义亲书。钱面及背面均有廓，钱面内廓较细。宋太宗赵光义至道年间（公元995~997年）铸造。ⅣM6：1-6，外直径2.5厘米，重4.09克（图五〇，8）。

咸平元宝　1枚，钱文为真书，顺时针旋读。宋真宗赵恒咸平年间（公元998~1003年）铸造。ⅣM7：13-3，钱面及背面均有廓，钱面内廓较细。外直径2.5厘米，重3.3克（图五〇，9）。

祥符元宝　3枚，钱文为真书，顺时针旋读。宋真宗赵恒大中祥符年间（公元1008~1016

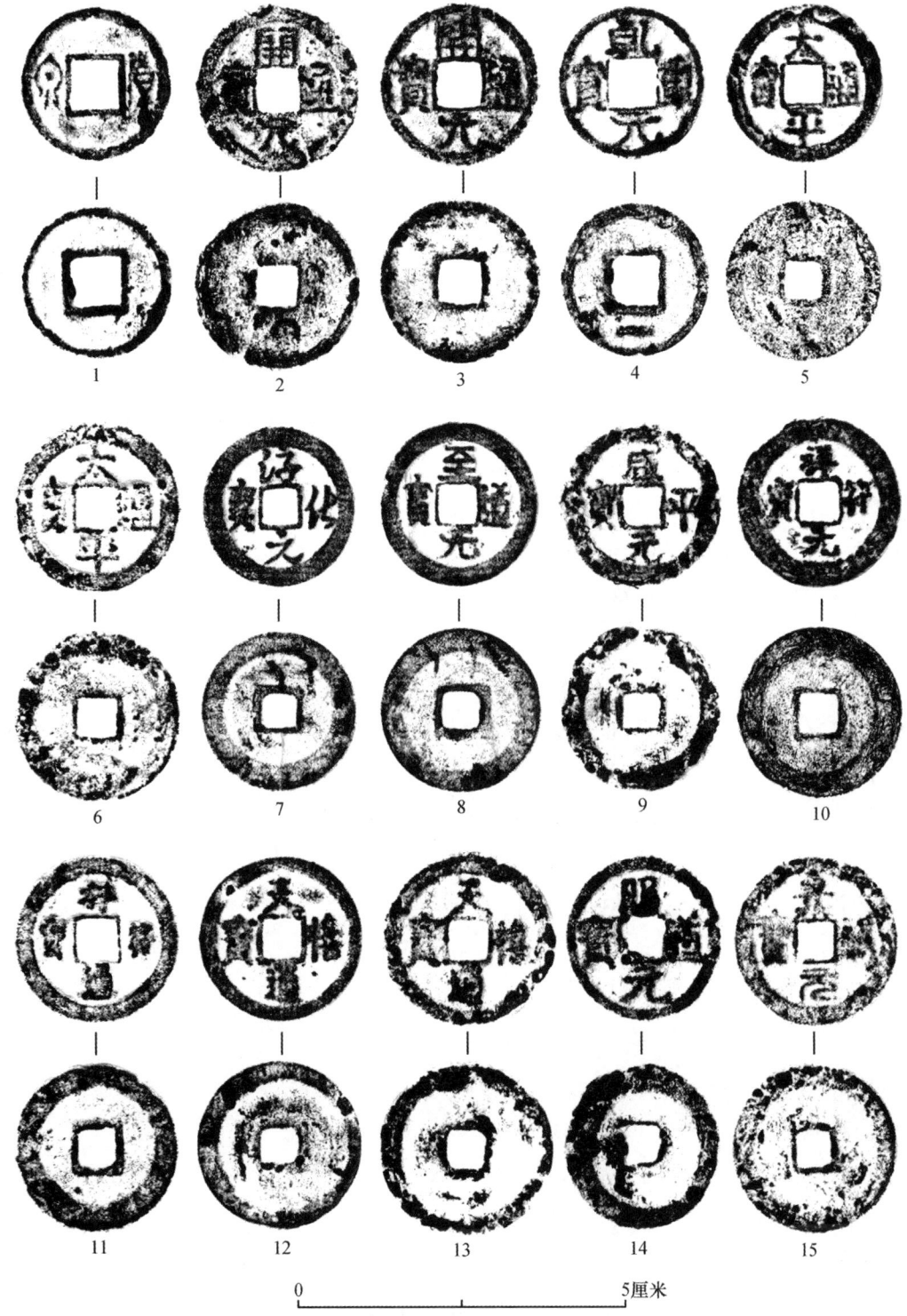

图五〇 元代墓葬出土铜钱标本拓片（一）

1. 货泉（ⅣM6∶8-14） 2、3. 开元通宝（ⅣM13∶3-3、ⅣM6∶8-11） 4. 乾元重宝（ⅣM13∶5-3） 5、6. 太平通宝（ⅣM13∶3-1、ⅣM6∶10-3） 7. 淳化元宝（ⅣM6∶1-3） 8. 至道元宝（ⅣM6∶1-6） 9. 咸平元宝（ⅣM7∶13-3） 10. 祥符元宝（ⅣM13∶5-1） 11. 祥符通宝（ⅣM13∶5-2） 12、13. 天禧通宝（ⅣM6∶1-1、ⅣM7∶13-9） 14. 明道元宝（ⅣM7∶13-11） 15. 景祐元宝（ⅣM13∶5-4）

年）铸造。标本ⅣM13：5-1，钱面及背面均有廓，钱面内廓较细。外直径2.6厘米，重3.5克（图五〇，10）。

祥符通宝　2枚，钱文为真书，顺时针旋读。宋真宗赵恒大中祥符年间（公元1008～1016年）铸造。标本ⅣM13：5-2，钱面及背面均有廓，钱面内廓较细。外直径2.5厘米，重3.34克（图五〇，11）。

天禧通宝　3枚，钱文为真书，顺时针旋读，钱面及背面均有廓，背面内廓较平，几乎不显。宋真宗赵恒大中天禧年间（公元1017～1021年）铸造。

标本ⅣM6：1-1，外直径2.5厘米，重4.5克（图五〇，12）。

标本ⅣM7：13-9，外直径2.55厘米，重3.48克（图五五，13）。

明道元宝　1枚，钱文为真书，顺时针旋读。宋仁宗赵祯明道年间（公元1032～1033年）铸造。ⅣM7：13-11，钱面及背面均有外廓，钱面内廓较细，钱背面无廓。外直径2.5厘米，重2.81克（图五〇，14）。

景祐元宝　2枚，钱文为篆书，顺时针旋读。宋仁宗赵祯景祐元年（公元1034年）开始铸造。标本ⅣM13：5-4，钱面及背面均有廓，钱面内廓较细。外直径2.5厘米，重3.3克（图五〇，15）。

皇宋通宝　8枚，钱文有篆、真书，先上后下，次右后左读之。钱面及背面均有廓，内廓较细。宋仁宗赵祯宝元二年（公元1039年）开始铸造。

标本ⅣM6：8-8，篆书。外直径2.4厘米，重3.14克（图五一，1）。

标本ⅣM6：1-2，真书。外直径2.3厘米，重3.21克（图五一，2）。

嘉祐通宝　2枚，钱文为真书，先上后下，次右后左读之。宋仁宗赵祯嘉祐年间（公元1056～1063年）铸造。标本ⅣM13：1，钱面及背面均有廓，钱面内廓较细。外直径2.5厘米，重3.25克（图五一，3）。

治平元宝　5枚，钱文为篆、真书，顺时针旋读。宋英宗赵曙治平年间（公元1064～1067年）铸造。

标本ⅣM6：8-9，篆书，钱面及背面均有廓，钱面内廓较细，背面内廓较细且平，几乎不显。外直径2.4厘米，重3.09克（图五一，4）。

标本ⅣM6：8-2，真书，钱面及背面均有廓，钱面内廓较细。外直径2.3厘米，重2.56克（图五一，5）。

治平通宝　1枚，钱文为篆书，先上后下，次右后左读之。宋英宗赵曙治平年间（公元1064～1067年）铸造。ⅣM6：8-13，钱周边残缺。钱面及背面均有廓，钱面内廓较细。外直径2.5厘米，重2.61克（图五一，6）。

熙宁元宝　7枚，钱文有篆、真书，顺时针旋读，钱面及背面均有廓，钱面内廓较细。宋神宗赵顼熙宁年间（公元1068～1077年）铸造。

标本ⅣM6：8-10，篆书，外直径2.4厘米，重3.8克（图五一，7）。

标本ⅣM6：8-4，真书，字体与ⅣM13：3-2相比笔划稍粗，背面外廓宽、窄差别较大。外

图五一　元代墓葬出土铜钱标本拓片（二）

1、2.皇宋通宝（ⅣM6∶8-8、ⅣM6∶1-2）　3.嘉祐通宝（ⅣM13∶1）　4、5.治平元宝（ⅣM6∶8-9、ⅣM6∶8-2）
6.治平通宝（ⅣM6∶8-13）　7~9.熙宁元宝（ⅣM6∶8-10、ⅣM6∶8-4、ⅣM13∶3-2）　10~15.元丰通宝（ⅣM7∶11-3、ⅣM7∶9-6、ⅣM7∶11-1、ⅣM7∶13-1、ⅣM7∶13-14、ⅣM6∶8-12）

直径2.4厘米，重3.7克（图五一，8）。

标本ⅣM13∶3-2，真书，字体与ⅣM6∶8-4相比笔划稍细，外直径2.4厘米，重3.84克（图五一，9）。

元丰通宝　16枚，钱文有篆、行书，顺时针旋读，钱面及背面均有廓，钱面内廓较细。宋神宗赵顼元丰年间（公元1078～1085年）铸造。

标本ⅣM7∶11-3，钱体边缘残缺，篆书，外直径3厘米，重6.28克（图五一，10）。

标本ⅣM7∶9-6，篆书，钱体有裂缝，钱背面廓较平，几乎没有凸起。外直径2.85厘米，重4.53克（图五一，11）。

标本ⅣM7∶11-1，篆书，钱体有裂缝，钱背面内廓较平。外直径2.5厘米，重2.68克（图五六，12）。

标本ⅣM7∶13-1，行书，钱背面内廓有宽、有细不均匀，背面外廓宽、窄差别较大。外直径3厘米，重6.96克（图五一，13）。

标本ⅣM7∶13-14，行书，该钱与ⅣM6∶8-12相比，钱体略薄、钱面外廓略窄。外直径2.5厘米，重3.42克（图五一，14）。

标本ⅣM6∶8-12，行书，该钱与ⅣM7∶13-14相比，钱体略厚、钱面外廓略宽。外直径2.4厘米，重3.75克（图五一，15）。

元祐通宝　8枚，钱文有篆、行书，顺时针旋读。宋哲宗赵煦元祐年间（公元1086～1092年）铸造。

标本ⅣM7∶13-12，篆书，钱面及背面均有廓，钱面内廓较细，背面内廓较细且平，几乎不显。外直径2.8厘米，重8.66克（图五二，1）。

标本ⅣM13∶2-1，篆书，钱面及背面均有廓，钱面内廓较细。外直径2.5厘米，重4.22克（图五二，2）。

标本ⅣM6∶8-5，篆书，钱面及背面均有廓，钱面内廓较细，背面外廓宽窄不均，差距较大。外直径2.5厘米，重3.01克（图五二，3）。

标本ⅣM7∶1，行书，钱面及背面均有廓，钱面内廓较细，背面内廓较细且平，几乎不显。外直径2.4厘米，重4.03克（图五二，4）。

绍圣元宝　2枚，钱文有篆、行书，顺时针旋读。宋哲宗赵煦绍圣年间（公元1094～1097年）铸造。

ⅣM7∶9-4，篆书，钱面内外均有廓，背面无廓。外直径3.1厘米，重6.69克（图五二，5）。

ⅣM6∶1-8，钱体有裂纹。行书，钱面及背面均有廓，背面内廓较平。外直径2.4厘米，重3.45克（图五二，6）。

元符通宝　2枚，钱文有篆、行书，顺时针旋读。宋哲宗赵煦元祐年间（公元1098～1100年）铸造。

ⅣM7∶13-8，篆书，钱面及背面均有廓，钱面内廓较细，背面内廓较细且平，几乎不

图五二　元代墓葬出土铜钱标本拓片（三）

1~4.元祐通宝（ⅣM7：13-12、ⅣM13：2-1、ⅣM6：8-5、ⅣM7：1）　5、6.绍圣元宝（ⅣM7：9-4、ⅣM6：1-8）
7、8.元符通宝（ⅣM7：13-8、ⅣM7：9-2）　9~11.圣宋元宝（ⅣM7：13-7、ⅣM7：13-10、ⅣM6：8-1）　12.政和通宝
（ⅣM6：1-5）　13、14.宣和通宝（ⅣM7：13-4、ⅣM7：9-1）　15.崇宁重宝（ⅣM7：9-3）

显。外直径2.5厘米，重4.16克（图五二，7）。

ⅣM7：9-2，行书，钱面及背面均有廓，背面内廓较平。外直径3.1厘米，重5.73克（图五二，8）。

圣宋元宝　4枚，钱文有篆、行书，顺时针旋读。宋徽宗赵佶建中靖国元年（公元1101年）铸造。

标本ⅣM7：13-7，篆书，钱面及背面均有廓，背面内廓较平，几乎不显。外直径3厘米，重6.74克（图五二，9）。

标本ⅣM7：13-10，篆书，钱面有廓，且内廓较细，背面无廓。外直径2.4厘米，4.25克（图五二，10）。

标本ⅣM6：8-1，行书，钱面及背面均有廓，内廓均较细。外直径2.4厘米，重4.17克（图五二，11）。

崇宁重宝　2枚，钱文为隶书，先上后下，次右后左读之。宋徽宗赵佶崇宁年间（公元1102~1106年）铸造。标本ⅣM7：9-3，钱面及背面均有廓，钱面内廓较细，背面内廓很平。外直径3.5厘米，重8.6克（图五二，15）。

政和通宝　1枚，钱文为篆书，先上后下，次右后左读之。宋徽宗赵佶政和年间（公元1111~1117年）铸造。ⅣM6：1-5，钱面及背面均有廓，钱面内廓略细。外直径2.4厘米，重2.16克（图五二，12）。

宣和通宝　3枚，钱文有隶、瘦金书，先上后下，次右后左读之。宋徽宗赵佶宣和年间（公元1119~1125年）铸造。

标本ⅣM7：13-4，隶书，钱面及背面均有廓，钱面内廓较细，背面内、外廓很平。外直径2.4厘米，重3.42克（图五二，13）。

标本ⅣM7：9-1，瘦金书，钱面及背面均有廓，钱面内廓较细。外直径2.8厘米，重6.57克（图五二，14）。

六　明　代　墓

明代墓共18座，涉及三个村庄的耕地，其中湾漳营（第Ⅱ墓区）6座，编号为ⅡM17、ⅡM21、ⅡM27~ⅡM30，为NSBD·K9+636米处，地势平坦，现为麦田；东窑头（第Ⅲ墓区）6座，编号为ⅢM4、ⅢM5、ⅢM9、ⅢM10、ⅢM11、ⅢM21，除ⅢM21与其他墓葬相距较远之外，余基本上都在NSBD·K10+400~K10+770米前后，地貌呈东、南、西三面地势略高的梯田，现为麦田；槐树屯（第Ⅳ墓区）6座，编号为ⅣM4、ⅣM9、ⅣM10、ⅣM21、ⅣM23、ⅣM24，NSBD·K11+185~K12+460米之间，地貌呈西北地势略高的梯田，现为麦田。由于多数墓地位居高低不平地带，水土流失严重，所发现的墓葬开口分别在距地表0.2~0.5米处。

1. 墓葬的形制及结构、葬具及随葬品位置

根据墓葬形制的不同，可分为竖穴土坑墓（3座）、斜坡式墓道竖穴土坑墓（1座）、竖穴墓道土洞墓（10座）、砖室墓（4座）四种类型。

（1）竖穴土坑墓

3座，其中1座在第Ⅲ墓区（东窑头），开口于距地表0.25米；另2座位于第Ⅳ墓区（槐树屯），墓开口于距地表0.5米的第2层之下。3座墓均是将墓主人迁出之后遗留的空墓穴。分为二型。

A型　1座。墓室平面呈瘦长梯形，直壁，平底。

ⅢM11　位于ⅢM10的西侧，墓向为15°。

墓室平面呈北宽南窄的瘦长梯形，四壁较直，平底，墓底长2.7米，宽0.9~1米，深0.56米。墓底置单棺，棺首向北、尾朝南，棺腐朽殆尽，仅存棺底被扰乱的白灰痕迹，北宽南窄，长2米，宽0.4~0.7米。人骨无存，仅在棺内底的中部残留锈蚀的"元祐通宝"铜钱1枚。

依据墓内及墓坑回填土中均没有发现人骨，也无发现盗洞，以及棺内还遗留有铜钱这一迹象分析，墓主人已迁出该墓室（图五三）。

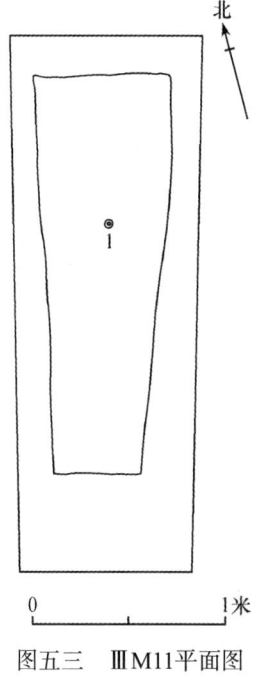

图五三　ⅢM11平面图
1. 铜钱

B型　2座。墓室平面为近似长方形的竖穴土坑。皆为南北方向，但朝向各异，1座棺首南、棺尾北，另1座棺首北、棺尾南。

ⅣM4　单人葬，墓向为190°。位于槐树屯遗址发掘探方T2的西侧2米处。

墓室平面除西壁呈略微弧曲之外，其余三壁为垂直形。墓底较平，长2.4米，宽1.4~1.68米，深1.4米。墓底顺向摆放单棺，棺首南尾北，现仅存木棺的灰色痕迹，棺内底的南端残存有白色石灰，棺内无人骨，棺长1.8米，宽0.4~0.7米。

在墓室的北部有上大下小一不规则的椭圆形竖穴扰坑，直径2.28~2.8米，深度同墓室，斜壁锅底形，将墓室北部扰乱，墓底保留有木棺残痕，不见人骨及随葬品。根据扰坑的开口层位与墓底现状判断，扰坑为迁葬时所挖，将此处的人骨迁出。

在墓室的北部回填土内出土铜钱2枚，钱文为"咸平元宝""皇宋通宝"；在扰坑的土内出土1件残缺的白釉碗，生烧，泛青绿色（图五四）。

ⅣM21　单人葬，墓向为355°。位于槐树屯村南，西北距ⅣM20约30米，西南距ⅣM22约6米。

墓室平面呈右边长壁线略倾斜的近似长方形。开口于距地表深0.5米的第2层之下，四壁较直。墓底南北长3米，南端宽1.74米，北端宽1.62米，深2.1米。墓室东部遗留一口木质单棺的板灰迹，棺首北、棺尾南，棺长1.8米，棺北端宽0.7米，南端宽0.4米。棺内无铺垫遗物灰迹及随葬品，也没有发现人骨。在墓室西部还留有一棺的空余位置，但未见木棺的痕迹，此处仅发现1件农耕具铁犁铧的残块。

由上述情况推测，墓主人已从该墓迁出，所发现的铁犁铧残块，应是人骨架在迁出该墓时被遗弃的随葬物品（图五五）。

（2）斜坡式墓道竖穴土坑墓

1座，位于湾漳营墓区，NSBD·K9+650米处。其特点是平面为由近似长方形的墓室、瘦长梯形的墓道两部分组成。

ⅡM21　墓室东部约1/3被ⅡM17打破，墓道约3/5被ⅡM18打破，墓向为149°。

墓道位于墓室南侧，长2.75米，靠墓室一端宽0.9米，远端宽0.7米，底部为向远处呈坡状逐渐扬起，最深处1.4米，在远端开口处有一长0.75米，高0.2米的小平台。

墓室平面呈西北—东南向近似长方形，壁面较直，墓室底略平，长3.45~3.68米，宽1.8~1.6米，深1.5米。墓口宽0.9米。墓室内葬具、人骨、随葬品皆不存。根据墓坑回填土中也没有发现任何遗留物证，推测应是一座墓主埋葬时间不长、葬具及墓主均被迁出之后所遗留的空墓（图五六）。

（3）竖穴墓道土洞墓

10座。分别位于三个墓区，其中第Ⅱ墓区（湾漳营）3座，编号为ⅡM27~ⅡM29，距离较近，呈倒三角形排列，在湾漳营墓区偏北部，地势较平坦；第Ⅲ墓区（东窑头）5座，编号为ⅢM4、ⅢM5、ⅢM9、ⅢM10、ⅢM21，呈东北—西南向阶梯形排列，根据ⅢM4、ⅢM5、ⅢM9、ⅢM10的墓葬形制、相邻关系，推测应是一处家族墓地。上述8座墓中，其中5座墓因被迁葬而人骨全无；第Ⅳ墓区（槐树屯）2座，编号为ⅣM9、ⅣM10，距离较近，在槐树屯村西，地势较平坦，现均为麦田。根据墓葬形制的不同，可分为三型。

A型　6座。均开口于距地表0.2米的第1层下。其特点是由洞室、竖穴式墓道两部分组

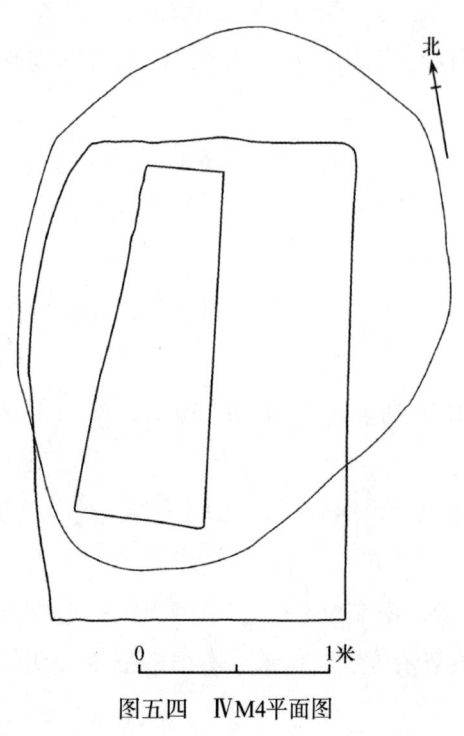

图五四　ⅣM4平面图

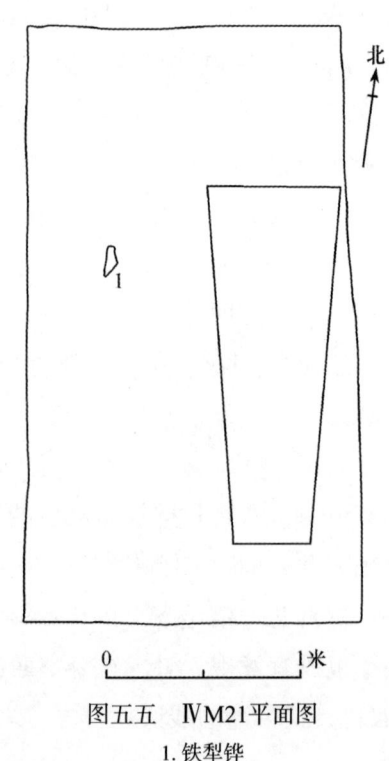

图五五　ⅣM21平面图

1. 铁犁铧

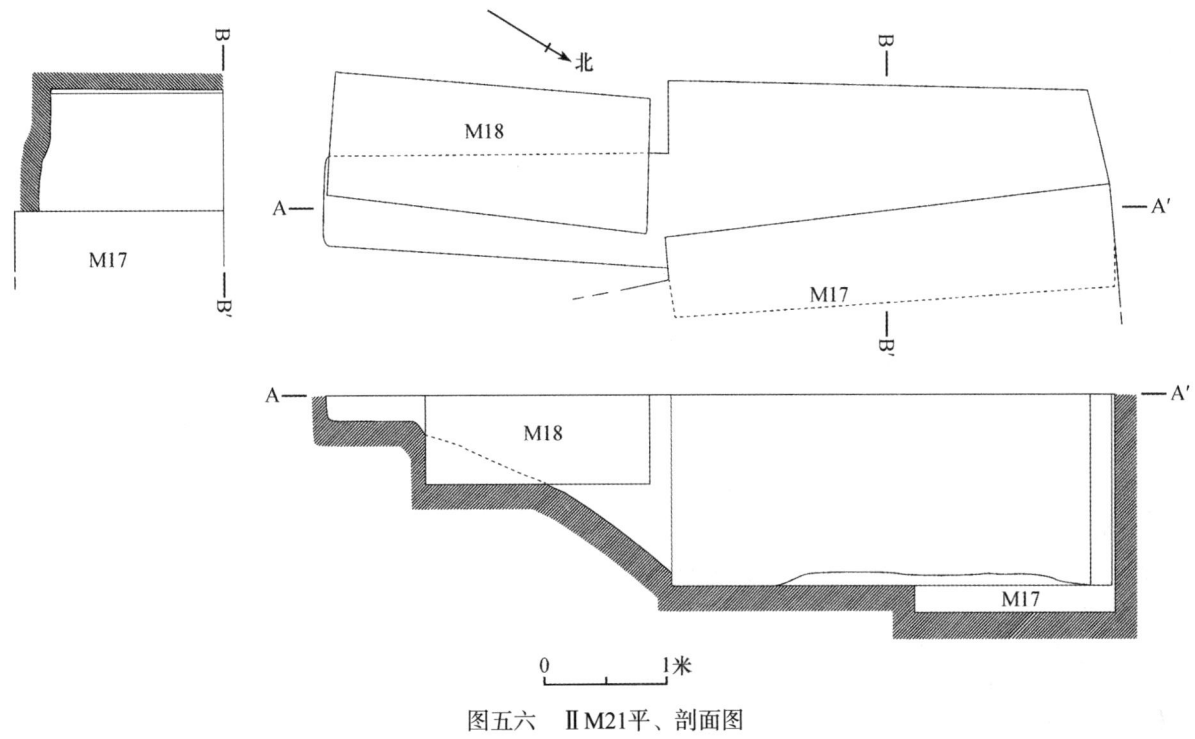

图五六　ⅡM21平、剖面图

成。墓向除一座为128°之外，余皆在180°～190°。洞室平面呈不规则（或接近于）梯形，其中洞室平面呈横向略宽者2座（ⅢM5、ⅢM4）、呈纵向稍长者5座（ⅣM10、ⅢM9、ⅢM10、ⅡM28、ⅣM9），现分述如下。

ⅢM5　夫妇四人合葬，墓向为187°（图版一三，1、2）。位于ⅢM4的西侧，ⅢM7北侧，墓道的南端被ⅢM7的北壁打破。

墓道位于洞室的南侧，竖穴式，平面为北宽南窄略有变化的、近似长梯形，四壁较垂直，墓道底部南浅北深略呈斜坡状。墓道长3米，宽1～1.2米，深2.4～2.7米。

洞室口、洞室顶均坍塌，口部残存宽1.2米，残高1.1米。洞口用7层鹅卵石封堵，高1.3米，宽1.2米，厚0.5米。洞室直壁平底，底呈直角近似梯形，北宽南窄。底长2.7米，宽2.6～3.2米，残高1.5米。墓底东西并列四口木棺，棺首北尾南，为了叙述方便，自东向西编为1～4号棺：

1号棺，棺腐朽殆尽，棺灰长1.8米，宽0.7～0.8米。棺底内留有薄薄一层黑灰，其上人骨为仰身直肢，骨骼腐朽成粉末状，肋骨和臂骨已腐朽殆尽，头骨下枕瓦。男性，年龄在70岁左右。

2号棺，较小，腐朽殆尽，棺的尺寸不详。人骨为散乱摆放，头向北、面向上，四肢叠压，应是迁葬而来。女性，年龄40～45岁。

3号棺，长1.9米，宽0.4～0.6米。残留腐烂的东西两侧的侧板和顶板，板残长1.9米，残厚0.04米，棺残存高0.5～0.6米。棺顶板和东西两侧板髹有黑漆，残存漆皮上绘有部分彩色花卉图案。顶板绘粉红色莲花，东西两侧板的板面上部绘白色莲花，板面下部绘粉红色莲花，因存量极少，无法得知具体数量和排列方式。棺底内铺白石灰厚5~7厘米，白灰上铺草木灰厚2~3厘米，草木灰上人骨为仰身直肢，头向北，面向上，右臂已经移到左臂的上方0.25米处。女性，年龄35~40岁。在头骨的东西两侧各竖立灰陶板瓦四块，头骨下枕板瓦四块。

4号棺，棺腐朽殆尽，棺灰长1.8米，宽0.4~0.6米。棺底内留有薄薄一层黑灰，其上人骨为仰身直肢，骨骼腐朽成粉末状，除头骨破碎、下肢骨遗存部分之外，余骨已不成形状。性别不详，年龄40~45岁。人头骨下枕板瓦五块。

随葬品有黑釉瓷罐2件、铜簪1件、铜钱13枚、青石墓志1合及朱符板瓦2件。其中1件瓷罐位于1号棺墓主头骨的西北侧；另1件瓷罐位于3号棺顶的北部。铜簪位于1号棺墓主头骨的顶端。铜钱出土的位置如下：1枚铜钱位于3号棺顶的南部西侧，钱文为宋代"政和通宝"；7枚铜钱位于1号棺墓主左胸部、左盆骨外侧、左脚外侧、盆骨南侧、盆骨外侧、右膝盖外侧、右脚外侧，字迹锈蚀不清；5枚铜钱位于3号棺墓主口中、双膝之间、左腓骨南侧、右股骨下、右胫骨南侧，字迹锈蚀不清。青石质墓志1合，位于墓道底中部，墓志的西南角距南壁1.1米，距西壁0.2米，志石为方形，志盖呈盝顶式，边长0.58米，总厚0.32米，志盖、志石均刻有"明磁庠耆德昆泉常先生暨配孺人吴氏和氏合葬墓志铭"，志文记述了墓主"卒于万历三十三年十二月二十一日"及生平、交际、家庭状况等内容。朱符板瓦2件，素面，背有布纹，规格为长20厘米，宽14~16厘米，厚1.2~1.5厘米，其中一块朱符板瓦在1号棺的北侧，瓦面中间画符两侧写字，左书"祸患潜藏"，右书"凶殃永断"，背书"镇墓大吉"。另一件在3号棺顶的中部放置，瓦面中间的画符、两侧书写的字已大部分剥落，背后书写"镇墓大吉"，并在"镇"字的上、左、右各写一个"墓"字（图五七）。

ⅢM4　夫妇三人合葬，墓向为187°。位于ⅢM5的东侧，ⅢM6的东北侧，ⅢM7的北侧。

墓道位于洞室的南侧，竖穴式，平面呈近似长条形，北宽南窄微有变化，东西两壁较垂直，南壁较倾斜，口大底小，墓道底部南浅北深略呈斜坡状。墓道口长3.1米，宽1.2~1.6米，墓道底长2.9米，宽1~1.4米，深2.3~2.7米。

洞室口、洞室顶均坍塌，口部残存宽1.4米，残高1米。洞室下部斜壁平底，底呈北宽南窄近似梯形，底部长2.9米，宽2.5~2.8米，残高1.2米。墓底部东西并列三口木棺，棺首北尾南，其中东、西两棺腐朽殆尽仅存棺底铺灰印痕。中棺残留东西两侧的侧板，东长西短，东高西低，残长1.1~1.5米，残高0.14~0.22米，残厚0.02米。三人头骨下皆枕泥质灰陶板瓦，素面，背有布纹，规格为长18~21厘米，大头宽15~17厘米，小头宽13~15厘米，厚1.2~1.5厘米。

西棺，长1.8米，宽0.5~0.7米。棺底内铺白灰厚5~8厘米，白灰上草木灰厚1~3厘米。草木灰上人骨为仰身直肢，头向北，人头骨下枕泥质灰陶板瓦九块，女性，年龄50~55岁。

中棺，长1.84米，宽0.5~0.7米。棺底内铺白灰厚8~10厘米，白灰上铺草木灰厚2~3厘米。人骨为仰身直肢，男性，年龄40~45岁。人头骨下枕板瓦三块，脚下东西向放置板瓦一块。

东棺，长1.8米，宽0.5~0.6米。棺底内铺白灰厚4~5厘米，白灰上铺草木灰厚1厘米。人骨为仰身直肢，女性，年龄30~35岁。人头骨下枕板瓦六块。

随葬品有瓷罐2件、铜簪1件、铜钱21枚。其中1件黑釉瓷罐位于中棺棺顶的北部，坐标为

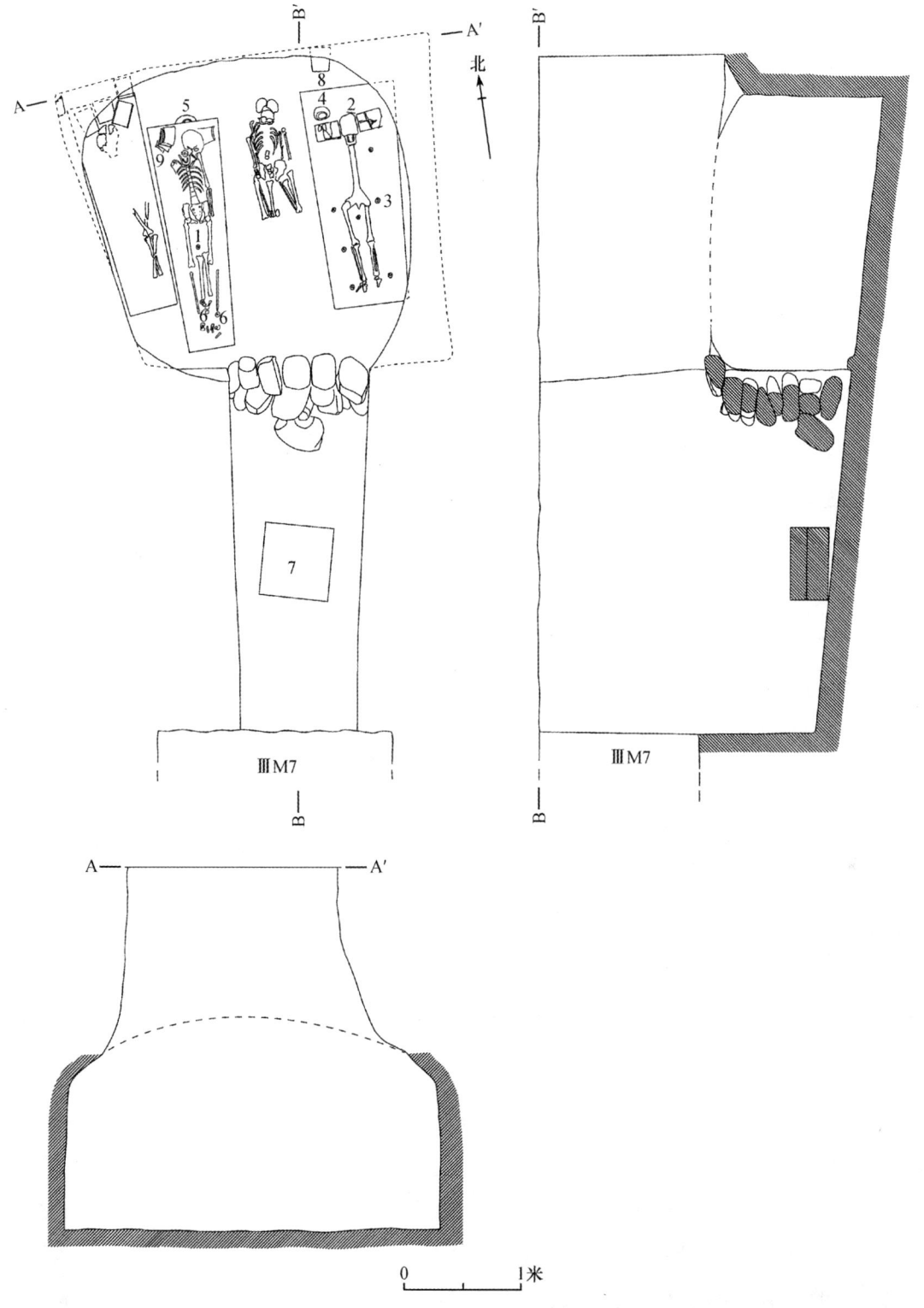

图五七　ⅢM5平、剖面图
1、3、6.铜钱　2.铜簪　4、5.瓷罐　7.墓志　8、9.板瓦

距墓口2.4米，距南壁2米，距西壁1.5米；另1件酱釉瓷罐位于西棺顶的北部，坐标为距墓口2.4米，距西壁0.44米，距南壁2.1米。铜簪1件，位于中棺墓主头骨的顶端。5枚铜钱，东棺墓主头骨的西侧、左手外侧、左膝盖外侧、左肱骨的外侧放置2枚；16枚铜钱，中棺墓主左腿的左腿外侧南北并列3枚、双腿之间南北并列4枚、右胸部放置3枚、右小臂外侧2枚、右股骨外侧1枚、背下3枚。铜钱锈蚀严重，字迹不详。另有2件板瓦，其中1件在中棺墓主的双腿之间，另1件在西棺墓主的腹部上，已残碎，瓦上有朱砂痕迹，素面，背有布纹（图五八）。

ⅢM9　单人葬，墓向为180°。位于ⅢM3的西南侧，ⅢM10的东侧。

墓道位于洞室的南侧，竖穴式，平面为北宽南窄，两侧壁倾斜呈袋状，北壁较垂直，南壁下段向北弧曲，墓道底部南浅北深略呈斜坡状。墓道口长2.5米，宽0.8~1米，墓道底长1.6

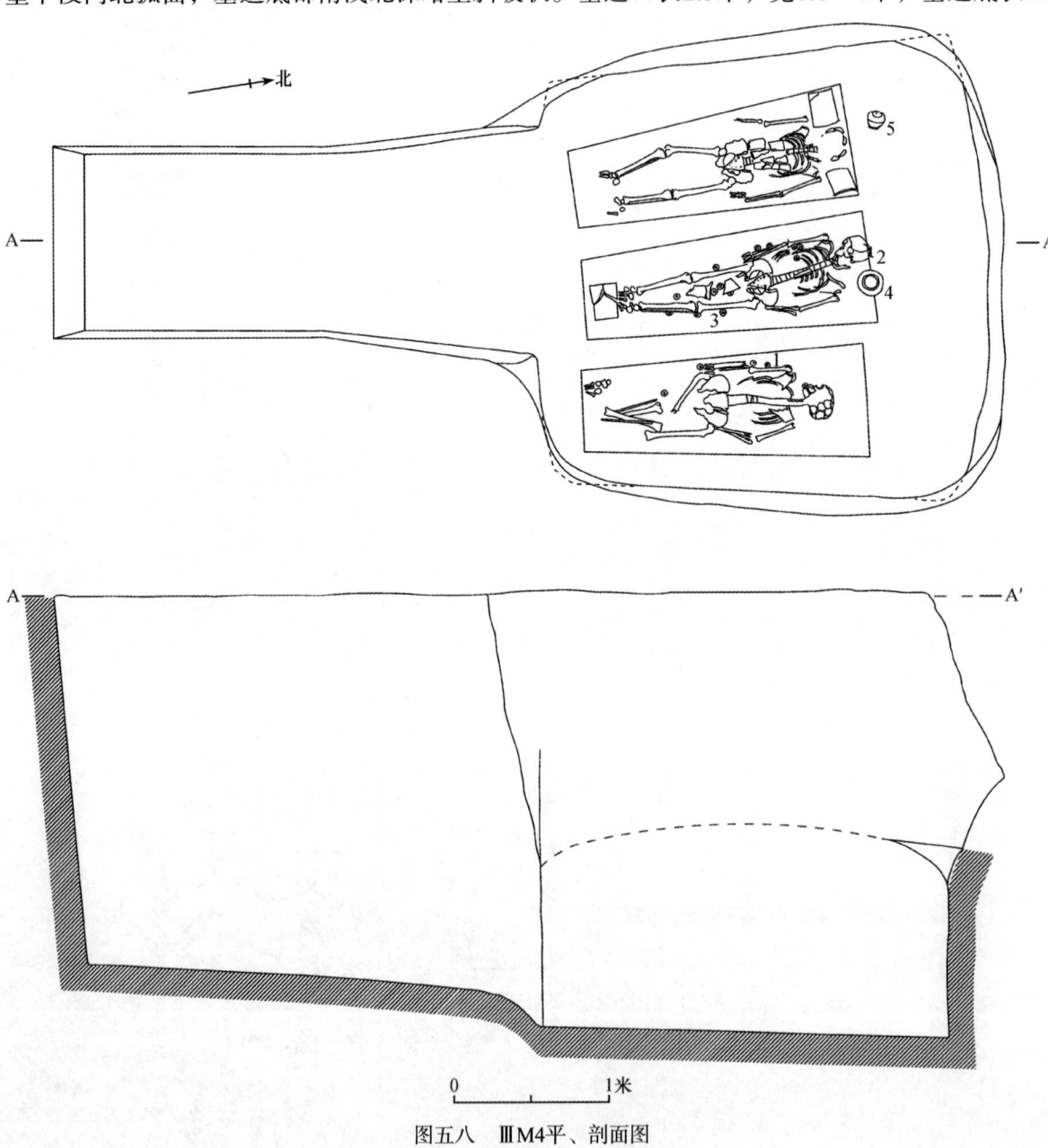

图五八　ⅢM4平、剖面图
1、3. 铜钱　2. 铜簪　4、5. 瓷罐

米，宽0.82～1.3米，深2.8～3.2米。

洞室口呈长方形，弧形顶，宽1米，高1米，在洞室口的东西两侧，各留一个南北长0.2米、东西宽0.16米、自墓底向上高0.2米的土台。洞口用鹅卵石封堵，宽1.1米，高1米，厚0.4米。右上角留有一段未被封堵。洞室顶呈弧形，南高北低，直壁、平底。洞室底呈近似梯形的北宽南窄形状，南北长2米，宽1～1.2米，高0.96～1.2米。

墓底放置一口木棺，棺首北尾南，腐朽殆尽，仅存棺底铺白灰印痕，长1.7米，宽0.4～0.6米。人骨无存，根据封门石和填土情况，判断墓主已迁出，非被盗扰。

随葬品遗留有铜钱4枚、朱符板瓦1块。铜钱放置于棺内底的南部，其中2枚"熙宁通宝"，2枚字迹锈蚀不清。1块朱符板瓦，位于墓道的北端填土中，东西向放置，面向上，距墓口2.1米，距南壁1.7米，距西壁1.1米，素面，背有布纹，规格为长20厘米，宽14～15厘米，厚1.2～1.5厘米。瓦面中间画符两侧写字，局部朱砂痕迹已脱落，字迹不清，背后书写"镇墓大吉"，并在"镇"字的上、左、右各写一个"墓"字（图五九）。

ⅢM10　单人葬，墓向为185°。位于ⅢM8的西南侧，ⅢM6的南侧。

墓道位于洞室的南侧，竖穴式，平面为北宽南窄，两侧壁倾斜呈袋状，北壁口部微向外

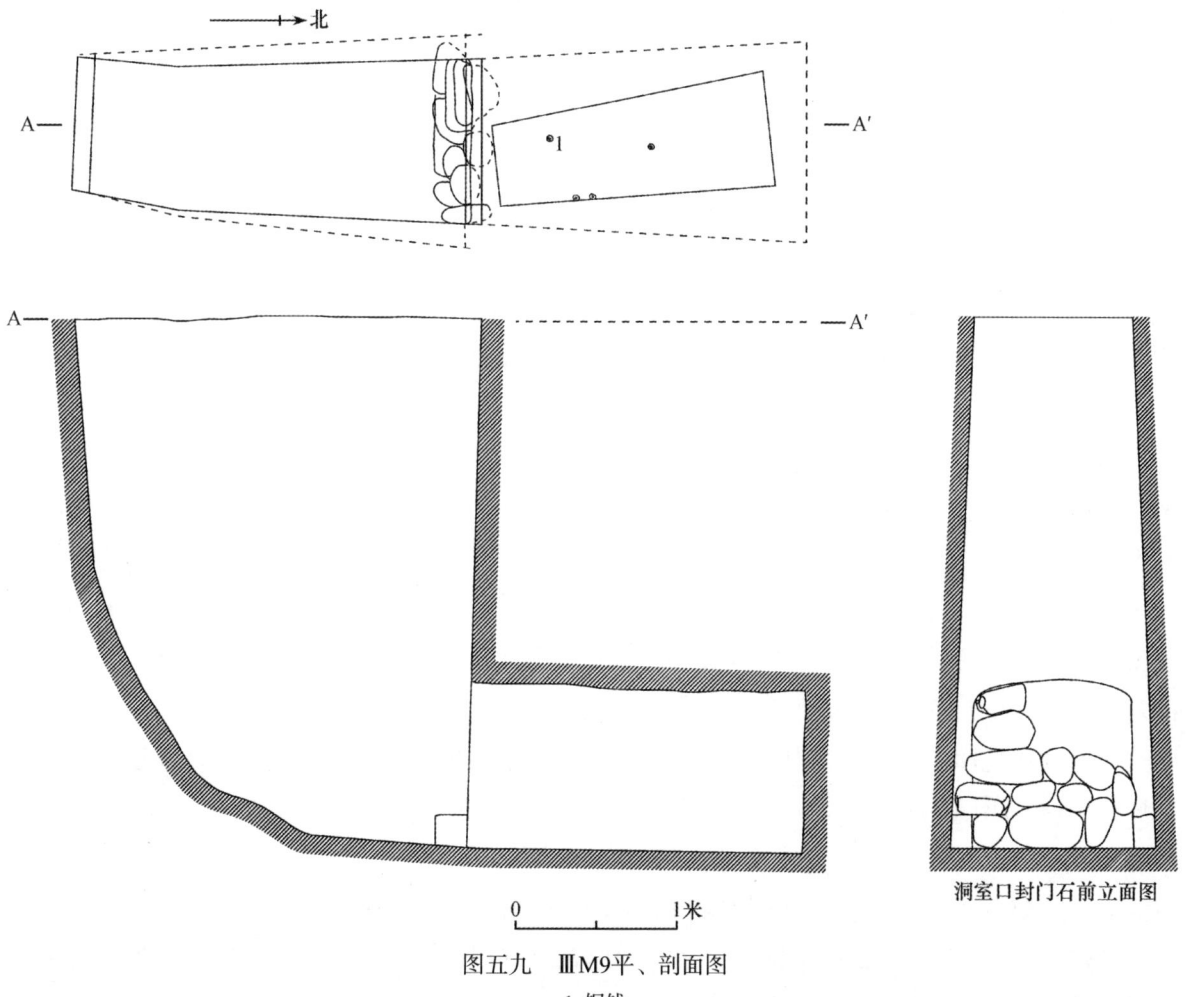

图五九　ⅢM9平、剖面图
1. 铜钱

张，南壁下段向北弧曲，墓道底部南浅北深略呈斜坡。墓道口长2.9米，宽1～1.3米，墓道底长2.3米，宽1～1.6米，深2.4～3.1米。

洞室口呈半圆形，宽1.1～1.3米，高1.74米，厚0.12米。在洞室口的东西两侧，各留一个南北长0.24米、东西长0.26米、高0.22～0.28米的土台。洞室直壁、平底、弧形顶。洞顶南高北低，底呈长梯形，北宽南窄。底长2.4米，宽1.6～1.76米，墓底距洞顶高1.2～1.8米。

墓底可容纳一口木棺，但是葬具和人骨全无，遗留有陶器、瓷器各1件。根据墓道的填土、洞室现况及遗留的随葬品判断，墓主和葬具均已迁出该墓。

随葬品遗留有双系黑釉瓷罐1件及朱符板瓦1块。其中瓷罐位于洞室的西部；在罐的南侧放置一块朱符板瓦，素面，背有布纹，面向上东西向放置，规格为长19厘米，宽13～15厘米，厚1.2～1.5厘米。板瓦中间画符两侧写字，左侧书写"祸患潜藏"，右侧书写"凶殃永断"，背后书写"镇墓大吉"，在"镇"字的上、左、右各写一个"墓"字（图六○）。

ⅡM28　单人葬，墓向为128°。洞室西壁被ⅡM31打破。

墓道位于洞室的东南侧，平面为西北宽、东南窄，近似长梯形竖穴式，墓道口长2.6米，宽0.8～1米，墓道底呈东南浅、西北深的缓坡形状，深1.9～2.1米，底部长2.3米；墓门近似半圆形，高0.9米，宽0.9米，口部残存封门用的河卵石两层；洞室呈北部窄、靠墓门处宽，圆角弧壁弧顶，长2.1米，宽0.94～1.28米，高1.3米。

墓底纵向放置一口木棺，棺首向里、棺尾朝洞口，现仅残存棺腐朽的灰痕，棺底长1.7米，宽0.5～0.7米。棺内底铺白灰和草木灰，无发现人骨。

遗存铜钱48枚及朱符板瓦一块。其中棺内底散置铜钱6枚，钱文有"皇宋通宝""淳化通宝"；在墓底散乱遗存铜钱42枚，有"祥符通宝""天启通宝"。朱书板瓦在棺前方靠洞壁竖置，规格为长19厘米，宽14厘米，厚1.5厘米。板瓦阳面的中间画符、两侧写字，因脱落严重，符字内容不详。在洞室、回填土内均未发现人骨残碎片渣，推测该墓主已经迁出墓室（图六一）。

ⅣM9　夫妇二人葬，墓向为185°。墓室平面为不规则圆角梯形。位于ⅣM5的东南约15米、ⅣM8的西侧。该洞室的东壁中部，被ⅣM8洞室的西壁中部打破，但无打破ⅣM9的洞室底部。

墓道位于洞室的南侧，平面为南北向长方形，墓道东西壁较垂直，南壁上外张、下内收呈斜壁，平底。墓道口南北长2.8米，东西宽1.2米；墓道底长2.4米，宽1.2米，深2.6米。在墓道的北壁下部掏挖洞室门，发掘时洞室门坍塌，形状不详；残高1.04米，宽1.2米。

洞室为掏挖而成，洞室顶坍塌，形状不详。洞底平面呈略长的缓弧角梯形（多边形）。洞室底长2.4米，南宽1.34米，北宽1.7米。东壁残高0.7米，被ⅣM8洞室打破处残留壁高0.45米。西壁、北壁残高0.6米。底部北宽南窄、北高南低，间差0.1米。洞室底东西并列两口木棺，棺首北尾南，棺内各有人架一具，木棺腐朽严重，仅存棺底黑色灰痕。

东棺，长1.8米，宽0.34～0.56米，棺底铺厚7厘米白灰，白灰上铺草木灰厚2厘米。男性，仰身直肢，双臂略屈曲，双手放置于小腹部盆骨处，年龄约60岁。

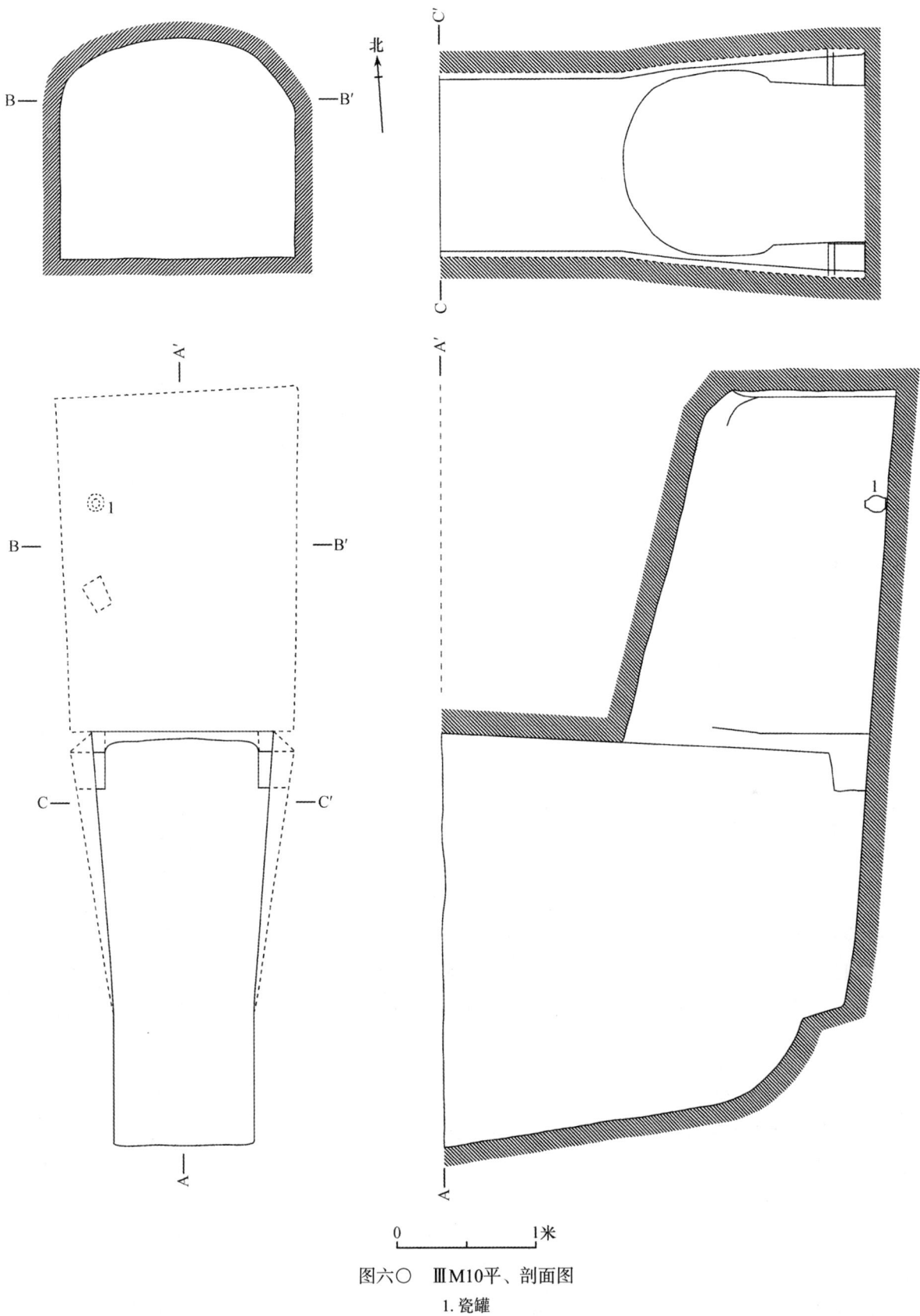

图六〇　ⅢM10平、剖面图
1. 瓷罐

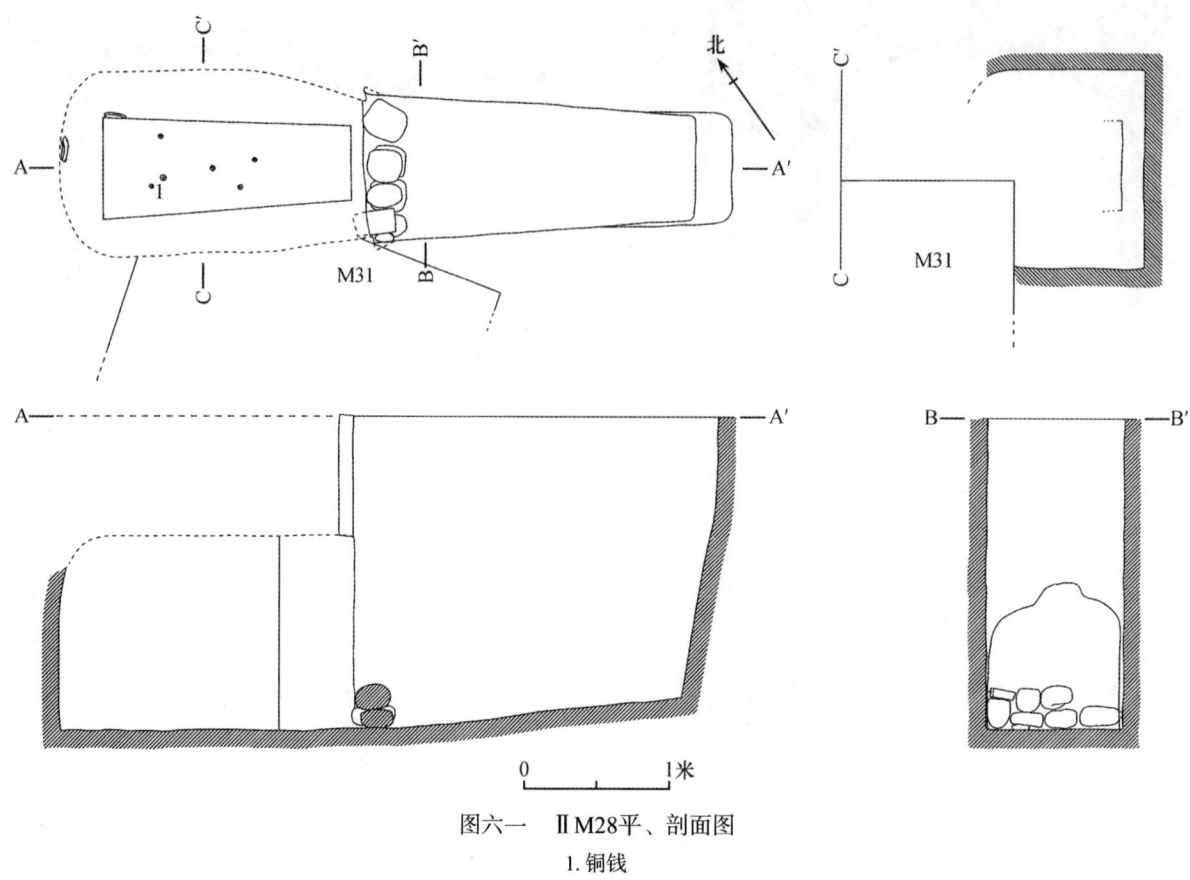

图六一　ⅡM28平、剖面图
1.铜钱

西棺，长1.74米，宽0.34～0.6米，棺底铺白灰厚4～6厘米，白灰上铺草木灰厚2～3厘米。女性，仰身直肢，头骨的东西两侧各叠压放置灰陶板瓦3块，素面，背有布纹，长宽为21厘米×18厘米、16厘米×14.5厘米，厚1.5厘米。

随葬品有黑釉瓷罐1件、铜钱10枚。其中瓷罐位于两棺的北端中部。铜钱3枚分别放置在东棺墓主的左肱骨近端左侧、股骨近端左侧、左腿膝关节左侧；铜钱7枚放置在西棺墓主的身体下边右侧5枚、左侧2枚。钱文能辨认出的仅有"景德元宝"1枚。另外有2块板瓦，其一位于两棺之间的北部，另一放在西棺墓主右臂骨之上，瓦的凸面隐约可见有朱砂痕迹（图六二）。

B型　3座。其特点是由洞室、甬道、竖穴墓道三部分组成，洞室平面为近似长方形。墓向120°～130°。

ⅣM10　单人葬，墓向为190°。墓室平面近似长方形。位于槐树屯村西200米左右，距东偏南10米处是槐树屯遗址发掘探方T1。

该墓为一个墓室、东西并排两条墓道，东墓道为原始下葬时开挖的墓道（下称原葬墓道）；西墓道为墓主人在埋葬若干年之后，后代人将墓主再迁葬它处时另行开挖的一条墓道（下称迁葬墓道），在开挖迁葬墓道时，其北部打破了原葬墓道的西北部及洞室门的西部、打破了原葬墓道西北部1米、打破了洞室的西南部1.1米。

原葬墓道位于洞室的南侧，长2.6米，宽1.08米，北部深2.3米，南部深2.2米。东、西壁

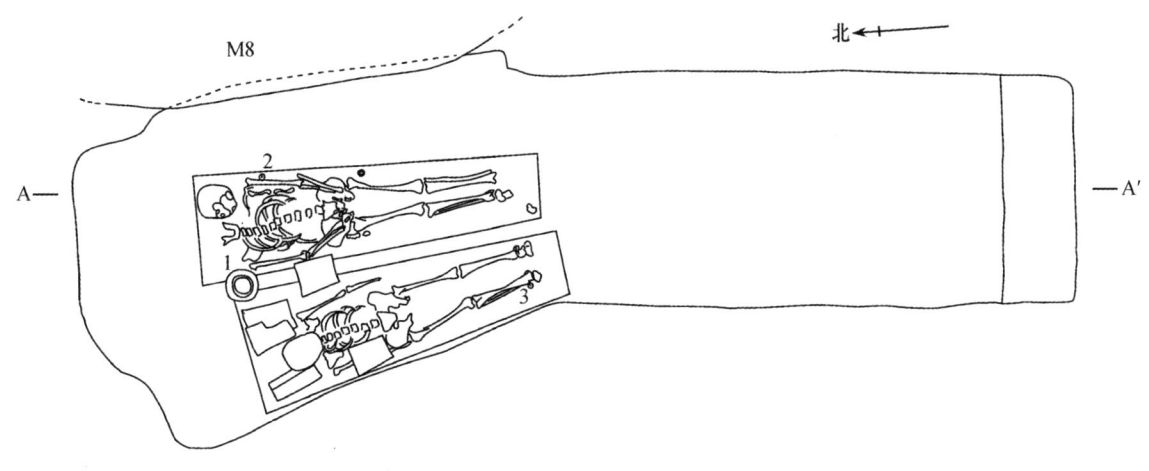

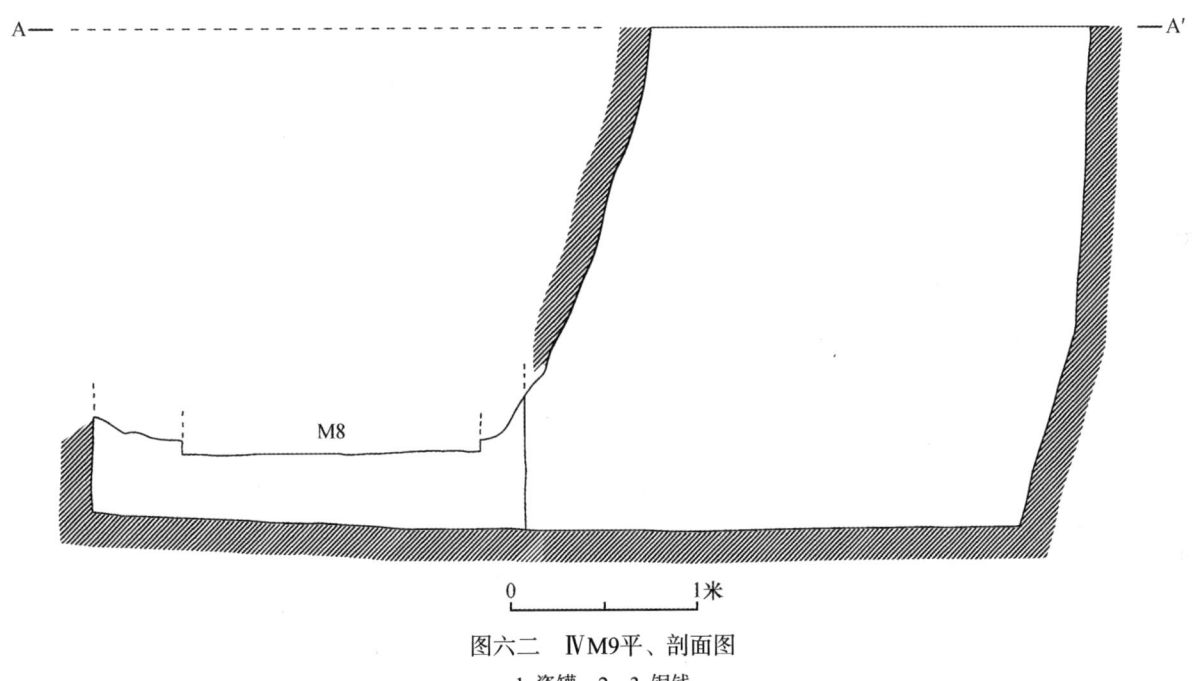

图六二　ⅣM9平、剖面图
1. 瓷罐　2、3. 铜钱

为直壁，南、北两短壁为口大底小呈倾斜状，墓道底稍微斜坡状。墓道向北有束腰形顺向长10～30厘米的甬道。甬道北有洞室门，高1.4米，洞室门东西各留一个生土柱（方柱），东柱高0.52米，宽0.25米，厚0.3米，西柱被西洞室门底打破，现残留高0.26米，宽0.16米，厚0.3米。两柱之间的洞室门宽0.74米。另外，在墓道东、西侧壁的南部上下各留有一排脚窝，每排四个，间距24～34厘米，每脚窝宽约15厘米，高10～12厘米，深10厘米。

迁葬墓道长1.7米，宽0.85米，南部深1.3米，北部深1.8米。东西壁为直壁，南壁为斜壁，墓道底为斜坡式进入洞室。迁葬洞室门高0.66米，宽0.68米，向东北斜方向打破洞室的西南角，接连原葬墓道底为斜坡式而进入洞室。

洞室长2.26米，北宽1.28米，南宽1.3米，高1.2米，平底，顶为弧形顶。遗留有木质单棺灰痕迹，长约1.82米，北宽约0.67米，南宽约0.45米。人骨已迁走，洞室底被扰乱严重。

随葬品仅有瓷罐、铜钱和残瓦片。其中残缺的酱釉瓷罐1个，发现于洞室门口。铜钱3枚，残留在木棺底灰内。在墓底遗存一残缺不全的板瓦及数块残砖，其中有一块较完整的砖，长24厘米，宽12.5厘米，厚0.55厘米（图六三）。

ⅡM29　夫妇合葬，墓向为130°。位于ⅡM28的东北则，ⅡM32的西北侧。从墓道、甬道、洞室总平面看呈束腰形，从纵向剖面看其三者的底部皆在一条相近的水平线上。

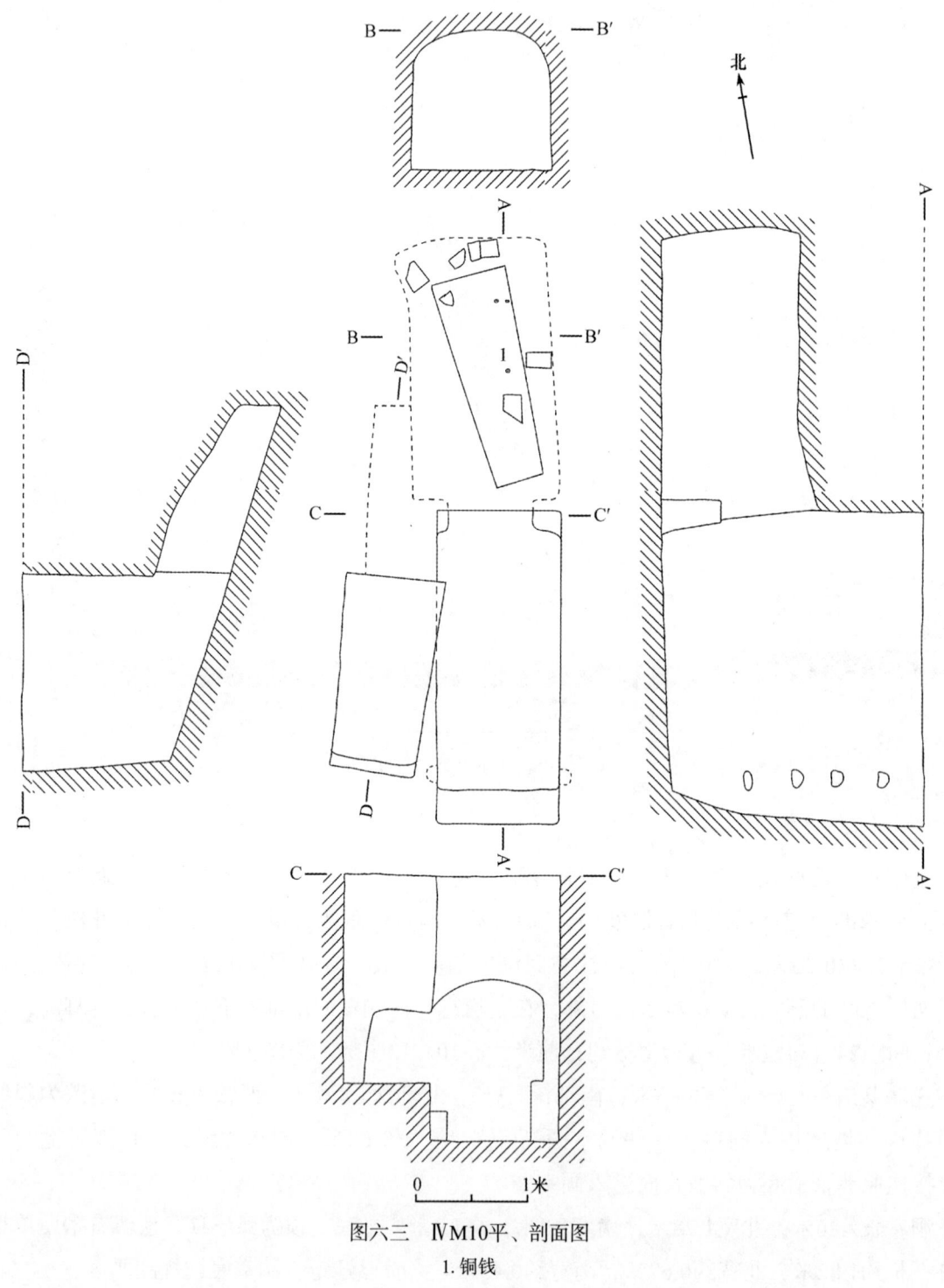

图六三　ⅣM10平、剖面图
1. 铜钱

墓道平面为北宽南窄，呈不规则的瘦长梯形，在靠甬道处的壁面垂直，其余三个壁面呈口部小、底部大的倾斜状。墓道口部长2.8米，宽0.9~1.1米，墓道底部长3米，宽1~1.4米，墓道深2.2米。甬道位于墓道与洞室之间，长0.4米，宽1.1米，甬道上部坍塌，残高1.1米，甬道南端外口的西侧，残留有一段封堵墓口的四层河卵石，残存叠压高0.56米，残宽0.3~0.6米；洞室坍塌，顶部开凿形状不详，洞室呈圆角长方形，长2.8米，宽1.6~1.7米，残高0.9米。

墓底纵向放置两口木棺，棺首朝里、棺尾向洞口，现仅残存木棺腐朽的灰痕，棺内底都铺有1厘米厚白灰，棺内靠前部皆遗留有板瓦，棺内底的尾部遗存有铜钱3枚，无发现人骨。其中北棺长约2.1米，宽0.5~0.6米，内底的尾部放置铜钱1枚。南棺长约2米，宽0.5~0.54米，内底的尾部放置铜钱2枚。3枚铜钱钱文皆为"万历通宝"。推测该墓主已经迁出墓室（图六四）。

ⅡM27　单人葬，墓向为120°。位于ⅡM25的西北侧，ⅡM29的南则。从墓道、甬道、洞室的总平面看呈束腰状，从纵向剖面看其三者的底部，自墓道的前端一直延伸到洞室的尽端呈略向下倾斜的一条斜线上，高低差10厘米。

墓道平面为不规则的长梯形。两侧的长壁上下较垂直，其余两短壁呈口大下小的倾斜状。墓道口长2.4米，底长2.2米，靠甬道处宽1米，外端宽0.7米，墓道深1.7~1.74米；甬道位于墓道与洞室之间，长0.3米，宽0.87米，甬道上部坍塌，残高0.94米；洞室坍塌严重，四壁及顶部形状不详，仅存底部，大体形状呈圆角弧壁近似长方形，长2.34~2.54米，宽1.16~1.2米，壁最高处残存0.9米。

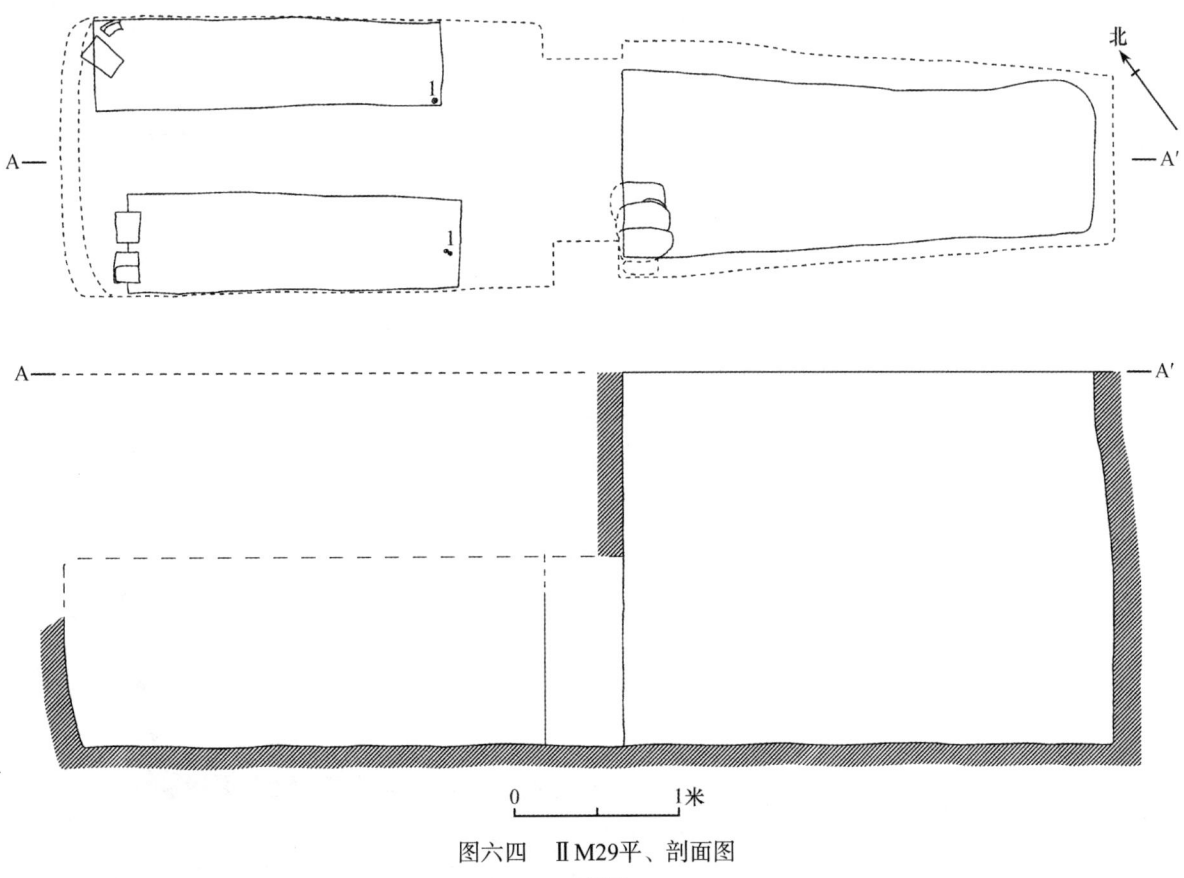

图六四　ⅡM29平、剖面图
1. 铜钱

墓底纵向放置一口木棺，棺首向里、棺尾朝洞口，现仅存棺前部腐朽的灰痕，棺的后部灰痕被扰乱，棺底残长1.7米，宽0.6～0.7米。棺内底铺有很薄的白灰和草木灰各一层，已经被扰动，没有发现人骨。在洞室的西南角遗留有2块灰陶板瓦残块，凸面为素面，凹面有布纹。在墓室、回填土内也未发现人骨，推测该墓主已经迁出该墓室（图六五）。

C型　1座。其特点是由洞室、竖穴式墓道两部分组成，洞室平面呈近似长方形，洞室开凿于墓道的长边一侧。

ⅢM21，单人葬，墓向200°。位于ⅢM20的北侧。

墓道呈南北长、位于洞室的东侧，长方形竖穴式，直壁平底。墓道长1.8米，宽0.76米，深1米。

洞室掏挖于竖穴墓道的西壁（长边的一侧），呈弧顶、斜壁、平底、圆角长方形。洞室底与墓道底长度相同，均为1.8米，洞室底北部宽0.4米，南部宽0.6米，高0.4～0.5米。

墓底放置的葬具腐朽严重殆尽，所存痕迹不清，无法测定出木棺的尺寸。人骨架一具，头南脚北，面向上，仰身直肢，骨骼腐朽严重成粉末状，局部腐朽殆尽。性别不详，年龄55～60岁。没有发现随葬品（图六六）。

（4）砖室墓

4座。其中ⅡM17、ⅡM30在第Ⅱ墓区（湾漳营），另有ⅣM23、ⅣM24在第Ⅳ墓区（位于槐树屯村西南，开口于距地表深0.25米的耕土层下）。根据墓葬形制的不同，可分四型。

A型　1座。其特点是由竖穴、横向四连砖室、单墓门和单长条形竖穴式墓道组成。

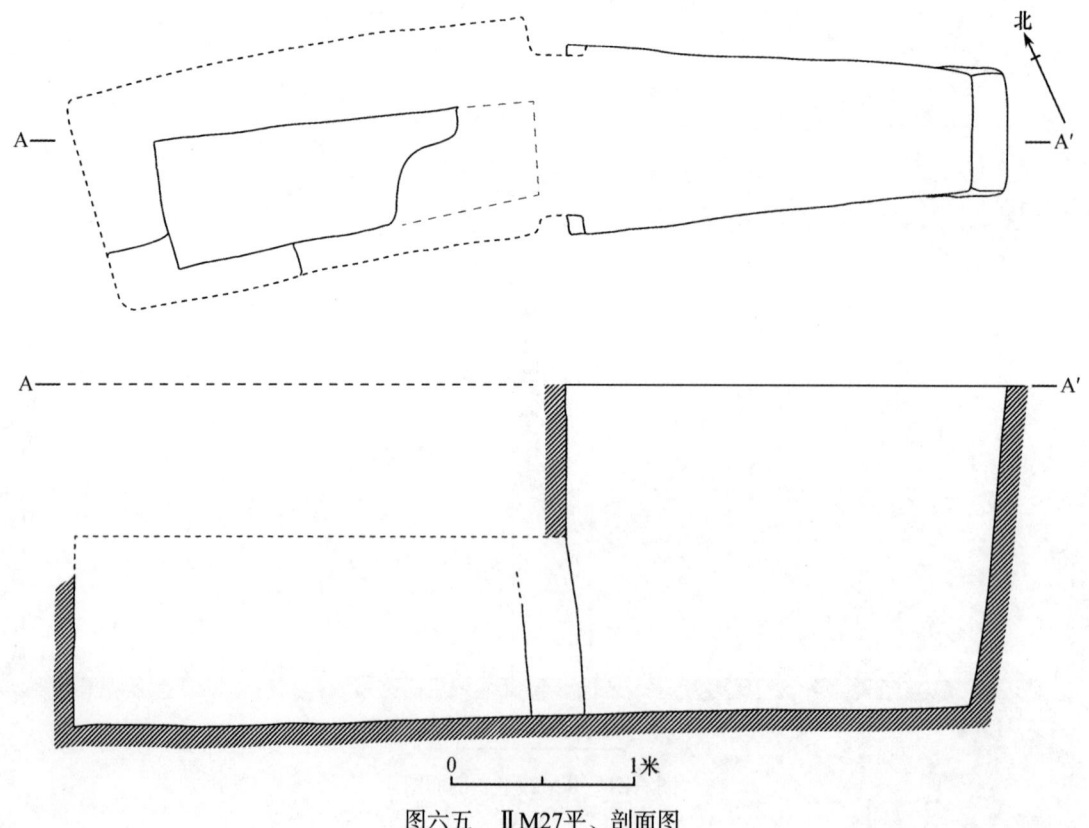

图六五　ⅡM27平、剖面图

ⅣM23 位于ⅣM24北侧。墓向135°。

单墓道，位于自南向北第三室的东侧，平面呈瘦长梯形，口部大于底部，壁略倾斜，上口长2.7米，西宽1.2米，东宽1米；底部长2.6米，西宽1米，东宽0.8米，深1.5米，底东部有一个台阶，宽0.3米，高0.5米，台阶呈斜面，局部被破坏。

墓门在墓道的西端，向西连接自南向北第三室的东壁，门洞用砖封堵。第一层用单砖平卧，其上用横排列竖砖砌一层，再向上的十余层全部是单砖错缝平卧砌起。门宽0.98米，残高1.14米。

墓室所开挖的土圹呈南北向长方形，壁面垂直，总长5米，宽3米，深1.7米。土圹内再筑略小于土圹的砖框，总长4.84米，宽2.86米。砖框上部被破坏，现存高0.8~1.52米。在砖框之内的空地再向下深挖0.2米，就形成砖框建在了类似生土台之上，也可以说砖室的周围砖框底部少砌三层砖，约高0.2米。砖长宽厚为28×13-6（厘米）。砖框内再南北并列分成四个东西向长方形单室，每个单室的顶部各自拱券。自南向北现编为1号室、2号室、3号室、4号室。各单墓室内没有铺地砖。

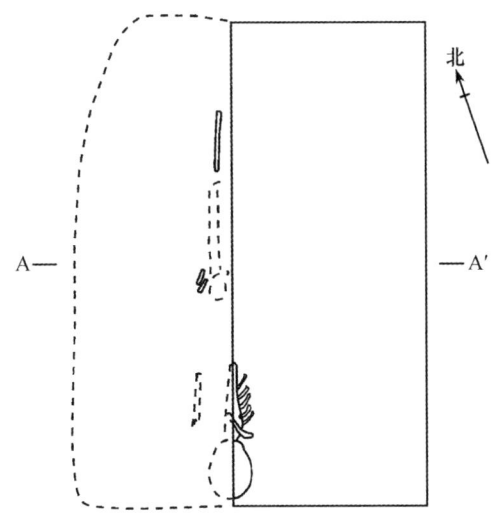
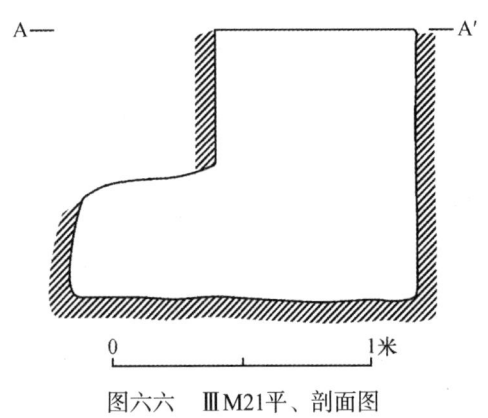

图六六　ⅢM21平、剖面图

1号室、2号室、4号室长宽都一样，长2.6米，宽0.9米，残存高矮不等，0.8~1.22米；3号室长2.6米，宽1米，残存高0.8~1.44米，判断此室为主室。在四个单室的西壁中部各有一个壁龛，呈门楣形长方形，高0.34米，宽0.28米，深0.12米，每个单室南北两侧壁中部各有砖砌窗，呈门楣形长方形，尺寸跟壁龛相同。

每个单室的墓底全被扰乱，葬具及人骨的残碎片皆散乱于扰土之中，没有发现随葬品（图六七；图版一三，3）。

B型　1座。其特点是竖穴双室砖墓，无墓门及墓道。

ⅣM24　位于ⅣM23南侧，墓向115°。

墓室所开挖的土圹平面呈东西向梯形，西宽东窄，长2.82米，西宽2.68米，东宽2.52米，四壁面上下较垂直，深0.92米。

土圹内再筑小于土圹的近似方形的砖室，外边长2.34米，宽2.16米，现存高度0.6~0.4米。土圹壁与砖框之间空隙宽0.18~0.26米，填有砖块和扰乱的花土。砖室中部再东西向筑一隔墙，分成并列的南北两个单室。砖室上部被破坏，残存壁面砖5~8层，高0.34~0.55米。各单室长2.06米，宽0.84米。隔墙中部有一个"凸"字形的砖砌窗，此窗口用四块砖堵塞。每单室东西两壁的中部、自下向上第三层各有一个双半圆形砖雕；在同样的高度，北单室北壁、南单

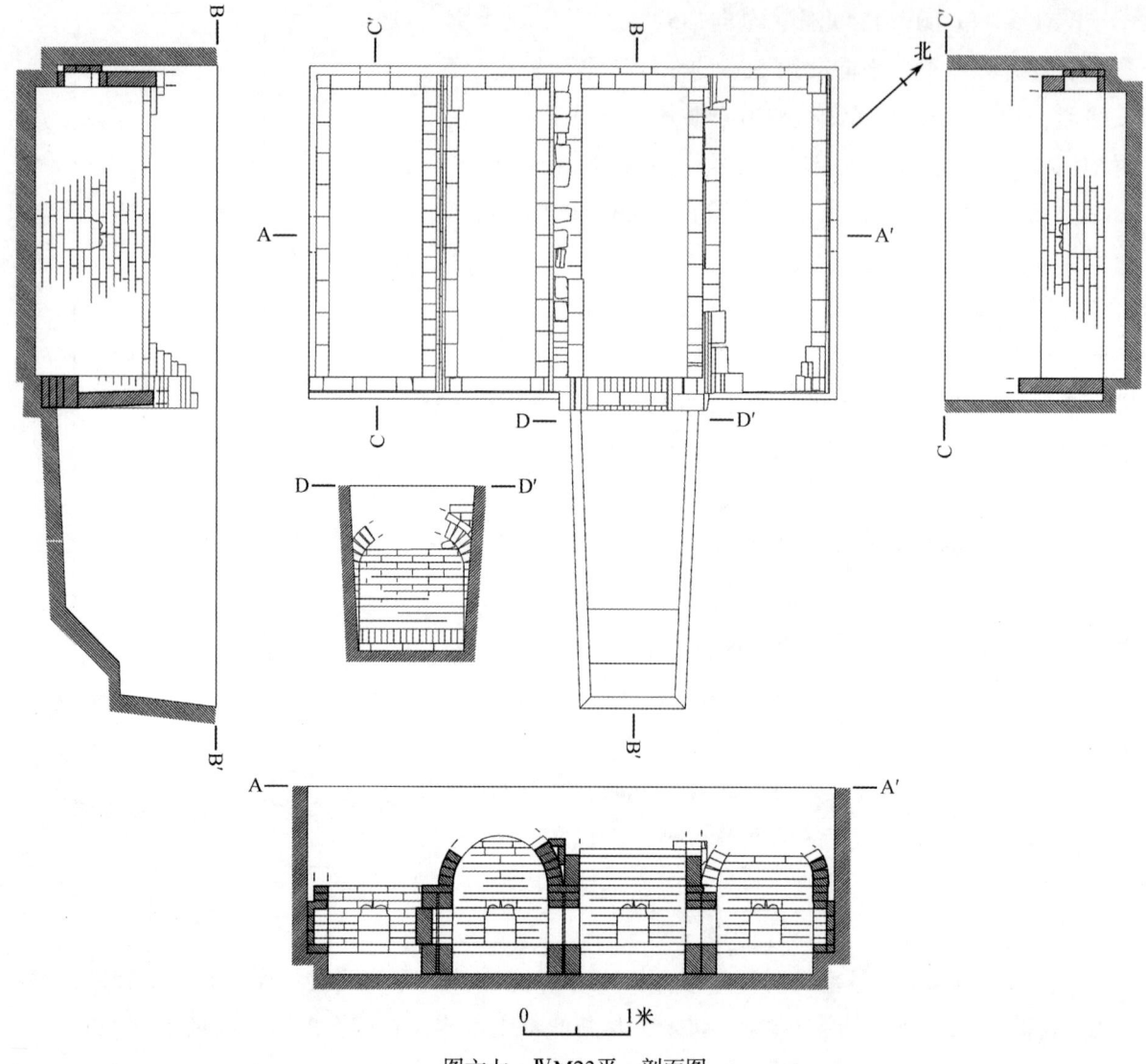

图六七 ⅣM23平、剖面图

室南壁也各有两个双半圆形砖雕，砖长27厘米，宽13厘米，厚6厘米。墓底有铺地砖，为错缝横卧呈"一"字形铺设（图六八；图版一三，4）。

没有发现葬具及人骨残片，在南砖室底中部放置1块朱符灰砖，朱砂迹脱落严重，内容不详。墓主的骨骼是被盗出墓外还是已经迁葬他处，目前无法推断。

C型 1座。其特点是长方形竖穴砖室、台阶式土墓道。

ⅡM17 在湾漳营墓区，位于NSBD·K9+660米处，在ⅡM15东侧、ⅡM16东南侧、ⅡM18的西北侧，打破ⅡM21墓室的东部约1/3。单棺单室。砖室遭受严重破坏，仅残存墓室底部。墓向为138°。

墓道平面近似长方形，剖面近似三角形。口部长2.9米，靠墓室处宽1米、深1.7米；远端见于耕土层下、宽0.9米。墓道底部呈斜坡状，有四个台阶，高低、长宽有别，其长0.2~0.6米，宽0.3~0.9米，高0.1~0.6米。

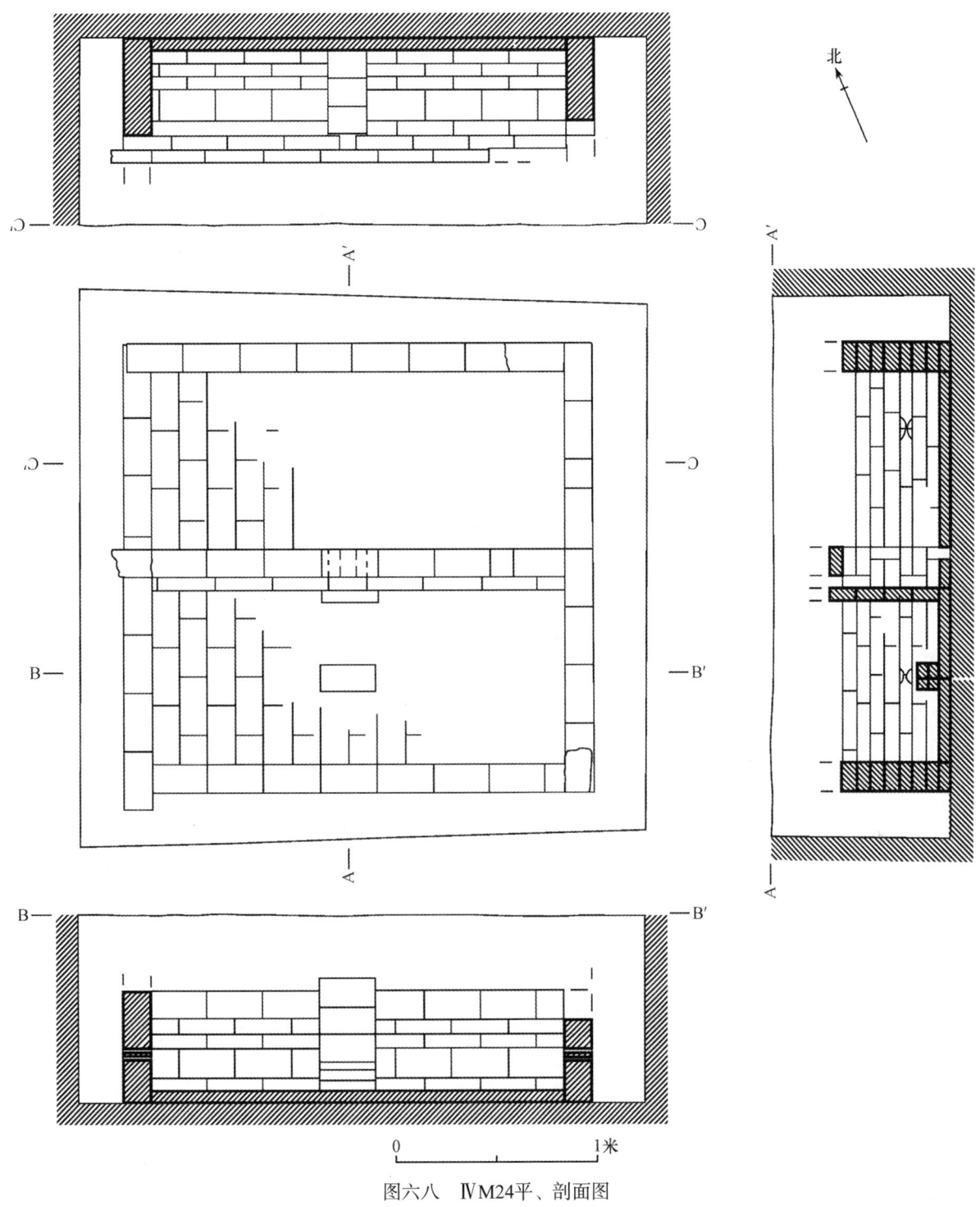

图六八　ⅣM24 平、剖面图

墓门和墓室均遭受严重破坏。墓门宽1.2米，残高0.24米，厚0.46米，曾用砖封堵，残存1~2层砖。砖室平面呈长方形，仅残存墓室底部的南段及砖框高1~4层砖。据砖痕可知，墓室原长3.7米，宽1.3米，深1.7米，用长31厘米、宽15厘米、厚7厘米的青砖砌筑，细绵沙子羼和白灰作黏合料。在墓室的东壁土墙上留有用砖砌高40厘米、上宽30厘米、下宽36厘米、深10厘米的壁龛痕迹。墓地砖呈一纵一顺铺设，残存长1.2米。砖框下无压铺地砖。

墓底及回填土中均没有发现人骨、葬具和随葬品，只是在回填土内发现有极少的棺木碎屑，由此推测，墓内原有葬具及人体，墓主被迁出之后，墓室才遭受破坏（图六九）。

D型 1座。其特点是双砖室、双土墓道。

ⅡM30 位于湾漳营村西，NSBD·K9+630米处，ⅡM32的东北侧，是一座平面为双长梯形土圹墓道、双长方形竖穴砖室组成的夫妻合葬墓，墓向为133°。墓室惨遭破坏，仅存砖框的下部。因墓向歪斜较甚，为便于下文描述，以自墓室看向墓道的方向为基准，分称左右。

两条墓道并列为同向，间距0.9～1.18米，平面呈长梯形，靠墓室处宽，远端渐窄。剖面近似长三角形，口大底小，墓道底部呈斜坡状。左侧的墓道口长4.57米，宽1.4～1.65米，墓道底宽1.4～1.45米，最深1.05米；右侧的墓道口部远端的两个角呈弧圆形，墓道口长4.25米，宽1.6～1.85米，墓道底宽1.6～1.65米，最深1米。

两墓室呈左右并列，两墓之间的砖框紧靠在一起，墓室与墓道之间设墓门，左侧墓门宽1.3米，右侧墓门宽1.58米。原用砖封堵，现仅见少许，不足一层。墓室遭受严重破坏，上部不存，底部残存1～8层高的砖框不等，铺地砖全被揭取。筑墓砖全部用长30厘米，宽15厘米，厚7厘米的青砖砌筑，砖与砖之间用白灰粘接。两室之间的各自墙宽0.36～0.42米，前墙宽0.3～0.34米，其余墙体残留1～2层宽为0.15米（再往上的砖墙宽应是0.3米），全是错缝平卧顺砌，用白灰作黏合料。

左侧墓室内长3.6米，宽2.02米；右侧墓室内长3.6米，宽2.24米。在左右两墓室的墓底均再次向下挖一长方形小土坑，长1.9～2米，宽0.68～0.9米，深0.6米，内置木棺。棺外靠近土圹再次砌起小型砖室，砖室周边为顺向单砖平卧，下部宽，向上层层叠收变窄，横断面呈梯形，高

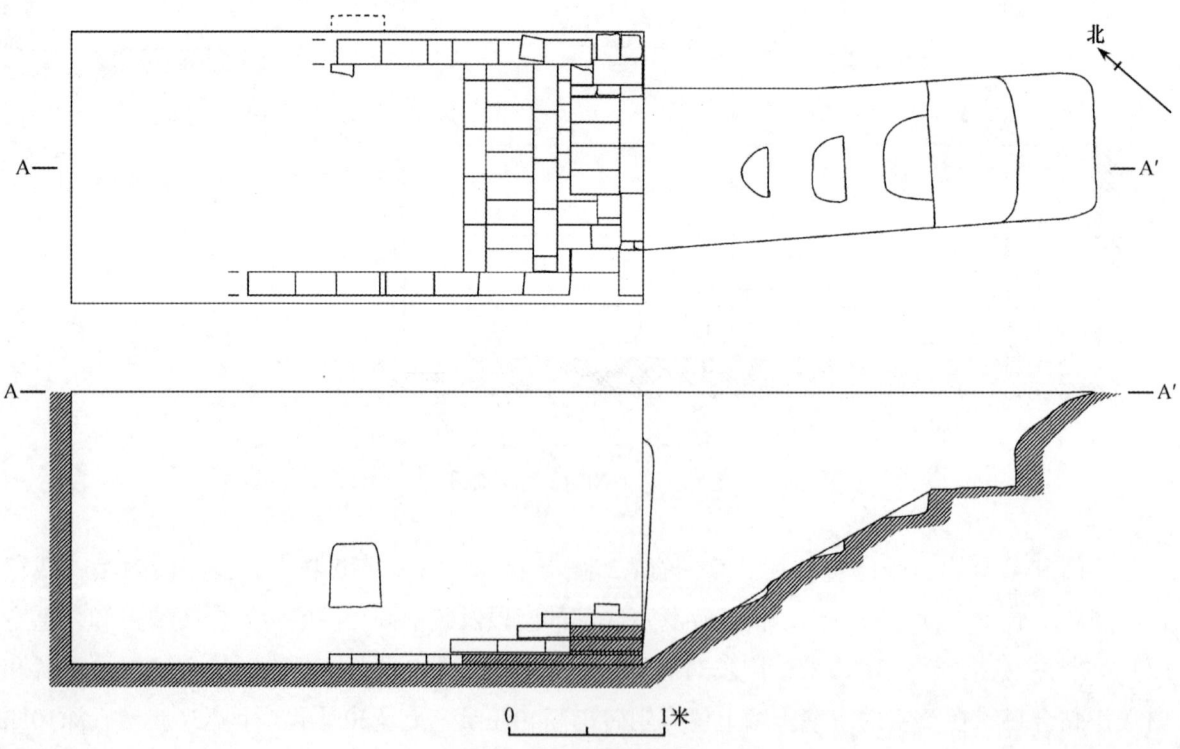

图六九 ⅡM17平、剖面图

0.62~0.7米，用砖较新，无白灰痕，非原墓砖，顶部用石牌坊残块盖顶。砖框底部长1.62米，头端宽0.62米，足端宽0.52米，口部宽0.36和0.26米。两木棺皆腐朽成灰，痕迹均约长1.5米，棺首宽0.52米，棺尾宽0.44米。棺内各有一具人骨，左侧的为男性，右侧的为女性。男女葬式相同，均呈人为摆放的仰身直肢，很多处骨骼出现错位、叠压，应是二次以上移位或从他处迁来之故。

从当地村民处得知墓前石牌坊等附属建筑物在近现代屡次遭到破坏，特别是墓室曾被揭顶捣毁。20世纪70年代后，其家族的后人将先祖骨骼予以重新安葬，也就是在旧砖室之内再次砌起的小砖室与木棺、人骨。在本次配合南水北调工程的考古发掘中，发现石牌坊构件遗留无几与极少的残块。在墓穴回填土内出土1件残缺的黑釉瓷碗，推测"旧砖室墓"及石牌坊构件的时代为明代末期（图七〇、图七一；图版一四）。

2. 随葬器物

18座墓共出土器物34件（套）。其中陶器7件，铜钱16件（套），铁器1件，瓷器9件，石器1件。陶器以泥质灰陶板瓦为多，铜器以铜钱为主，铁器仅有1件农耕具的一个附件，石器仅有墓志1件，瓷器除2件碗之外主要是瓷罐。现按照质地分述如下。

（1）陶器

7件。仅是砖瓦类，泥质灰陶，器表皆有朱砂书绘符文。其中灰色砖一面有朱砂迹者1块，灰色板瓦上有朱砂迹者6块。板瓦的凸面为素面，凹面饰布纹。在墓葬之内用于房屋顶部的建筑构件时有出土，其作用多为支垫、护挡，如支垫置于死者头、足之下，护挡置于死者头、躯体的两侧，垫塞于木棺之下等。本次发掘时，对于这些支垫、护挡所用的明清时期板瓦多数没有采集，只是对有阴阳先生用朱书（绘）作为丧葬习俗之镇墓作用的板瓦进行了详细记录。砖、瓦上的朱砂书（绘）由于附着的不牢固、剥落严重，致使其一部分原内容不详（图版二七）。

朱符灰砖　1件。ⅣM24：1，除边沿有极少部分因磕碰而残破之外，保存基本完整。平面呈长方形，素面，上面平整，下面略粗糙，纵向中部向平整的一面微呈缓弧状。在平整的一面有朱砂竖书（绘）三行，剥落较重，很多都看不清。中间字体较大，上绘镇煞符，下书"大吉"，右侧仅存"北斗"，左侧能看清"人来"二字，长27.6厘米，宽12.8厘米，厚5.5厘米（图版二八，1）。

朱符板瓦　6件。

标本ⅢM5：01，有一角断裂，可修复。在凹面刷有白灰。在凹凸两面均有朱砂书，凹面中间一竖行书"镇墓大吉"，凸面竖书三行，中间字体较大，书"敕令 奉 敕鬼"及绘镇煞符，右侧书"凶殃永断"，左侧书"祸患潜藏"。长19.6厘米，大头宽15.6厘米，小头宽12.9厘米，厚1.4~1.6厘米（图版二八，2）。

标本ⅢM5：02，纵向断裂，小头的一角残缺，可复原。在凹凸两面均有朱砂书。凹面正

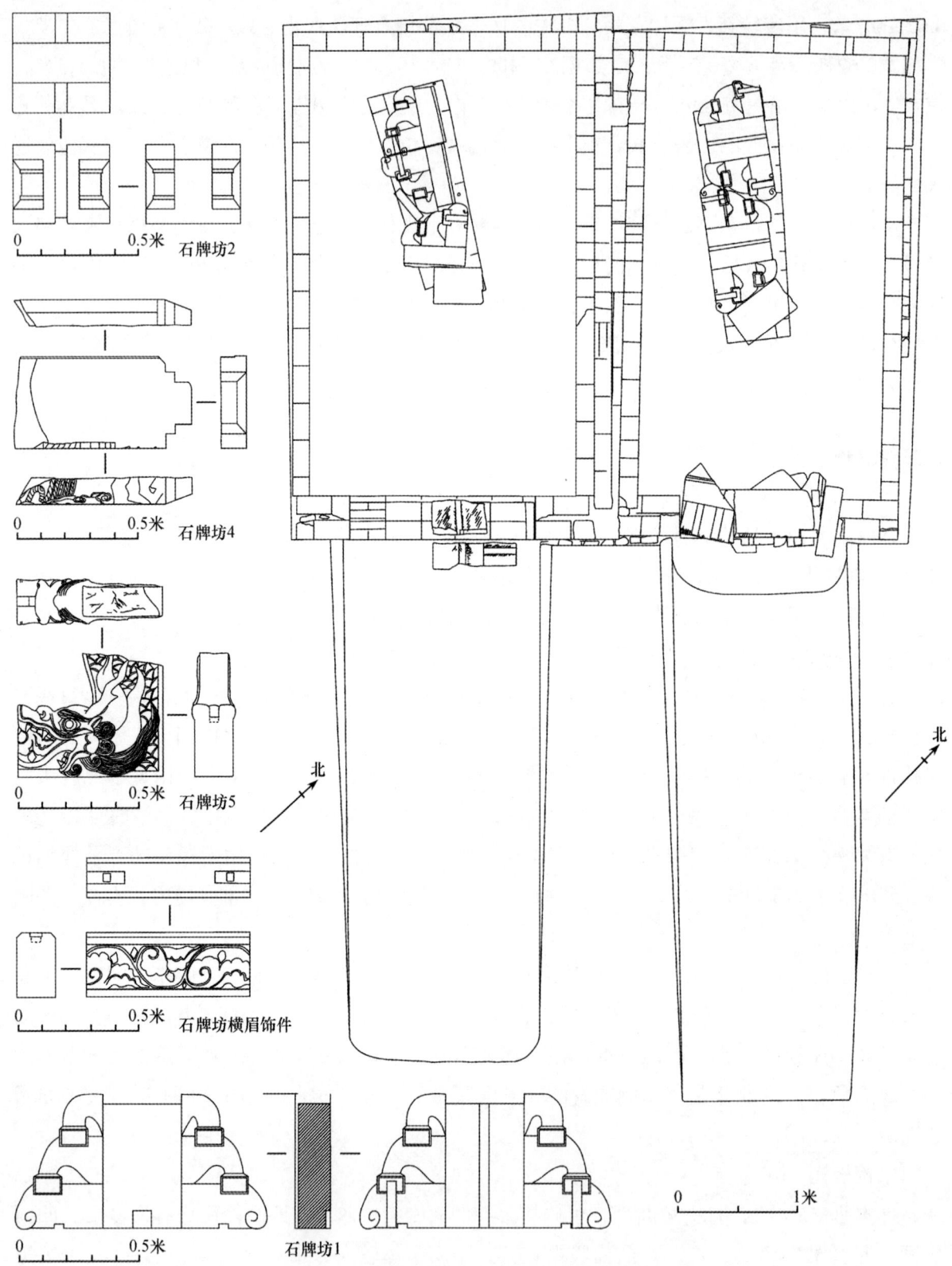

图七〇 ⅡM30被破坏之后的上部平面图及石牌坊构件

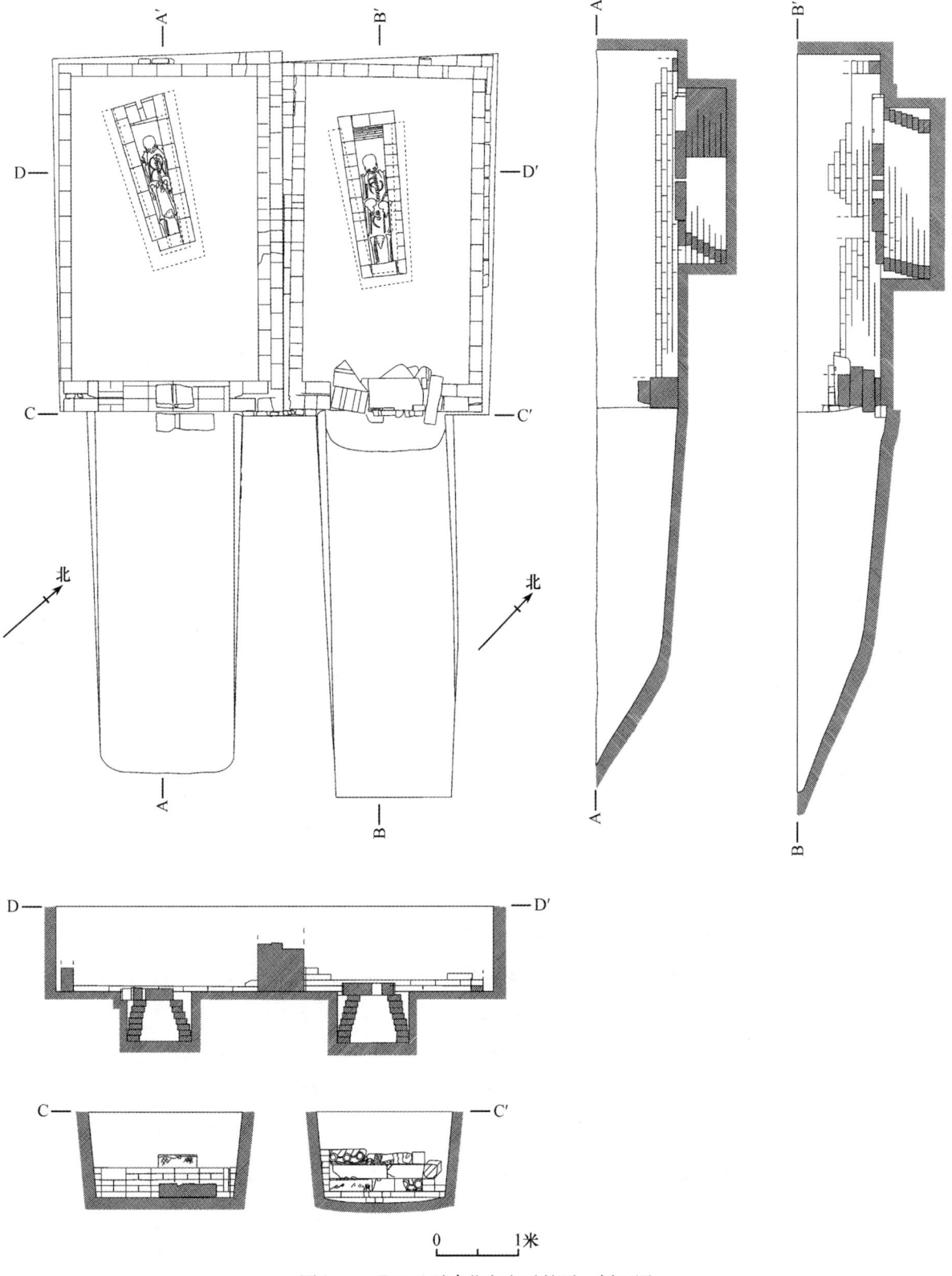

图七一　ⅡM30再建墓穴之后的平、剖面图

中间书一"镇"字,"镇"字向上、向下皆有"墓大吉";"镇"字横向左、右皆有一"墓"字。凸面竖书三行,仅残存有零星的朱砂点点,文字全部剥落。长21.4厘米,大头宽16.4厘米,小头宽13.8厘米,厚1.3~1.6厘米(图版二八,3)。

标本ⅢM10:01,小头的边沿、纵向的一个长边的边沿部分残缺,可复原。在大头的侧面有切割时遗留的突起线状纹。板瓦凹凸两面均有朱砂书。凹面正中间书一"镇"字,"镇"字向大头的一端竖书"墓大吉";"镇"字向小头的一端及横向左、右皆有一"墓"字。凸面竖书三行,中间字体较大,书"敕令 山尸煞鬼"及绘镇煞符,右侧书"凶殃 永断",左侧书"祸患 潜藏"。长21.5厘米,大头宽16.2厘米,小头宽14.2厘米,厚1.5~1.7厘米(图版二八,4)。

标本ⅢM9:01,保存较完整。在凹凸两面均有朱砂书,所书内容及绘镇煞符与ⅢM10:01基本相同,只是在字体的大小、镇煞符的绘画上略有区别。长20.2厘米,大头宽15厘米,小头宽13.3厘米,厚1.3厘米(图版二八,5)。

标本ⅡM28:01,保存较完整。在凸面竖书三行,中间字体略大,绘镇煞符及书"山 奉敕鬼",右侧书"祸□到□",左侧书"万□消藏"。长19.6厘米,大头宽15.3厘米,小头宽12.9厘米,厚1.4~1.6厘米(图版二八,6)。

（2）铜器

16件（套）。仅有铜簪、铜钱两类。

簪　2件。1件簪头为耳挖形、体断面呈方形;另1件簪头为钉帽形、体断面呈圆形。

簪头耳挖形、体断面方形。ⅢM4:2,锈蚀,尖部残缺,不能复原。整体类似老人的拐杖,簪头呈耳挖形,颈部断面呈圆形,颈与体之间有一环箍,簪体较直、断面呈近似方形。长6厘米(图七二,2)。

簪头钉帽形、体断面圆形。ⅢM5:2,锈蚀,簪体中部断开,可连接。整体类似一枚长钉子,簪头钉帽形,整体的正面较直、侧面呈向一侧弧曲状,簪体的断面为圆形。长6.3厘米(图七二,1)。

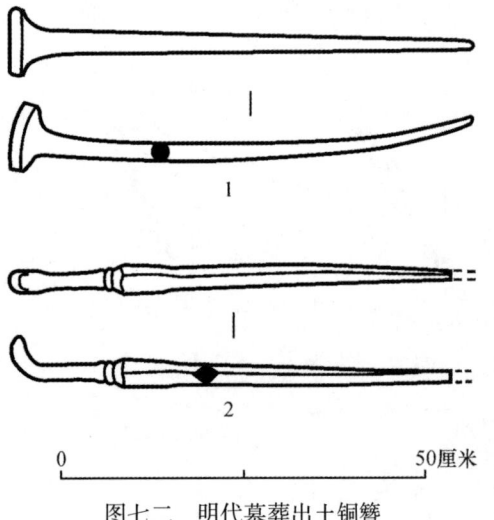

图七二　明代墓葬出土铜簪
1.钉子形簪（ⅢM5:2）　2.耳挖形簪（ⅢM4:2）

铜钱　14件（套）105枚。本次共发掘18座墓,其中9座墓内发现有铜钱,按照遗存位置的不同进行了编号,分别为ⅡM28出土48枚铜钱编有2个号、ⅡM29出土3枚铜钱编有1个号、ⅢM4出土21枚铜钱编有2个号、ⅢM5出土13枚铜钱编有3个号、ⅢM9出土4枚铜钱编有1个号、ⅢM11出土1枚铜钱编有1个号、ⅣM4出土2枚铜钱编有1个号、ⅣM9出土10枚铜钱编有2个号、ⅣM10出土3枚铜钱编有1个号。因锈蚀严重,钱文多数不清晰,从能识别的钱文来看,有44枚,约占总数的42%,其中有唐代的1枚、宋代的36枚、元代的1枚、明代的6枚(表五)。现将不同钱文的标本分述如下:

唐代钱　1枚。ⅡM28:1-10,开元通宝,隶书,外直径2.4厘米,重2.33克(图七三,1)。

宋代钱　37枚。

宋元通宝　2枚，明太祖处铸造。标本ⅣM9：2，隶书，外直径2.4厘米，重2.23克（图七三，2）。

淳化元宝　1枚。ⅡM28：1-2，行书，外直径2.45厘米，重2.45克（图七三，3）。

咸平元宝　1枚。ⅣM4：1-1，真书，外直径2.45厘米，重3.23克（图七三，4）。

景德元宝　1枚。ⅣM9：3-1，真书，外直径2.4厘米，重2.48克（图七三，5）。

祥符通宝　1枚。ⅡM28：2-4，真书，外直径2.45厘米，重2.53克（图七三，6）。

天圣元宝　2枚。标本ⅡM28：2-9，真书，外直径2.45厘米，重2.93克（图七三，7）。

皇宋通宝　2枚。

ⅡM28：1-1，真书，外直径2.5厘米，重3.79克（图七三，8）。

ⅣM4：1-2，篆书，外直径2.5厘米，重3.47克（图七三，9）。

治平元宝　4枚。

标本ⅡM28：2-5，篆书，外直径2.4厘米，重2.21克（图七三，10）。

标本ⅡM28：2-14，真书，外直径2.4厘米，重3.06克（图七三，11）。

熙宁元宝　2枚。

ⅡM28：2-18，真书，外直径2.4厘米，重3.55克（图七三，12）。

ⅣM10：1-2，篆书，外直径2.3厘米，重2.83克（图七三，13）。

熙宁重宝　1枚。ⅢM9：1-1，真书，外直径2.9厘米，重6.11克（图七三，14）。

元丰通宝　8枚。

标本ⅢM4：1-2，篆书，外直径2.4厘米，重2.5克（图七三，15）。

标本ⅢM9：1-2，行书，外直径2.9厘米，重7.17克（图七四，1）。

标本ⅣM9：3-3，行书，外直径2.9厘米，重3.9克（图七四，2）。

元祐通宝　4枚。

标本ⅡM28：2-3，篆书，外直径2.5厘米，重3.91克（图七四，3）。

标本ⅢM5：3，行书，外直径2.5厘米，重2.93克（图七四，4）。

元符通宝　4枚。

标本ⅡM28：2-1，篆书，外直径2.4厘米，重2.94克（图七四，5）。

标本ⅢM5：6，行书，外直径2.3厘米，重2.02克（图七四，6）。

圣宋元宝　2枚。标本ⅡM28：2-2，行书，外直径2.4厘米，重2.1克（图七四，7）。

政和通宝　1枚。ⅢM5：1，隶书，外直径2.5厘米，重4.01克（图七四，8）。

元代钱　1枚。大元通宝，ⅡM28：2-12，真书，先上后下，次右后左读之，外直径2.5厘米，重2.67克（图七四，9）。元武宗勃儿只斤海山至大三年（公元1310年）铸造。

明代钱　6枚。

宣德通宝　1枚。ⅣM10：1-1，真书，先上后下，次右后左读之，外直径2.45厘米，重2.59克（图七四，10）。明宣宗朱瞻基宣德八年至宣德九年（公元1433、1434年）铸造。

图七三 明代墓葬出土铜钱标本拓片（一）

1. 开元通宝（ⅡM28:1-10） 2. 宋元通宝（ⅣM9:2） 3. 淳化元宝（ⅡM28:1-2） 4. 咸平元宝（ⅣM4:1-1） 5. 景德元宝（ⅣM9:3-1） 6. 祥符通宝（ⅡM28:2-4） 7. 天圣元宝（ⅡM28:2-9） 8、9. 皇宋通宝（ⅡM28:1-1、ⅣM4:1-2） 10、11. 治平元宝（ⅡM28:2-5、ⅡM28:2-14） 12、13. 熙宁元宝（ⅡM28:2-18、ⅣM10:1-2） 14. 熙宁重宝（ⅢM9:1-1） 15. 元丰通宝（ⅢM4:1-2）

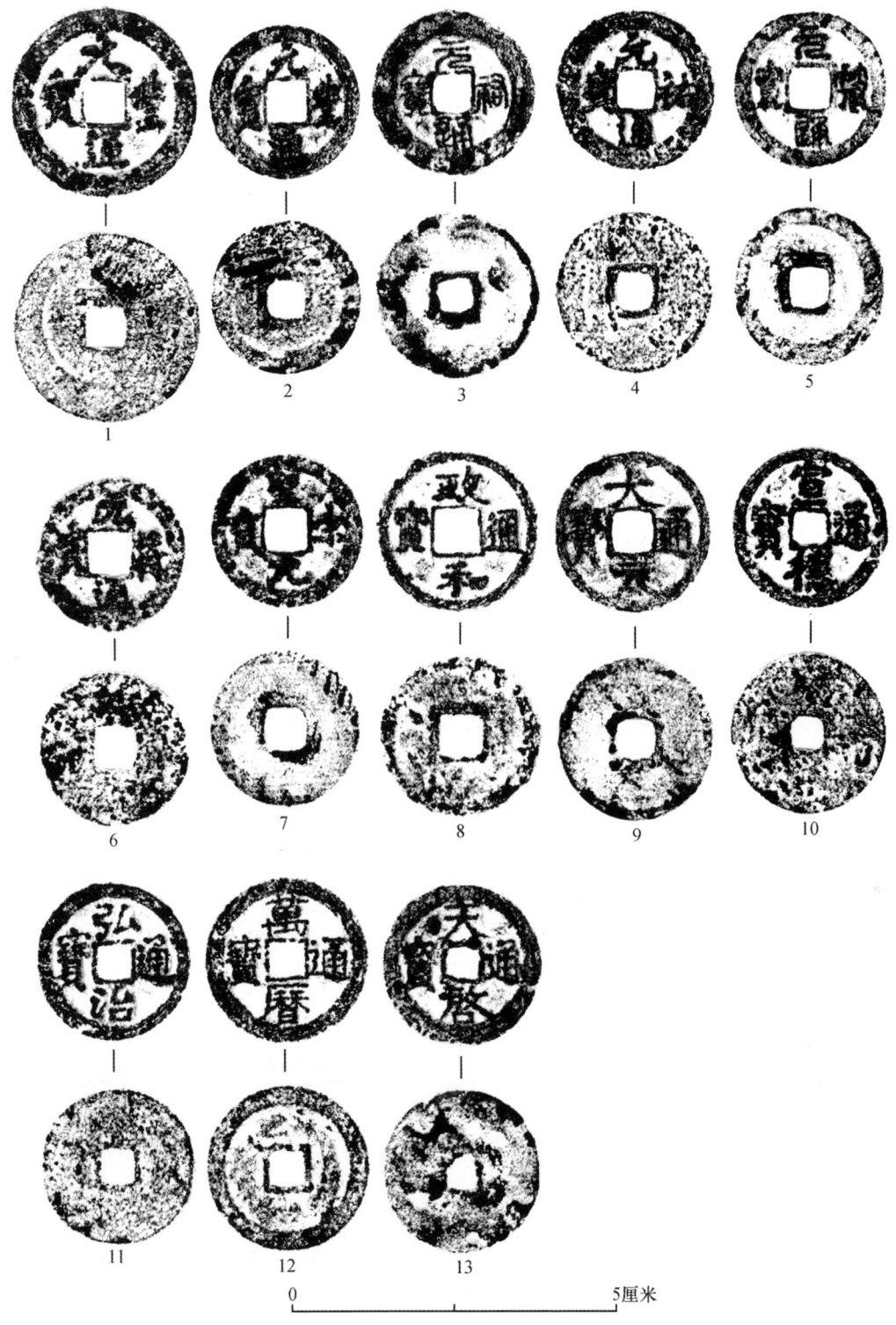

图七四　明代墓葬出土铜钱标本拓片（二）

1、2. 元丰通宝（ⅢM9：1-2、ⅣM9：3-3）　3、4. 元祐通宝（ⅡM28：2-3、ⅢM5：3）　5、6. 元符通宝（ⅡM28：2-1、ⅢM5：6）　7. 圣宋元宝（ⅡM28：2-2）　8. 政和通宝（ⅢM5：1）　9. 大元通宝（ⅡM28：2-12）　10. 宣德通宝（ⅣM10：1-1）　11. 弘治通宝（ⅣM9：3-2）　12. 万历通宝（ⅡM29：1-1）　13. 天启通宝（ⅡM28：2-8）

弘治通宝　1枚。ⅣM9∶3-2，真书，先上后下，次右后左读之，外直径2.4厘米，重4.46克（图七四，11）。明孝宗朱祐樘弘治十六年（公元1503年）铸造。

万历通宝　3枚。标本ⅡM29∶1-1，真书，外直径2.5厘米，重3.71克（图七四，12）。明神宗朱翊万历四年（公元1576年）开始铸造。

天启通宝　1枚。ⅡM28∶2-8，真书，先上后下，次右后左读之，外直径2.5厘米，重2.71克（图七四，13）。明代熹宗朱由校天启年间（公元1621~1627年）铸行。

（3）铁器

仅有1件农耕具的一个附件。

犁铧　1件。ⅣM21∶1，残块，锈蚀。仅存向一面缓弧的多边形，从两面锈蚀不太严重的极少部分可隐约看出皆是光面，推测其完整的形体应是铁犁铧。残存高10.6厘米，残存宽8.7厘米，厚0.7厘米（图七五，1）。

（4）瓷器

9件。分别为碗、罐。其中碗2件，罐7件。从釉色看，黑色釉较多，其他釉色较少。

碗　2件。个体较小，残缺。敞口，斜曲腹，圈足。

ⅣM4∶2，残存约1/4，可复原。小圆唇，口略微敞。斜腹微向外缓弧，平底。圈足，挖足过"肩"。足端微向外撇。内外施白色釉，生烧，泛淡青绿色，釉色稍有点绿泛黄，碗内底施釉后再刮圈形，外壁施釉略接近于外壁下部边缘，再向下及足部无釉。白色胎。口径13.2厘米，足径6.4厘米，高5.8厘米（图七五，2）。

ⅡM30∶1，残存大于1/2，可复原。小圆唇，敞口。斜曲缓弧腹，平底。圈足，足端内着地外抬起。内外施黑色釉，釉色明亮，碗内底施釉后再刮圈形，外壁施釉至下腹部，釉层边缘一周呈桃形，再向下及足部无釉。灰白色胎。口径8.8厘米，足径5.8厘米，高5厘米（图七五，3）。

罐　7件。根据其形体分为矮领鼓腹罐、小口隐圈足深腹罐、双系深腹罐。

矮领鼓腹罐　5件。这类罐的特点是矮领、鼓腹、圈足。分三型。

A型　3件。形制为圆唇，唇外突，微束颈，鼓腹，圈足。根据足部及腹部的变化，又可分为二式。

Ⅰ式：1件。矮胖，大腹，底中心的内外均有轮旋乳突，玉环形圈足。ⅣM9∶1，口足稍有残缺，可复原。腹部最大直径在腹中部偏上，腹外壁有不太明显的轮旋缓弧凹凸纹，内壁与内底结合处呈缓弧状，足端平呈玉环形。上釉色分为两次，先是在内外满施深棕色釉，足端面施釉后再擦去；次是深棕色釉之上再施酱褐色釉，内施满釉，外壁仅施上部的2/3。"缸胎"，呈红色，较粗，含有白色、黄色颗粒。口径11厘米，最大腹径16.4厘米，足径7.9厘米，高12厘米（图七五，4；图版二九，1）。

Ⅱ式：2件。略显矮胖，外底中心有轮旋乳突，圈足，足端内着地外抬起。

ⅢM5∶5，残断裂开多处，口底残缺，可复原。圆腹，最大直径在腹中部略偏上，腹外壁有轮旋缓弧凹凸纹，内、外底平，外底中心有轮旋乳突，圈足端略窄、内着地外抬起。上釉色分为

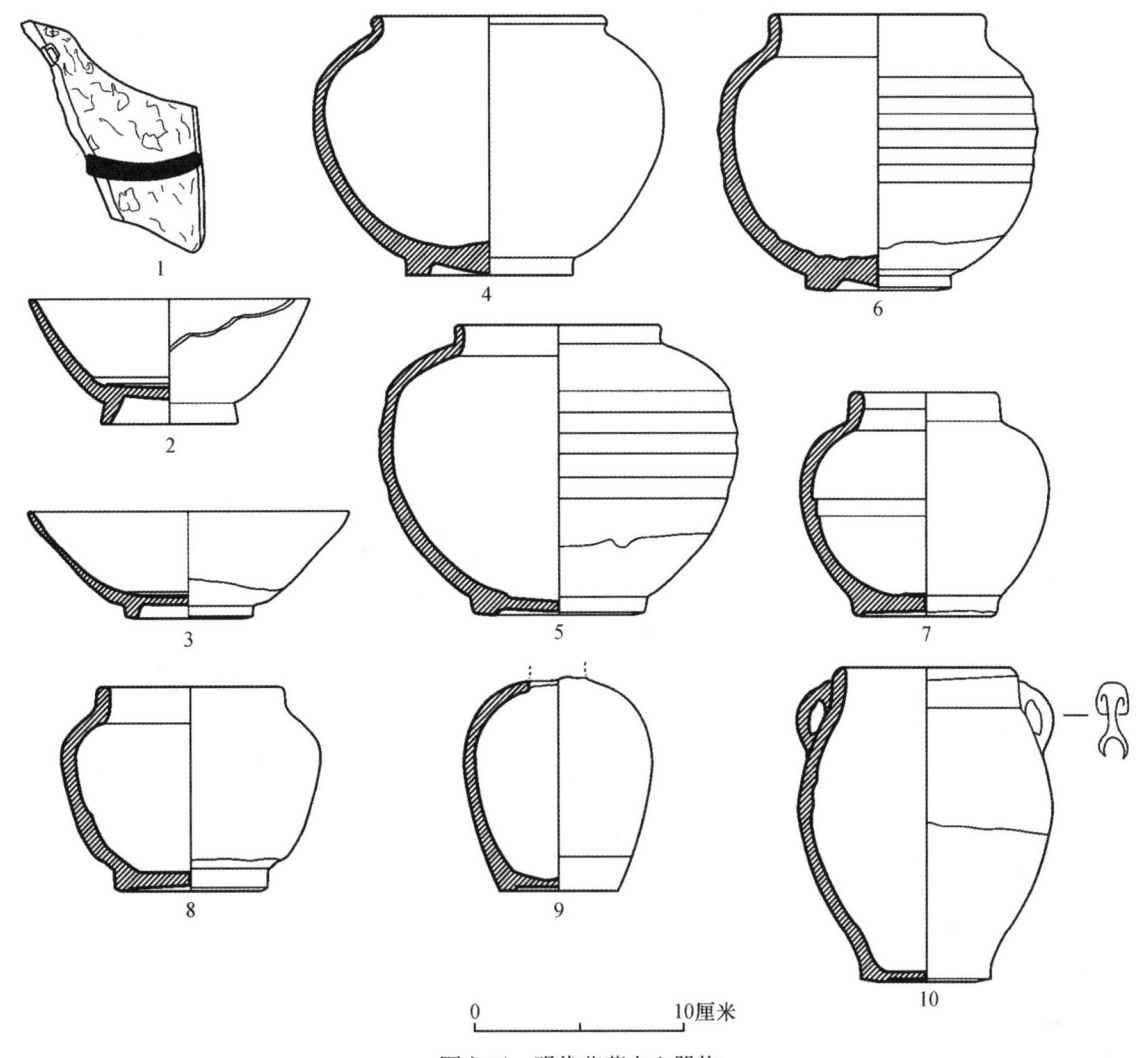

图七五 明代墓葬出土器物

1.铁犁铧（ⅣM21:1） 2、3.瓷碗（ⅣM4:2、ⅡM30:1） 4.A型Ⅰ式瓷矮领鼓腹罐（ⅣM9:1） 5、6.A型Ⅱ式瓷矮领鼓腹罐（ⅢM5:5、ⅢM4:4） 7.B型瓷矮领鼓腹罐（ⅢM4:5） 8.C型瓷矮领鼓腹罐（ⅢM5:4）
9.小口隐圈足深腹瓷罐（ⅣM10:2） 10.双系深腹瓷罐（ⅢM10:1）

两次，先是在内外满施棕紫色釉，足端面施釉后再擦去；次是棕紫色釉之上再施黑色釉，内施满釉，外壁仅施上部的2/3。黑色釉厚重且明亮，有泪痕，釉表面细看有棕孔。灰白色胎。口径9.8厘米，最大腹径17厘米，足径8.2厘米，高13.5厘米（图七五，5；图版二九，3）。

ⅢM4:4，保存较完整，口部有两处"窑烧裂缝"。腹外壁中段略呈垂直状、有轮旋缓弧凹凸纹，内壁与内底结合处亦有轮旋缓弧凹凸纹，外底中心有轮旋乳突，圈足端略宽、内着地外抬起。上釉料的方法及色彩同ⅢM5:5。灰白色胎。口径10.4厘米，最大腹径15.4厘米，足径7厘米，高12.8厘米（图七五，6；图版二九，2）。

B型 1件。直领，圆腹，浅圈足。ⅢM4:5，保存较完整。唇部为外圆内方，领略高、接近垂直，圆腹，最大直径在腹中部，浅圈足（因外底挖取太浅而近似假圈足）。领内壁、腹内壁、内底皆有轮旋突棱。内外施黄褐色釉，内满釉，外部足端及外底无釉。釉色较明亮，但不太均匀。土黄色胎。足端遗留有五处支烧时的白碱痕迹。口径7厘米，最大腹径12厘米，足径7厘米，高10.4厘米（图七五，7；图版二九，4）。

C型　1件。敛口，斜直领，圆肩，斜曲腹，浅圈足。ⅢM5：4，口部残缺，可复原。唇部为外圆内方，矮领，口部略向内倾斜，最大直径在肩与腹之间，内底平、外底中部向上微弧，浅圈足。内外施黑色釉，内满釉，外壁近足一段及以下无釉，釉较厚重，釉色较亮。灰白色胎。足端遗留有三处支烧时的白碱痕迹。口径9厘米，最大腹径12.4厘米，足径7.4厘米，高9.5厘米（图七五，8；图版二九，5）。

小口隐圈足深腹罐　1件。形制是近似瓶形，束颈，深腹，腹上大下小，隐圈足。ⅣM10：2，口、颈部缺失，不能复原。圆肩，腹壁弧曲，最大直径在腹的上部，腹部有一周不太明显的轮旋缓弧凸起，底略平，足外边沿略显向外突。内无釉，外壁施酱褐色釉，泛灰褐色，近足一段及以下露胎无釉，釉色较暗淡。黄白色胎。足端遗留有六个支烧时的白碱痕迹。颈径2.6厘米，最大腹径8.5厘米，足径5.4厘米，高9.7厘米（图七五，9）。

双系深腹罐　1件。形制是上下两端缩小，中间缓鼓，近似橄榄形，双系，隐圈足。ⅢM10：1，体残裂开多处，可复原。圆唇，直口，溜肩，泥条双系，瘦腹较深，腹中部缓鼓，平底，隐圈足，因外底挖取太浅而近似平底。足端内着地外微抬起。内外施黑色釉，芒口，外部半釉，釉色较亮。灰白色胎，坚硬。腹外壁的一侧，部分地段有落砂。口径9厘米，最大腹径12.2厘米，足径6.2厘米，高14.6厘米（图七五，10；图版二九，6、7）。

（5）石器

仅有刻石一类。

墓志　1合。ⅢM5：7，常遵道夫妇墓志，青石质，由志盖和志石两部分组成（图七六、图七七；附录二）。志盖呈盝顶式，底边长58厘米，厚14厘米。志石方形，边长58厘米，厚18厘米。志盖上面（篆书）、志盖下面（楷书）以及志石首行所刻的文字内容皆相同，均为"明磁

图七六　明代墓葬出土墓志（ⅢM5：7）拓片（一）

图七七　明代墓葬出土墓志（ⅢM5：7）拓片（二）

庠耆德昆泉常先生暨配孺人吴氏和氏合葬墓志铭"23字。志石面周边饰连接不断的"回"字带状纹，志文为楷隶书相结合，计三十行，满行三十字。志载："先生讳遵道，别号昆泉，生于嘉靖十六年（公元1537年）九月十一日，卒于万历三十三年（公元1605年）十二月二十一日，享年七十"，"先生为磁世族，""少颖卓嗜，读书读多六经诸子史、两汉古今石言，冲龄巳入为磁庠诸生……""葬先生于湾漳之西先茔"及其生平、交际、家庭状况等内容。

七 清 代 墓

清代墓62座。南水北调中线工程主干渠磁县段、本单位的发掘区域内涉及四个村庄，其中滏阳营（第Ⅰ墓区）2座，编号为ⅠM1、ⅠM2，地貌呈西高东底的梯田，现为麦田；湾漳营（第Ⅱ墓区）24座，编号为ⅡM3～ⅡM16、ⅡM18～ⅡM20、ⅡM22～ⅡM26、ⅡM31、ⅡM32，地势略平，现为麦田、冬季闲置地、砖窑取土场；东窑头（第Ⅲ墓区）15座，编号为ⅢM1～ⅢM3、ⅢM6～ⅢM8、ⅢM13～ⅢM16、ⅢM19、ⅢM20、ⅢM22～ⅢM24，地貌呈东、南、西三面地势略高的坡地式梯田，现为麦田、冬季闲置地；槐树屯（第Ⅳ墓区）21座，编号为ⅣM1～ⅣM3、ⅣM5、ⅣM8、ⅣM19、ⅣM20、ⅣM22、ⅣM25～ⅣM37，地貌呈西、北地势略高，为岗坡地，现为麦田、油菜地、冬季闲置地。由于墓地位居岗坡地带，水土流失、淤积失常。所发现的墓葬开口多数在距地表0.2～0.25米的耕土层之下（图版一六，1）。

1. 墓葬的形制及结构、葬具及随葬品位置

62座墓，可划分为竖穴土坑墓（59座）、竖穴墓道土洞墓（2座）、砖室墓（1座）。

（1）竖穴土坑墓

59座。其中滏阳营（第Ⅰ墓区）2座，湾漳营（第Ⅱ墓区）23座，东窑头（第Ⅲ墓区）15座，槐树屯（第Ⅳ墓区）19座。根据墓室平面形状的不同，大体可分三型。

A型 24座。墓室平面呈梯形。

再细划分，还有很多差异之处，例如单棺墓，横向较窄，其平面呈细瘦长梯形；凡是夫妇合葬墓，由于木棺数量增多（与单棺者比较），其平面的横向就加宽，长与宽的比例也就缩小，有一部分已近似方形；还有一些不规则梯形，主要反映在转角处为弧圆角、墓壁呈上大下小倾斜状，并有呈蚯蚓式弧曲状。另外，在本形制之内，还有木棺放置方向与平面呈梯形墓室成互为倒置的特殊个例。也就是，从平面看木棺在墓室之内，棺首（宽）端在墓室的窄端、棺尾（窄）端在墓室的宽端。

ⅡM4 位于ⅡM3的西南侧、ⅡM5东北侧、ⅡM7东南侧，墓向为300°。

墓室平面呈西北端宽、东南端窄的瘦长梯形，直壁平底。长2.7米，宽1～1.1米，深1.5米。墓底有一具木棺腐朽的灰痕，棺首向西北、棺尾朝东南。棺痕长1.75米、头端宽0.6米，足端宽0.5米，棺底铺3厘米厚白灰，白灰上铺2厘米厚草木灰，人骨不存。

出土随葬品有白釉瓷碗和铜钱两类。其中1件残白釉瓷碗出土于墓坑回填扰土之中。铜钱92枚散乱放置在墓底、棺底及馆外，分别为"万历通宝"6枚、"天启通宝"4枚、"崇祯通宝"18枚、"顺治通宝"63枚、"康熙通宝"1枚、"嘉庆通宝"1枚。

根据棺内无发现人骨、墓坑回填土中也没有人骨的碎片及遗留的随葬品等迹象分析，墓主人已迁出该墓室（图七八；图版一六，3）。墓葬形制与ⅡM4相同的还有ⅡM18、ⅡM19。

ⅡM18　位于ⅡM21南侧。该墓东部打破ⅡM21的墓道西部，墓向为330°。

墓室平面呈北偏西的一端宽、南偏东的一端窄的近似长梯形，直壁平底。口长2.7米，宽1～1.1米，深0.8米。葬具为单棺，棺放置的方向与墓室相同，既棺首前方北偏西、棺尾朝向南偏东。木棺腐朽，仅存棺底黑色灰痕，长1.7米，宽0.3～0.5米，棺底铺白灰厚10厘米，白灰上铺草木灰厚2～3厘米。仰身直肢，骨骼腐朽较轻，男性，年龄约35岁。在头骨的东西两侧各放置大头向上竖起的板瓦3块，凸面为素面，凹面有布纹，长宽厚为20厘米×16厘米—13厘米。

随葬品有瓷器和铜器。其中黑釉瓷罐放置在棺的前方，在瓷罐一侧斜竖有朱砂残迹的板瓦一块。铜钱3枚，分别放置在墓主的左肱骨外侧、右腿胫骨的外侧及大腿之间各1枚。另外，墓主的左胫骨远端上放置一小铁块，残缺锈蚀，器形不详（图七九）。墓葬形制与ⅡM18相同的还有ⅡM4、ⅡM19。

ⅡM19　位于ⅡM20南侧、ⅡM23的西侧，墓向为300°。

墓室平面呈西北端宽、东南端窄的瘦长梯形，直壁平底，长2.4米，宽0.8～0.9米，深0.9米。墓底存一具腐朽的木棺灰痕，棺首向西北、棺尾朝东南。棺痕长1.9米，宽0.46～0.57米。人骨不存，在棺内中部偏下的部位，散置腐蚀残缺的铜钱4枚，钱文能辨别者为"康熙通宝"。在棺内靠"前挡"处有人头枕的平放、竖立的板瓦数块。

根据棺内及墓坑回填土中均没有发现人骨，以及棺内还遗留有枕物、铜钱等这一迹象说明，墓主人已迁出该墓室。其墓葬形制同ⅡM4、ⅡM18。

ⅡM5　位于ⅡM4西南侧，墓向为333°。

墓室平面呈西北的一端宽、东南的一端窄的瘦长梯形，直壁平底，长2.4米，宽0.7～0.9米，深0.9米。木棺首朝西北、棺尾向东南，墓室内木棺一具，仅存腐朽棺底黑色灰痕，棺长1.7米，宽0.36～0.5米，棺内底铺白灰厚5厘米，白灰上铺草木灰厚2厘米，棺内1具男性骨架，年龄30～35岁，仰身直肢，左手微弯曲于盆骨处，头骨下枕数块叠压的板瓦。

随葬品有瓷器、铅器和铜器。其中棺顶前部放置1件黑釉瓷罐，紧邻瓷罐有1件板瓦。铅环1件放置在人的头顶处。铜钱共3枚，1枚放置于头下，2枚散置于双腿之间，钱文能辨别者为"康熙通宝"。铜扣7枚在人骨胸部（图八〇）。墓葬形制与ⅡM5相同的还有ⅡM14、ⅡM26、ⅢM24。

ⅡM14　位于ⅡM13西南侧，墓向为326°。

墓室平面为西北端宽、东南端窄的瘦长梯形，直壁平底。墓底长2.8米、宽0.8～1.1米，深1.25米。墓底置单棺，棺首向西北、棺尾朝东南，仅存腐朽的木棺底黑色灰痕，棺底长1.7米，宽0.36～0.55米，棺底铺厚2厘米白灰，白灰上铺草木灰厚3～6厘米。在棺内北部遗留有板瓦三

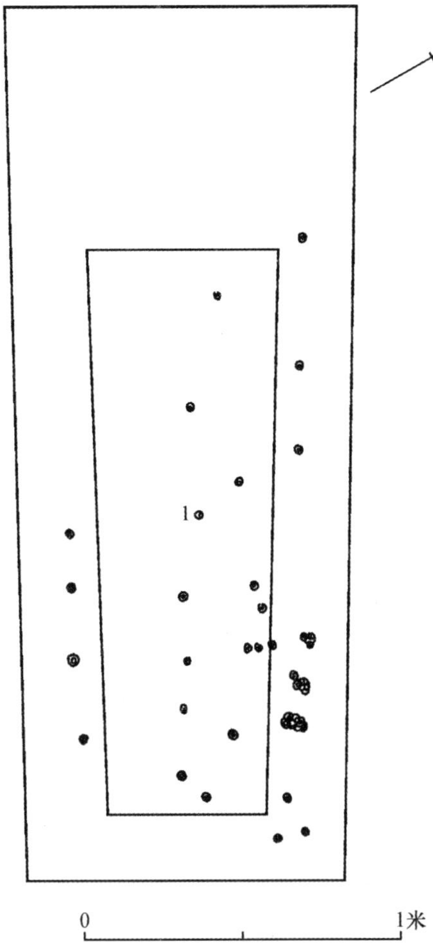

图七八　ⅡM4平面图
1. 铜钱

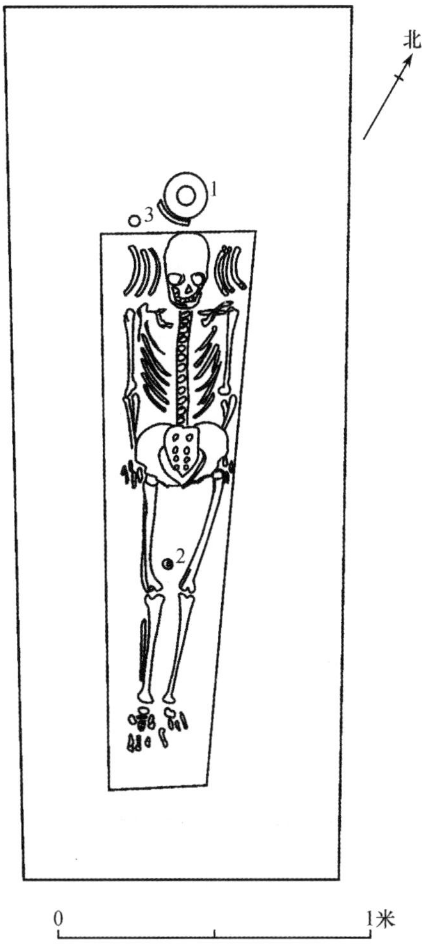

图七九　ⅡM18平面图
1. 瓷罐　2. 铜钱　3. 板瓦

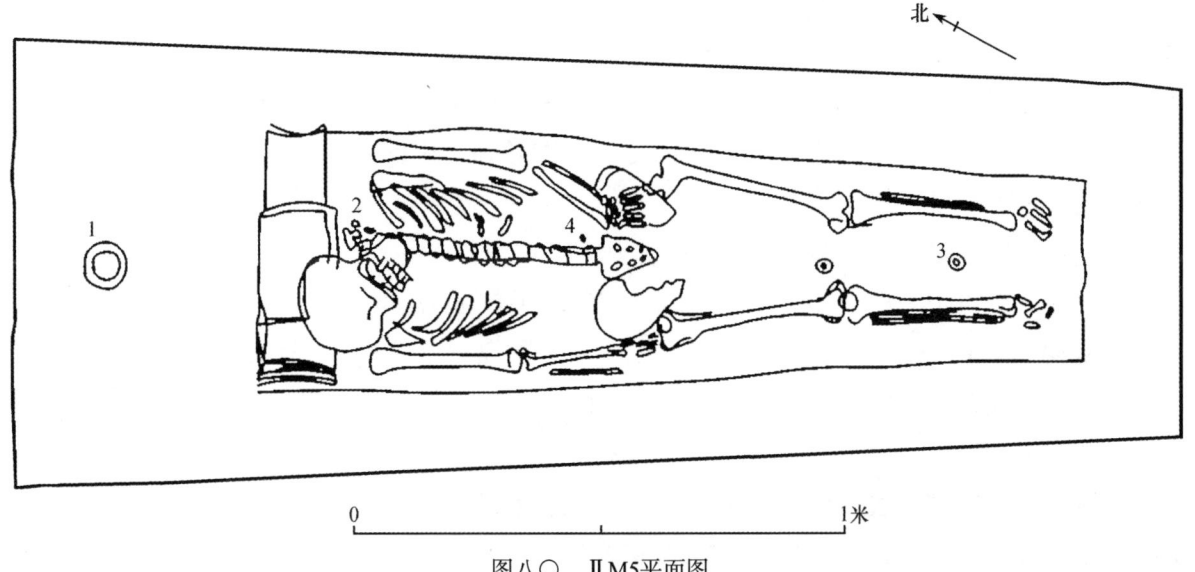

图八〇　ⅡM5平面图
1. 瓷罐　2. 铅环　3. 铜钱　4. 铜扣

块，凸面为素面，凹面有方格布纹，长18厘米、宽15厘米、厚1.5厘米。棺内底散存铜钱6枚，钱文为"顺治通宝"和"康熙通宝"。没有发现人骨。根据棺内没有遭到大的破坏及扰乱，应是墓主人已经被迁出该墓。墓葬形制同ⅡM5、ⅢM24。

ⅡM26　位于ⅡM24北侧，墓的宽端靠左侧被ⅡM22打破，墓的窄端靠右侧被ⅡM25打破。墓向为330°。

墓室平面为西北端宽、东南端窄的长梯形，直壁平底。墓底长2.3米，宽0.72～1米，深0.94米。墓底置单棺，已腐朽，棺灰痕不太清晰，棺首向西北、棺尾朝东南，棺长约1.7米，宽0.4～0.6米。人骨未见，棺内遗留有板瓦两块，散存铜钱2枚，钱文为"顺治通宝"和"康熙通宝"。大约在胸部的位置遗留骨扣1枚。上述遗存现象可知，人骨应是已经迁葬他处。墓葬形制同ⅡM5、ⅢM24。

ⅢM24　位于ⅢM23的西北侧，墓向为150°。

墓室平面为东南端宽、西北端窄的长梯形，壁较直、底略平。墓底长2.5米，宽0.8～1.1米，深0.9米。木棺首向东南、棺尾朝西北，木棺腐朽殆尽，仅存棺底铺粉红色煤渣灰3～5厘米。棺迹长约1.9米，宽0.4～0.6米。人骨为仰身直肢，头向东南、面向北，左臂整体错位、放于左侧胸骨之上，原因不详。男性，年龄20～25岁。

随葬品有酱色釉瓷罐1件、铜钱4枚。其中瓷罐位于棺顶东部，口向上直立，距墓口0.5米，距南壁0.5米，距西壁1.9米。在瓷罐的西侧斜置1块板瓦，凸面隐约有剩余未脱落的朱砂痕迹，素面，背有布纹，规格为长18厘米，宽15.5厘米，厚1.65厘米。铜钱在墓主头骨的左侧、左肘外侧、左膝下、右股骨外侧各放置1枚，铜文可辨者有"道光通宝""光绪通宝"。墓葬形制与ⅢM24相同的还有ⅡM5、ⅡM14、ⅡM26。

ⅣM35　位于槐树屯村南约800米，墓向为190°。

墓室平面为南宽北窄、宽窄变化不大的长梯形，四壁较垂直，墓底略平，长2.1米，宽0.92～1米，深0.7米。墓底南北向放置单棺，棺首南、棺尾北，木棺已朽，长1.7米，宽0.4～0.6米。棺内底铺有白灰，棺内为男性，人骨已经遭到扰动，整体被拖拽下移，骨架基本完整，头骨与颈项没有分开，面向东，下肢大部分离开木棺，膝盖以下的肢体靠墓壁向上翘起。

在人的头骨东侧、盆骨西侧各有铜钱1枚，其中1枚为"雍正通宝"。在棺内原头骨位置的两侧各有3块斜向叠起的板瓦（图八一）。

ⅢM15　位于ⅢM14的北侧，ⅢM16的东侧。墓向为335°。

墓室平面为西北端宽、东南端窄的梯形，直壁平底，长2.3米，宽1.2～1.3米，深0.8米。在墓底并列两口木棺，棺首西北、棺尾东南。靠北侧木棺腐朽殆尽，仅存靠南侧棺底的灰印痕。

西侧棺，腐朽殆尽棺迹不显。男性，人骨散乱摆放，多为叠压放置，头向北，应是迁葬而来。年龄35～40岁。

东侧棺，长1.8米，宽0.4～0.6米。棺内底铺黑色渣子3～5厘米，女性，头向北，面向上，仰身直肢，骨骼腐朽严重，局部已殆尽。年龄40～45岁。

出土器物有铜扣3枚、铜钱9枚。其中铜扣位于女性的右胸部。铜钱7枚放置于女性的口

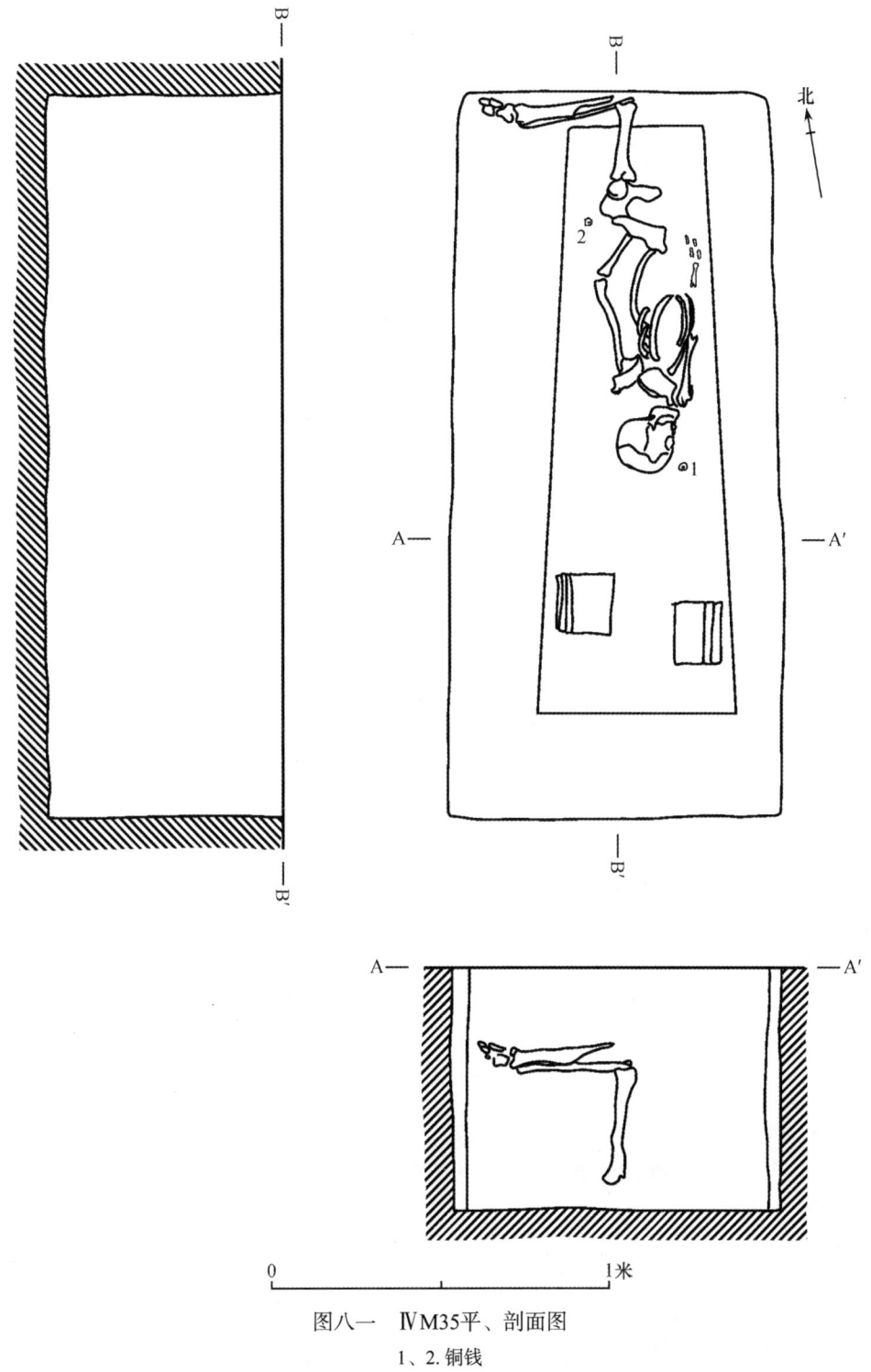

图八一　ⅣM35平、剖面图
1、2. 铜钱

中、左小臂外侧、左膝外侧、左脚的东南侧、右小臂外侧、右肘外侧、右膝外侧各1枚；另2枚铜钱位于男性骨骼之下。钱文能辨者为"乾隆通宝""嘉庆通宝"，其他因锈蚀字迹不详。1块板瓦放置在男性头骨与胸部之间，隐约可见几滴朱砂痕迹，素面，背有布纹，规格为长19厘米，宽12~15厘米，厚1.5~2厘米（图八二）。

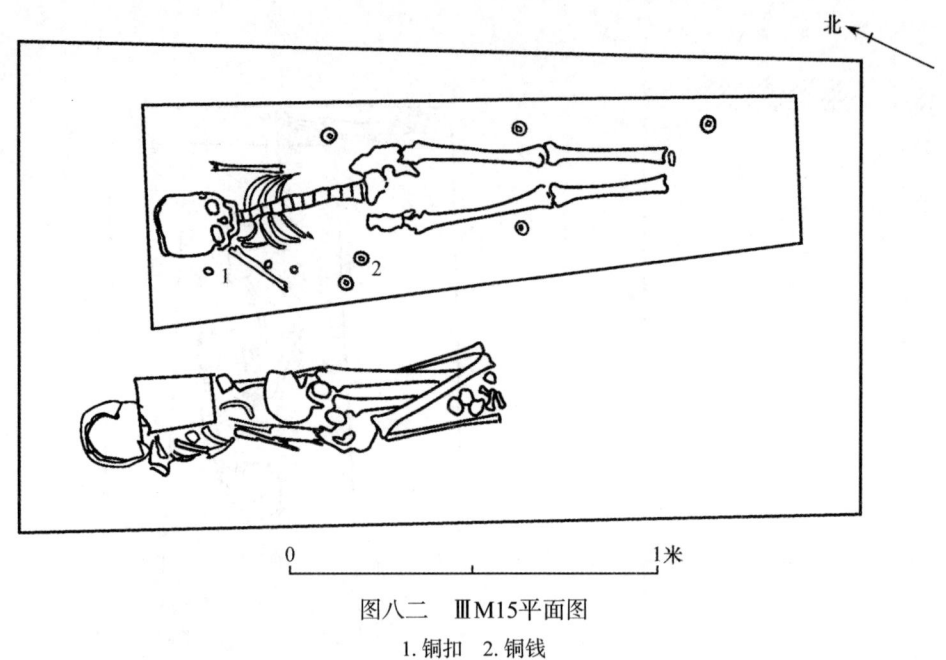

图八二　ⅢM15平面图
1. 铜扣　2. 铜钱

ⅡM12　位于ⅡM8西南侧、ⅡM11北侧，墓室上部分别被ⅡM9、ⅡM10打破。墓向为303°。

墓室平面为西北端宽、东南端窄的梯形，直壁平底，长2.4米，宽1.3~1.6米，深1米。在墓底并列两口木棺，已经腐朽，仅存灰痕，棺首向西北、棺尾朝东南，棺内男女性的头下皆枕有板瓦。

北棺，长1.8米，宽0.3~0.6米。男性，葬式为仰身直肢，年龄35岁左右。

南棺，长1.7米，宽0.3~0.5米。女性，葬式为仰身直肢，年龄40岁左右。

出土器物有黑色釉瓷罐2件、铜扣4枚及铜钱5枚。其中瓷罐1件在男性头部左侧，另1件瓷罐在女性头部右侧。在靠近瓷罐或距离瓷罐不远处皆有1块板瓦。铜扣置于男性胸部。铜钱分别在左上肢内侧、两手之中、两膝盖的外侧各有1枚，钱文能辨者为"康熙通宝"（图八三）。墓葬形制与ⅡM12相同的还有ⅡM23。

ⅡM23　位于ⅡM24西南侧、ⅡM19东侧，墓向为310°。

墓室平面为西北端宽、东南端窄的梯形，东南一端的壁面靠南的一段底部向外斜扩0.8厘米，其他壁面较直，墓底略平，长2.5~2.58米，宽1.6~1.9米，深0.7米。墓底有两具腐朽的木棺痕迹，棺首向西北、棺尾朝东南。

北侧棺，长1.76米，宽0.38~0.68米。男性，葬式为仰身直肢，骨骼腐朽严重，年龄35岁左右。头下枕有板瓦。

南侧棺，长1.8米，宽0.3~0.5米。女性，葬式为仰身直肢，双下肢均向右侧微曲，骨骼腐朽严重，年龄40岁左右。头下枕有板瓦，足下放置一块凹面朝上的板瓦。

随葬品有黑色釉双系瓷罐1件、铜扣19枚及铜钱10枚。其中瓷罐在女性头部。铜扣全部在男性胸部。铜钱3枚在男性上肢左内侧；铜钱7枚在女性头部左侧、胸部、臂部、骨盆和大腿右

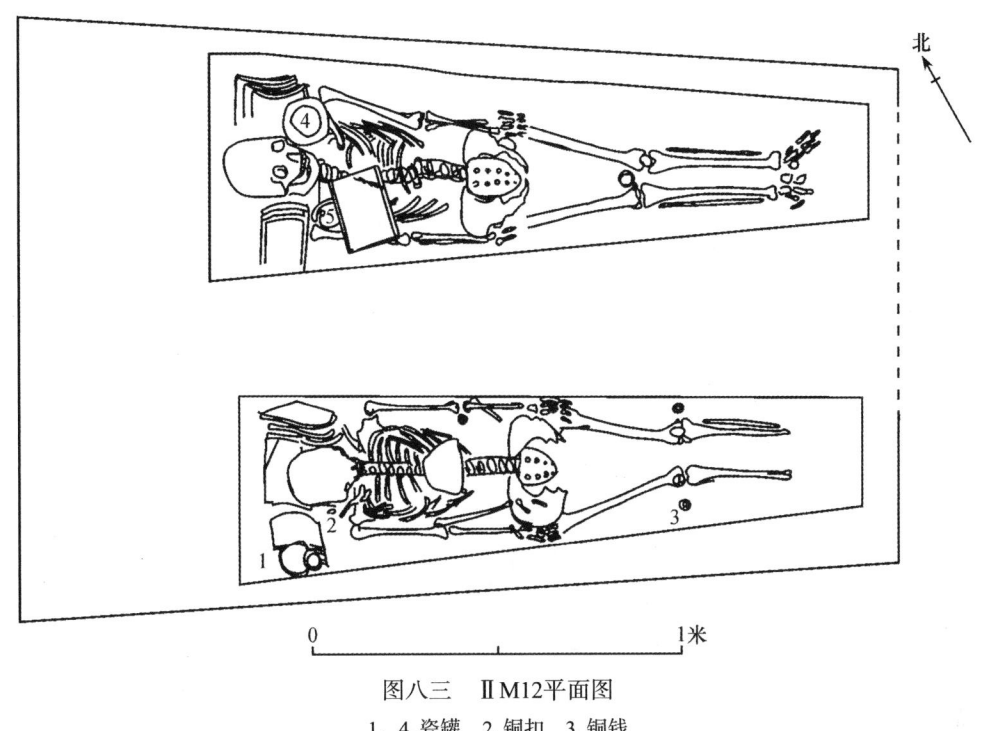

图八三　ⅡM12平面图
1、4.瓷罐　2.铜扣　3.铜钱

侧分散放置。墓葬形制同ⅡM12。

ⅡM10　位于ⅡM8西侧，ⅡM10的南部打破了ⅡM12的西北角，墓向为358°。

墓室平面为北宽南窄的梯形，直壁平底，长2.4米，宽1.7~1.9米，深0.6米。墓底有两口棺的腐朽木灰痕迹，棺首北、棺尾南。夫妇合葬，棺内男女性的头下皆枕有板瓦。

西棺，长1.7米，宽0.35~0.6米，男性，仰身直肢，骨骼保存基本完整。

东棺，长1.68米，宽0.34~0.53米，女性，仰身直肢，骨骼腐蚀严重，除下肢保存部分之外，多数已成粉末。

随葬品有黑色釉瓷罐2件、铜扣20枚、铜饰件1件及铜钱6枚。其中瓷罐在男、女性的头旁各1件。铜扣12枚发现于女性上身；铜扣8枚发现于男性胸部。铜饰件发现于男性头部，铜钱2枚放置在男性大腿之间；铜钱4枚分别散置于女性的肩部、腰部及下肢等各处（图八四；图版二〇，2）。墓葬形制与ⅡM10相同的还有ⅡM22、ⅢM20、ⅣM1。

ⅡM22　位于ⅡM20东北侧、ⅡM27西南侧，该墓自墓口直至墓底打破M26的西南角。墓向为325°。

墓室平面为西北宽、东南窄的梯形，壁较直，底略平。墓底长2.4米，宽1.4~2米，深1.05米。内有两具木棺，已腐朽，仅存灰痕迹。棺首向西北、棺尾朝东南，夫妇合葬，葬式为仰身直肢，死者头枕灰色板瓦，板瓦凸为素面，凹有布纹，长18厘米，宽15厘米，厚1.3厘米。

北棺，长1.7米，宽0.3~0.6米，棺内铺白灰厚5厘米，白灰上铺草木灰厚2~3厘米。男性，年龄30岁左右，头枕板瓦2块，头骨的南侧竖板瓦2块，头骨的北侧平置板瓦2块。

南棺，长1.7米，宽0.3~0.5米。棺内铺草木灰厚3~6厘米。女性，骨骼腐蚀严重，其上体

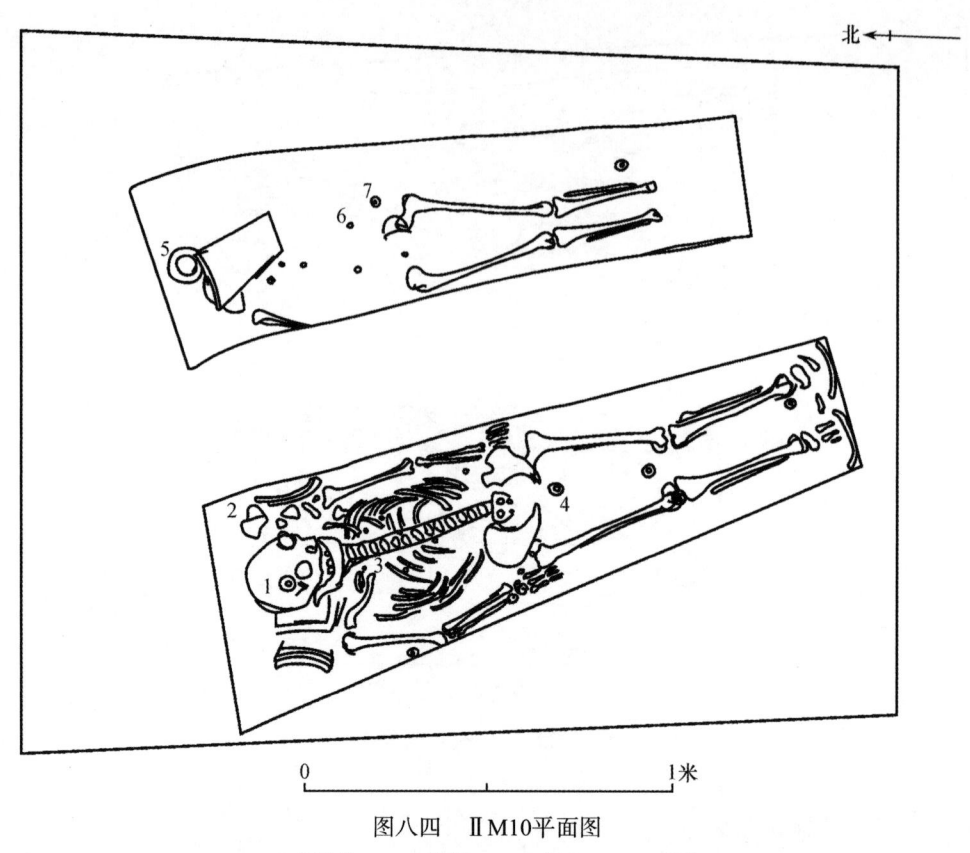

图八四　ⅡM10平面图
1. 铜饰件　2、5. 瓷罐　3、6. 铜扣　4、7. 铜钱

多数已成粉末，年龄50岁左右，头枕板瓦4块。在棺的尾部之外横竖条形灰砖2块，长28厘米，宽14厘米，厚为4.5厘米。

随葬品有黑色釉瓷罐1件、铜钱10枚。其中瓷罐在男性棺的前方，铜钱4枚在男性两腿之间放置1枚、背下散置3枚；铜钱6枚散置在女性棺内，其中钱文有"康熙通宝""乾隆通宝"。另外，在男性棺的前方、瓷罐口部斜放一块板瓦，在女性棺顶西部也放置一块板瓦，两板瓦凸面均隐约可见有朱砂痕迹。墓葬形制同ⅡM10。

ⅢM20　位于ⅢM19的西侧，墓向为10°。

墓室平面为北宽南窄的梯形，除东壁略斜之外，其余三壁直，墓底较平，长2.7米，宽1.9~2.1米，深0.8米。

墓底东西并列两口木棺，棺腐朽殆尽仅存棺底铺灰印痕，棺首北棺尾南。西棺长1.9米，宽0.46~0.6米。东棺长1.9米，宽0.5~0.7米。两棺之内皆铺煤渣灰和草木灰厚3~5厘米，人骨无存。

随葬品仅有铜钱6枚。其中西棺内底的南部放置2枚，东棺内底放置4枚，钱文有"乾隆通宝"。根据回填土色扰乱情况、墓底遗存、木棺的印痕等，判断夫妇俩的骨骼已经被迁出该墓。墓葬形制同ⅡM10。

ⅣM1　位于槐树屯遗址发掘探方T1的东北部，墓向为295°。

墓室平面为西宽东窄的梯形，直壁平底，长2.6米，宽1.6~1.96米，深0.9米。在墓底南北并列两口木棺，仅存棺底黑色板灰印痕。棺首西、棺尾东，北棺大、南棺小，两棺间距0.2米，南棺西端比北棺向前突出0.2米。

北棺，长1.6米，宽0.4~0.5米，棺内女性人骨一具，仰身直肢，头向西面向上。

南棺，长1.34米，宽0.36米。棺内男性散乱骨架一具，人为摆放，头朝西，面向上，应是从其他处迁来的。

随葬品有黑釉瓷罐1件、铜耳环一副2件、铜钱4枚及板瓦1块。其中瓷罐位于北棺墓主头顶的西侧，口向东倾倒。2件铜耳环，一好一残，位于北棺墓主头骨的右侧。铜钱4枚，其中放置于北棺墓主的后背下2枚，右肱骨近端的北侧、下颌骨的东侧各放置1枚，能辨认钱文者为"乾隆通宝"。另外，在两人头骨上各有1块板瓦，其中南棺内瓦凸面向上，大头向西，瓦面上有朱砂痕迹。北棺内板瓦残碎，无法修复。墓葬形制同ⅡM10。

ⅣM29　位于槐树屯村西南500米左右，南邻ⅣM31，东邻ⅣM30，北邻ⅣM27，墓向为215°。

墓室平面为西南宽、东北窄的梯形，直壁平底，长3米，宽1.66~2.2米，深0.8米。在墓底并列两口木棺，仅存棺底板灰痕，棺首向西南、棺尾朝东北。棺内人骨皆为仰身直肢，骨架基本完好。靠西北侧棺长1.98米，宽0.4~0.8米，女性；东南侧棺长2米，宽0.44~0.76米，男性。

随葬品有黑釉瓷罐2件、铜烟斗1件、铜饰件2件、铜钱6枚。其中瓷罐在男女胸部各1件。铜烟斗在男性右臂外侧，木质烟杆已朽，仅存铜烟锅、铜烟嘴。铜饰件在男性头顶部和女性头骨西侧各1件。铜钱3枚在男性头部东侧，其中1枚钱文为"道光通宝"；铜钱1枚在女性两腿骨之间，钱文为"乾隆通宝"，2枚在女性后背之下，钱文皆为"道光通宝"（图八五；图版一六，1）。

ⅣM30　位于槐树屯村西南500米左右，南邻ⅣM32，西邻ⅣM29，墓向为220°。

墓室平面为西南宽、东北窄的梯形，墓室四壁垂直，墓底为西南高东北低略微不平。长3.2米，宽1.8~2.2米，深约0.8米。在墓底并列两口木棺，仅存棺底板灰痕，棺首向西南、棺尾朝东北。棺内各有人骨一具。

西北棺仅残存棺的后半部，残长约1.06米，棺尾宽0.38米，中年男性，仰身直肢，面向右侧，上体略微弯曲。

东南棺长1.94米，宽0.4~0.8米，老年女性，仰身直肢，头骨向一侧微移，两手臂向外略张。

随葬品有酱釉瓷罐2件、铜钱7枚。其中1件瓷罐在男性胸部，另1件瓷罐在女性头骨东侧。铜钱皆在女棺之内，其中在女性盆骨上方1枚，腿骨下1枚，余均在后背之下，钱文有"乾隆通宝""道光通宝"（图八六；图版一六，1）。

ⅡM7　位于ⅡM6西侧、ⅡM4西北侧，墓向为340°。

墓室平面为北宽南窄的梯形，墓口大、墓底小。墓壁除南壁垂直外，其余三壁呈倾斜状，墓底略平。墓口长2.9米，宽1.7~2米，深1.4米，墓底长2.62米，宽1.5~1.8米。墓底放置两口木棺，腐朽成灰，首向北、尾朝南，各有仰身直肢人骨一具，头下枕有板瓦。

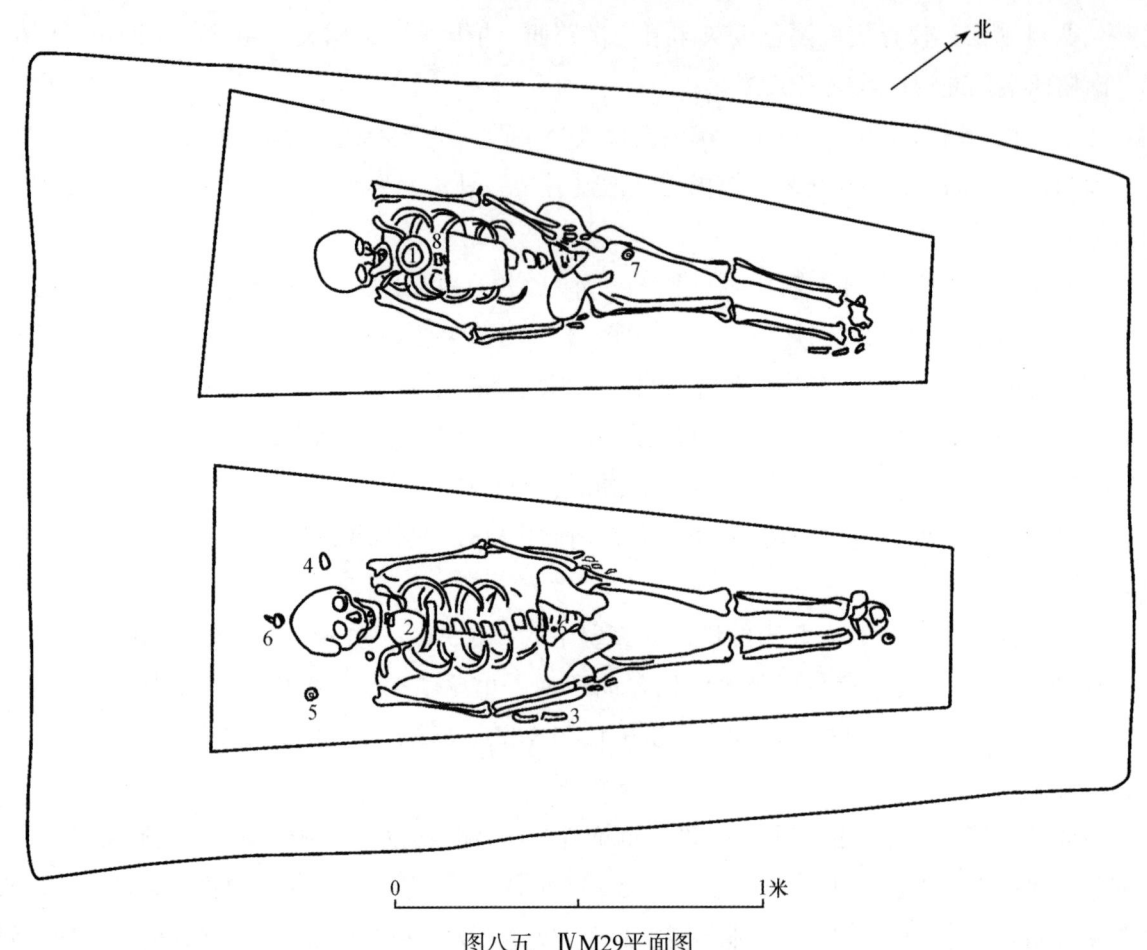

图八五　ⅣM29平面图
1、2. 瓷罐　3. 铜烟斗　4、6. 铜饰件　5、7、8. 铜钱

东棺，长1.7米，宽0.3~0.5米，棺内底铺白灰厚2~3厘米，白灰上铺草木灰厚4~5厘米，其上人骨为男性，仰身直肢，年龄30岁左右。

西棺，长1.6米，宽0.3~0.5米，棺内底铺白灰厚2厘米，白灰上铺草木灰厚4~5厘米，其上人骨为女性，头骨破碎，仰身直肢，年龄35~40岁。

随葬品有黑釉瓷罐2件、铜扣骨扣各1套每套2枚、铜钱54枚。其中两棺顶前部的位置各放置黑釉瓷罐1件，和2件瓷罐同时出土的各有1块板瓦，瓦凸面隐约可见有朱砂痕迹。男性胸部有铜扣2枚、骨扣2枚，棺内散置铜钱47枚，其中钱文有"圣宋元宝""顺治通宝""康熙通宝"；女性棺内随葬有铜钱7枚，其中钱文有"康熙通宝"（图八七）。

ⅡM31　位于ⅡM28西南侧，该墓东壁中部打破ⅡM28的墓道西南角。墓向为335°。

墓室平面为北宽南窄的梯形，墓口大、墓底小，四壁倾斜，墓底略平。墓口长2.5米，宽1.8~2米。墓底长2.4米，宽1.4~1.8米，深1.2米。墓底放置两口木棺，腐朽成灰，棺首向北、尾朝南。东棺向前超过西棺20厘米。

东棺长1.8米，宽0.4~0.6米，棺底铺白灰厚5~8厘米，白灰上铺草木灰厚1~3厘米。人骨为男性，仰身直肢，年龄30~35岁。头下枕灰色板瓦3块，头部右侧竖立板瓦3块，大头向上，

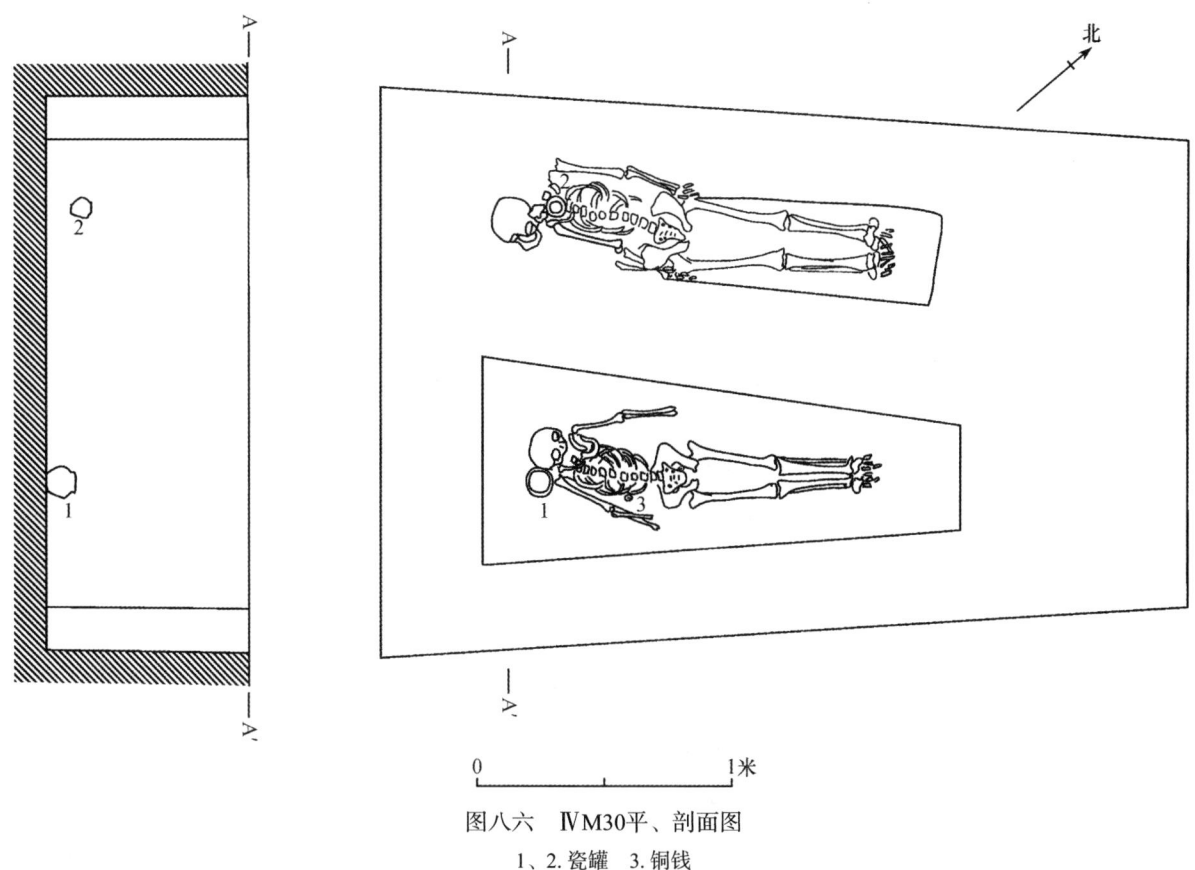

图八六　ⅣM30平、剖面图
1、2.瓷罐　3.铜钱

板瓦凸为素面，凹有布纹，长20厘米，宽13～16厘米，厚1.5厘米。

西棺长1.7米，宽0.4～0.6米，棺底铺白灰厚3～5厘米，白灰上铺草木灰厚3厘米。人骨为女性，上体的骨骼大部分已经腐蚀为粉末，下体多数较为完整，葬式可看出是仰身直肢，年龄25～30岁。头下枕灰色板瓦3块，头两侧竖立排在一起的板瓦3块。

随葬品有黑釉瓷罐2件、铜簪1件、铜钱3枚。其中在男性头的北部放置瓷罐1件，罐旁放置板瓦1件，在男性腹部右侧放置铁器1件，个体小，残缺锈蚀无法提取。在女性头骨北侧有铜簪1件，头骨上方倒置黑釉瓷罐1件，罐的下部侧面墨书"富贵双全"，在罐的西侧有残断的板瓦1块。棺内散置"康熙通宝"铜钱3枚。上述2块板瓦的凸面均隐约可见有朱砂痕迹（图八八）。

ⅣM20　夫妇合葬墓，位于槐树屯村南，西北距ⅣM16大约26米，东南距ⅣM21大约50米，墓向为10°。

墓室平面为北宽南窄不太规则的梯形，直壁平底，东壁长2.5米，西壁长2.4米，北壁宽1.7米，南壁略斜向，宽1.6米，深0.9米。在墓底东西并列两口木棺，仅存木板灰印痕，棺首北、棺尾南。

东棺，长1.9米，宽0.4～0.7米，棺首北向略偏西，棺内人骨为女性，头向北、仰身直肢，年龄45～50岁。

西棺，长1.8米，宽0.3～0.44米，人骨为男性，仰身直肢，年龄30岁左右。

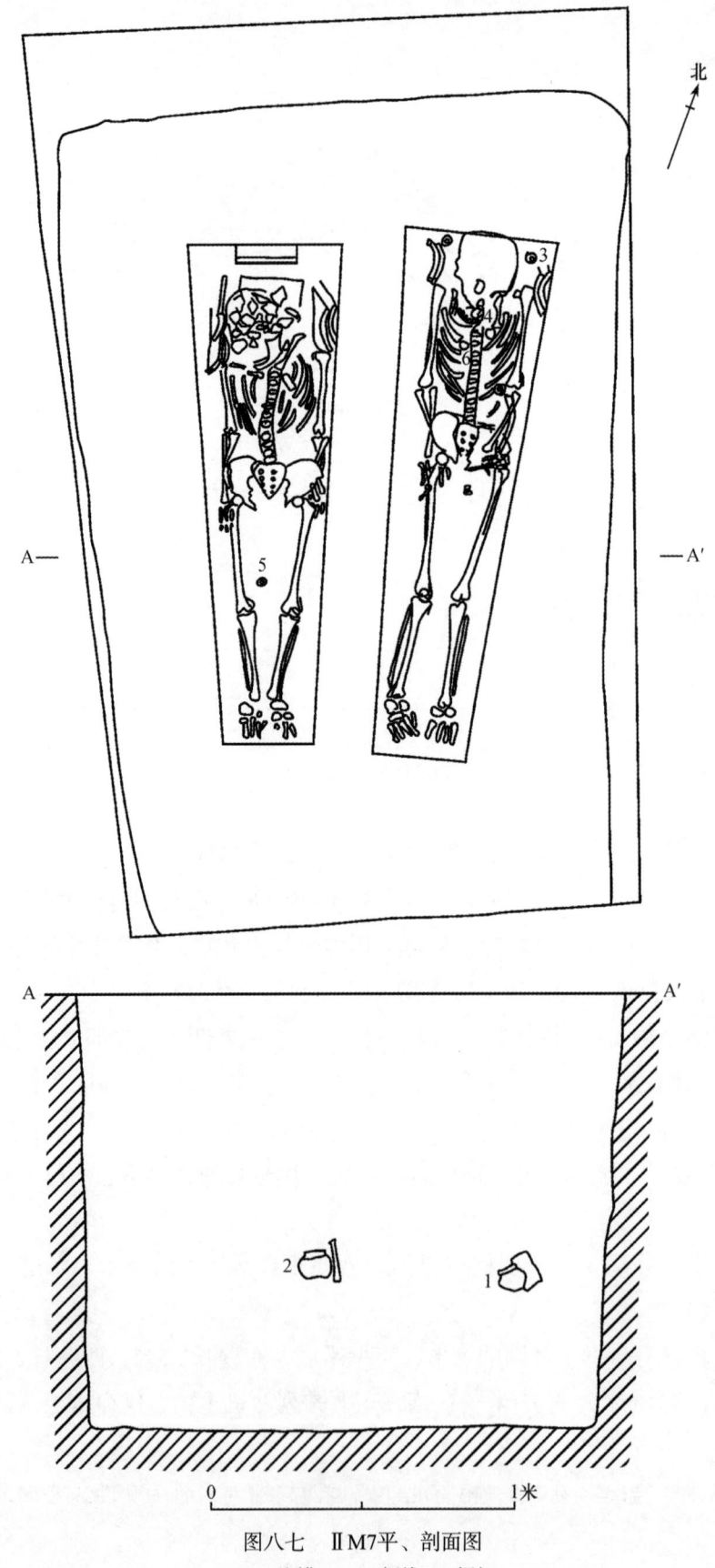

图八七　ⅡM7平、剖面图
1、2.瓷罐　3、5.铜钱　4.铜扣

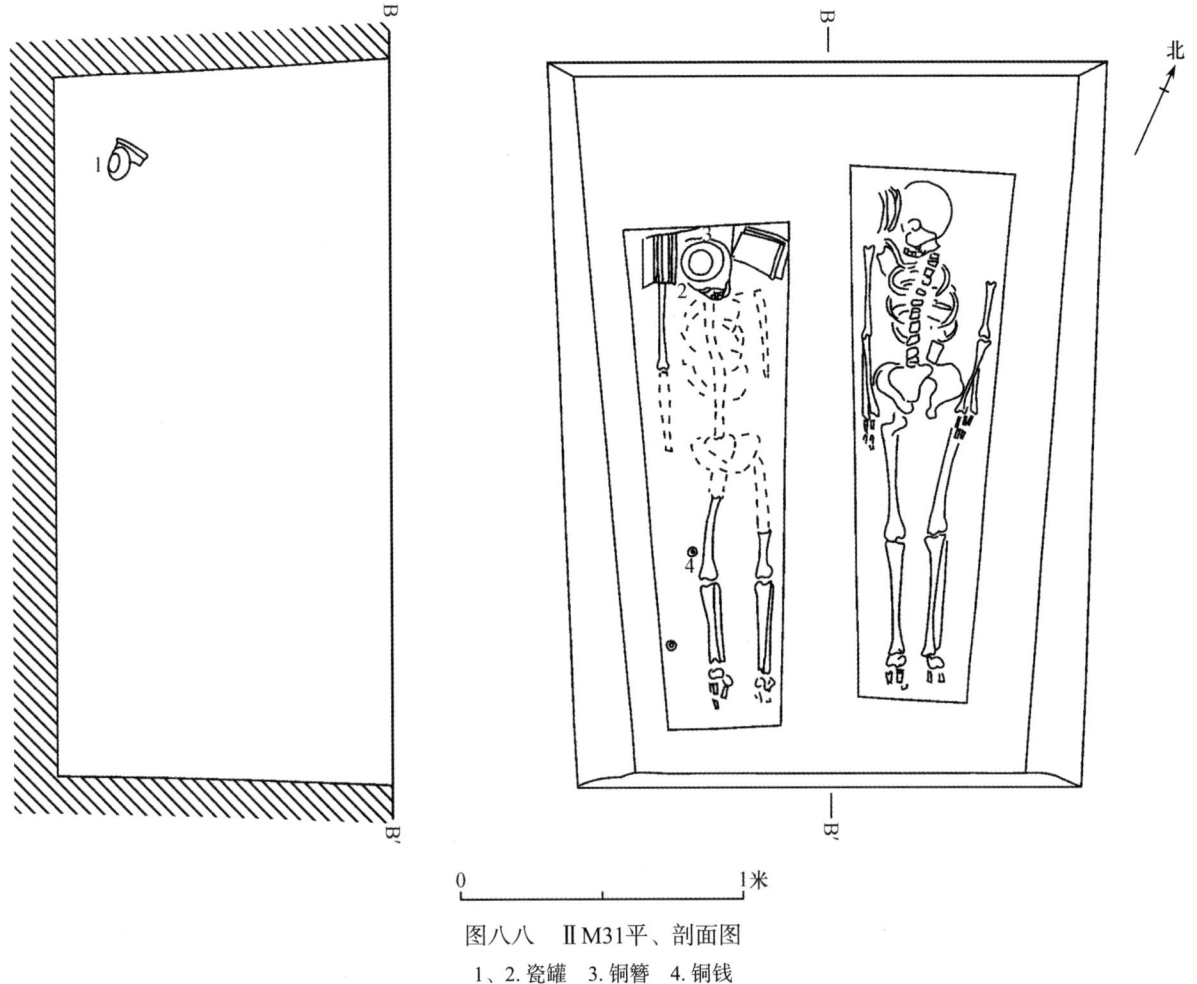

图八八　ⅡM31平、剖面图
1、2.瓷罐　3.铜簪　4.铜钱

随葬品有酱釉瓷罐1件、铜烟斗1件、铁箍形器1件、铜扣1枚、料扣3枚、铜钱2枚及板瓦1件。其中瓷罐和板瓦出自女性面部右侧之上约10厘米处，铜烟斗在女性左手臂。铁箍形器在男性右手部，铜扣、料扣位于男性胸部。铜钱分别在口内，钱文为"康熙通宝"（图八九）。

ⅢM7　夫妇三人合葬墓，位于ⅢM4的南侧，ⅢM6的东侧，ⅢM8的东北侧。墓向为10°。

墓室平面为北宽南窄的梯形，直壁平底。墓室长2.9米，宽1.5~1.8米，深1.3米。在墓室的东壁掏挖一略呈长方形的壁龛，顶呈弧形，斜壁平底，龛长1.9米，宽0.4~0.5米，高0.4~0.5米。

在墓底东西并列两口木棺，龛内放置一口棺。棺腐朽殆尽仅存棺底铺灰印痕，棺首北棺尾南。棺内各有人骨一具，皆为仰身直肢。

西棺，长1.8米，宽0.4~0.6米。棺底内铺白灰厚5~8厘米，白灰上铺草木灰厚3~5厘米。人骨为女性，骨骼腐朽严重，年龄45~50岁。头骨下枕板瓦9件，瓦为素面，凹面有布纹，规格为长19~20厘米，大头宽15~16厘米，小头宽13~14厘米，厚1.2~1.5厘米。

中棺，长1.8米，宽0.4~0.6米。棺内底铺白灰厚10~12厘米，白灰上铺草木灰厚2~3厘米。人骨为男性，双手略靠于小腹部，双腿向西微屈，骨骼保存一般。年龄45~50岁。

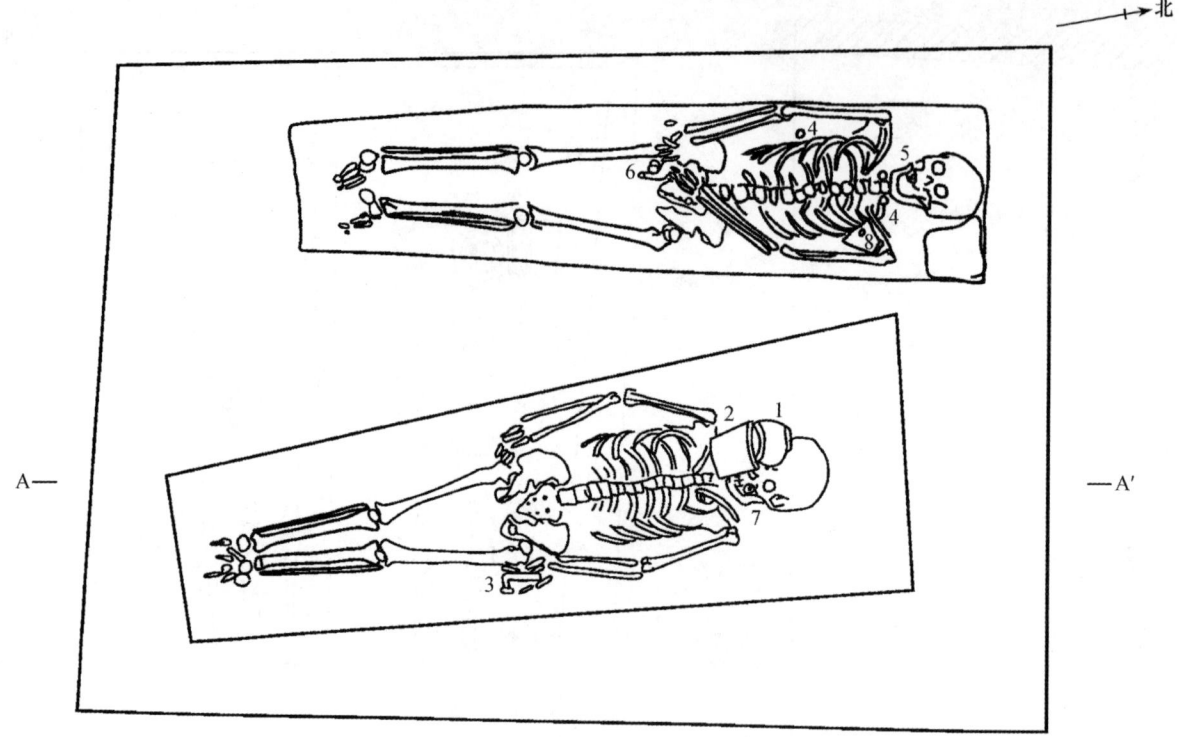

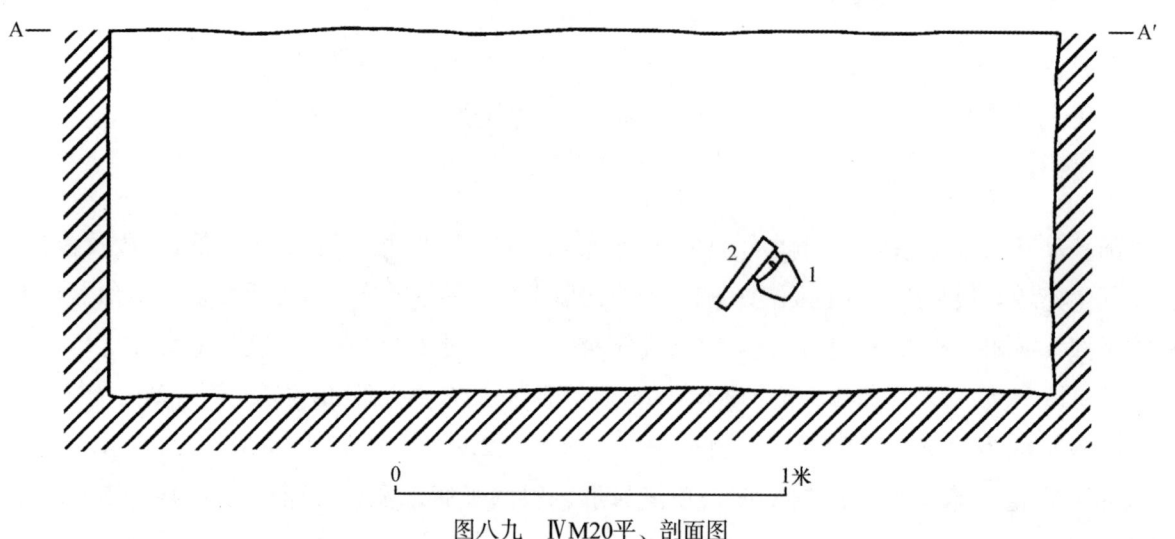

图八九　ⅣM20平、剖面图
1.瓷罐　2.板瓦　3.铜烟斗　4.料扣　5、7.铜钱（口含）　6.铁箍形器　8.铜扣

东棺（龛内棺），木棺相对较小，长1.3米，宽0.3～0.4米。棺腐朽严重仅残留棺底黑色灰痕。骨骼呈人为摆放，四肢均有叠压，应是迁葬而来。女性，年龄30～35岁。

随葬品有黑釉瓷罐2件、铜钱13枚。其中1件罐位于西棺顶北部，口向上略向南倾斜，距墓口0.92米，距南壁2.18米，距西壁0.6米。在罐的南侧放置1件板瓦。另1件罐位于中棺顶部北侧，距墓口0.8米，距南壁2.18米，距西壁1.26米。在罐的南侧倾靠1件板瓦。铜钱6枚，放置于西棺墓主的右小臂内侧、右脚的西南侧、左臂内侧、左腹部下侧、左腹部外侧、左脚外侧各1

枚；铜钱7枚，放置于中棺墓主的头骨上、头骨东北侧、左肩部上、左股骨近端外侧、左膝盖外侧、双股骨之间、右脚外侧各1枚，钱文能辨者为"康熙通宝"。上述2件板瓦的凸面均隐约可见有朱砂痕迹，其中女棺的板瓦长18厘米，男棺的板瓦长19厘米，瓦宽皆12～15厘米，厚1.2～1.5厘米（图九〇）。

ⅣM32　位于槐树屯村西南500米左右，西邻ⅣM31，北邻ⅣM30，墓向为190°。

墓室平面为不太规则的梯形，主要是北部两个角及北壁变化较大，其两个角呈弧圆形，北壁为两个弧曲状。土圹壁面垂直，墓底西高东低，两棺之间有一条纵向高差约10厘米的台阶。墓底长2.68～2.7米，宽2.08～2.18米，深0.52～0.63米。

在墓底东西并列两口木棺，棺首南、棺尾北，仅存棺底板灰痕。棺内各有人骨一具，皆为仰身，年龄不详。其中，西棺长1.92米，宽0.46～0.66米，棺内人骨为男性，除左臂弯曲、左手至盆骨处之外，余为仰身直肢；东棺长1.9米，宽0.5～0.76米，棺内人骨为女性，仰身直肢。

随葬品有瓷罐2件、铜发卡1件、铜钱7枚。其中1件酱釉瓷罐在男性胸部，另1件黑釉瓷罐在女性头骨上方。铜发卡在女性头顶部，铜钱2枚在男性头骨西侧；铜钱5枚在女性腿骨外侧，钱文有"乾隆通宝""道光通宝"（图九一；图版一六，2）。

ⅡM13　位于ⅡM14东侧约1米，ⅡM15南侧，墓向为330°。

墓室平面为西北宽、东南窄的不太规则梯形，主要是四个角多为弧圆形，两侧长边的线条多呈不规则式弯曲状。墓口大、墓低小，壁面呈明显的倾斜状，在墓底最短的一条边有1/2向外突出。墓口长2.46米，宽1.62～1.8米。墓底长2.38～2.47米，宽1.3～1.6米。底部呈西南高、东北低、口至底高差约18厘米的纵向台阶状，西南深1.26米，东北深1.44米。两口木棺均已腐朽，棺内各有人骨一具，皆为仰身直肢，头下枕板瓦。

东北棺，长1.78米，宽0.42～0.52米，棺底内铺白灰厚3厘米，白灰上铺草木灰厚2厘米。人骨为男性，年龄35～40岁。

西南棺，长1.7米，宽0.38～0.6米，棺底内铺白灰厚4厘米，白灰上铺草木灰厚2～3厘米。人骨为女性，头骨破碎，年龄35～40岁。

随葬品有黑釉瓷罐2件、骨饰件1件、铅饰件1件及铜钱12枚。其中1件瓷罐在男性头骨的北侧，另1件瓷罐放置在女性木棺顶上北部的位置。在2件瓷罐旁边各出土1件板瓦，其凸面均隐约可见有朱砂痕迹。骨饰件放置于男性左手处。铅饰件在女性下颌骨处。铜钱6枚在男性右肱骨外侧、左股骨近端外侧各1枚，左肱骨外侧放置2枚，右股骨中部、颈部外侧各放置1枚；铜钱6枚在女性右小臂内侧、左股骨远端各放置1枚，左右双手下、右膝盖外侧、右脚外侧各放置1枚。钱文有"顺治通宝""康熙通宝"（图九二；图版一七，1）。

ⅡM15　位于ⅡM17西侧、ⅡM13和ⅡM14的北侧、ⅡM16南侧，墓向为145°。

墓室平面为宽端在西北、窄端在东南的梯形。墓底放置单棺，棺首朝向墓室的东南（墓室的窄端），棺尾位于墓室的西北（墓室的宽端）。墓室四壁垂直，墓底较平。墓室长2.5米，宽1～1.1米，深1.2米。

木棺腐朽殆尽，仅存棺底灰色印痕，棺底长1.72米，宽0.34～0.54米，棺内有一仰身直肢

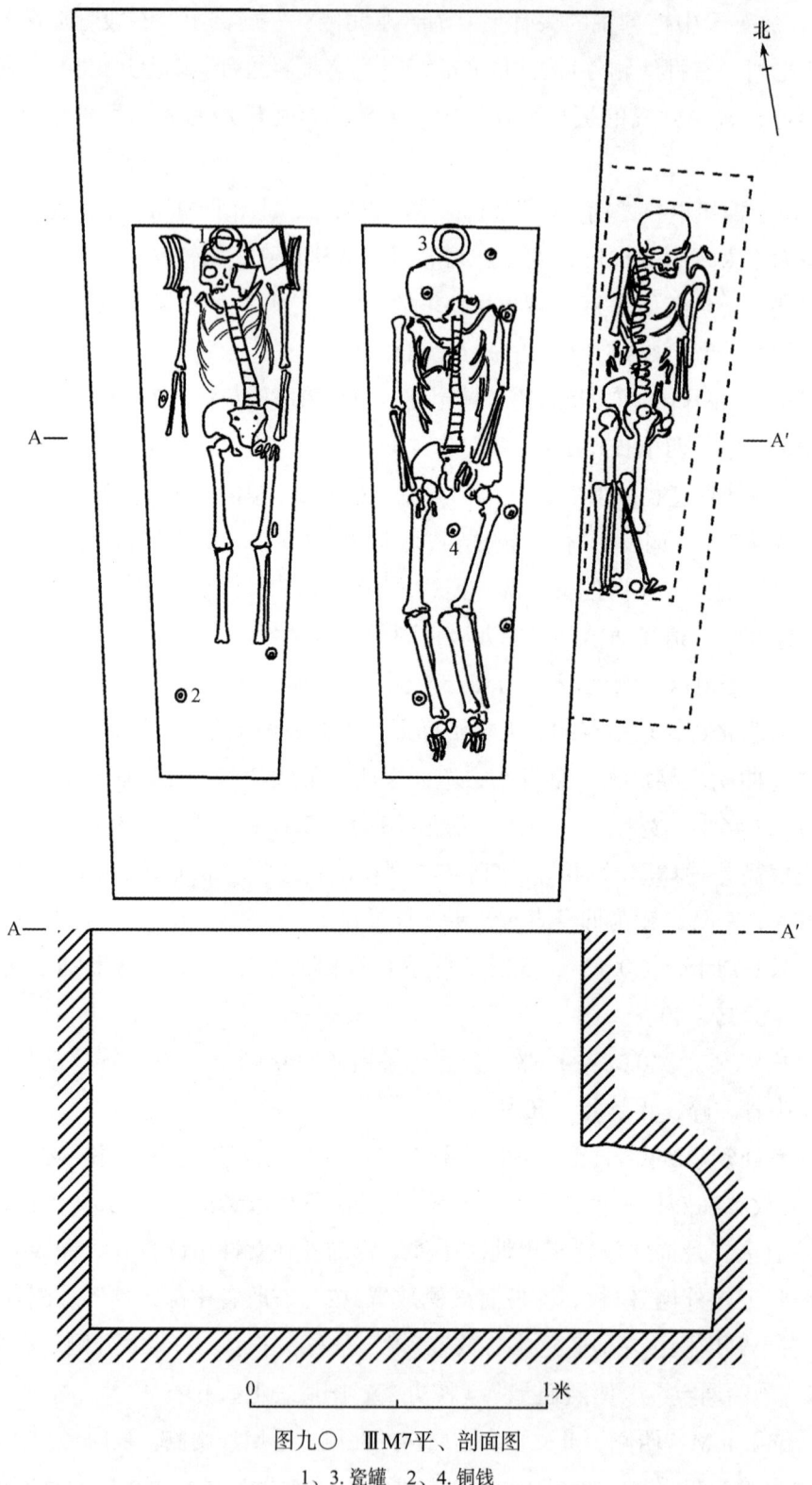

图九〇　ⅢM7平、剖面图
1、3.瓷罐　2、4.铜钱

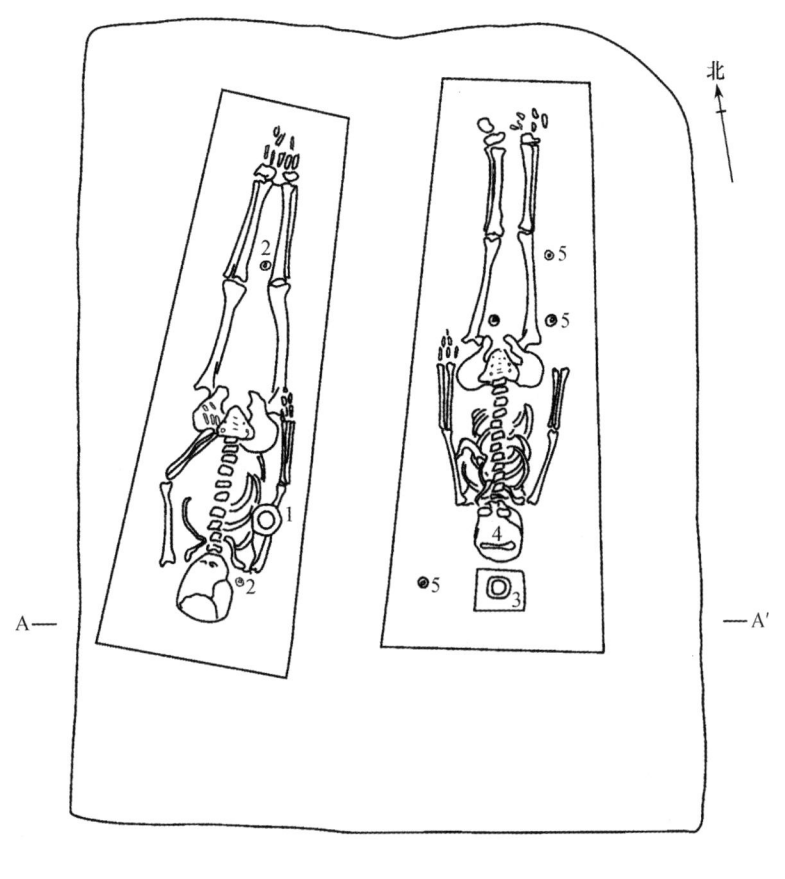

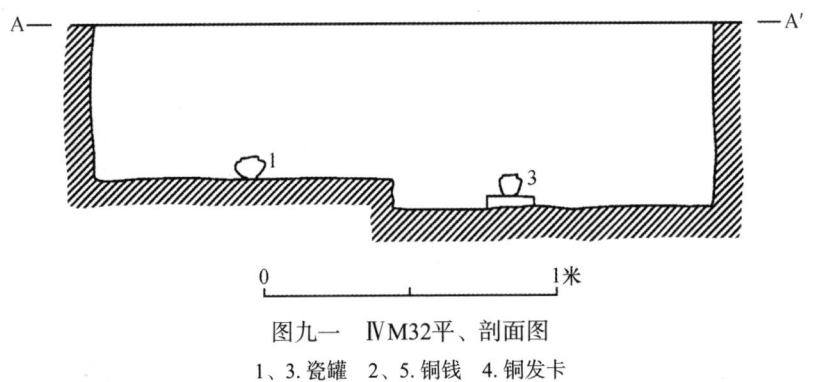

图九一　ⅣM32平、剖面图
1、3.瓷罐　2、5.铜钱　4.铜发卡

的男性，骨骼基本完好，左手斜向小腹处，头下枕有灰色板瓦6件。

随葬品有铜簪1件，在左肩一侧，铜扣3枚，料扣2枚在胸部，铜钱6枚分别放置于右上肢外侧及两腿之间，钱文有"康熙通宝"（图九三）。

B型　17座。墓室平面呈长方形。

长方形墓穴又可分为纵向长方形和横向长方形。纵向长方形的墓穴内为单棺或双棺。单棺者，墓穴平面呈瘦长形（ⅠM1、ⅡM9、ⅡM16、ⅡM24、ⅢM3、ⅢM14、ⅢM19、ⅣM5、ⅣM33、ⅣM34）；从平面看，双棺者与单棺者相比略显宽（ⅡM8、ⅡM25、ⅢM1、ⅢM16、ⅣM36、ⅣM37）；横向长方形是在墓穴内横排的木棺多于两棺以上时，就形成了

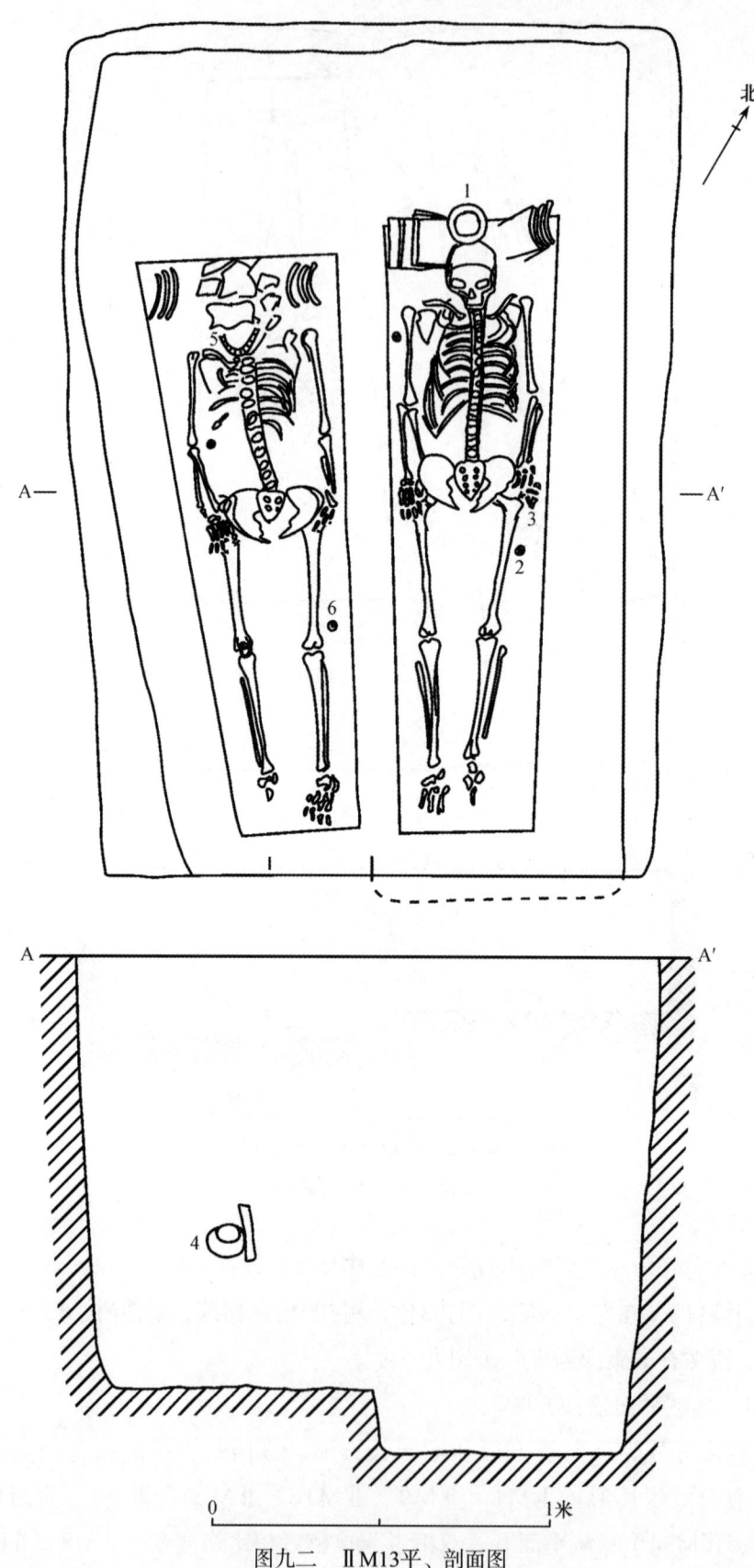

图九二　ⅡM13平、剖面图
1、4.瓷罐　2、6.铜钱　3.骨饰件　5.铅饰件

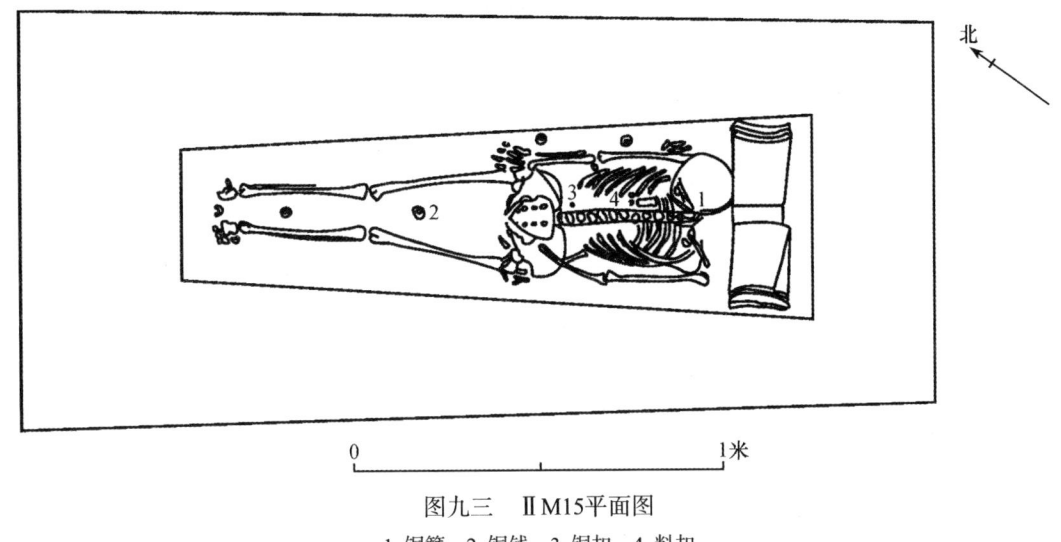

图九三　ⅡM15平面图
1. 铜簪　2. 铜钱　3. 铜扣　4. 料扣

横向加长，所以说横向长方形一般为三棺以上的墓穴（ⅡM6）。形成纵向长方形或横向长方形，是由墓穴内横排的木棺多寡来决定的，横排的木棺越多，其横向的长（宽）度越长（宽）。

ⅡM24　位于ⅡM23东侧、ⅡM26南侧，墓向为315°。

墓室平面呈西北—东南向的长方形，墓壁垂直，墓底较平，长2.4米，宽0.8米，深0.9米。单棺，棺首向西北、棺尾朝东南。棺腐朽仅存黑色灰迹，棺底长1.94米，宽0.38～0.5米。人骨为男性，仰身直肢，头下枕有灰色板瓦数件。

随葬品有黑釉瓷罐1件、料器饰件2件、铅扣1枚和铜钱2枚。其中瓷罐在人骨的头部。料器饰件2件在颈部。铅扣在小腹部，铜钱分别放置在墓主的左手、左膝盖外侧各1枚，其中1枚为"崇祯通宝"（图九四）。墓葬形制与ⅡM24相同的还有ⅡM9、ⅢM3、ⅢM19、ⅣM33。

ⅡM9　位于ⅡM8西南侧、ⅡM11东北侧，土圹北部打破了ⅡM12的东南端墓壁。迁葬墓，墓向为341°（图版一六，4）。

墓室平面略呈近似南北向的长方形，直壁平底。墓口长1.9米，宽0.7米，深0.4米。木棺相

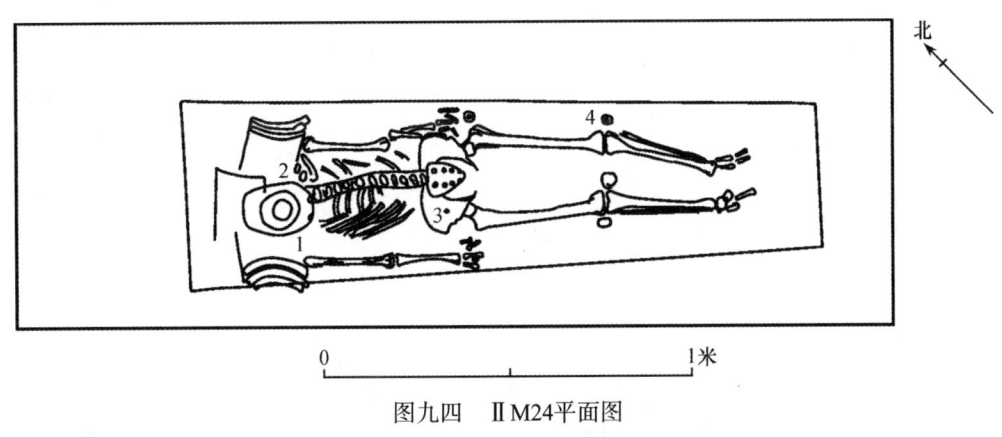

图九四　ⅡM24平面图
1. 瓷罐　2. 料器饰件　3. 铅扣　4. 铜钱

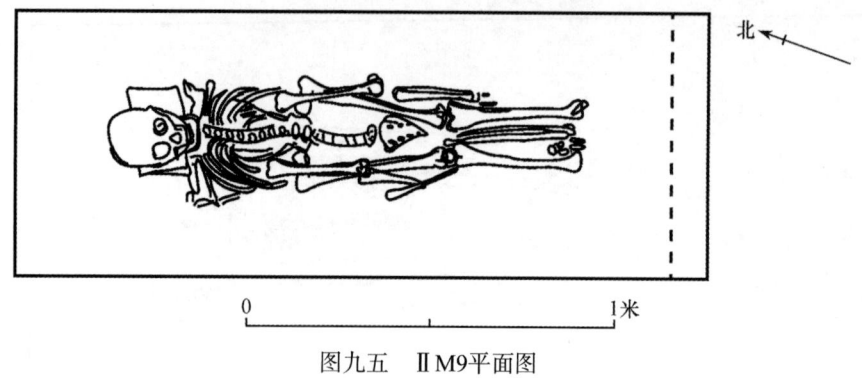

图九五　ⅡM9平面图

对较小，腐朽严重，仅残留棺底部分黑色灰痕，无法测量出棺的尺寸。棺内有一男性，头骨朝北、面向上，仰身，骨质较好，骨骼呈人为摆放，四肢顺向叠压于腹部之上，头下枕1件灰色板瓦，无发现随葬品。应是从他处迁葬而来。墓葬形制同ⅡM24（图九五）。

ⅢM3　位于ⅢM2的南侧，ⅢM9的北侧，墓向为10°。

墓室平面呈南北向长方形，直壁平底，长2.3米，宽0.8米，深0.5米。木棺腐朽成灰，棺首向北、棺尾朝南，长1.7米，宽0.4～0.6米。棺内底铺白灰厚3～5厘米，白灰上铺黑色炉渣厚5厘米。人骨为男性，面向上，仰身直肢，年龄35～40岁。

随葬品有黑釉瓷罐1件、铁刀1件、铜钱5枚。其中瓷罐位于人骨腹部右侧。铁刀位于罐的南侧，锈蚀严重，仅存残段。铜钱位于墓主的右侧身下3枚、左侧身下2枚，钱文有"康熙通宝"。1件板瓦在墓主右肩之上，其凸面均隐约可见有朱砂痕迹，瓦长20厘米，宽14～16厘米，厚1.2～1.5厘米。根据罐和朱砂痕迹板瓦发现的位置，推测不应在人骨腹部及右肩之上，其原来应置于棺顶上部，当木棺坍塌之后落于现在的地方。墓葬形制同ⅡM24。

ⅢM19　位于ⅢM20的东侧，墓向为10°。

墓室平面呈南北向长方形，直壁平底，长2.2米，宽0.6米，深0.5米。单棺，体积相对较小，棺首北尾南，靠近墓底北部放置，木质腐朽严重，仅存棺底前半部的黑色灰印痕，无法测量出棺的总体尺度。残存长0.5米，北端宽0.4米。

棺内人骨为女性，头朝北、面向上，仰身，骨骼呈人为摆放，四肢均为叠压，骨骼不全，细小的骨头缺失。年龄在25～30岁，应是从他处迁葬而来。没有发现随葬品。墓葬形制同ⅡM24。

ⅣM33　位于槐树屯村南，西北距ⅣM22约65米，东南距ⅣM34约15米，墓向为190°。

墓室平面呈南北向长方形，长2.5米，宽0.9米，深0.8米。四壁较直，墓底略平。墓底放置单棺，棺首南尾北，棺底木板灰明显，长1.4米，宽0.4～0.5米。

棺内人骨为女性，头向南，面向上，仰身直肢，双臂微曲，左手显于腹部，年龄15～20岁。

随葬品有铜扣、铜钱。其中人骨胸部有铜扣6枚。铜钱7枚，分别放置在左手、右手、左大腿股骨外侧各1枚，在后背下及下肢骨之下散置4枚，锈蚀较重，能看清钱文的有"乾隆通宝""嘉庆通宝""道光通宝"。墓葬形制同ⅡM24。

ⅢM14　位于ⅢM15的南侧，墓向为355°。

墓室平面呈南北向长方形，墓口长2.3米，宽0.7米。墓室纵向剖面近似船形，南北两端的竖壁上部外张、向下内收，呈倾斜状；东西两长壁面垂直。墓底较平，长1.92米，宽0.7米，深0.86米。在距墓口0.5～0.6米处，东西向"一"字形铺设砖顶，四壁无砖圹，砖顶长2.04米，宽0.66米，厚0.04米。砖顶上南北并列放置4块河卵石。墓主人无使用葬具，判断砖顶为象征性的棺盖。

墓底人骨一具，骨骼腐朽严重成渣状，头向北方，面向上，仰身直肢，两上肢略微弯曲，男性，年龄25～30岁。1枚铜钱位于墓主口中，钱文为"康熙通宝"（图九六）。

ⅣM34　在槐树屯村南约300米，西北距ⅣM33约15米。墓向为290°。

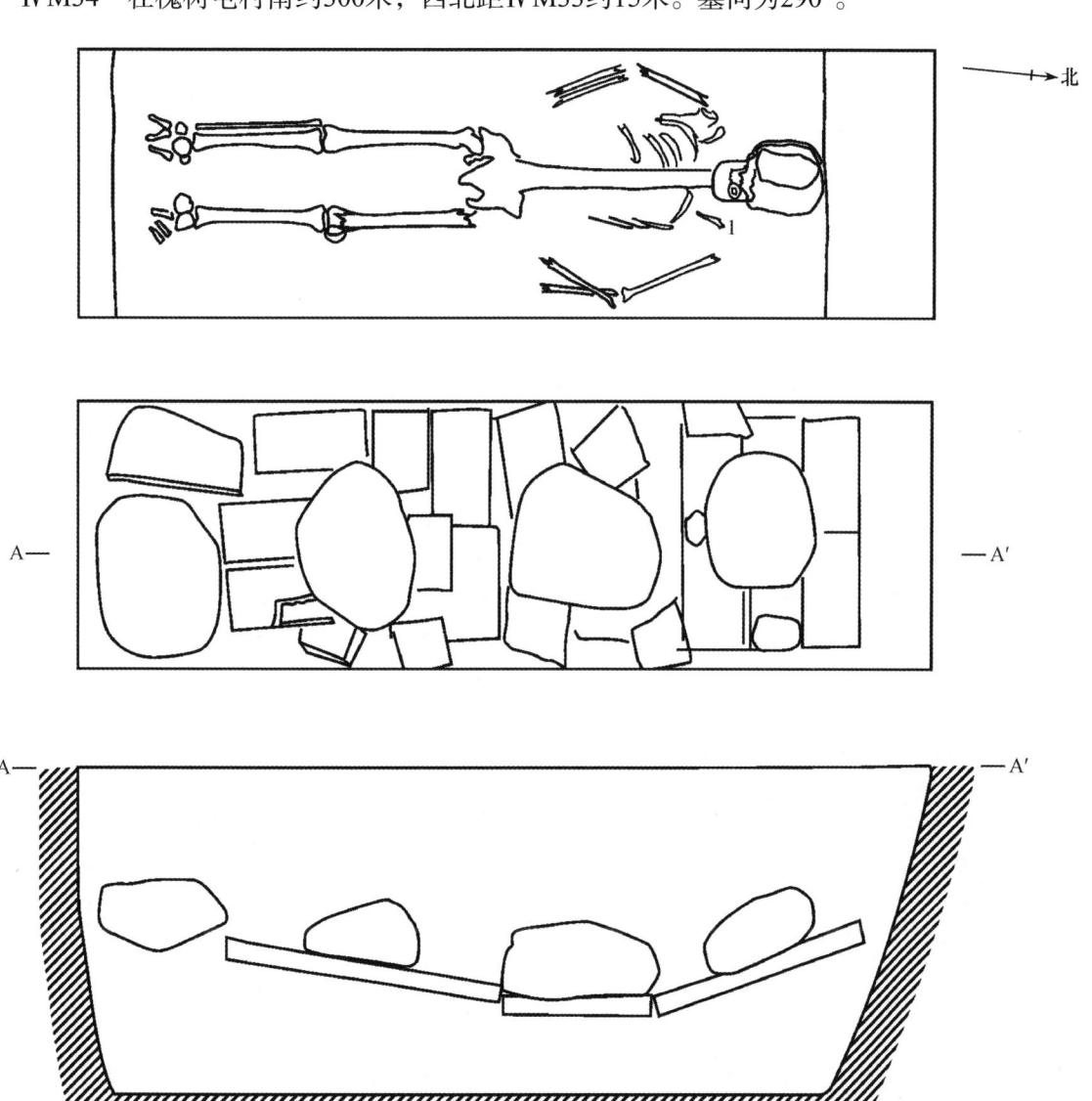

图九六　ⅢM14平、剖面图
1.铜钱

墓口平面呈接近东西向的长方形，西壁和北壁较垂直，南壁和东壁的上部外张、向下内收，呈倾斜状，墓口大、墓底小。墓底较平。墓口长2.5米，东宽0.8米，西宽0.84米；墓底长2.3米，东宽0.65米，西宽0.8米，深1米。墓底东西向放置木质单棺，棺首西尾东，棺底木板灰较明显，长1.7米，宽0.4~0.6米。人骨一具，头骨侧向左边，仰身直肢，男性，年龄25岁左右。

随葬品有酱釉瓷罐1件、骨扣1枚及铜钱1枚。其中瓷罐和1件板瓦出自人胸骨上面，判断其原位置应在木棺顶部，棺顶坍塌之后落于此处（口朝下位于胸部）。铜钱在左下肢外侧，钱文为"顺治通宝"，骨扣位于墓主胸部（图九七）。

ⅠM1　位于NSBDK9+10米处、靠近南水北调征地界线的东侧。墓向为287°。

墓室平面呈接近东西向的长方形，墓壁垂直，墓底较平。墓口长2.7米，宽1.1米，深0.9米。墓底置木质单棺，棺首向西、棺尾朝东，仅存棺底灰迹，棺长1.7米，宽0.4~0.6米，棺内底铺白灰厚5~6厘米，白灰上铺灰色煤渣厚2~3厘米。人骨为男性，仰身直肢，年龄50~55岁。

随葬品有酱釉双系瓷罐1件，铜钱7枚。其中瓷罐和一块板瓦在墓主头部左侧，罐口向下倾倒，在口部有黑色板灰印痕，推测瓷罐和板瓦原放置于棺顶的上部，棺腐朽后塌落于此处。铜钱在口内含1枚、两手及下肢的两侧各放置3枚，钱文能辨认者为"乾隆通宝"（图九八）。墓葬形制与ⅠM1相同的还有ⅡM16、ⅣM5。

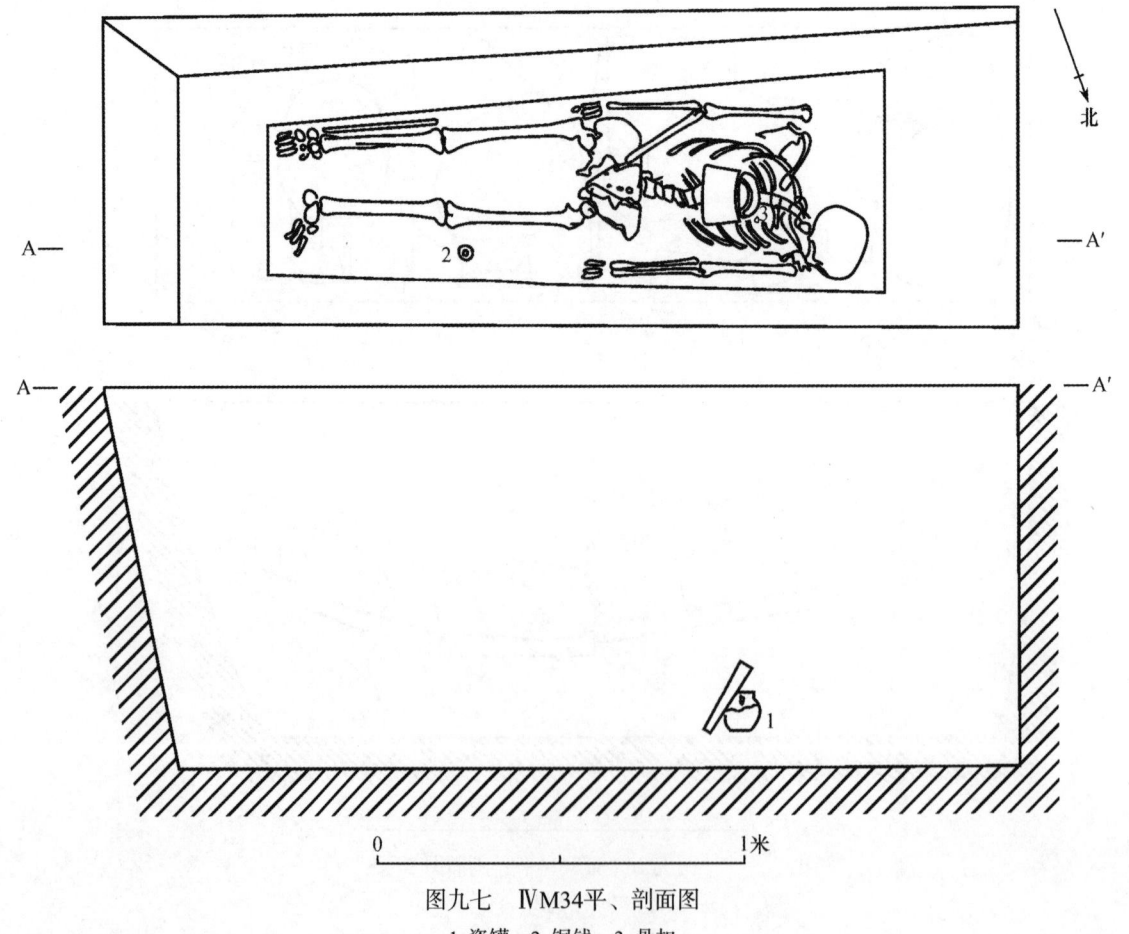

图九七　ⅣM34平、剖面图
1. 瓷罐　2. 铜钱　3. 骨扣

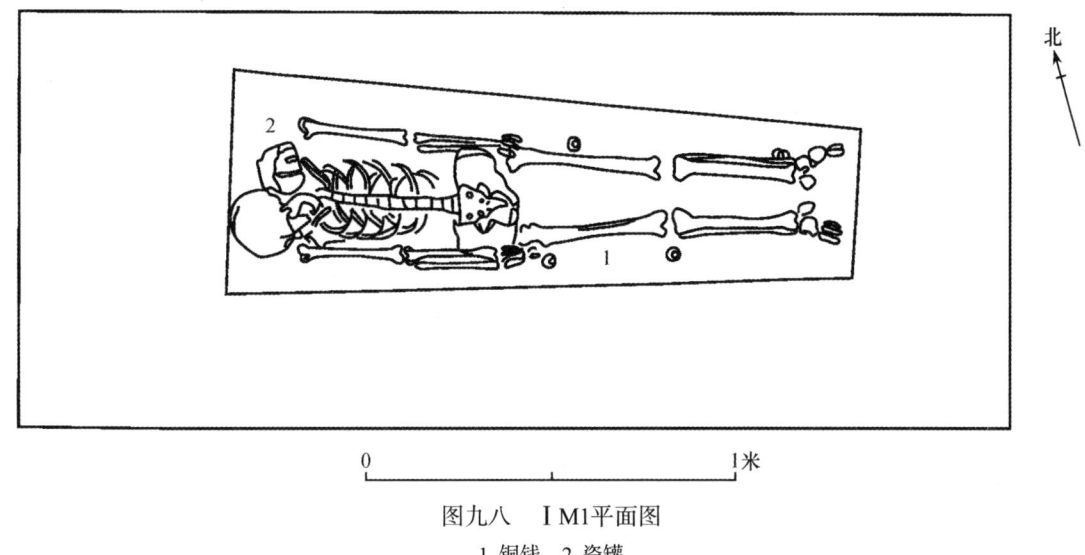

图九八　ⅠM1平面图
1. 铜钱　2. 瓷罐

ⅡM16　位于ⅡM15北侧、ⅡM17西北侧，墓向为284°。

墓室平面略呈接近东西向长方形。墓壁略微垂直，墓底较平。墓室长2.2米，宽1.2米，深1.1米。单棺，棺首向西、棺尾朝东，仅存棺底黑色灰迹，棺底长1.82米，宽0.52～0.76米，棺内底铺煤渣厚2厘米。

棺内不见人骨，仅在人头部、下肢的位置各遗留铜钱1枚，钱文为"康熙通宝"。由于墓底、回填土内皆未见人的骨骸、木棺内也没有大的扰动，故推测人骨架已经迁出该墓。墓葬形制同ⅠM1。

ⅣM5　位于槐树屯遗址发掘探方T1的东南侧约40米处，墓向为16°。

墓室平面呈南北向长方形，直壁平底，长2.3米，宽1米，深0.8米。墓底纵向放置单棺，棺首北尾南，长2米，宽0.36～0.6米。棺内底铺有零星的白灰和草木灰。

棺内没有发现人骨，在大约墓主右臂的位置遗留有锈蚀的铜钱1枚，钱文为"康熙通宝"。因在墓室及回填土内均无发现人的骨骸，推测墓主已经迁出该墓。墓葬形制同ⅠM1、ⅡM16。

ⅡM8　位于ⅡM12北侧、ⅡM10东侧，墓向为325°。

墓室平面呈西北—东南向的长方形，墓壁垂直，墓底较平。墓口长2.6米，宽1.8米，深0.36米。墓底放置两口木棺，棺首向西北、棺尾朝东南，已腐朽成灰，人的头、足之处皆放置有板瓦。

东北棺长2.06米，宽0.48～0.6米，葬式为仰身直肢，头颅骨、胸部细小的骨骼略有移位，男性，年龄不详。

西南棺长1.7米，宽0.46～0.6米，葬式为仰身直肢，颈部及头骨微向左侧移动，下肢略微屈曲，女性，年龄不详。

随葬品有瓷罐1件、铜环1件、铜耳环2件、铜饰2件、铜扣10枚及铜钱3枚。其中在男性棺内：黑褐色釉瓷罐1件发现于靠近木棺内的前挡板，铜环1个在颈部，铜饰2件在骨盆处，铜扣4

枚在胸部，铜钱3枚放置在下肢中部，钱文能辨认者为"乾隆通宝"。女性棺内：铜耳环2件在头骨右侧，铜扣6枚在胸部（图九九）。墓葬形制与ⅡM8相同的还有ⅡM25、ⅢM1。

ⅡM25　位于ⅡM24东北侧、ⅡM23西南侧，打破了ⅡM26的东南角。墓向为304°。

墓室平面呈西北—东南向的近似长方形，从墓室平面看，西南壁的东南端向内斜收10厘米，致使东南短壁比西北短壁少10厘米。墓壁垂直，墓底较平。墓底长2.6米，宽1.7~1.8米，深0.4米。

墓低有两口腐朽的木棺，棺首向西北、棺尾朝东南，两棺内人的头骨均枕有板瓦，葬式为仰身直肢，骨骼腐朽严重，除肢骨、头骨部分保存之外，余皆成粉末，葬式均为仰身直肢。东北棺长1.8米，宽0.3~0.6米，棺内为男性。西南棺长1.86米，宽0.36~0.56米，棺内为女性。

随葬品有瓷罐2件、铜扣19枚、铜饰件1件、铜镶玉饰件1件及铜钱7枚。其中在男性棺内：黑釉瓷罐1件在头部，铜扣17枚位于在胸部，铜钱5枚散置于胸部及大腿之间。女性棺内：黑釉瓷罐1件在胸上部，铜扣2枚在右手处，铜饰件1件在骨盆右侧，铜镶玉饰件1件在左小腿处，铜

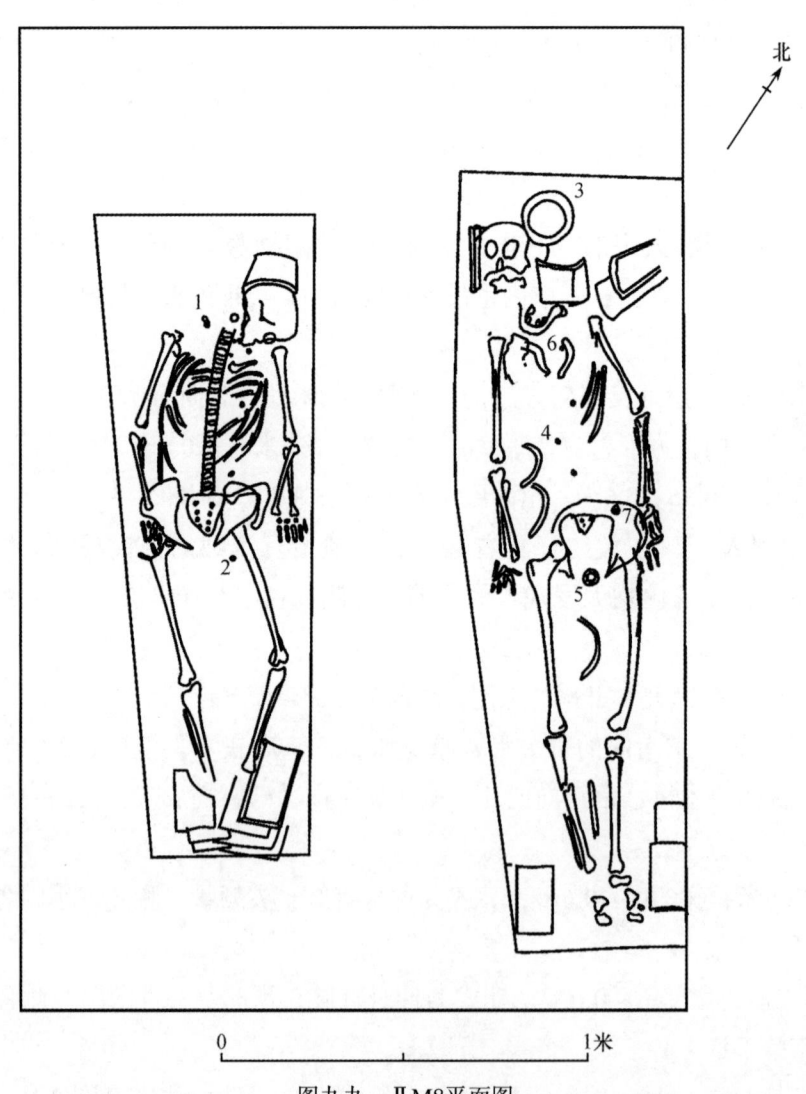

图九九　ⅡM8平面图
1.铜耳环　2、4.铜扣　3.釉瓷罐　5.铜饰　6.铜环　7.铜钱

钱2枚置于两膝盖之间。钱文能辨认者为"乾隆通宝"。另外，伴随2件瓷罐出土的还有板瓦各一块，瓦面隐约有极少的朱砂痕迹。墓葬形制同ⅡM8。

ⅢM1　位于ⅢM2的东侧，墓向为10°。

墓室平面为南北向长方形，直壁平底。长2.8米，宽1.8米，深0.6米。在墓底东西并列两口木棺，棺首北、棺尾南。

西棺，仅存棺灰痕迹，长1.7米，宽0.4~0.6米，内底铺粉红色煤渣灰厚6~7厘米，其上铺草木灰厚1~2厘米，人骨为女性，仰身直肢，部分骨骼腐朽严重成渣状。年龄50~55岁。头骨的东西两侧各竖灰色板瓦6块，素面，凹面有布纹，规格为长19~20厘米，大头宽15~16厘米，小头宽13~14厘米，厚1.2~1.5厘米。

东棺，腐朽严重殆尽，棺迹长宽不详。馆内人骨为男性，头向北，肢体散乱为人为摆放，多有叠压。年龄35~40岁。未发现随葬品，应是从他处迁葬而来。

器物均出自于西棺之内，黑釉瓷罐1件、铜扣1枚及铜钱5枚。其中瓷罐位于棺顶北部，口向上放置，距墓口0.1米，距南壁2.1米，距西壁0.46米。在瓷罐的南侧斜靠1块板瓦，长20厘米，宽14~16厘米，厚1.2~1.5厘米，其凸面均隐约可见有朱砂痕迹。铜扣位于墓主胸右部。铜钱在墓主的肱骨左内侧、盆骨左上侧、右肩胛骨下、右膝外侧、右脚外侧各放置1枚，能辨识字迹者，1枚为"雍正通宝"，另1枚为"乾隆通宝"。墓葬形制同ⅡM8。

ⅣM36　夫妇合葬墓，位于槐树屯村南1000米左右，在NSBD·K11+256米处，南距ⅣM37约5米。墓向为195°。

墓室平面近似长方形，四壁面较垂直，墓底略平，长2.4米，宽1.23~1.3米，现存深0.5米。在墓底东西向并列两口木棺，棺首南棺尾北，仅存棺底灰迹，西棺的前端向前超过东棺前端14厘米。

西棺，个体小，呈长方形，长1.05米，宽0.33米，棺内人头向南，面向上，骨骼较乱，多处叠压，人为摆放，应是从他处迁葬而来。男性，年龄不详。没有发现随葬物品。

东棺，长1.8米，宽0.4~0.69米。棺内人骨架基本完整，仰身直肢，手指、脚趾骨腐朽严重成粉末、渣状。女性，年龄55~60岁。

随葬品皆出自女棺之内，有一块近似三角形、锈蚀严重的铁镰刀残段放置于女性腹部之上，3枚铜钱分别发现于女性头部右侧、胸部、右手之处，钱文有"乾隆通宝""道光通宝"（图一〇〇）。

ⅣM37　位于槐树屯村南，北距ⅣM36约5米处。墓向为193°。

墓室平面为南北向近似长方形，墓口的四个拐角处略呈圆角，直壁平底，长2.4米，宽1.22~1.3米，深0.62米。在墓底东西并列两口木棺，棺首南棺尾北。

东棺，棺木较短小，长1.46米，宽0.4~0.46米，馆内人骨为男性，年龄不详。葬式为摆放的仰身直肢，头向南，面向上，由于木棺尺寸较短，下肢的小腿骨向上叠压在大腿骨之上。根据棺木短小、人为摆放的骨骼等现象，推测应是从他处迁葬而来。

西棺，已腐朽，存棺底灰迹，长1.68米，宽0.4~0.56米。除右上肢略弯曲之外，葬式为仰身直肢，女性，年龄55～60岁。右肩骨与头右侧之间有一板瓦。

随葬品仅有酱釉瓷罐2件，其中1件在男性左肩骨之处，另1件在女性的头顶处（图一〇一）。墓葬形制与ⅣM37相同的还有ⅢM16。

ⅢM16　位于ⅢM15西南侧，ⅢM17的东侧，墓向为332°。

墓室平面呈西北—东南向的近似长方形，墓口南端略窄，窄端的两个拐角略呈圆角，墓壁较垂直，墓底略平，长2.2米，宽1.35～1.4米，现存深0.55米。墓内有两口腐朽的木棺，棺首向西北、棺尾朝东南。

东北棺，仅存棺灰痕，长1.8米，宽0.4～0.6米。棺内底铺白灰厚1厘米，其上铺很薄一层草木灰。人骨为男性，仰身直肢，右腿骨向右侧移位，年龄40～45岁。

西南棺，腐朽殆尽，棺迹长宽不详，人骨为女性，年龄40～45岁，头向北，肢体散乱的骨骼是人为摆放，四肢骨重叠堆起，应是从他处迁葬而来。

随葬品有黑釉瓷罐1件，铜扣2枚，铜钱3枚。其中瓷罐位于男性左肩骨上侧，罐口向南倾倒。铜扣位于男性的裆部。铜钱已锈蚀，位于男性头骨的东侧、左股骨上部外侧、右小腿中

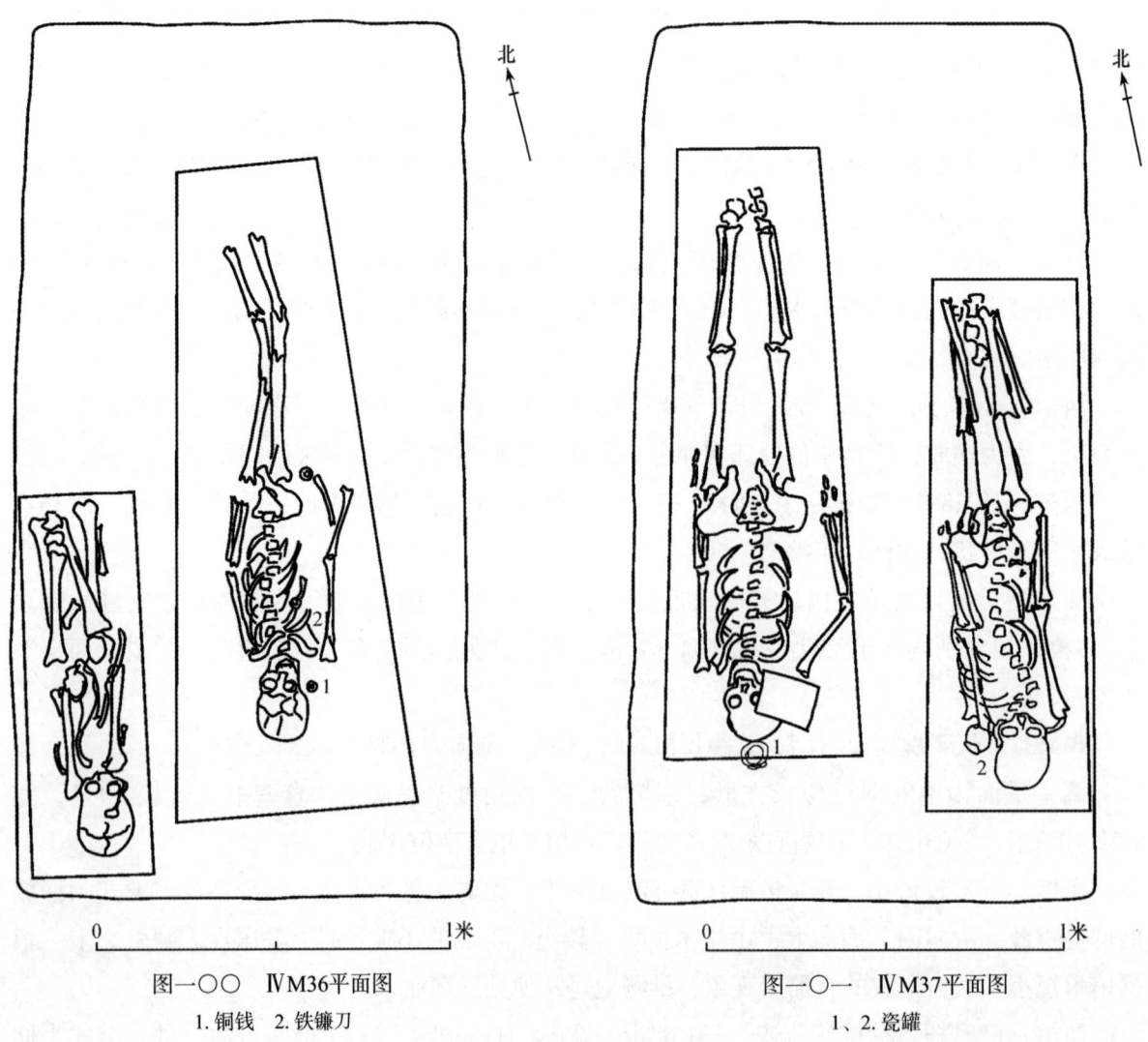

图一〇〇　ⅣM36平面图
1. 铜钱　2. 铁镰刀

图一〇一　ⅣM37平面图
1、2. 瓷罐

部各放置1枚，钱文能辨认者有"嘉庆通宝"2枚。另外，有2块板瓦分别在男、女的胸部，素面，凹面有布纹，长20厘米，宽13~16厘米，厚1.5~2厘米，其凸面均隐约可见有朱砂痕迹。墓葬形制同ⅣM37（图一〇二）。

ⅡM6　位于ⅡM3北侧、ⅡM7东北侧，墓向为330°。

墓口平面呈西北—东南向的横向长方形，直壁平底，墓口西南—东北宽2.8米，西北—东南长2.5米，墓底深1.3米。其中西南壁在墓口向下0.7米处开始逐渐向内收缩，直到墓底，呈弧曲圆角。故墓底的东南壁就较短，即为2.25米。墓底并列三口木棺，已腐朽，仅存棺木灰迹，棺首向西北，棺尾朝东南。

东北棺，长1.9米，宽0.4~0.6米，棺内底铺白灰厚3厘米，白灰上铺草木灰厚3~4厘米。人骨除右手臂略向内弯曲之外，其葬式为仰身直肢，男性，年龄35~40岁。在头骨左侧竖立有2块板瓦。

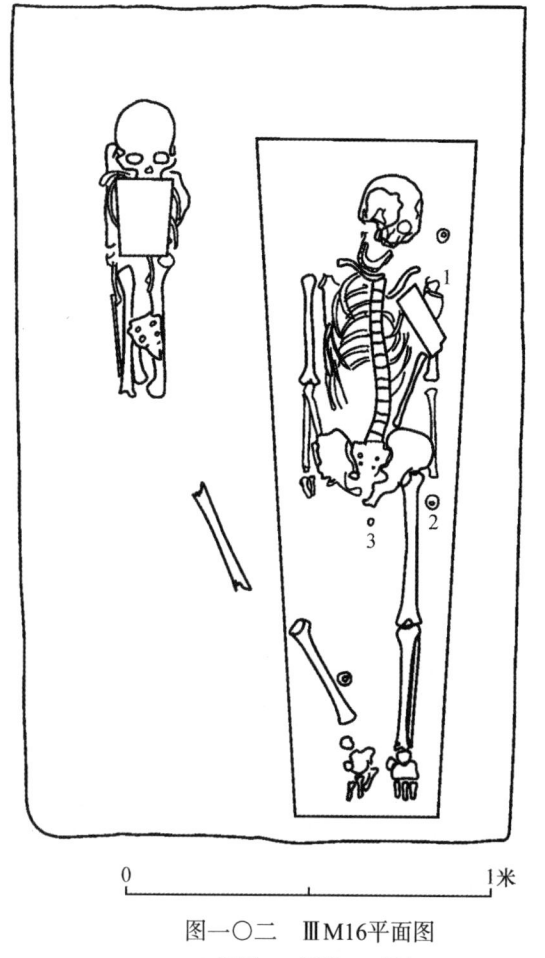

图一〇二　ⅢM16平面图
1.瓷罐　2.铜钱　3.铜扣

中棺，长1.9米，宽0.4~0.5米，棺内底铺白灰厚3厘米，白灰上铺草木灰厚2厘米。人骨为女性，仰身直肢，年龄35~40岁。在头骨下枕板瓦8块，在木棺与墓底之间、棺底东侧的前后两处各顺向垫支一块灰色条形砖。

西南棺，长1.9米，宽0.4~0.5米，棺内底铺白灰厚3厘米，白灰上铺草木灰厚2厘米。人骨为女性，仰身直肢，头骨破碎，年龄40~45岁。在头骨左右两侧各竖立2块板瓦，头骨北侧竖立有1块板瓦。

随葬品有黑釉瓷罐2件、料环2件、铜扣5枚、铜钱9枚。其中2件瓷罐分别位于东北棺、西南棺的棺顶北部，和2件瓷罐一起出土的还有2块板瓦，长19厘米，宽13~16厘米，有一块瓦凸面左侧朱砂书写"神符"，右侧书写"镇墓"，中间画符。料环2件在东北棺男性头骨右侧。铜扣4枚在东北棺男性腹部；铜扣1枚在西南棺女性胸部。铜钱6枚散置于东北棺内，能辨识者有"康熙通宝"；铜钱2枚在中棺女性右臂、左股骨的外侧各1枚，钱文为"崇祯通宝""顺治通宝"；铜钱1枚在西南棺内女性右肱骨外侧，钱文为"崇祯通宝"。另外，在东北棺、中棺的墓主上身处，发现各有锈蚀严重的碎铁一块（图一〇三）。

C型　18座。墓室平面呈不规则形。

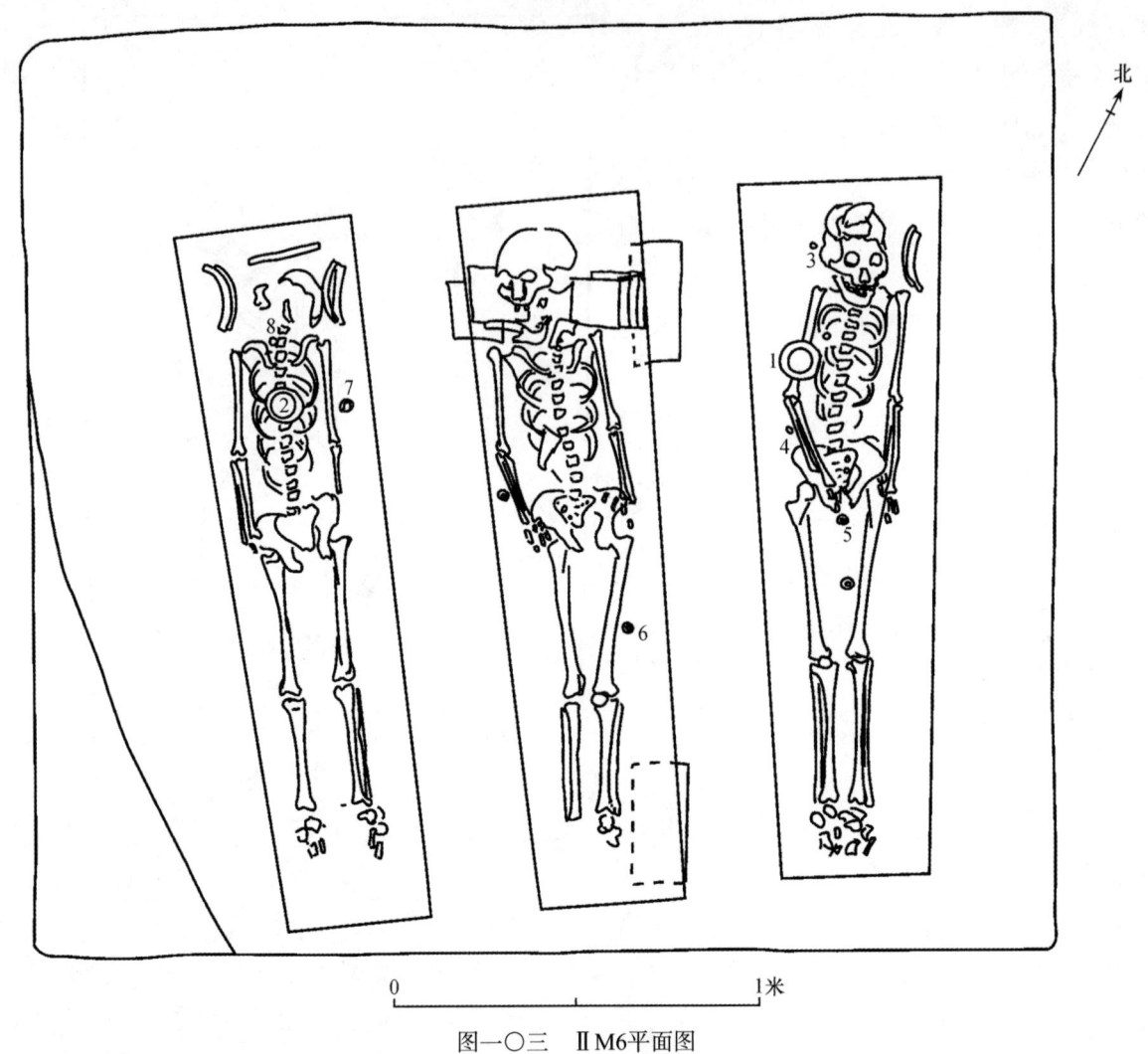

图一〇三　ⅡM6平面图
1、2.瓷罐　3.料环　4、8.铜扣　5~7.铜钱

此处的不规则形是指除梯形、长方形之外的多种形状。形成不规则形的原因很多，除极少的单棺葬之外，主要是两名以上的死者要埋葬在一起，由于夫妇死亡及所开挖墓穴的时间差异，造成了墓室平面的不规则形。例如，后一名死者要和前一名死者合葬于一室，在二次开挖、扩大原土圹时就很难在方向、长宽尺寸与前者相互平行，从而形成了墓室平面的形状变异。为了叙述方便，现笼统、粗略、象征性地划归为菜刀形（长方形或梯形被截去一个角，所剩余的就近似菜刀形）、菱形、折扇面形、多边形等。

菜刀形　11座。

ⅢM13　夫妇合葬墓，位于ⅢM14的东南侧。墓向为355°。

墓室平面为南北向长方形、缺少西南角的菜刀形，长2.3~2.6米，北宽1.7米，东半部南壁宽0.9米，西半部南壁宽0.8米，深0.7米，直壁平底。在墓底东西并列两口木棺，棺首北棺尾南，已腐朽，仅存棺木灰迹。人头骨的两侧各竖立板瓦3块，素面，凹面有布纹，长19~20厘米，大头宽15~16厘米，小头宽12~14厘米，厚1.5~2厘米。

西棺，长1.6米，宽0.4~0.6米，棺底内铺白灰厚8~12厘米。人骨为男性，仰身直肢，骨盆以上至胸腔的部分骨骼，腐朽严重成粉末状，左臂下段微向腹部曲，年龄50~55岁。

东棺，长1.7米，宽0.4~0.6米，棺底内铺黑色炉灰厚3~5厘米。人骨为女性，仰身直肢，年龄45~50岁。

随葬品有黑釉瓷罐1件、银耳坠1副（2件）、铜扣2枚、铜钱15枚。其中瓷罐位于女性头骨的北侧，在罐的南侧平置一块板瓦，长19厘米，宽14~16厘米，厚1.5~2厘米，凸面残存朱砂痕迹。瓷罐和板瓦原来应在棺顶北部，后因棺顶坍塌而下落于现在的位置。银耳坠位于女性头骨下颌两侧。西棺铜扣位于男性的双腿之间。铜钱7枚在男性口中、左股骨近端内侧、左膝外侧、左脚外侧、右肘外侧、右手外侧、右小腿外侧各放置1枚，钱文能辨者有"雍正通宝""乾隆通宝"；东棺铜钱8枚在女性下颌骨处、左肘外侧、左股骨近端外侧、左股骨中部外侧、双股骨中间、右小臂中部外侧、右肩外侧及背下各放置1枚，其中1枚为"乾隆通宝"，其他7枚字迹锈蚀不详（图一〇四；图版二〇，3）。在女性右肩旁还有残碎铁犁铧1件，无法提取。墓葬形制与ⅢM13相同的还有ⅠM2、ⅣM22、ⅣM25。

ⅠM2　夫妇合葬墓，在淤阳营遗址第三号窑址（Y3）的西北侧，位于NSBD·K9+112米处。墓向为325°。

墓室平面呈西北—东南向、缺少东南角的菜刀形，直壁平底，墓口长2.5~2.8米，最大宽度1.52米，最小宽度0.4~0.92米，深0.9米。墓底存两口木棺的灰迹，西南棺向前，东北棺错后，前后差距0.1米。棺内皆无人骨。

随葬品只有在东北棺内及墓穴的回填土内共发现铜钱6枚。西南棺长1.6米，宽0.38~0.56

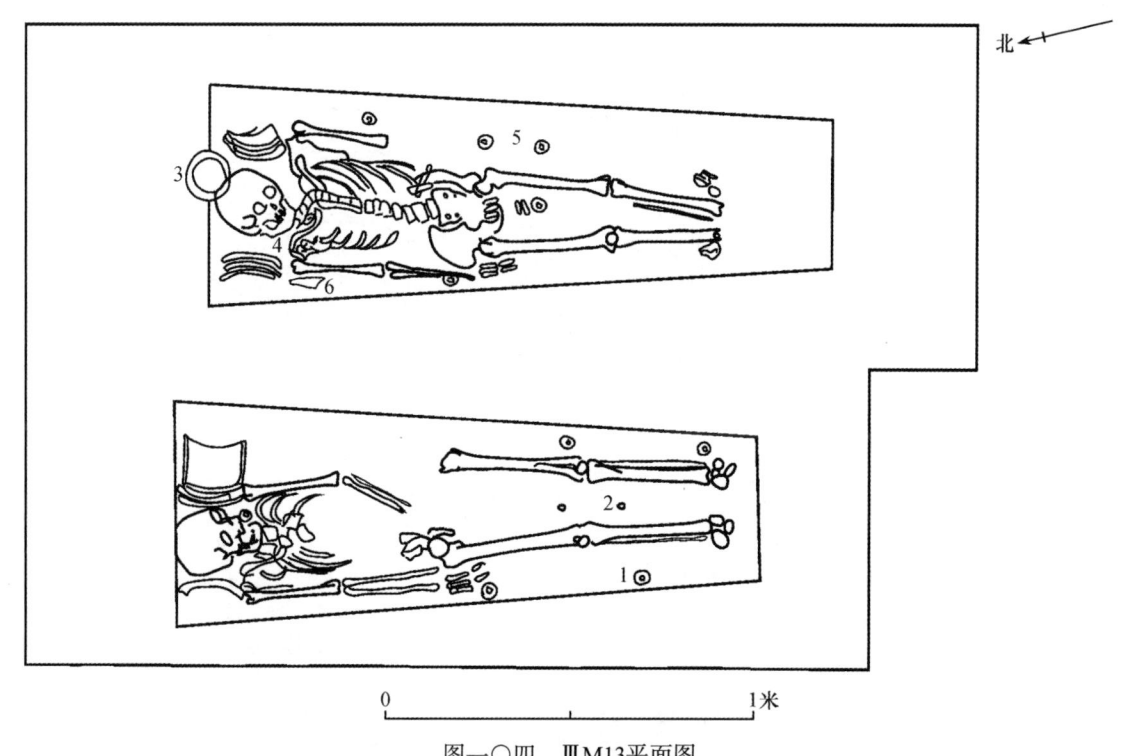

图一〇四　ⅢM13平面图
1、5. 铜钱　2. 铜扣　3. 瓷罐　4. 银耳坠　6. 残铁犁铧

米，在棺内底铺有6厘米厚的黑炉渣，其上铺有白灰；东北棺长1.9米，宽0.46～0.7米，在棺内底铺黑炉渣厚1厘米，棺内散置5枚铜钱币，能辨识者为"康熙通宝"。在棺木以上的回填土内发现铜钱"康熙通宝"1枚。据上述情况推测，墓主已经被迁出该墓室。墓葬形制同ⅢM13。

ⅣM22　夫妇合葬墓，位于槐树屯村南，东北距ⅣM21约16米，向西南距ⅣM25约70米，墓向为0°。

墓室平面为南北向的长梯形、缺西南角的菜刀形，北部略宽于南部，长2.5～2.8米，宽1.4～1.7米，深1米。

在墓底东部放置一单棺，棺首北棺尾南，木棺仅存棺底灰迹。长1.8米，宽0.4～0.6米，人骨为女性，仰身直肢。在该棺的西边放置头北脚南仰身直肢人骨一具，膝盖以下骨骼不全，男性，未见棺木痕迹。

随葬品有瓷罐1件、铜扣1枚、铜钱3枚。其中瓷罐在二者的上肢骨之间。铜扣在女性胸部。铜钱分别出自男性口内、女性口内及头骨右侧各1枚，钱文能辨认者有"嘉庆通宝""道光通宝"。墓葬形制同ⅢM13（图一〇五）。

ⅣM25　夫妇合葬墓，位于槐树屯村西南、ⅣM26的北侧。墓向为280°。

墓室平面为东西向、缺少东南角的菜刀形，西部略宽于东部，四壁较垂直，底部略平，长2.5～2.6米，宽1.4～2米，现存深0.6米。在墓底南北并列两口木棺，棺首西棺尾东，木棺仅存棺底灰迹，棺内底铺厚2～3厘米白灰。两棺内人头骨的两侧各竖立2块板瓦，头下枕2块板瓦，板瓦长20厘米，大头宽15厘米，小头宽13厘米，厚1.5厘米。

北棺，长1.93米，宽0.42～0.64米，人骨为女性，年龄30～35岁，仰身直肢，一小部分骨

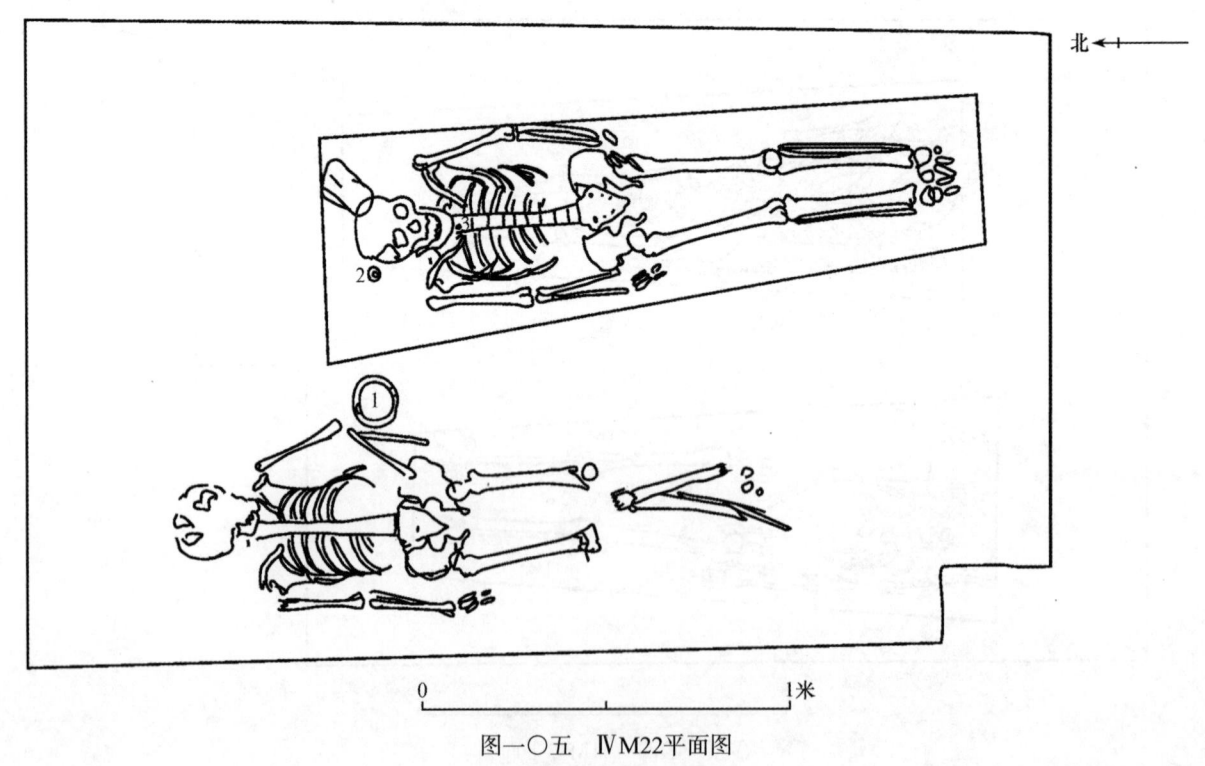

图一〇五　ⅣM22平面图
1. 瓷罐　2. 铜钱　3. 铜扣

骸腐朽成粉末或渣状。

南棺，长2米，宽0.42~0.69米，人骨为男性，仰身直肢，大部分骨骼腐朽严重成粉末状。年龄不详。

随葬品有黑釉瓷罐1件、铁犁镜1件、料饰件1件及铜钱7枚。其中瓷罐放置在女棺顶中部。在瓷罐的西侧斜放置一块板瓦，不显墨书、朱砂符号。铁犁镜见于女性左臂处。料饰件靠近在男性的头部右侧。铜钱5枚在男性右胸上部、大腿内侧、右腿膝盖外侧、右小腿外侧、左脚部各放置1枚，能辨识者仅1枚"康熙通宝"；铜钱2枚散置于女性背部之下，钱文分别为"康熙通宝""乾隆通宝"（图版二〇，5）。墓葬形制同ⅢM13。

ⅢM8　夫妇合葬墓，位于ⅢM7的西南侧、ⅢM6的东南侧。墓向为5°。

墓室平面呈南北向、缺少东北角的北部宽、南部窄的菜刀形，长2.3~2.6米，北端西半部宽1.1米，北端东半部宽0.8米，南宽1.7米，总深0.7米，直壁平底。在墓底东西并列两口木棺，棺首北棺尾南，仅存棺底铺黑色炉灰厚3~5厘米。

西棺，长1.8米，宽0.4~0.6米。人骨为女性，仰身直肢，年龄50~55岁。在棺内墓主的右脚至棺尾挡板之间放置一块板瓦。

东棺，长1.8米，宽0.4~0.6米。人骨为男性，仰身直肢，年龄45~50岁。

随葬品有黑釉瓷罐2件、铜钱12枚。其中1件瓷罐位于男性头骨东侧的上方、至墓底30厘米处；另1件瓷罐位于女性头骨西侧的上方、至墓底40厘米处。与2件瓷罐一起出土的有2块板瓦，长20厘米，宽14~16厘米，厚1.5~2厘米，瓦面没有显墨书、朱砂符号。铜钱5枚在女性的右肱骨的内侧、右股骨的内侧、左肘内侧、左股骨内侧、左小腿外侧各放置1枚；铜钱7枚在男性的右股骨内侧、右小腿内侧、背部下、左小臂内侧、左股骨下、左小腿内侧、左脚内侧各放置1枚。钱文有"万历通宝""雍正通宝""康熙通宝""乾隆通宝"（图一〇六）。

ⅣM28　夫妇合葬墓，位于槐树屯村西南约500米，北有ⅣM27，东北临ⅣM31。墓向为200°。

墓室平面为南北向、缺少西南角的南宽北窄的菜刀形，长2.58~2.8米，北宽1.7米，南端西半部宽1.04米，南端东半部宽1.06米，现存深度0.6米。四壁垂直，平底。在墓底南北向并列两口木棺，棺首南棺尾北，仅存棺底灰迹。西棺比东棺向南超出15厘米。

西棺，长1.72米，宽0.4~0.6米，男性，仰身直肢，右臂的尺骨、桡骨移至骨盆处，年龄60~70岁。

东棺，长1.7米，宽0.4~0.6米，女性，仰身直肢，年龄45~55岁。

随葬品有黑釉瓷罐2件、银簪1件、铜钩1件、铜扣5枚、铜饰件1件、铜钱5枚及青砖、板瓦各1块。其中2件瓷罐分别出土于男性胸部和女性胸部。银簪在女性头骨顶部。铜钩在女性肩骨上。铜扣3枚出自女性的胸部；铜扣2枚出自男性的胸部。铜饰件1件，在男性头骨上侧，铜钱1枚在女性头骨左侧；铜钱1枚在男性腿骨右侧；铜钱3枚在女性头骨右侧及背部之下散置，钱文能辨识者有"康熙通宝""乾隆通宝"。另有青砖、板瓦各1块，其中青砖的一面绘有朱砂符，出自西棺底部，板瓦在东棺内女性胸部的瓷罐下（图一〇七；图版一七，3~5）。

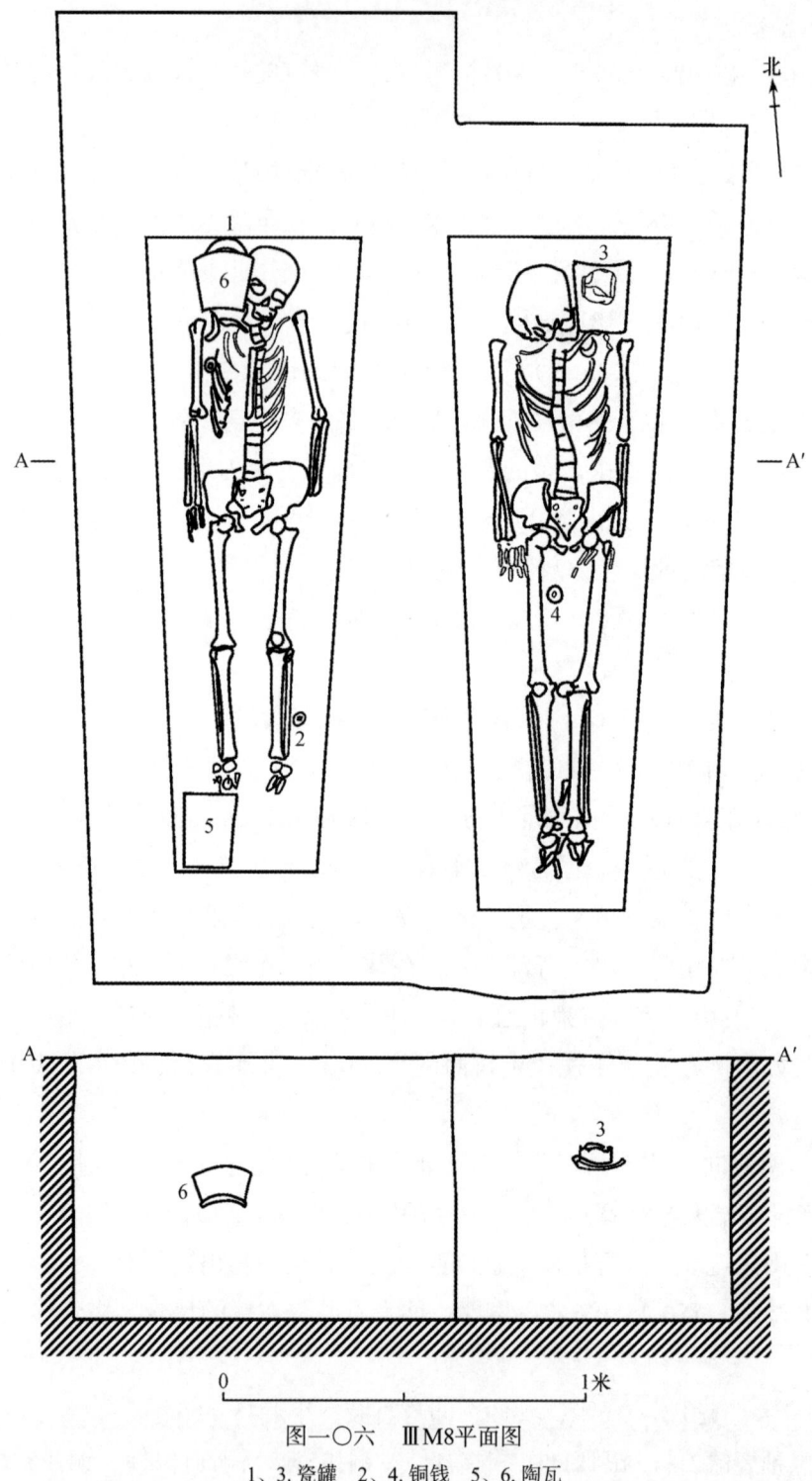

图一〇六　ⅢM8平面图
1、3.瓷罐　2、4.铜钱　5、6.陶瓦

ⅣM2　夫妇合葬墓，位于槐树屯村西北约150米处，南距槐树屯遗址发掘区的T2约120米，在NSBD·K12+550米处。墓向为346°。

墓室平面呈近似倒置梯形的、缺少东南角的菜刀形，开口长1.9~2.2米，宽1.31~1.39米，现存深0.5米，壁直，底平。在墓底东西并列两口木棺，棺首北棺尾南，仅存棺底黑色灰迹，

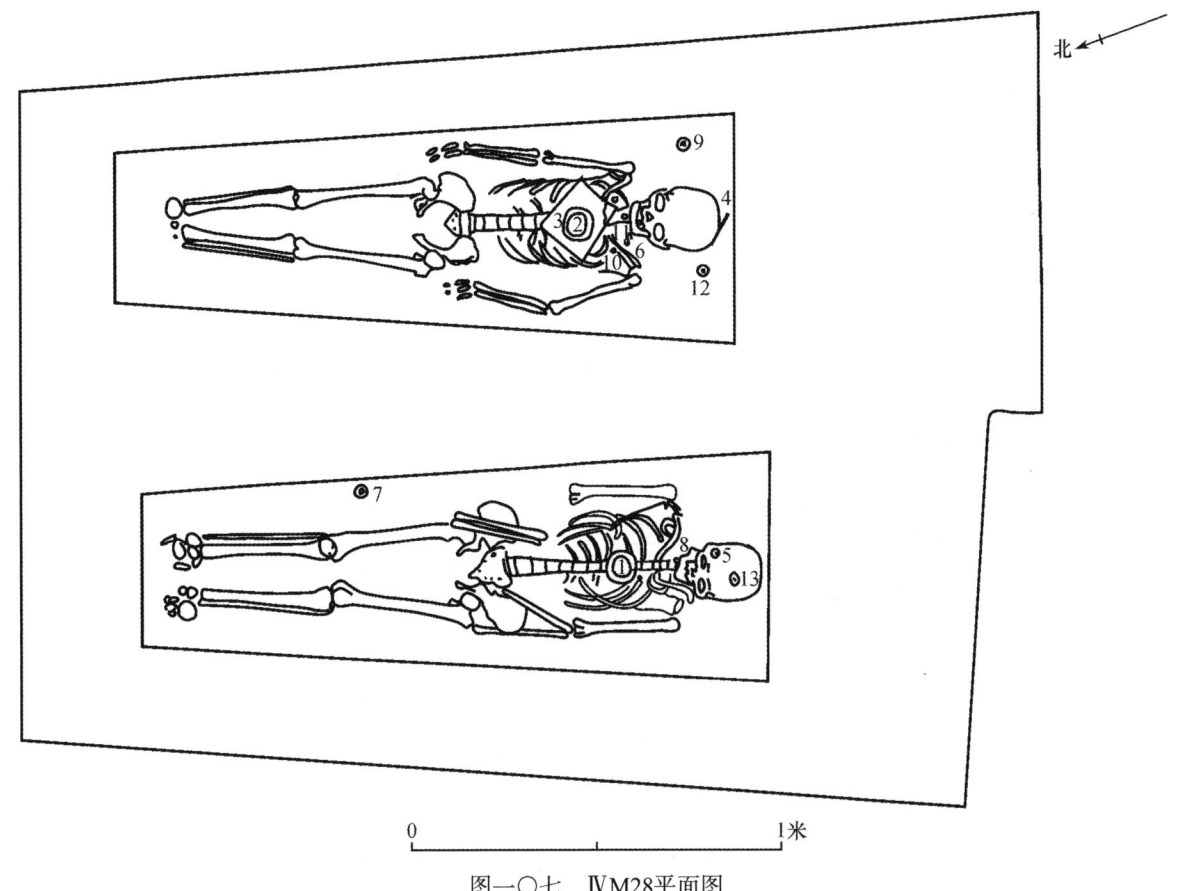

图一〇七　ⅣM28平面图
1、2.瓷罐　3.板瓦　4.银簪　5.铜饰件　6.铜钩　7、9、12、13.铜钱　8、10、11.铜扣

东棺的前端向前超过西棺前端约16厘米。

东棺，体形略小，长1.5米，宽0.3~0.5米。棺内人头向北，面向上，骨骼较乱，人为摆放，多处叠压，应是从他处迁葬而来。男性，年龄25~30岁。面部覆盖一块板瓦。

西棺，长1.76米，宽0.32~0.5米，棺内人骨架基本完好，仰身直肢。女性，年龄60~70岁。

随葬品有板瓦1件、黑釉瓷罐1件、铁犁铧1件及铜钱1枚。其中板瓦和瓷罐位于男性的头部，板瓦凸面隐约有朱砂绘"镇煞符"。铁犁铧在女性胸部，"嘉庆通宝"铜钱在女性背骨之下（图一〇八）。

ⅣM3　夫妇合葬墓，位于ⅣM2的东南8米处，在NSBD·K12+545米处。墓向为356°。

墓室平面呈近似方形的、缺少东南角的菜刀形，墓室东壁北段长2.4米，东壁南段长0.26米，南壁的东段长0.96米，南壁的西段长1.54米，西壁长2.66米，北壁长2.5米。现存深0.6米。四壁面上下较垂直，墓底的西北部略高出4厘米。在墓底东西向并列两口木棺，棺首北棺尾南，仅存棺底黑褐色灰迹，东棺的前端向前超过西棺前端约20厘米。

东棺，长1.82米，宽0.35~0.6米。人骨为男性，仰身直肢，年龄45~50岁。

西棺，长1.8米，宽0.36~0.72米。人骨为女性，仰身直肢，上肢略微呈"〈 〉"形，脚趾腐朽严重成渣状，年龄60~70岁。

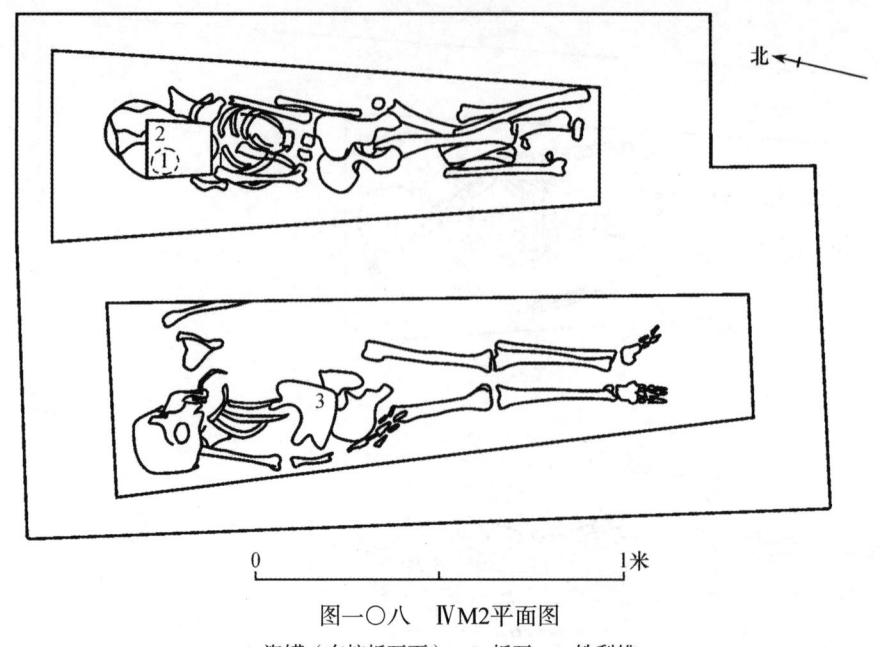

图一〇八　ⅣM2平面图
1.瓷罐（东棺板瓦下）　2.板瓦　3.铁犁铧

随葬品有酱釉四系瓷罐和黑釉双系瓷罐各1件、铜钱5枚及板瓦2块。其中一罐在男性右大腿的上部，另一罐在女性左肩部。铜钱1枚放置在男性头部右侧；铜钱1枚放置在女性大腿之间、铜钱3枚放置于女性背骨之下，钱文有"乾隆通宝""嘉庆通宝"。板瓦1件发现于男性右大腿的上部，另一板瓦发现于女性的颈部上方（图一〇九）

ⅡM11　单棺墓，位于ⅡM12南侧，距东面ⅡM5约7米，墓向为322°。

墓室平面呈西北—东南向、缺少东边角的菜刀形，墓口东南端略窄。墓圹壁西南、西北两壁垂直，东北壁下部向外扩，东南壁因缺少一角而曲折。墓底较平。墓口西北—东南长2～2.3米，西北端宽1.5米，东南端宽0.56～0.8米，现存总深0.7米。

墓底靠西南部放置一木棺，该棺东侧还留有一棺的位置。靠西部木棺腐朽，棺迹长1.66米，宽0.3～0.56米。棺内有一男性骨架，头骨下枕有灰色板瓦，仰身直肢，一少部分骨骼腐朽严重成渣状。

随葬有黑釉瓷罐1件、铜扣7枚、铜钱4枚。其中瓷罐靠近人骨头部，铜扣放置于胸部，铜钱分散位于手内、大腿外侧及脚的外侧，钱文能辨识者有"乾隆通宝"。墓底靠东半部所留一棺的空余位置，未见木棺及人骨的遗留迹象（图一一〇）。

ⅢM22　夫妇合葬墓，位于ⅢM23的东南侧。墓向为135°。

墓室平面为一座缺少西南角的菜刀形，南壁呈弧形，北、东壁长，西壁短，壁面垂直，平底。墓室长2.76～2.9米，东端宽2.5米，西壁北半部宽1.2米，西壁南半部宽0.4米，深1.1米。墓底南北并列两口木棺，棺首东棺尾西，仅存棺底灰迹，棺内铺粉红色煤渣灰厚1～2厘米。

南棺，长1.9米，宽0.46～0.7米。人骨为男性，仰身直肢，年龄55～60岁。

北棺，长1.8米，宽0.4～0.6米。人骨为女性，仰身直肢，左手置于小腹，年龄55～60岁。

随葬品有酱釉四系瓷罐和黑釉瓷罐各1件、铅环1件、铜发卡1件、铜扣1枚及铜钱8枚。其

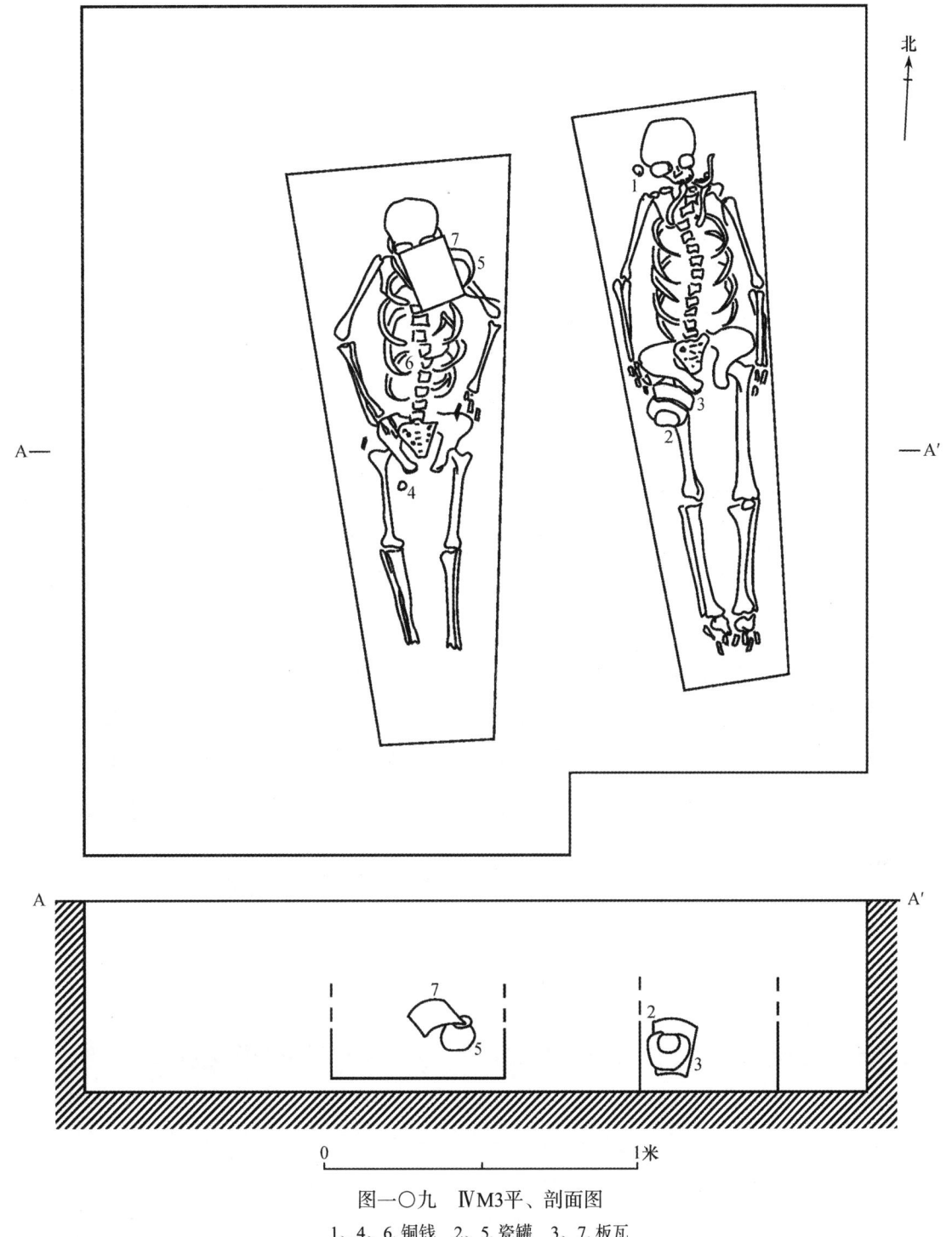

图一〇九　ⅣM3平、剖面图
1、4、6.铜钱　2、5.瓷罐　3、7.板瓦

中四系瓷罐位于男性的胸部，在四系罐之上覆盖有1块板瓦，板瓦长18厘米，宽14～16厘米，厚1.5～2厘米；黑釉瓷罐位于北棺棺顶东部，距墓口0.86米，距西壁2.3米，距南壁1.6米。铅环位于男性胸部。铜发卡位于女性头骨的顶端。铜扣位于女性的腹部。铜钱"嘉庆通宝"1枚位于男性右肱骨下，其他铜钱散置于女性头骨的左侧、身边及身下（图一一一；图版二〇，4）。与ⅢM22的墓室形制相接近者还有ⅢM23。

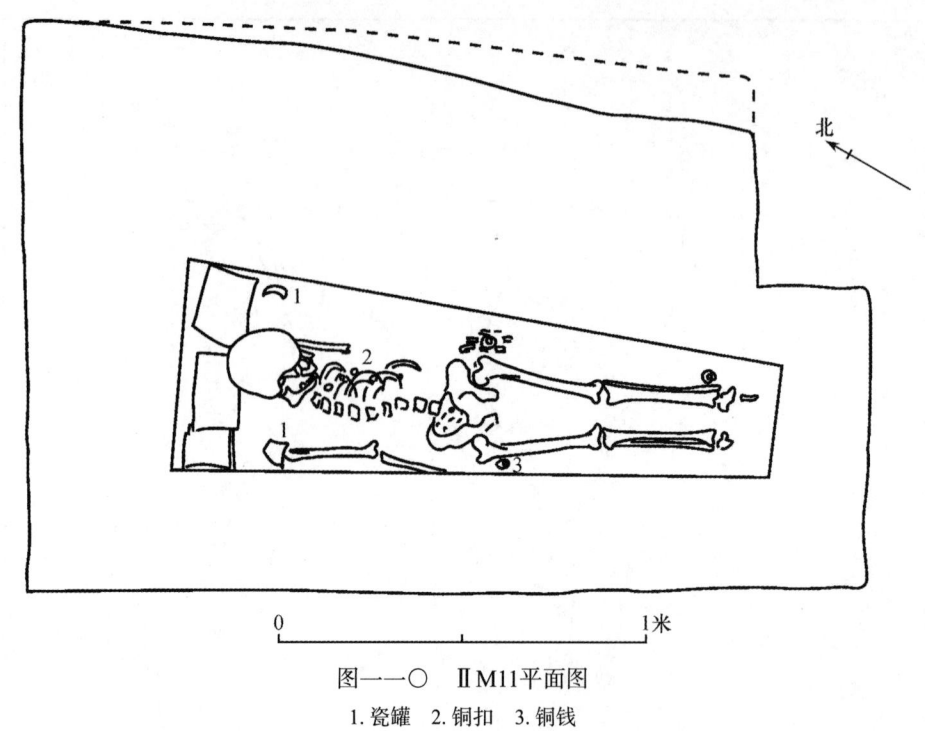

图一一〇 ⅡM11平面图
1. 瓷罐 2. 铜扣 3. 铜钱

ⅢM23 夫妇合葬墓，位于ⅢM22的西北侧，ⅢM24的东南侧。墓向为135°。

墓室平面为一座缺少西南角的菜刀形，除棺首一端的墓壁呈较直之外，其他三壁面均呈上下较直略有弧曲，墓底略平。墓底长2.4~2.7米，东壁宽2.5米，西壁北半部宽1.36米，西壁南半部宽0.5米，现存深0.6米。在墓底南北向并列两口木棺，棺首东棺尾西，木棺仅存棺底灰迹。

南棺，长1.7米，宽0.45~0.75米，棺底铺粉红色煤渣灰厚3~5厘米。人骨为男性，仰身直肢，手指骨腐朽严重成粉末、渣状，年龄35~40岁。

北棺，长2.1米，宽0.5~0.85米，棺底铺薄薄一层黑灰，人骨为女性，仰身直肢，手脚指骨均腐朽严重成渣状，年龄55~60岁。

随葬品有黑釉瓷罐2件、铜扣1枚、铜钱11枚。其中一瓷罐位于南棺顶部的东侧，距墓口0.4米，距南壁0.6米，距西壁1.4米。在罐的西侧，竖置1块板瓦，长17厘米，宽13~15厘米，厚1.5~2厘米；另一瓷罐位于女性的胸部。在罐的西侧斜置1块板瓦，长16厘米，宽14~15厘米，厚1.2~1.5厘米。铜扣位于男性的胸部。铜钱7枚位于男性头骨右侧、左腹部外侧、右腹部外侧、右股骨下、右脚外侧、双脚下各放置1枚，其中钱文有"元祐通宝""天圣元宝""嘉祐通宝""熙宁元宝""道光通宝"，其他5枚锈蚀，字迹不清；铜钱4枚在女性的左胸部、左膝外侧、右腹部下、右小腿中部外侧各放置1枚，锈蚀严重，其中1枚为"康熙通宝"（图一一二）。ⅢM23的墓室形制接近于ⅢM22。

菱形 1座。

ⅡM3 夫妇合葬墓，位于ⅡM4东北侧、ⅡM6东南侧，墓向为330°。

墓室平面呈近似菱形，墓壁面上下垂直，墓底较平，两侧边长2.3米，西北壁面宽1.64米，

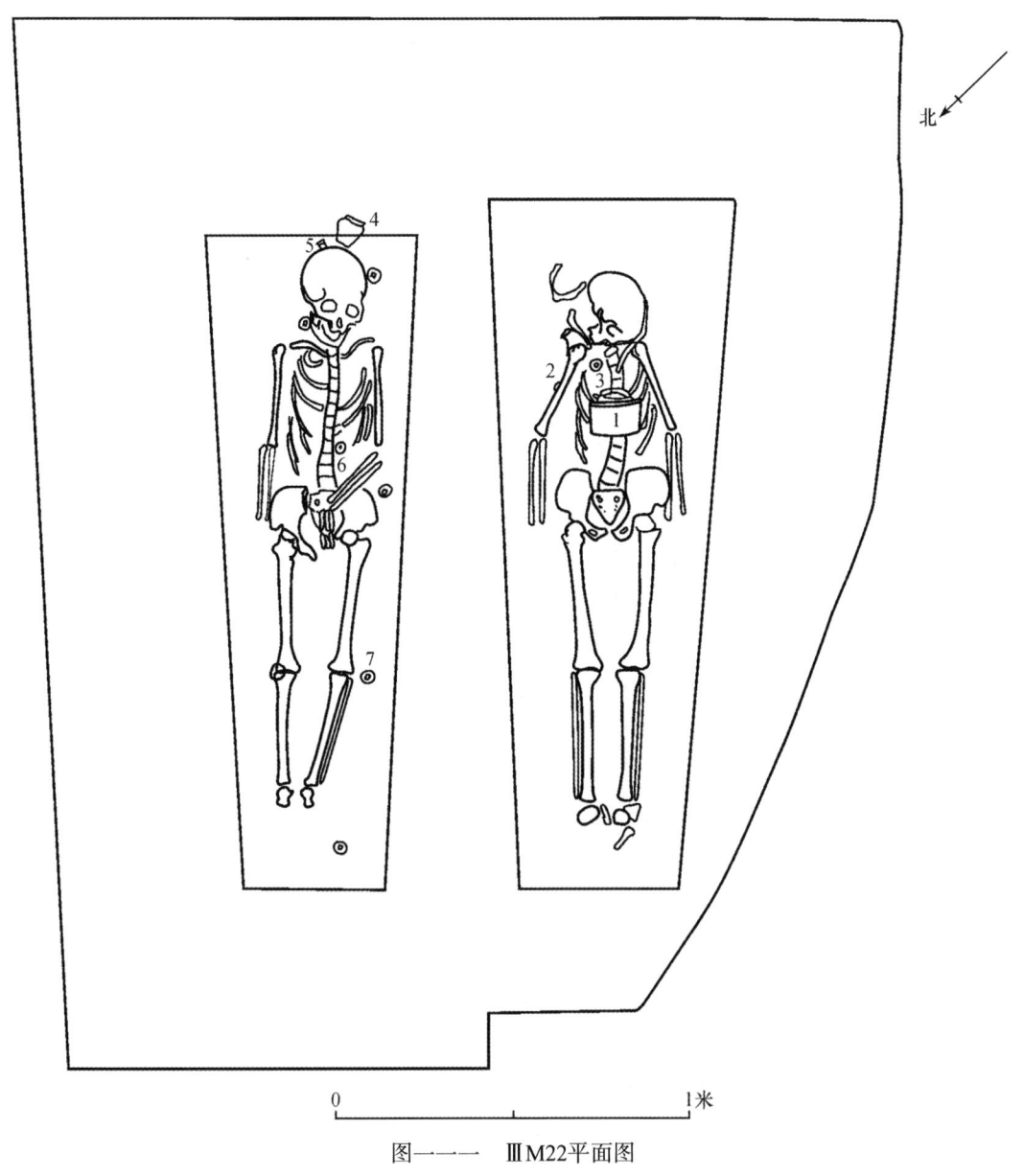

图一一一　ⅢM22平面图
1、4.瓷罐　2、7.铜钱　3.铅环　5.铜发卡　6.铜扣

东南壁面宽1.38米，深1.05米。在墓底有棺首北偏西—棺尾南偏东向、并列的两口木棺，棺已腐朽，东北棺的底部有淤积泥土，高于西南棺的底部约0.2米（图版二〇，1）。

东北棺长1.78米，宽0.4～0.5米，棺内底铺4厘米厚白灰，白灰上铺3厘米厚草木灰，其上置一男性骨架，仰身直肢。年龄35～40岁。

西南棺长1.77米，宽0.4～0.52米，棺底铺4厘米厚白灰及1厘米厚草木灰，人骨为仰身直肢的女性，头骨下枕有板瓦，头两侧竖立有板瓦，年龄35～40岁。

随葬品有黑釉瓷罐2件、铅环1件、铜扣6枚、料扣1枚、铜钱9枚、白瓷勺1件。其中在两棺棺顶北部各置1件黑釉瓷罐，在2件瓷罐旁边又各放置一块板瓦，瓦长20厘米，宽13～15厘米。男性棺内：在头骨顶部置铅环1件，胸部有铜扣6枚，铜钱6枚放置在两下肢之间。女性棺内：

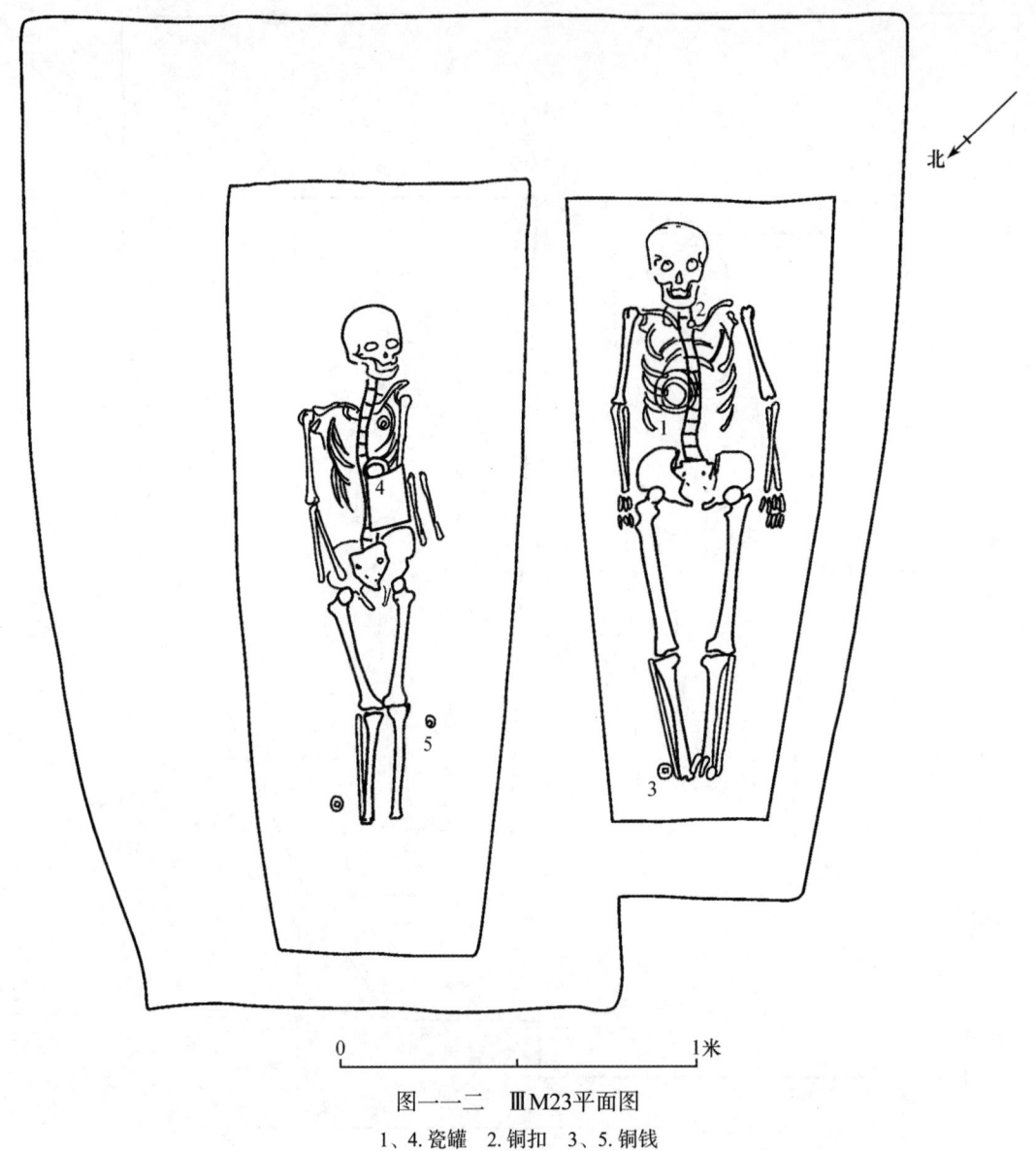

图一一二 ⅢM23平面图
1、4.瓷罐　2.铜扣　3、5.铜钱

料扣在腹部右侧，铜钱3枚放置在两下肢之间，钱文有"顺治通宝""康熙通宝"，1件残白瓷勺置于头骨之下，在右肱骨上放置已经锈蚀成碎末的铁犁铧一小块（图一一三）。

折扇面形　1座。

ⅡM20　一夫三妻合葬墓，位于ⅡM22西南侧、ⅡM19北侧，墓向为322°。

墓室平面近似折扇形，墓口大，墓底小，墓室前端呈弓状弧形，墓室后端略微曲折，墓室两侧为前端向外张、后部向内收的斜直状。四壁面上下呈斜形。墓底较平。墓口中部长3米，墓口前端宽3.4米，墓口后端宽2.4米；墓底中部长2.52米，墓底前端宽3.1米，墓底后端宽2.2米，深0.96米。

墓底并列有四口木棺，棺首西北、棺尾东南，四棺的放置同墓室形制一样呈扇形排列，木棺皆腐朽成灰。四具人骨为一男三女，男性木棺的前端向前突出10厘米，三位女性木棺的前

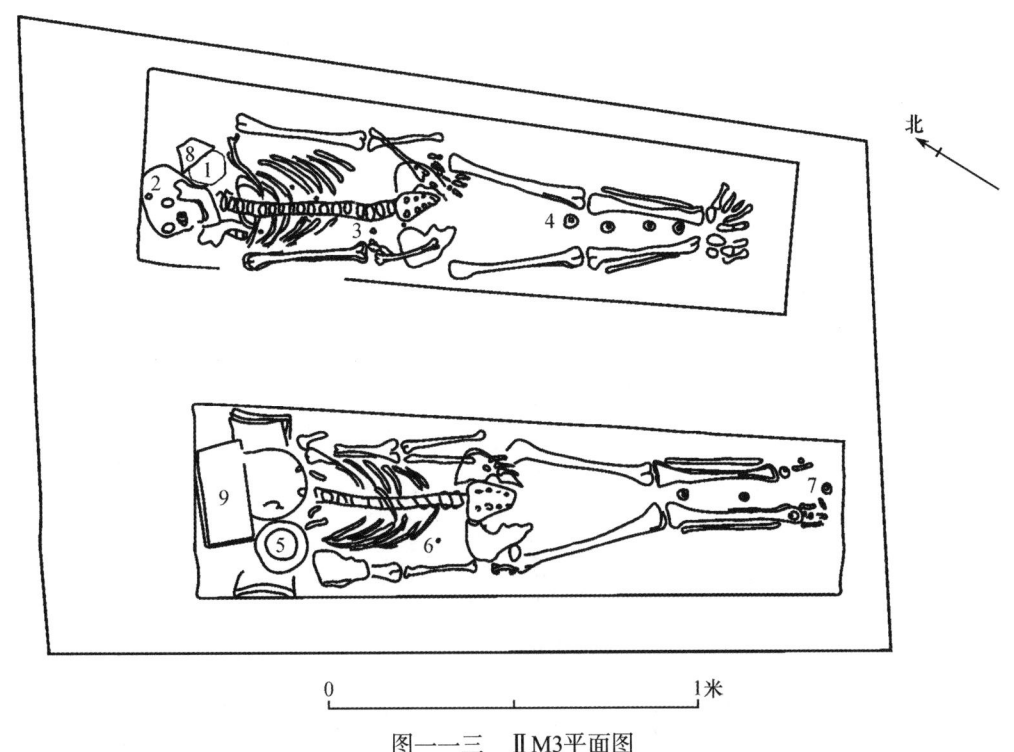

图一一三　ⅡM3平面图
1、5. 瓷罐　2. 铅环　3. 铜扣　4、7. 铜钱　6. 料扣　8. 板瓦　9. 灰砖

端均在一条弧线之上，其中一女性为迁葬而来。为了叙述方便，按照自西南—东北向排列的顺序，将其编为1~4号棺。

1号棺，长1.7米，宽0.32~0.5米，棺底铺3厘米厚草木灰，人骨为女性，仰身直肢，右臂下段曲放于骨盆上，年龄45~50岁。头骨两侧各竖立板瓦2块。

2号棺，短小，长1.6米，宽0.32~0.5米，骨架较乱，骨骼叠压，系人为摆放，应是从他处迁葬而来。女性，年龄25~30岁。

3号棺，长1.8米，宽0.4~0.6米，棺底铺5厘米厚白灰及3厘米厚草木灰，人骨为男性，个体高大，仰身直肢，年龄45~50岁。头骨下枕有5块板瓦，头两侧各竖立有2块板瓦。

4号棺，长1.7米，宽0.48~0.52米，棺底铺5厘米厚白灰及1厘米厚草木灰，人骨为女性，个体较矮，仰身直肢，年龄25~30岁。头骨两侧各竖立有2块板瓦。

随葬品有黑釉瓷罐2件、铜扣6枚、铜钱20枚。其中1号棺：在人体之下自上而下排列铜钱10枚，胸前铜扣2枚。3号棺：1件瓷罐倒置放于棺顶部，罐西侧有板瓦1件，铜钱4枚散置在腿的内、外侧，在腹部右侧有已经锈蚀成碎末的铁器1件。4号棺：在人体下散置铜钱6枚，胸前铜扣4枚，在腹部上放置已经锈蚀成碎末、而看不出器形的铁器1件，头骨左侧有1件瓷罐，头骨之上侧放置板瓦1件，罐和板瓦底下有木板灰，推测这2件器物原来应放置在棺顶前部。2号棺内没有发现随葬品。钱文能辨识者有"顺治通宝""康熙通宝""嘉庆通宝"（图一一四；图版一八，2）。

多边形　5座。

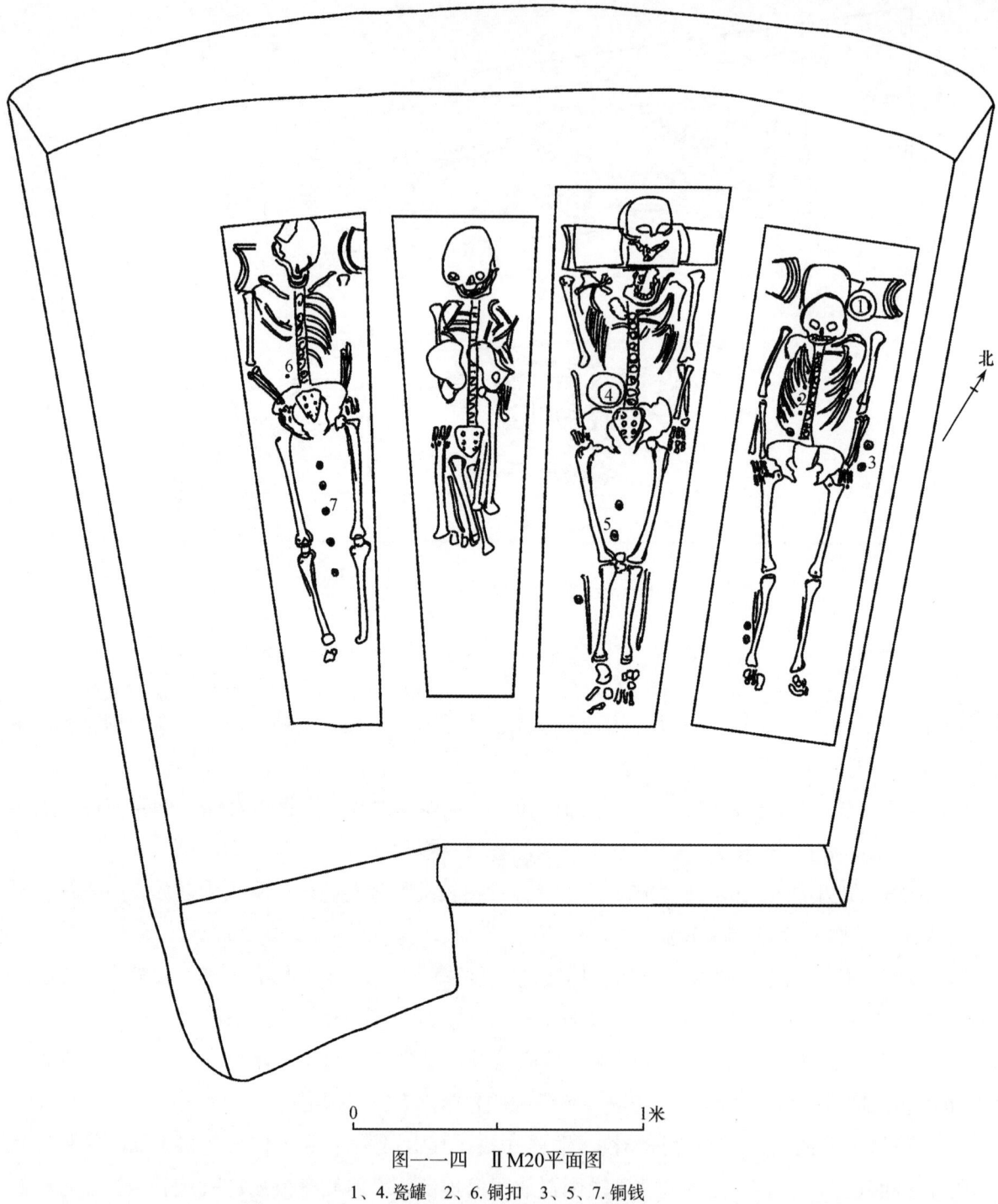

图一一四 ⅡM20平面图
1、4.瓷罐 2、6.铜扣 3、5、7.铜钱

其中夫妇二人合葬墓、夫妇三人合葬墓各2座，夫妇四人合葬墓1座。

ⅣM26 一夫一妻合葬墓，位于槐树屯村西南，ⅣM25的南侧。墓向为285°。

墓室平面为东西向略长的多边形，多边主要形成于东、西两壁。墓室壁面上下垂直，墓底部平，东西长2.4~2.68米，西部直线距离宽1.68米，东部直线距离宽1.4米，现存深0.6米。在墓底南北并列两口木棺，两棺仅存有木板灰痕迹，棺首西棺尾东，棺内均铺白灰厚2~3厘米。

南棺，长1.8米，宽0.4~0.6米，人骨为男性，仰身直肢，左臂下段向小腹弯曲，年龄在40岁左右。

北棺，长1.8米，宽0.4~0.6米，人骨为女性，仰身直肢，年龄在40岁左右，头骨下枕2块板瓦，头骨的两侧各竖3块板瓦。板瓦素面，凹面有布纹，长20厘米，宽13~15厘米，厚0.15厘米。

随葬品有黑釉瓷罐1件、铁犁镜残块1件、残铜饰件1件及铜钱4枚。其中瓷罐位于女性头骨上方，罐口向上。在瓷罐的西侧斜放置一块板瓦。铁犁镜残块放置在女性的盆骨下方的裆部。残铜饰件放置在男性的胸部。铜钱1枚放置在男性左胸前；铜钱3枚在女性左膝盖外侧一枚、两手内各有一枚，钱文能辨识者有"康熙通宝""乾隆通宝"（图一一五；图版二〇，6）。

Ⅳ M31　一夫一妻合葬墓，位于槐树屯村西南约500米，北邻ⅣM29，东邻ⅣM32。墓向为200°。

墓室平面为一座接近梯形的多边形，多边主要形成于西壁、北壁及其交汇处。墓室壁面上下垂直，墓底西部略微高于东部。墓口南北长3米，东西宽2.1~2.28米，现存深0.6米。在墓底东西向并列两口木棺，棺首南棺尾北，两棺仅存棺底木板灰痕迹。

西棺，长1.88米，宽0.48~0.66米。棺内人骨为男性，仰身直肢，左胳膊上有板瓦1块。

东棺，长1.86米，宽0.46~0.8米，棺内人骨为女性，仰身直肢，胸骨上部微向右前方倾斜，盆骨向左移，上肢呈"〈 〉"形折曲，下肢为"》"形弯曲。右手外侧有板瓦1块。

随葬品有黑釉瓷罐2件、铜饰件2件、铜钱4枚。其中瓷罐1件在女性胸部右侧，另1件瓷罐位于男性左肩外侧。铜饰件在男性头骨西侧及头骨与棺前挡板之间各1件。铜钱3枚在男性头骨

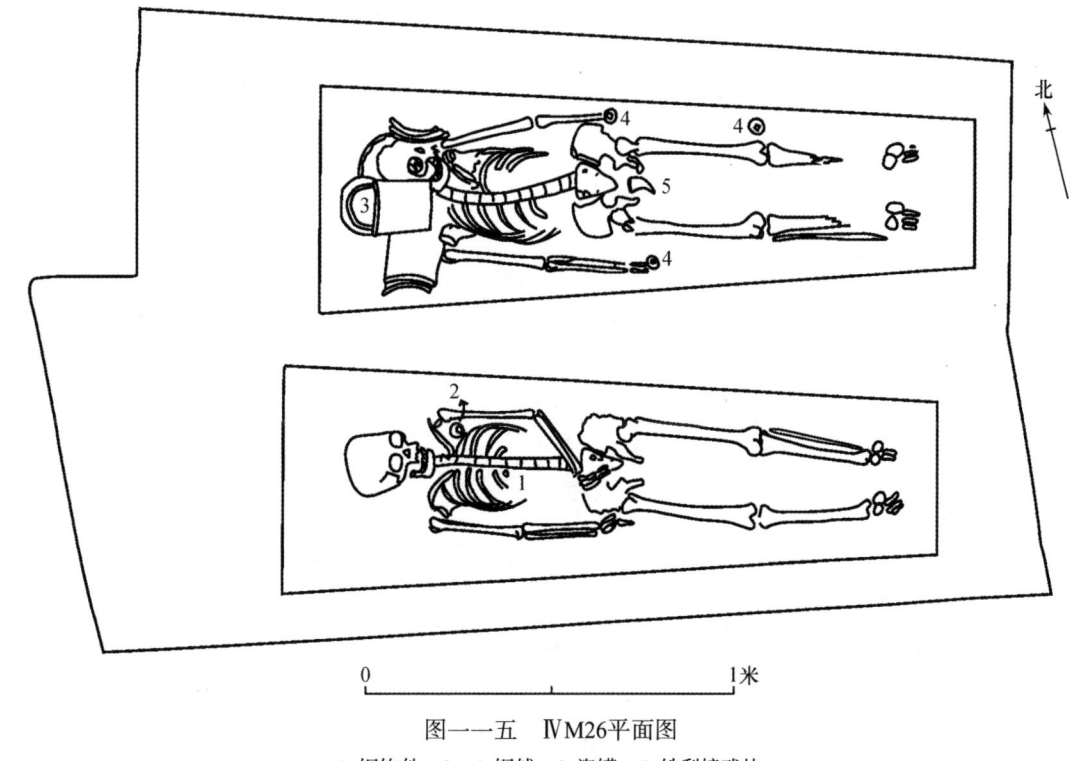

图一一五　ⅣM26平面图
1.铜饰件　2、4.铜钱　3.瓷罐　5.铁犁镜残块

左前方、右前方、腰部各放置1枚；铜钱1枚在女性下肢两小腿之间，钱文能辨识者有"元丰通宝""乾隆通宝""嘉庆通宝"（图一一六）。

ⅣM27　一夫二妻合葬墓，位于槐树屯村西南约500米，南邻ⅣM29号墓。墓向为195°。

墓室平面为一座近似菱形的多边形。墓室壁面上下较垂直，墓底略平。墓口南北长2.6～2.96米，东西宽2.5～3.3米，现存深0.6米，在墓底东西向并列三口木棺，棺首南棺尾北，现仅存有棺底木板灰痕迹。

西棺，长1.9米，宽0.36～0.6米。人骨为男性，仰身直肢，两手位于盆骨之上，年龄50～60岁。

中棺，短小，长1.2米，宽0.34～0.36米。人骨为女性，年龄30～35岁。骨架不完整，头向南、面向上，骨骼呈叠压、散乱、人为摆放，应是从他处迁葬而来。

东棺，长1.72米，宽0.42～0.64米。人骨为女性，仰身直肢，脊椎骨微弯曲，年龄50～60岁。

随葬品有黑釉瓷罐2件、铜钱7枚。其中1件瓷罐位于东棺墓主的腰部；另1件瓷罐出自西棺人头骨左侧，与该瓷罐同出土的还有1件板瓦。铜钱4枚在西棺墓主膝盖两侧及后背处放置；

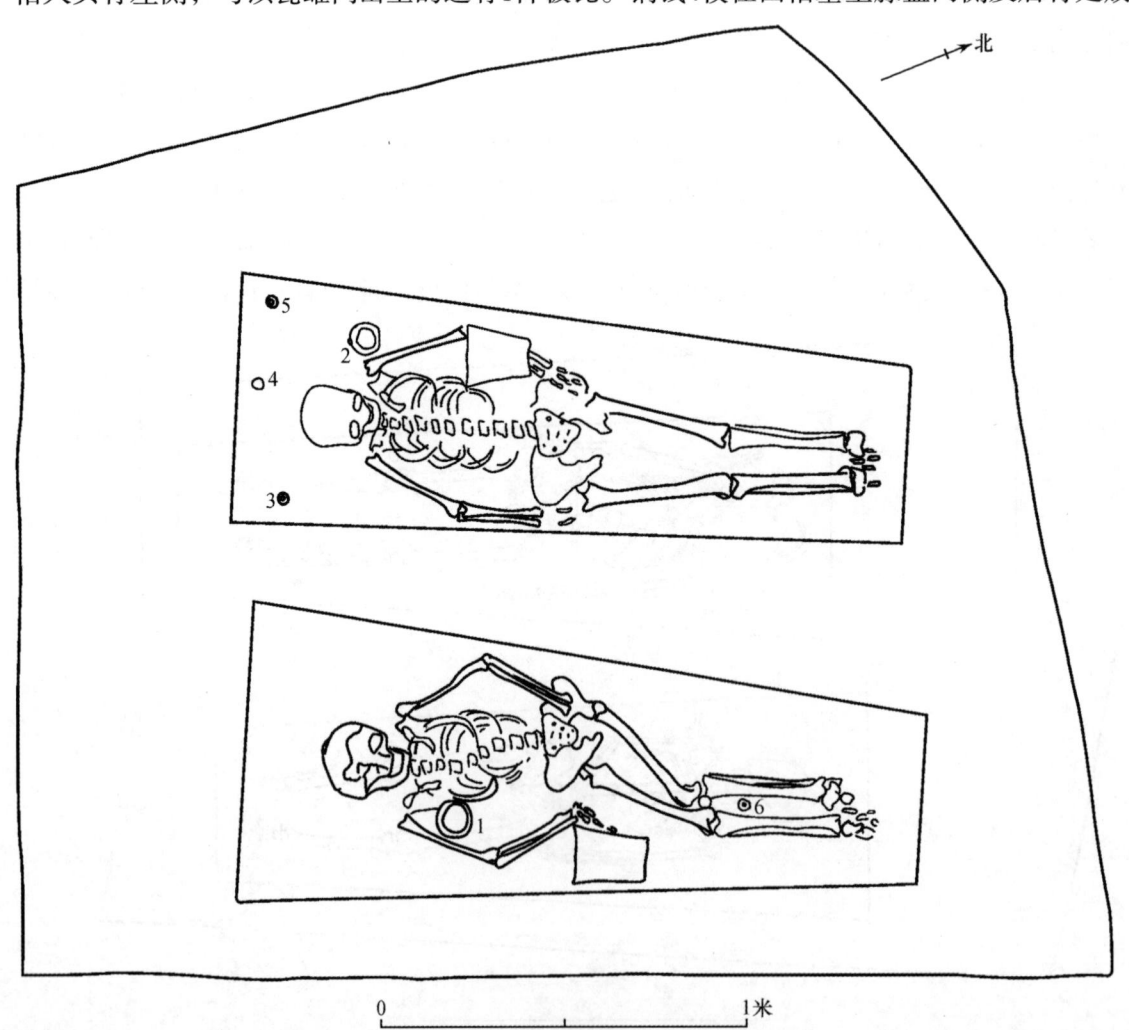

图一一六　ⅣM31平面图
1、2. 瓷罐　3、5、6. 铜钱　4. 铜饰件

铜钱3枚在东棺人骨胸部左上方、右手中、口内各1枚,钱文能辨识者有"道光通宝""光绪通宝"(图一一七;图版一七,2)。

ⅢM6 一夫二妻合葬墓,位于ⅢM5的南侧,ⅢM8的西北侧。墓向为0°。

墓室平面为一个长梯形和两个近似长方形并列形成的多边形,墓口各个边的长短各异、宽窄不一、东短西长、北宽南窄。墓室壁面略垂直,墓口距离墓底深浅不一,呈东高西低(东浅西深)的台阶式,三个台阶的高度均为20厘米。墓口长1.2~2.5米,宽1~2.1米,现存深0.2~0.6米。在墓底东西向并列三口木棺,棺首北棺尾南,一棺迹腐朽殆尽,两棺存有棺底木板灰痕。

西棺,长1.7米,宽0.4~0.6米。棺内底铺白灰厚3~5厘米,白灰上铺薄薄一层草木灰。人骨为男性,仰身直肢,年龄45~50岁,头骨东西两侧各竖两块板瓦。

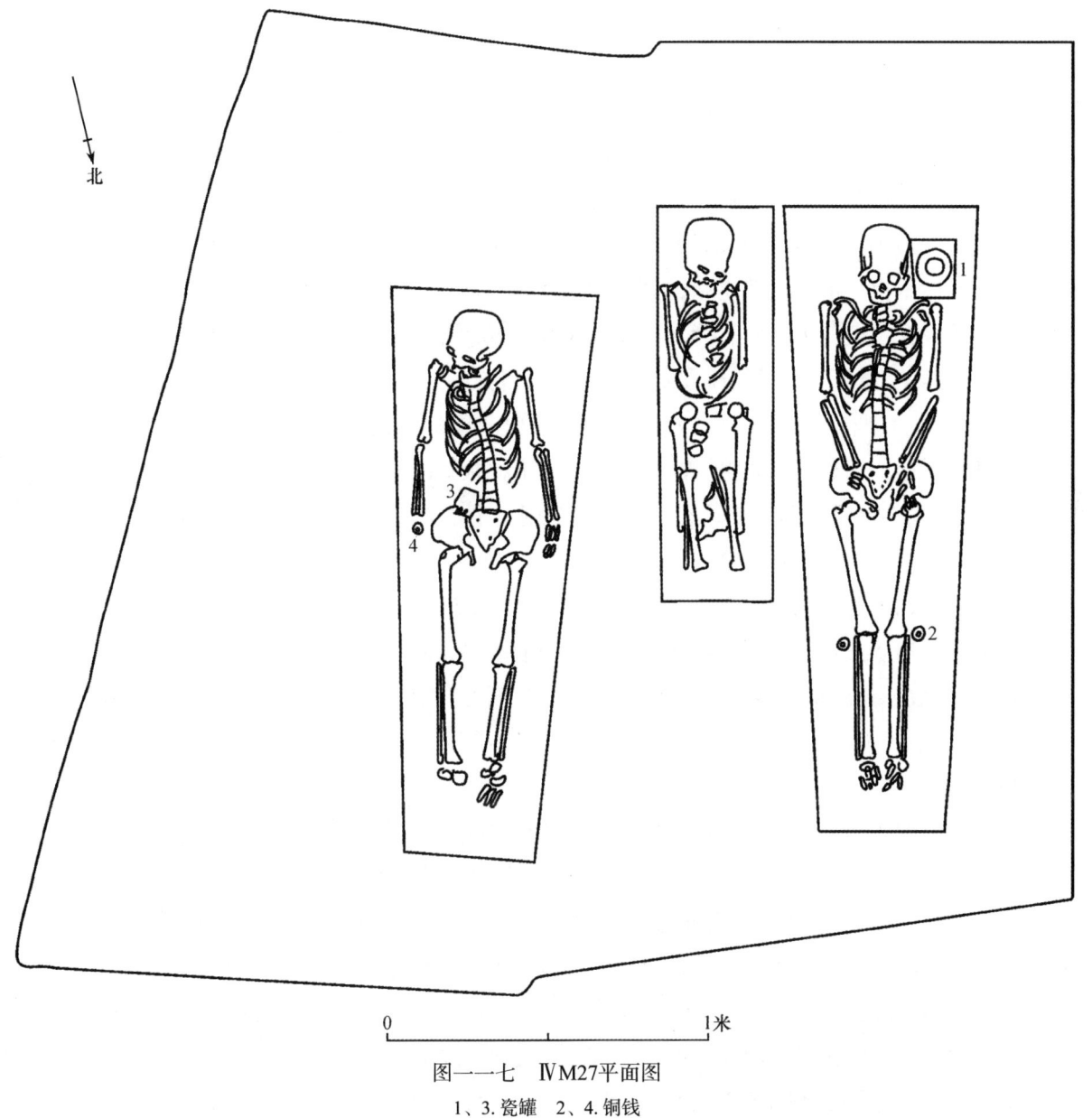

图一一七 ⅣM27平面图
1、3.瓷罐 2、4.铜钱

中棺，棺底高于西棺20厘米，棺长1.7米，宽0.4~0.6米。棺内底铺白灰厚3~5厘米，其上再铺草木灰厚5~6厘米。人骨为女性，仰身直肢，年龄40~45岁，头骨的东西两侧各竖两块板瓦。

东棺，棺底高于中棺20厘米。棺在近似南北长1.18~1.2米、东西宽0.38~0.48米的台阶之上。木棺腐朽殆尽，棺迹长宽不详。人骨为头向北、面向西，躯体散乱摆放、多有叠压，应是从他处迁葬而来。女性，年龄25~30岁。

随葬品有黑釉瓷罐1件、铜钱19枚。其中瓷罐位于西棺前方与墓圹之间，罐口向上放置，距墓口0.1米，距南壁1.9米，距西壁0.4米。在罐的南侧有一块板瓦倾靠在罐的口部，素面、凹面有布纹，长20厘米，宽13~15厘米，厚1.2~1.5厘米。锈蚀残缺成碎块状的铁块共2件，其中1件放置在西棺墓主的腹部，另1件放置在中棺墓主两小腿之间。铜钱7枚散置在西棺墓主的周边及骨骼之下，钱文有"顺治通宝"；铜钱5枚在中棺墓主的左肘内侧、左手外侧、左股骨外侧、右腿膝关节外侧、两小腿之间各放置1枚，钱文能辨识者为"万历通宝"；铜钱7枚在东棺墓主的骨骼下散乱放置，能辨识者为"顺治通宝"（图一一八）。

ⅢM2　一夫三妻合葬墓，位于ⅢM3的北侧，ⅢM4的东侧。墓向为0°。

墓室平面为一个近似正方形和一个近似长方形并列形成的多边形，墓室壁面略垂直，底部东高西低、深浅不一。墓口南北长2.2~2.4米，东西宽2~2.5米，现存深0.1~0.5米。在墓底东西向并列四口木棺，棺首北棺尾南，其中两棺腐朽殆尽，两棺存有棺底木板灰痕，棺内人头部位放置泥质板瓦，板瓦为素面、背有布纹，长18~20厘米，大头宽15~16厘米，小头宽13~14厘米，厚1.2~1.5厘米。为了叙述方便，自西向东将其编为1~4号棺。

1号棺，长1.7米，宽0.4~0.6米。棺内底铺白灰厚5~7厘米，白灰上铺草木灰厚2~3厘米。人骨为女性，年龄55~60岁，仰身直肢，头下枕板瓦6块。

2号棺，腐朽严重殆尽，棺迹长宽不详。散乱人骨一具，人为摆放。头向北、面向西，应是从他处迁葬而来。女性，年龄25~30岁。

3号棺，长1.9米，宽0.4~0.6米。棺内底铺白灰厚5~7厘米，白灰上铺薄薄一层草木灰。人骨为男性，年龄55~60岁，仰身直肢，头骨的前、左、右三侧各竖三块板瓦。

4号棺，放在高出墓底0.4米的高台之上，高台面长1.3米，宽0.42米。木棺腐朽殆尽，棺迹长宽不详。人骨为头向北面向西，散乱摆放，多有叠压，应是从他处迁葬而来。女性，年龄30~35岁。

随葬品有黑釉瓷罐1件、铜扣1枚、铜钱23枚。其中瓷罐位于1号棺棺顶北部，罐口向上直立，距墓口0.1米，距南壁1.8米，距西壁0.56米。铜扣1枚位于3号棺墓主左肩锁骨旁。锈蚀成细碎块的1件铁犁铧残块，放置在1号棺墓主的腹部。铜钱7枚在1号棺墓主的左肱骨外侧、盆骨左外侧、左小腿外侧、胸部右侧、盆骨右外侧、右小腿外侧、棺内底的西北角各放1枚，皆为"顺治通宝"；铜钱7枚在2号棺墓主的头骨西侧、身体下散乱放置，皆为"顺治通宝"；铜钱1枚位于3号棺墓主的左肱骨的内侧，因锈蚀钱文不清；铜钱8枚位于4号棺墓主骨骼下散乱放置，钱文为"景德元宝"1枚、"崇祯通宝"1枚、"顺治通宝"6枚（图一一九；图版一八，1）。

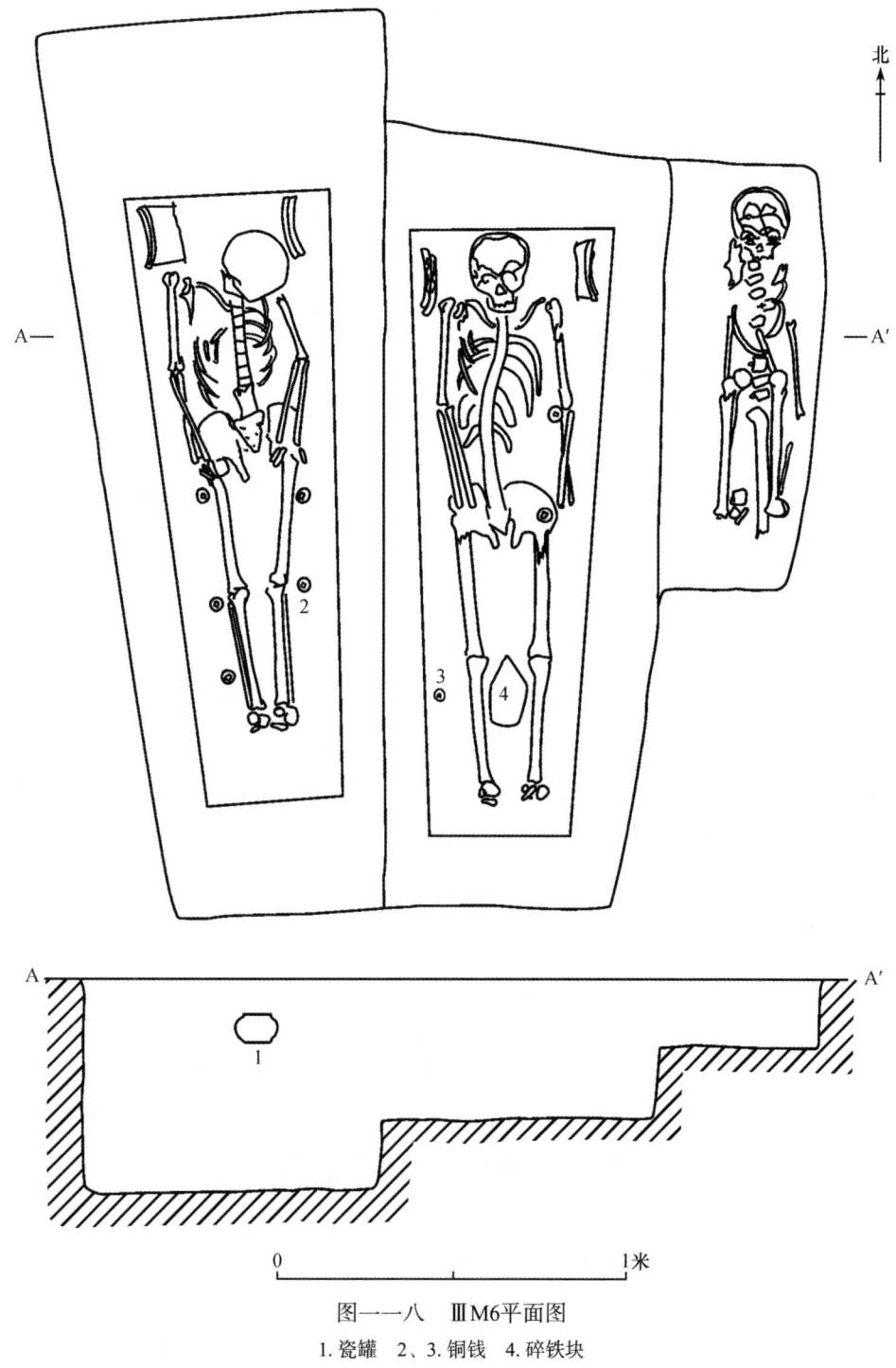

图一一八　ⅢM6平面图
1.瓷罐　2、3.铜钱　4.碎铁块

（2）竖穴墓道土洞墓

2座。分别位于第Ⅱ墓区（湾漳营）、第Ⅳ墓区（槐树屯）各1座。2座墓葬形制基本相同，略微的不同体现在墓室与墓道之间的连接处略有差别，一是呈短距离的、向内稍有缓凹，形成微束颈状（ⅣM8）；另一是较长距离的、有棱有角的向内凹形，内部形成窄而短的一条小甬道（ⅡM32）。故将其分为二型。

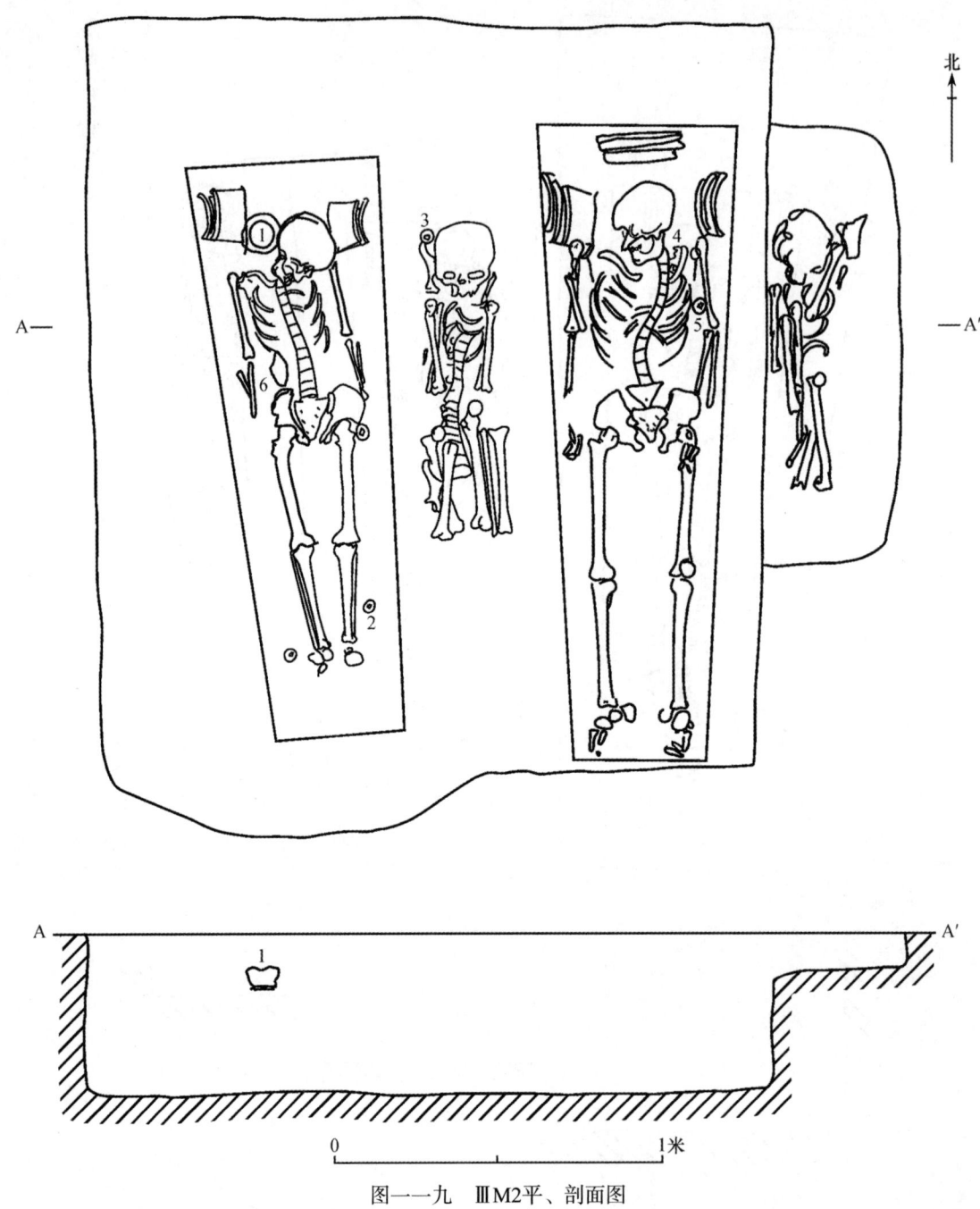

图一一九 ⅢM2平、剖面图
1.瓷罐 2、3、5.铜钱 4.铜扣 6.铁犁铧

A型 1座。由洞室、竖穴式墓道两部分组成。

ⅣM8 夫妇三人葬，墓向为185°。在槐树屯村西，位于ⅣM5的东南侧约15米，该洞室西壁打破ⅣM9洞室的东壁0.1米。

在先期勘探中，探明ⅣM8与ⅣM9均开口于距地表0.6米的第2层下，两条墓道南北向平行。在发掘过程中发现两墓的北部洞室坍塌痕迹，呈椭圆形，东西长3.5米，南北宽2.5米，先将墓道发掘到底，洞室采取掏挖取洞室顶部坍塌之后扰土的方法发掘，以洞门的中心为南北界线，先发掘洞室的东半部，将洞室解剖，观察剖面，发现洞室的顶部垂直下塌，顶形状、高度不详，发掘至无塌方的原壁之后，将洞室的西半部再行揭去，整体向下发掘到墓底。

墓道位于洞室的南侧，竖穴式，北宽南窄，斜壁斜底，底部距墓口南浅北深，东西两壁的北部略向东倾斜。墓道口南北长2.4米，南宽0.9米，北宽1米，南端深1.9米，北端深2.1米；墓道底南北长2.1米，南宽0.9米，北宽1米。

在墓道的北壁下部掏挖洞门，洞门比墓道稍窄，宽0.94～1.1米，上部早期坍塌，高不详。在洞门的底部有一排河卵石封堵，高0.3～0.5米，宽约0.95米。

洞室顶部坍塌，洞室底平面呈近似梯形，北宽南窄。斜壁，底部略平，东侧边长，西侧边略短。底东边长2.4米，西边长2.2米，北宽2米，南宽1.8米。东壁残存高0.9～1.7米，西壁残存高1.6米。洞底东西向并列三口木棺，棺首北棺尾南，西边棺腐朽严重已殆尽，看不见遗留的棺迹，其他两棺黑色灰迹清楚。

东棺，长1.9米，宽0.5～0.6米，棺底铺白灰厚2～8厘米，白灰上铺草木灰厚2厘米。人骨为仰身直肢，男性，年龄45～50岁。

中棺，长1.7米，宽0.34～0.6米，棺底铺白灰厚1～2厘米，白灰上铺草木灰厚1厘米。人骨为仰身直肢，双臂屈曲，两手放于小腹部盆骨上，女性，年龄50～55岁。在头骨的东侧放置1块灰陶板瓦，在头骨的西侧放置黑釉、带口沿的缸残片1块，缸口沿厚7厘米，缸片厚1厘米。推测板瓦和缸片为墓主头下的枕物。

西棺，腐朽严重已殆尽，棺迹不详。人骨为女性，年龄25～30岁，头骨朝北，躯体骨架堆放、叠压在一起，应是从他处迁葬来的。

随葬品有黑褐釉瓷罐2件、铜钱5枚、残铜饰件1件。其中1件瓷罐放置在东棺墓主头骨的东侧；另1件瓷罐在中棺的北端外侧。5枚铜钱，分别放置在东棺墓主的右腿膝关节处1枚、中棺墓主左腿膝关节处2枚、两位墓主口中各含有1枚，钱文可辨的有"天禧通宝""元丰通宝"。1件残铜铃放在中棺墓主的盆骨左上侧。另外，在男性及中棺女性的胸部各有一块板瓦，男性棺木北端的外侧有4片泥质灰陶盆残片，在中棺女性棺木的西南角外侧也有1块泥质灰陶盆残片（图一二〇）。

B型　1座。由洞室、甬道、竖穴式墓道三部分组成。

ⅡM32　单人葬，墓向为123°。在湾漳营村西，位于NSBD·K9+630米处，在ⅡM25东北侧、ⅡM29东南侧。从洞室、甬道、墓道的总平面看呈束腰形；从纵向剖面看，洞室和甬道的底部在一条水平线上，墓道的底部则从与甬道结合处开始向外端逐渐扬起，呈斜坡状。

墓道平面呈靠甬道处宽，向远端渐窄的长梯形，两短壁的壁面垂直，两侧长壁的壁面呈口部小、底部大的倾斜状，底部距墓口南浅北深。墓道口部长2.6米，宽0.75～1.05米，底部长2.6米，宽0.8～1.2米，墓道深1.5～1.9米。

甬道位于墓道与洞室之间，长0.3米，宽0.88米，甬道上部坍塌，残存高0.2～0.8米。

洞室上部坍塌，顶部开凿形状不详，洞室平面呈圆角长方形，长2.52米，宽1.52～1.56米，残存高0.8～0.94米（洞室底部向上距耕土层下墓葬开口深度为1.9米）。

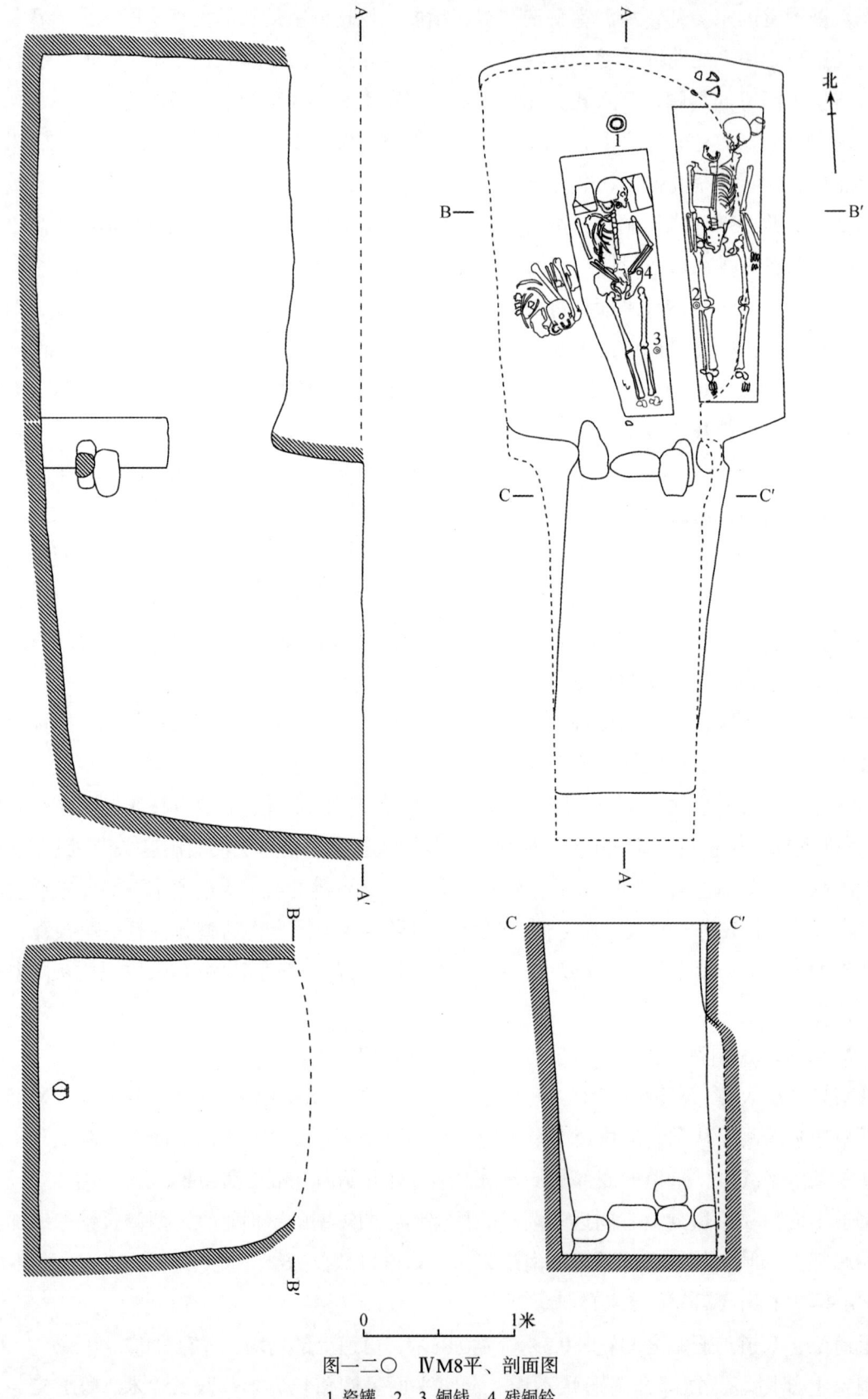

图一二〇　ⅣM8平、剖面图
1. 瓷罐　2、3. 铜钱　4. 残铜铃

墓底存有纵向放置单棺的腐朽灰痕，棺首西北、尾东南，棺长2米，宽0.5～0.9米，棺内底铺有1厘米厚白灰，无人骨。

根据棺内无发现人骨，随葬品及墓坑回填土中也没有人骨的碎片，而在墓坑回填扰土之中发现铜钱3枚和料珠1件，钱文为"顺治通宝"，推测墓主已经迁出墓室，铜钱与料珠应是在人骨被迁出之际回填墓坑时遗留的（图一二一）。

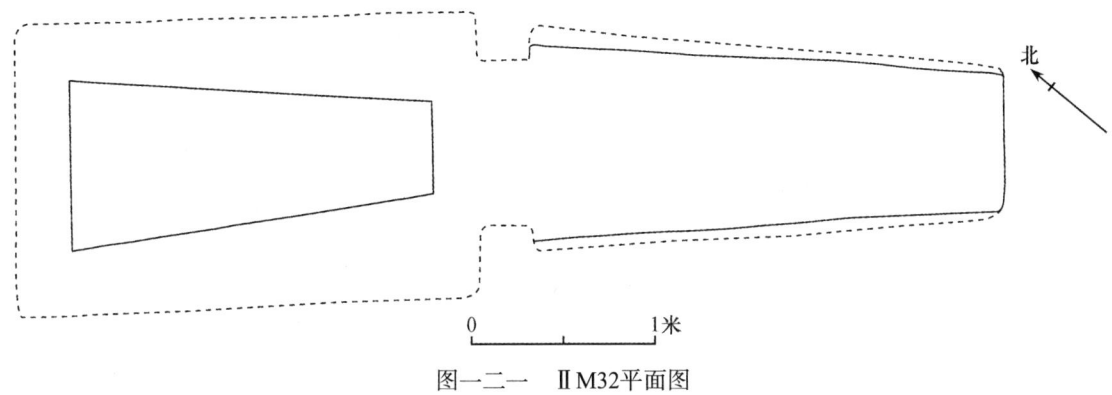

图一二一　ⅡM32平面图

（3）砖室墓

1座，由墓室和甬道、墓道三部分组成。

ⅣM19　七人合葬墓，墓向100°。墓室呈外圆、内八角形，七口木棺摆放呈扇形。该墓南距ⅣM39约19米，东距ⅣM38约22米，西距ⅣM41约26米。

墓道，位于甬道的东端，平面呈长条宽带形、东端的短线为弧圆形，两侧壁面为东部较直、西部为上大下小略倾斜，底部为东浅西深斜坡状。墓道长6.1米，宽1.9米，深0～2米。

甬道，东连墓道，西接墓室，长0.57米，土圹上部已被破坏，残留高度0.14～0.45米，口宽1.04米。甬道两壁用单砖错缝砌筑，土圹与砖壁之间填五花土和碎砖，现残留2～7层砖。墓门施用不完整的残砖、横向双层错缝平卧封堵，残留2～3层砖，残高0.14～0.21米，宽0.3米。

墓室，开挖的土圹壁面自底向上约1.2米高、近似垂直，再向上逐渐向内收缩，在距地表深0.25米的耕土层下呈椭圆形，东西宽5.7米，南北长6米，深约2米。推测墓顶应在原地面之上。土圹底部为近似圆形，直径5.96～6.16米。在土圹内再砌筑平面为内壁面呈八角形的砖室。发掘时发现砖室已被毁坏，砖框现存完整的剩余六角，西壁、西南壁、西北壁被完全破坏。砖框残留1～6层，厚0.3米，为双砖错缝和外出棱砖、里单砖错缝平砌的两种方法砌筑砖壁，砖框的壁面上有"莲花""云纹""波浪纹""圆点纹"等砖雕，角部有"云纹"柱雕、"龙须"雕。土圹与砖框之间留有4～20厘米的间隙，填五花土和碎砖块。墓底铺有铺地砖，呈一顺一纵铺设，周边的砖框无压铺地砖。砖长28厘米，宽14厘米，厚6厘米。墓底呈折扇面形状并排放置七口木棺，棺首向西、尾朝东，棺腐朽殆尽，个别棺底留有碎朽木。为了叙述方便，由南向北编为1～7号棺：

1号棺，长1.6米，宽0.4～0.5米，棺底铺3～5厘米厚的白灰，白灰上铺1～2厘米厚的草木灰。人骨为仰身直肢，女性，年龄40～45岁。头下枕有灰色板瓦。

2号棺与3号棺，两棺紧靠在一起，棺迹不明显，尺寸不详，人骨骼散乱，人为摆放，应是他处迁葬而来。均为女性，年龄约20岁。

4号棺，长1.8米，宽0.4~0.6米，人骨为仰身直肢，骨骼腐朽严重成渣状，男性，年龄55~60岁。头下枕灰色板瓦，靠北边一瓦的外表涂抹朱砂，出土时朱砂脱落较甚，所存较少。

5号棺与6号棺，两棺紧靠在一起，棺迹隐约可见，前者棺底长1.72米，宽0.35~0.48米，后者棺底长1.7米，宽0.4~0.6米。骨架是人为摆放，应是从他处迁葬而来。年龄30~35岁。5号棺墓主性别不明，6号棺墓主可确定为女性，其头下枕灰色板瓦。

7号棺，长1.7米，宽0.4~0.6米，人骨为仰身直肢，骨骼腐朽严重，成粉末状。性别不明，年龄35~40岁。

呈扇形排列的七口木棺，其中4号棺为男性，居中，最大，棺的前端又靠前端凸出一截，其余棺都小，前端皆在一条弧形线上，除5号棺和7号棺性别难辨之外均为女性，推测该墓应是一夫多妻合葬墓。

随葬品有瓷人俑头1件、银簪1件、铜镜1件、铜钱14枚。其中1件残缺的瓷人俑头，位于扰土之内。银簪1件，位于6号棺墓主头部下。残铜镜1件，位于扰土之内，距墓开口深1.7米，距南壁2.35米，距西壁2.8米。铜钱3枚，分别位于7号墓主左胸部、盆骨右外侧、右小腿外侧；铜钱6枚，位于6号棺墓主左股骨中部内侧1枚，盆骨内2枚，在右盆骨上侧边缘、膝关节外侧、左小腿外侧各放置1枚；铜钱1枚，放置于3号墓主双股骨中间；铜钱4枚，放置于1号棺墓主左膝关节外侧、右小臂中部内侧各1枚，左股骨远端外侧2枚，钱文可辨者有"康熙通宝"（图一二二；图版一九）。

2. 随葬器物

清代62座墓除3座墓内未发现随葬品之外，共出土器物255件（套）。其中陶器7件，铜器150件（套），铁器6件，铅器4件，骨器5件，瓷器69件，料器11件，其他3件。陶器除一块青砖之外皆为板瓦，铜器以钱、扣为最多，铁器有农耕具及砍割器等，铅器有扣、圆形环两种，骨器有扣及长方形薄板饰件两种，瓷器除碗、勺、人物各1件之外主要是瓷罐，料器有扣、珠、环及花形饰等，其他还有银簪、银耳坠、铜镶玉饰等。现按照质地分述如下。

（1）陶器

7件。仅有泥质灰陶的砖瓦类，器表皆有朱砂（墨）书绘符文。其中青灰砖一面有墨书、朱砂迹者1件，灰板瓦上有朱砂（墨）书及绘镇煞符者6件。板瓦的凸面为素面，凹面饰布纹。本次发掘时，对用于人体头部或其他部位的支垫板瓦除采集标本之外多数没有收集，对伴随瓷罐一起出土的有朱砂痕迹或无朱砂痕迹者均进行了详细记录，约有46件之多，其中除已经登记编号的6件之外，还有由于朱砂（墨）着附的不牢固、剥落严重，略微显有朱砂者20件，看不清朱砂者或原本（不排除）就没有朱砂者20余块。现将砖瓦面保留有朱砂（墨）书及绘镇煞符的部分内容叙述如下。

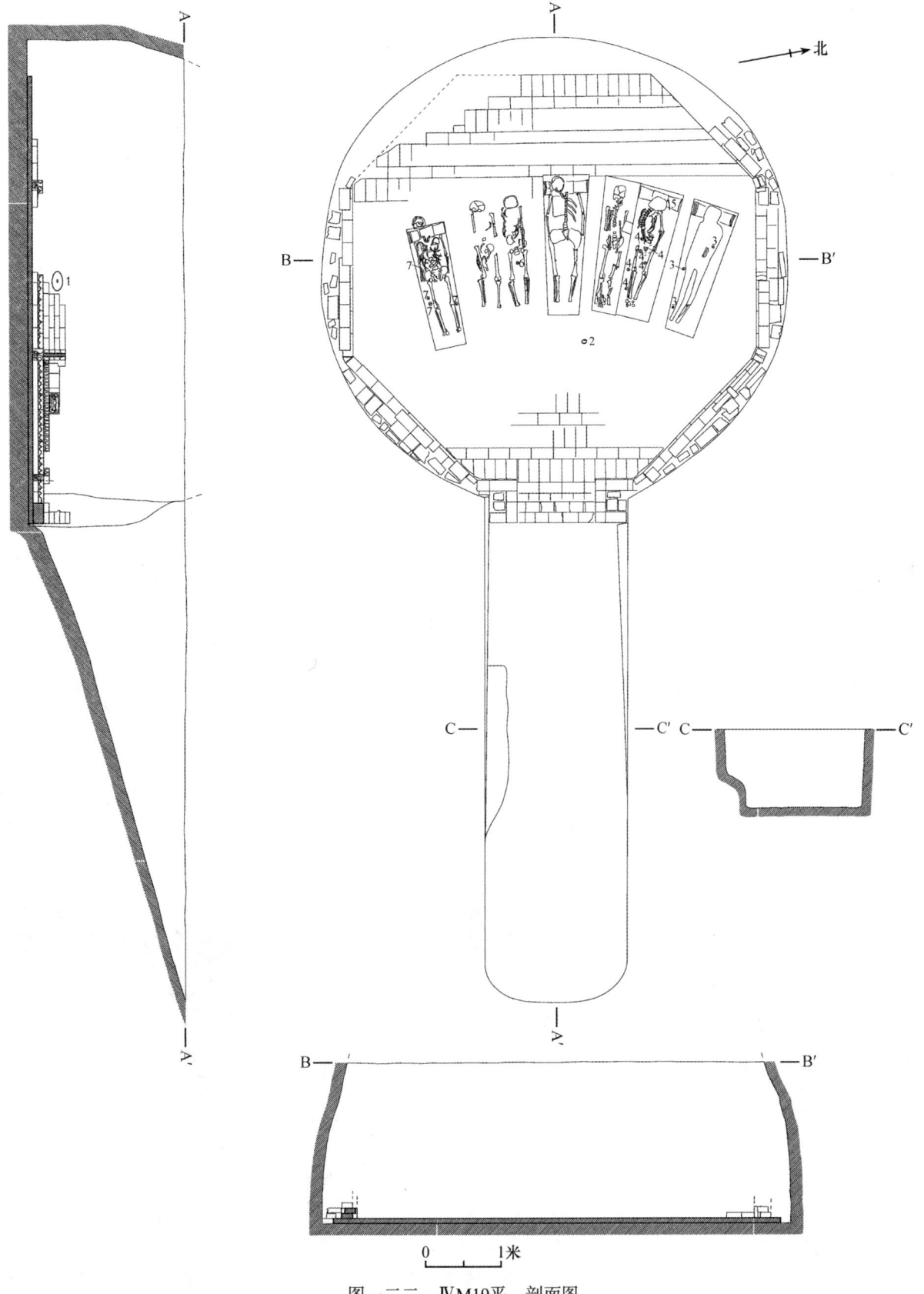

图一二二　ⅣM19平、剖面图

1.铜镜　2.瓷人俑头　3、4、6、7.铜钱　5.银簪

朱符青砖　1件。ⅣM28：2-1，保存较完整，制作不精致，坑状较多。平面呈长方形，素面，正面较平整，背面略粗糙。正面、背面均有文字。正面分为竖书三行，其中中间一行，上部墨书一"唵"字，其余为朱书"□""生""护养""开""□□""律令"以及镇煞符。右侧竖行墨书为"身披北斗头□（戴）三台"，左侧竖行墨书为"寿山永远石朽人来"；背面只有竖行朱书"长命富贵"四字。长31.2厘米，宽13.3厘米，厚6.1～6.3厘米（图一二三，7）。

朱符板瓦　6件。

标本ⅡM6：01，边沿略微残，可复原。在凸面竖朱砂书三行，中间字体较大，朱绘"山尸"字形的镇煞符及书"煞鬼"，右侧书"神符"、左侧书"镇墓"。长19厘米，大头宽15.5厘米，小头宽13厘米，厚1.5厘米（图一二三，1）。

标本ⅣM1：4、标本ⅣM2：2、标本ⅣM26：01、标本ⅣM37：01等朱砂字符脱落较严重，其内容均与标本ⅡM6：01大同小异（图一二三，2~5）。

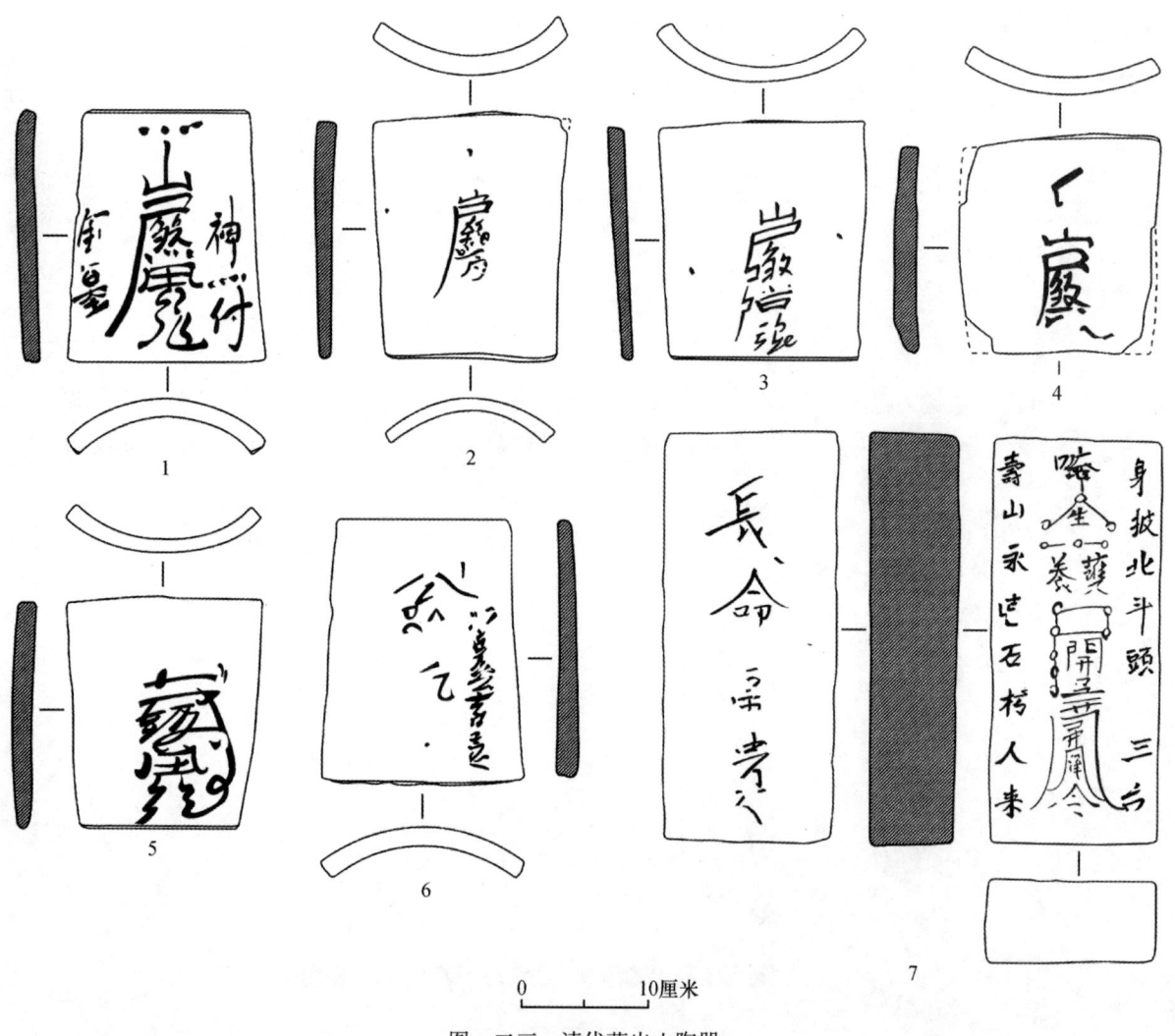

图一二三　清代墓出土陶器

1~6.朱符板瓦（ⅡM6：01、ⅣM1：4、ⅣM2：2、ⅣM26：01、ⅣM37：01、ⅣM8：01）　7.朱符青砖（ⅣM28：2-1）

标本ⅣM8∶01，边沿微残，可复原。瓦表面土锈较多，字符剥落较重，留有笔迹很少。在凸面竖书三行，中间字体较大，上边有一或二字为墨书（应是"敕令"），其下有朱书，字迹不清；右侧保留有一行竖行墨书，仅能辨认一"吉"字，其他字均残缺不全。长20.2厘米，大头宽16厘米，小头宽13.8厘米，厚1.4厘米（图一二三，6）。

（2）铜器

铜器150件（套）。其中镜1件、扣27套、旱烟袋2件、钩1件、耳饰3副（5件）、发饰4件、冠饰6件、其他饰4件、钱102套（517枚）。

镜　1件。ⅣM19∶1，神仙人物镜。圆形，宽折沿，银锭纽。背面素双边，其内面纹饰为浮雕，由上至下多层次排列，但层次界线并不严格。最上方中心为一座仙阁，左侧为祥云托日，右侧为祥云托月。第二层的中间为宝珠、仙犬，两侧各有二名行走的仙人。第三层的中间为镜纽，纽左右各有一位坐于祥云之上的仙人，坐仙两侧各有一名站立的仙人。第四层的中间为香炉，香炉两侧有站立的仙人及奔跑的仙童各一名。第五层的中间为聚宝盆，宝盆两侧各有鸡一只及图案一个。从总体的人物来看，大部分人物面向中心，其中两名坐祥云之上仙人的外围，共有十位站立或奔跑人物，手持各种物件，加之鸡犬等，为一幅仙界人间和谐图。直径20厘米，厚0.2~0.3厘米（图一二四，1；图版三二，4）。

扣　27套（共130枚）。锈蚀严重。下为球形，上有一圆环形穿鼻或另加圆环勾连，可穿线连缀衣裳。由残破者可以看出扣的内部呈空，为上下两部分连接而成。直径0.7~1.2厘米，厚0.01厘米（图版三二，7）。

标本ⅡM20∶6-1，圆形，上有圆环形穿鼻。球形直径0.7厘米，环形穿鼻直径0.4厘米（图一二四，2）。

标本ⅡM25∶2-1，圆形，上有圆环形穿鼻，并另加圆环勾连。球形直径0.7厘米，环形穿鼻直径0.35厘米，圆环直径0.6厘米（图一二四，3；图版三二，5）。

标本ⅢM13∶2-1，横向近似椭圆形，上有圆环形穿鼻。椭圆形直径0.9~1厘米，环形穿鼻直径0.4厘米（图一二四，4）。

标本ⅣM33∶1-1，圆形，上有圆环形穿鼻。球形直径1.2厘米，环形穿鼻直径0.5厘米（图一二四，5）。

烟斗　2件。由烟锅、烟嘴、烟杆及装烟叶的袋子组成。烟锅、烟嘴为铜质，中间的烟杆为木质，木质的烟杆腐朽严重，残存极少，装烟叶的袋子不存。

ⅣM29∶3，烟池外径1.7厘米，烟锅长8厘米，烟嘴长6.6厘米，铜质杆外径1.3厘米，木质杆外径0.9厘米（图二四○，6）。

ⅣM20∶3，烟嘴缺失，不能复原。烟池外径2厘米，烟锅长8.7厘米，铜质杆外径1.35厘米，木质杆外径1厘米（图一二四，7）。

钩　1件。ⅣM28∶11，由铜线弯曲而成，上为可挂坠或穿线的、近似椭圆的环形，下弯曲成钩状。长（高）3.6厘米，侧面宽1.4厘米，铜线粗0.13厘米（图一二四，8）。

耳饰　3副（5件）。耳饰可分为耳坠、耳环两种。

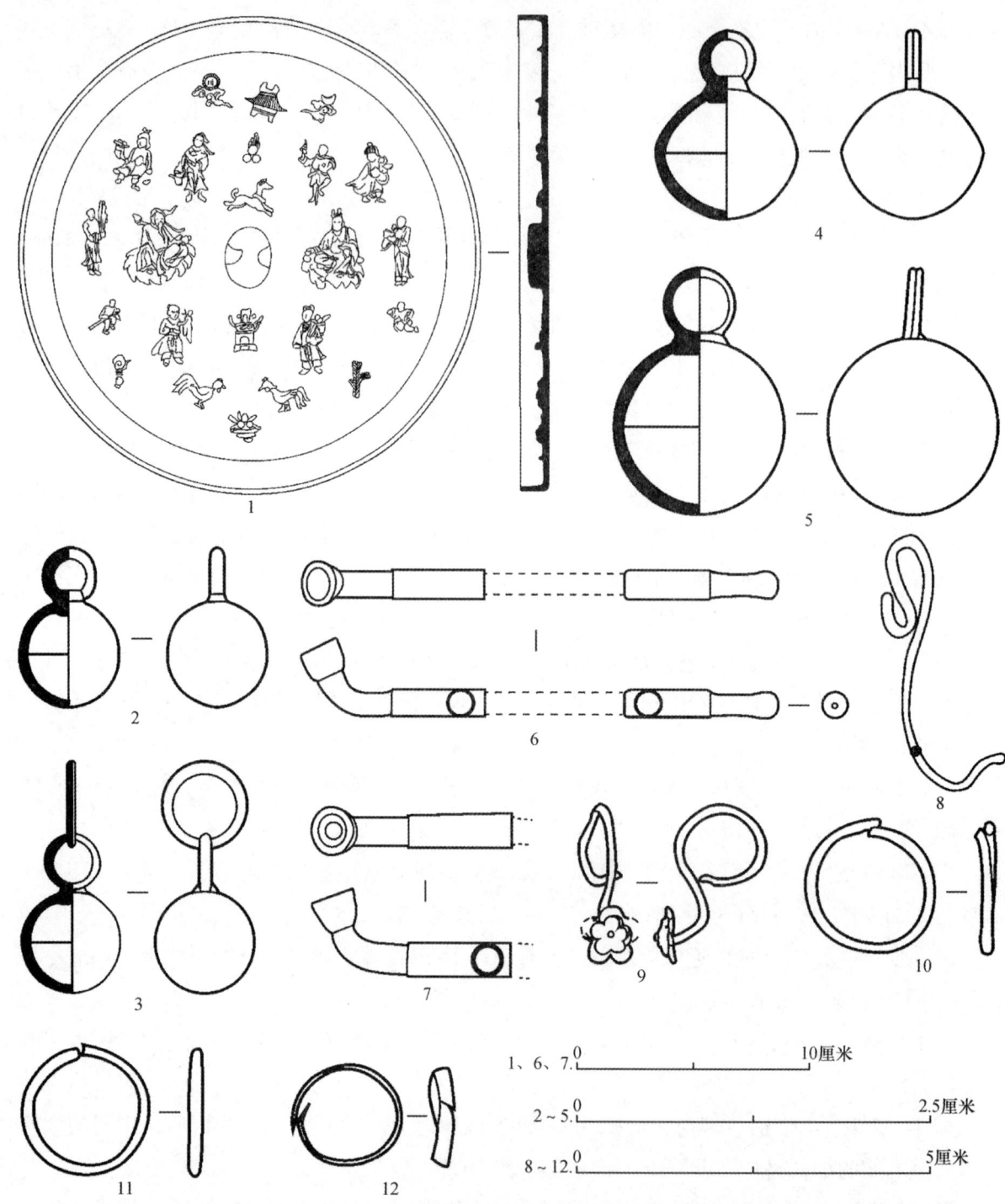

图一二四 清代墓出土铜器（一）
1.镜（ⅣM19∶1） 2~5.扣（ⅡM20∶6-1、ⅡM25∶2-1、ⅢM13∶2-1、ⅣM33∶1-1） 6、7.烟斗（ⅣM29∶3、ⅣM20∶3） 8.钩（ⅣM28∶11） 9.耳坠（ⅡM8∶1-1） 10~12.耳环（ⅣM1∶1-1、ⅡM8∶6、ⅡM8∶1-2）

耳坠 1件。钉形。上部是"钉体",呈环形钩状的细长锥状,作用于穿耳;下部是可摆动的"钉帽",为"坠",系花形装饰。ⅡM8:1-1,坠为双层盛开的五瓣形花饰,从侧面看,整体呈细长颈的小蘑菇状。花瓣宽0.8厘米(图一二四,9)。

耳环 4件。分为断面呈圆的长条卷成的环形和薄片卷曲的环形两种。

标本ⅣM1:1-1,近似环形,为长条卷曲而成,断面为圆体实心。粗0.15厘米,环径1.7~1.8厘米(图一二四,10)。

标本ⅡM8:6,残断,可复原。为长条卷成的环形,断面为圆体实心。粗0.2厘米,环径1.8厘米(图一二四,11)。

标本ⅡM8:1-2,铜片卷曲而成,铜片宽0.25厘米,环径1.4~1.6厘米(图一二四,12)。

发饰 4件。可分为发卡、发簪两种。

发卡 2件。正面为薄片、长条、亚腰、两端呈乳头状;侧面呈马鞍形。背面向正面略显缓弧,素面。

ⅣM32:4,长10.6厘米,最宽1.7厘米,厚0.15厘米,弧高2厘米(图一二五,1)。

ⅢM22:5,长8.8厘米,最宽1.7厘米,厚0.15厘米,弧高1.2厘米(图一二五,2)。

发簪 2件。簪头呈耳勺状。一端尖,一端耳勺状,器体素面。该簪可一器两用,除当发饰用之外还可利用一端耳勺掏耳屎。在连接耳勺的颈部弯曲,整体较直,簪尖略圆呈锥形。簪体的断面为菱形。

ⅡM15:1,断为三截,可复原。长13.6厘米,最宽0.6厘米,最厚0.3厘米(图一二五,3)。

ⅡM31:3,中间缺失,总长度不详。残存长9.2厘米,最宽0.6厘米,最厚0.3厘米(图一二五,4)。

冠饰 6件。"冠饰"的"冠"是指文官头上戴的"帽子"、武将头上戴的"头盔"。本文"冠饰"的"饰"是指冠顶部由螺丝帽、螺丝杆、螺丝垫、缨络及最上边的冠顶珠组成的装饰。出土时没有发现完整构件,缨络没有保存下来,其他部件也均残缺。为了叙述方便,现将螺丝帽、螺丝杆、螺丝垫统称为"冠(盔)的缨络基座",冠(盔)顶珠也单独叙述。

冠的缨络基座 4件。由螺丝帽、螺丝杆及螺丝垫组成。螺丝帽在螺丝杆的一端,为圆饼形,螺丝杆的另一端为尖锥形,螺丝垫为中心有孔圆片状。在螺丝杆上部饰缨络(发掘时无存),螺丝杆最上端拧上冠顶珠(下文另述),将缨络加以固定。

一是螺丝帽呈中部向上缓凹的饼形2件。

ⅢM22:6,仅存螺丝帽及极少一段的螺丝杆,不能复原。丝帽直径2.1厘米,丝杆残存长0.2厘米(图一二五,5)。

ⅣM31:4,饼形凹面有两组同心圆细突弦纹。螺丝杆残断为多段,现仅存两段,整体无法复原。失螺丝垫。饼形帽直径1.9厘米,丝杆直径0.2厘米,残存通长3.85厘米(图一二五,6)。

二是螺丝帽呈平板圆形1件,ⅣM29:4,螺丝帽在螺丝杆的一端,螺丝杆中部有可上下调

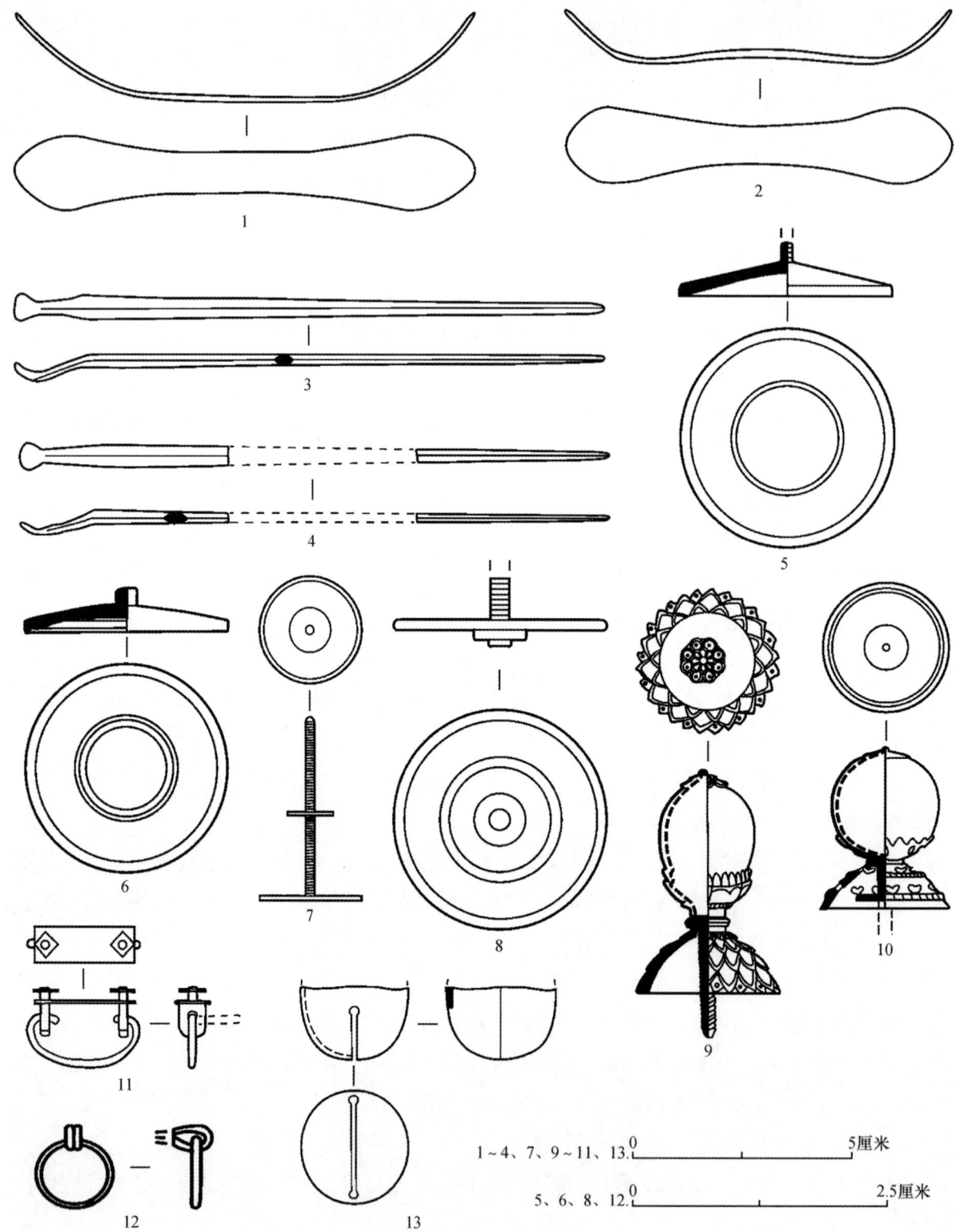

图一二五　清代墓出土铜器（二）
1、2. 发卡（ⅣM32：4、ⅢM22：5）　3、4. 发簪（ⅡM15：1、ⅡM31：3）　5~10. 冠饰（ⅢM22：6、ⅣM31：4、ⅣM29：4、ⅣM28：5、ⅡM10：1、ⅡM8：5）　11、12. 其他饰件（ⅣM29：6、ⅣM26：1）　13. 铃铛（ⅣM8：4）

整的螺丝垫。螺丝帽一面有两个浅凹同心圆。圆形帽直径2.4厘米，厚0.15厘米；丝杆直径0.2厘米，长4.1厘米（图一二五，7；图版三二，3）。

三是螺丝帽呈车轮形1件，ⅣM28：5，螺丝杆残存较短，不能复原。螺丝帽在螺丝杆的一端，螺丝杆从中心穿过，并有螺丝垫加以固定。螺丝帽有螺丝垫的一面，其边缘及中部各有一同心圆细突弦纹。轮径2.1厘米，轮厚0.1厘米，丝杆直径0.2厘米，丝杆残存长0.7厘米（图一二五，8）。

冠顶珠　2件。位于冠的缨络基座的上端，用于固定缨络，也象征着头顶宝珠。由珠和珠基座两部分组成，之间有螺丝杆穿合。

ⅡM10：1，珠呈椭圆形，上下两端有仰、俯莲花，珠基座呈半圆形，表饰多层俯莲。高6厘米，珠基座直径3.2厘米（图一二五，9；图版三二，1）。

ⅡM8：5，珠和基座之间的螺丝杆残断，无法复原。珠呈圆形，上下两端有圆饼形、圆形花装饰，珠基座呈半圆形，有两层花瓣式透雕装饰。残高3.6厘米，珠径2.5厘米，珠基座直径2.9厘米（图一二五，10；图版三二，2）。

铃铛　1件。ⅣM8：4，残存铃铛的下部，已被压扁，不能整体复原。推测为椭圆形，下端留有开口，仰视（平面）开口的形状呈两根连尾的火柴棍。现存直径2.5厘米，残高1.6厘米（图一二五，13）。

其他饰件　3件。器形较小，锈蚀严重。其中一件（ⅡM25：6）因残碎而无法辨认器形。可辨器形者略述如下。

近似半弧圆形拉手　1件。ⅣM29：6，小型拉手，应是抽屉、盒等器具及小型木箱的扳或拉手。拉手两端呈缓弯，搭挂在圆形穿鼻之上，可以上下活动，便于用手指拉动。上下通高1.4厘米，横向最大宽度2.55厘米（图一二五，11）。

环形圈　1件。ⅣM26：1，微型，用于吊饰、坠饰及缨络饰的中介连接。环形圈穿于椭圆形穿鼻内，穿鼻残缺。环形圈外径0.75厘米，0.1厘米（图一二五，12）。

钱　102套共517枚。因磨损、残碎及锈蚀严重，以致160枚钱面字迹不辨或笔划全部不清晰，约占总数的31%，能识别的钱文有357枚，约占总数的百分之69%。其中宋代铜钱有12枚，明代有34枚，清代有311枚（表六、表七）。现将不同钱文的名称、数量及拣选标本的拓片简述如下。

宋代钱　12枚。分别铸币于宋代的九个时期，其中有"景德元宝"1枚，"祥符元宝"1枚，"天禧通宝"1枚，"天圣元宝"3枚，"嘉祐通宝"1枚，"熙宁元宝"1枚，"元丰通宝"2枚，"元祐通宝"1枚，"圣宋元宝"1枚（图一二六，1~11）。

明代钱　34枚。分别铸币于明代的三个时期，其中有"万历通宝"10枚，"天启通宝"3枚，"崇祯通宝"21枚（图一二六，12~19）。

清代钱　311枚。分别铸币于清代的七个时期，其中有"顺治通宝"107枚，"康熙通宝"100枚，"雍正通宝"9枚，"乾隆通宝"60枚，"嘉庆通宝"14枚，"道光通宝"18枚，"光绪通宝"3枚（图一二七~图一三一）。

图一二六 清代墓葬出土宋、明时期铜钱标本拓片

1. 景德元宝（ⅢM2：5-5） 2. 祥符元宝（ⅣM35：2） 3. 天禧通宝（ⅣM8：5） 4、5. 天圣元宝（ⅢM23：3-2、ⅣM19：6） 6. 嘉祐通宝（ⅢM23：3-1） 7. 熙宁元宝（ⅢM23：3-5） 8. 元祐通宝（ⅢM23：3-3） 9、10. 元丰通宝（ⅣM8：3、ⅣM31：6） 11. 圣宋元宝（ⅡM7：3-3） 12、13. 万历通宝（ⅡM4：1-6、ⅡM4：1-7） 14、15. 天启通宝（ⅡM4：1-4、ⅡM4：1-5） 16~19. 崇祯通宝（ⅢM2：5-6、ⅡM4：1-1、ⅡM4：1-3、ⅡM24：4）

（1~11. 宋代铜钱；12~19. 明代铜钱）

图一二七　清代墓葬出土"顺治通宝"铜钱标本拓片

1. ⅡM4:1-11　2. ⅡM4:1-23　3. ⅡM14:1-1　4. ⅡM4:1-13　5. ⅢM2:3-5　6. ⅢM2:3-4　7. ⅡM7:3-4　8. ⅢM6:2-1　9. ⅡM20:3-4　10. ⅡM4:1-21　11. ⅢM6:4-3　12. ⅡM4:1-18　13. ⅢM2:5-3　14. ⅢM6:2-2　15. ⅡM4:1-12

图一二八 清代墓葬出土"顺治通宝""康熙通宝"铜钱标本拓片

1. ⅢM6：4-2 2. ⅡM4：1-15 3. ⅡM13：2-5 4. ⅢM6：4-1 5. ⅡM32：1-2 6. ⅡM4：1-20 7. ⅡM4：1-16 8. ⅡM4：1-10
9. ⅡM12：3 10. ⅡM19：1 11. ⅡM20：7-3 12. ⅣM19：7 13. ⅡM3：4-2 14. ⅢM7：4 15. ⅡM5：3-1

（1～8.顺治通宝；9～15.康熙通宝）

图一二九 清代墓葬出土"康熙通宝"铜钱标本拓片

1. ⅡM6：5 2. ⅠM2：2 3. ⅠM2：1 4. ⅡM18：2-3 5. ⅡM15：2 6. ⅡM14：1-2 7. ⅡM20：3-3 8. ⅡM13：2-2 9. ⅡM13：6-2 10. ⅡM18：2-1 11. ⅢM3：3 12. ⅡM14：1-3 13. ⅡM7：3-1 14. ⅡM7：5-1 15. ⅡM31：4

图一三〇　清代墓葬出土"康熙通宝""雍正通宝""乾隆通宝"铜钱标本拓片
1. ⅡM13∶2-3　2. ⅡM18∶2-2　3. ⅡM20∶3-2　4. ⅡM23∶5　5. ⅢM8∶4-3　6. ⅢM13∶5-3　7. ⅢM1∶3-1　8. ⅢM15∶1-1
9. ⅡM8∶7-1　10. ⅣM36∶1-1　11. ⅡM8∶7-2　12. ⅠM1∶1　13. ⅡM25∶3-3　14. ⅢM20∶2　15. ⅡM22∶3-2
（1~4.康熙通宝；5、6.雍正通宝；7~15.乾隆通宝）

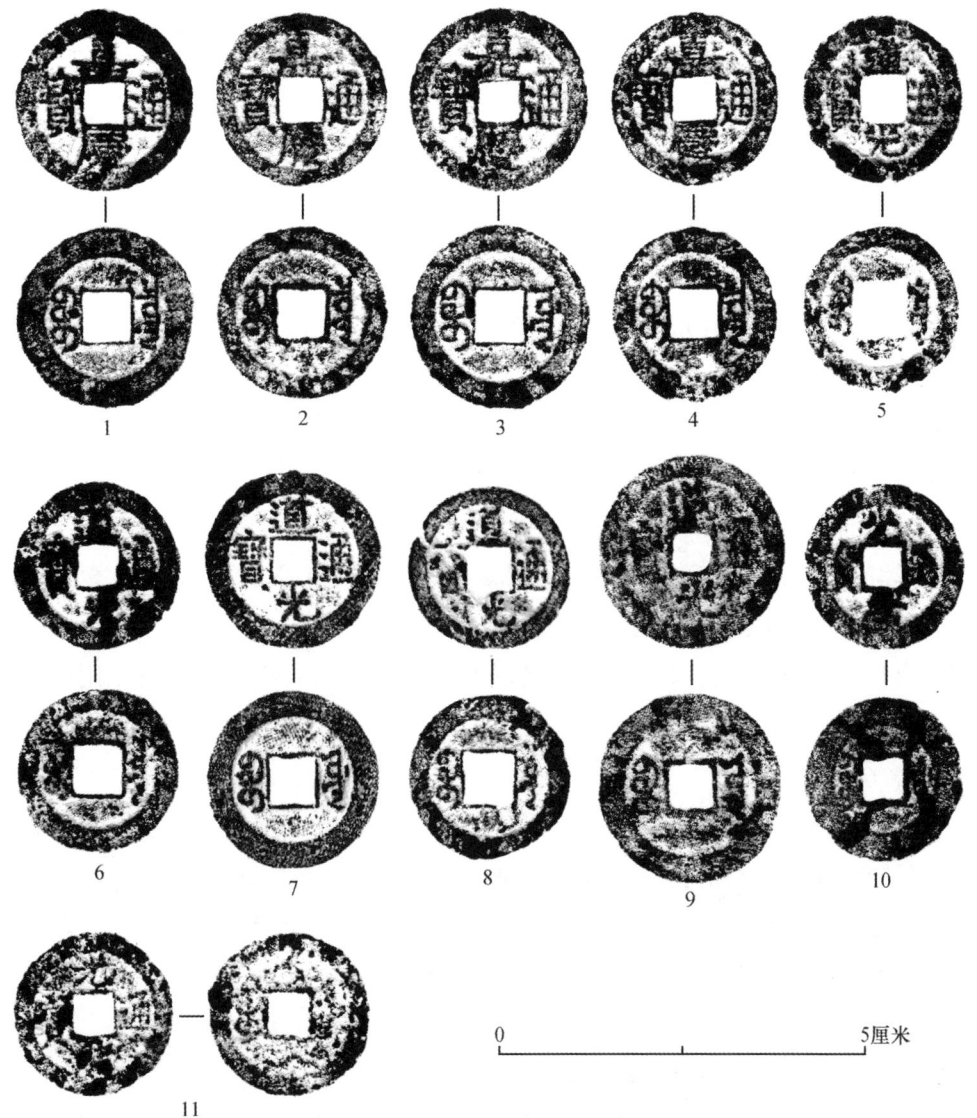

图一三一 清代墓葬出土"嘉庆通宝""道光通宝""光绪通宝"铜钱标本拓片

1. ⅡM4:1-9 2. ⅢM22:2 3. ⅣM31:3-2 4. ⅡM20:3-1 5. ⅣM33:2-2 6. ⅢM23:3-4 7. ⅣM29:8-1
8. ⅣM29:5 9. ⅢM24:2-1 10. ⅢM24:2-2 11. ⅣM27:4-1

（1~4.嘉庆通宝；5~9.道光通宝；10、11.光绪通宝）

（3）铁器

6件（把）。出土铁器的墓葬有十余座，由于器形较小、以残碎块居多，又多因锈蚀严重，分化成碎末状，看不出器形，也无法提取、保存。可辨器形者有农耕具犁、砍割器刀、装饰物箍形器等。

犁构件 3件。犁是耕地的农具，古代一般由铁制和木制合成。铁质制品多由犁铧（犁尖、犁头）与犁镜组合而成（分别是犁的一个附件），犁铧负责破土，犁镜担负将犁铧破起的土翻向一侧。

ⅣM2:3，犁铧。铧的一侧残缺，可仿照另一侧复原。犁铧头和犁铧銎的形状略类似于两个套合在一起的三角形。体中部有两个穿孔，可系绳或铁丝与其他附件固定。通高19厘米，宽21.4厘米，厚0.5～1.2厘米（图一三二，1）。

ⅣM25：4，犁镜。存靠向一边的不规则形残块，不能复原。靠边缘的背面略突，中间呈向一面缓弧的薄板形。器表锈蚀严重。残存长22.6厘米，残存宽7厘米，厚0.7～1.1厘米（图一三二，2）。

ⅣM26：5，犁镜。存中部不规则形残块，不能复原。中间呈向一面缓弧的薄板形。器表锈蚀严重。残存长7厘米，残存最大宽度4厘米，厚0.7厘米（图一三二，3）。

刀　2件。

ⅣM36：2，疑似镰刀。存刀体中部一段，不能复原。刀的背部、刃部皆显缓弧。器表锈蚀严重。残存长6.5厘米，宽2.6厘米，背部厚0.5厘米（图一三二，4）。

ⅢM3：2，疑似镶套木柄的刀（北方农村秋天将谷穗切下来的"鞘谷子刀"）。存铁柄的残段及连接刀体的一段，刃部残缺，不能复原。背缘弧圆，向刃部缓薄，柄随背部同向缓曲。器表锈蚀严重。残存长10.2厘米，残存宽3.0厘米，厚0.35厘米（图一三二，5）。

箍形器　1件。ⅣM20：6，板片条状圈起来的箍形器，根据形状疑似女工用的顶针，出土时已变形，圆箍形变为近似椭圆箍形，器表锈蚀严重。直径2～2.2厘米，宽约1厘米，厚0.2厘米（图一三二，6）。

（4）铅器

4件。有可穿线连缀衣裳的扣、圆形环两种。

扣　1件。ⅡM24：3，锈蚀严重。下为实心的近似球形，上有圆环形穿鼻。环形穿鼻直径0.5厘米，球形直径0.7～0.8厘米（图一三二，7）。

环　3件。圆形，2件完整，1件残缺。灰色。3件形状相同，个体大小有别。一面为平面，另一面中部厚，向边缘缓薄，断面呈近似三角形。器表有气泡。

ⅡM3：2，残缺，可复原。外直径3.4厘米，内直径1.5厘米，最厚处0.25厘米（图一三二，8）。

ⅡM5：2，完整。外直径2.7厘米，内直径1.1厘米，最厚处0.3厘米（图一三二，9）。

ⅢM22：3，边缘稍残缺，可复原。外直径2.4厘米，内直径0.8厘米，最厚处0.4厘米（图一三二，10）。

（5）骨器

5件。有衣裳上的缀扣、长方形薄板饰件两种。

扣　4件。有1件穿鼻与扣体断开，其他3件完整。土黄色。上有一面呈抹角方形穿鼻，另一面呈近似锥形，下为近似球形，球形体上端有凹坑与穿鼻相粘连。均出土于人的胸部，为衣、袍之扣。

标本ⅡM7：6-1，直径0.6～0.7厘米，通高1.2厘米（图一三三，1）。

标本ⅡM26：2，直径0.7厘米，通高1.2厘米（图一三三，2）。

标本ⅣM34：3，直径0.7厘米，通高1.3厘米（图一三三，3）。

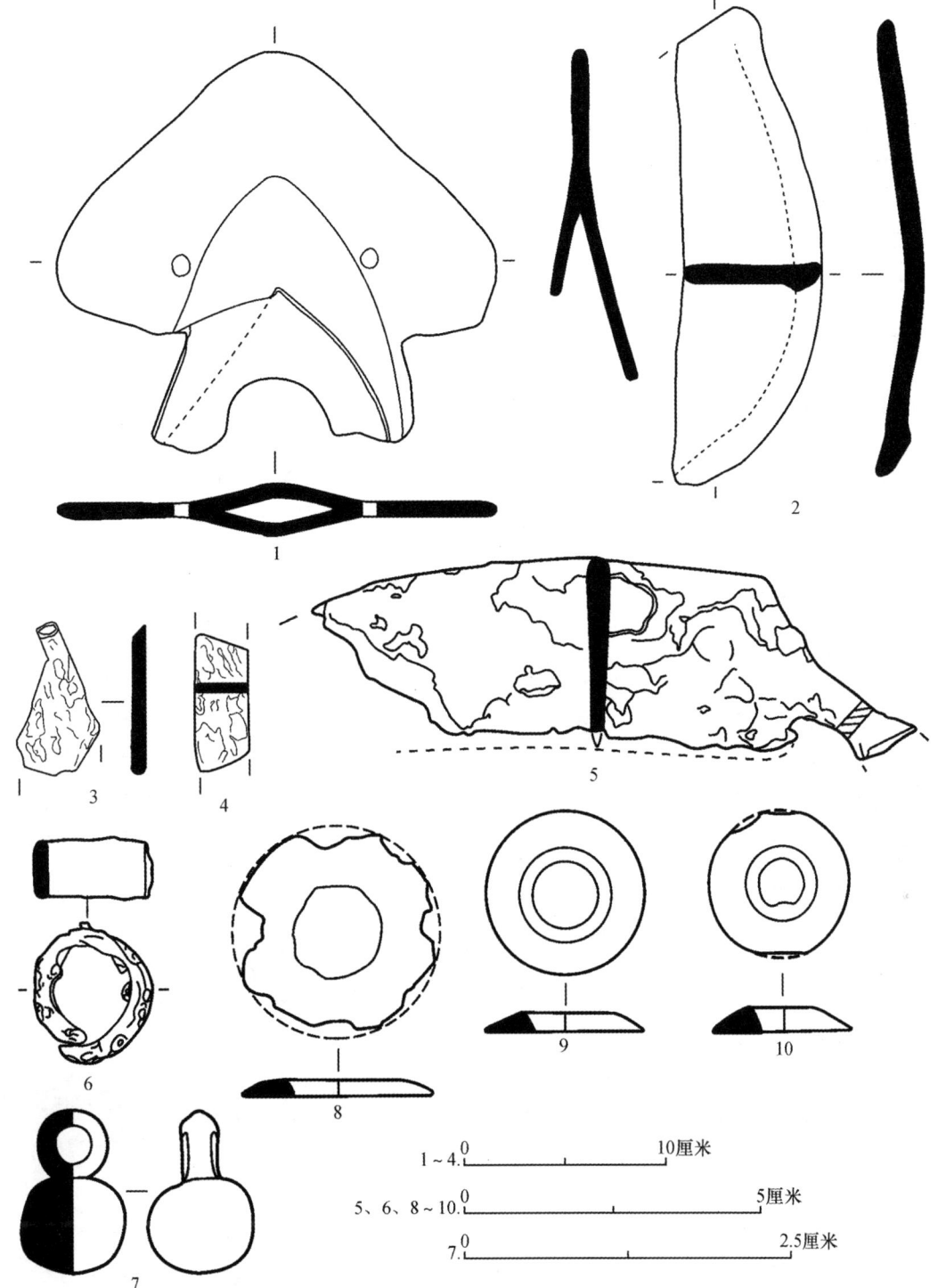

图一三二 清代墓出土器物（一）

1.铁犁铧（ⅣM2:3） 2、3.铁犁镜（ⅣM25:4、ⅣM26:5） 4、5.铁弧背刀（ⅣM36:2、ⅢM3:2） 6.铁箍形器（ⅣM20:6） 7.铅扣（ⅡM24:3） 8~10.铅环（ⅡM3:2、ⅡM5:2、ⅢM22:3）

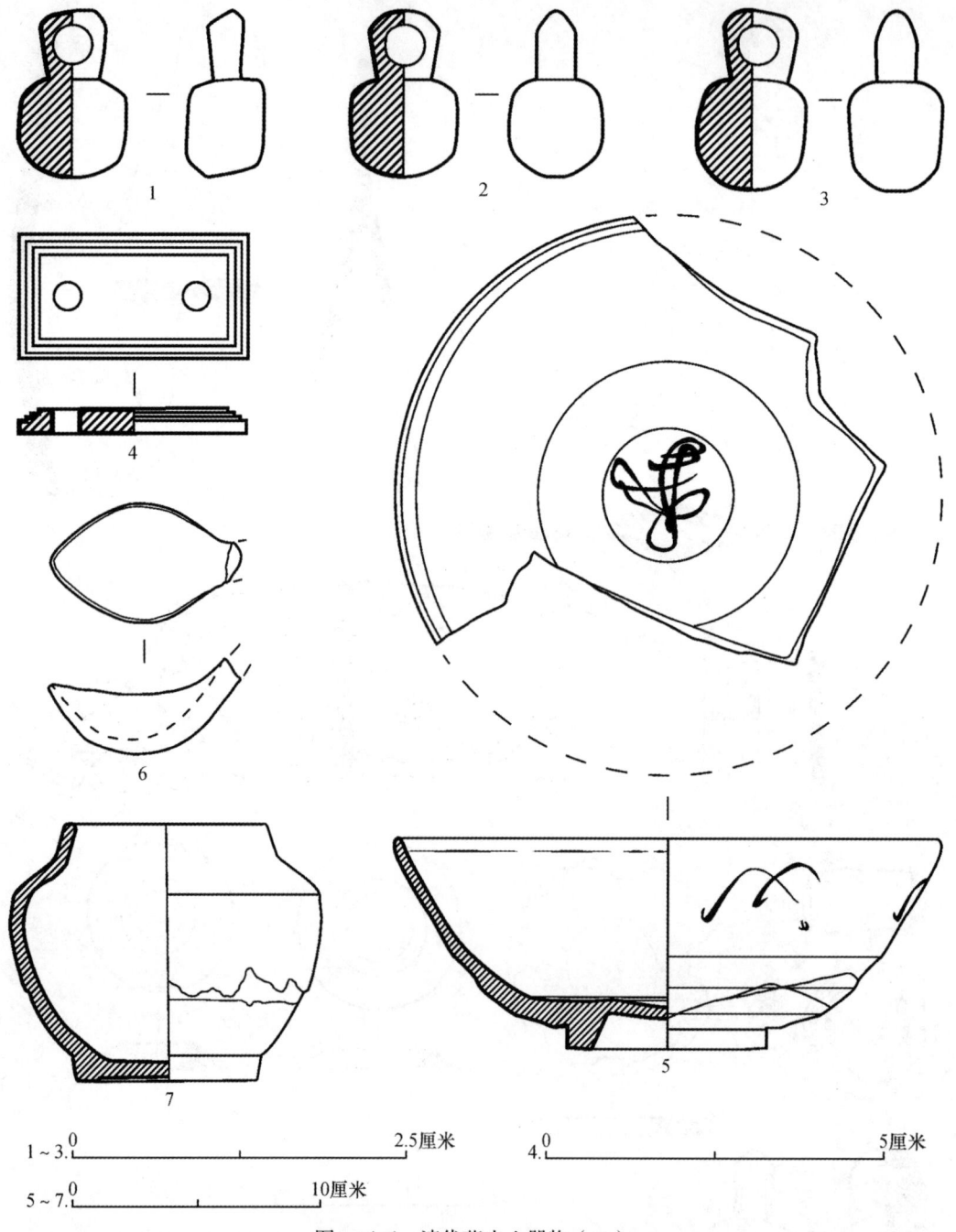

图一三三 清代墓出土器物（二）

1~3.骨扣（ⅡM7∶6-1、ⅡM26∶2、ⅣM34∶3） 4.骨饰件（ⅡM13∶3） 5.瓷碗（ⅡM4∶2） 6.瓷勺（ⅡM3∶8）
7.A型瓷深腹罐（ⅣM8∶2）

饰件 1件。ⅡM13∶3，长方形薄板。一面平，一面向四周渐低的阶梯状，故一面呈大长方形，另一面呈小长方形；从侧面看，类似登上四个阶梯之后才能到达平台之上。平面有两个圆孔。长3.4厘米，宽1.8厘米，厚0.35厘米，口径0.4厘米（图一三三，4）。

（6）瓷器

69件。分别为碗、勺、罐、人俑。其中碗、勺、人俑各1件，罐66件。从釉色看，黑色釉最多，其他釉色较少。

碗　1件。ⅡM4∶2，残存约1/2，可复原。圆唇，敞口，腹壁弧曲，近足时折，外壁下部有轮旋弦纹，内底中心微缓凹。环形圈足，足端平，足显"挖足过肩"。内外先施白色化妆土，再施白色釉，外壁施白色化妆土及白色釉皆留有似桃形露胎，内底刮釉呈圈形。釉泽明亮，泛淡绿，釉面均有碎冰裂纹。内外皆白地淡赭石色绘，口沿内外的下边皆饰一条环线纹，外壁绘有单线飞鸟纹，内底草书一字或图案形装饰。灰白色胎，坚硬。口径21.8厘米，足径8厘米，高8.2厘米（图一三三，5）。

勺　1件。ⅡM3∶8，长曲柄断失，不能复原。勺体平面呈橄榄形，勺池较深，口沿前端微尖，腹底部略厚，口沿稍薄，圜底，所存柄的断面近似半圆形或三角形。内外满施白色釉，略微泛灰色。白色胎，坚硬。残存长7.6厘米，最大宽度4.6厘米，残存高3.6厘米（图一三三，6）。

罐　66件。根据其形体分为深腹罐、矮领鼓腹罐、双系罐、四系罐等。

深腹罐　16件。其特点是类似筒形，矮领，鼓腹，矮圈足。深色釉。根据肩部为折肩、缓折肩、折肩消失的差异，分三型。

A型　1件。折肩。ⅣM8∶2，口部稍有残缺，可复原。圆唇，敛口，斜折肩，鼓腹，最大直径在腹上部，平底，外底与足端高距极矮。内外分别两次施黑褐色釉，初次釉较稀薄，二次釉稠厚有泪痕，外壁下半部及底露胎无釉。灰白色胎，胎料较粗，近似"缸胎"。口径8.2厘米，最大腹径12.4厘米，足径7.2厘米，高10厘米（图一三三，7；图版三〇，6）。

B型　10件。缓折肩。分二式。

Ⅰ式：1件，个体稍大。ⅡM12∶4，唇部内高外缓低，口微敛，腹壁缓鼓，最大直径在腹上部，外底略显向上缓凹，外底与足端高距极矮。内外施黑褐色釉，口沿施釉后再擦去呈芒口，外壁下部及底露胎无釉。灰白色胎，坚硬。足端遗留有三处支烧时的白碱痕迹。口径7.8厘米，最大腹径10.6厘米，足径6.7厘米，高9.2厘米（图一三四，1；图版三〇，7）。

Ⅱ式：9件，个体略小。

标本ⅣM1∶3，圆唇，领内微弧，腹壁缓鼓，最大直径在腹中部微偏上，底呈内圜外平，足端面弧圆。内外施黑色釉，领、肩泛棕色，口沿施釉后再擦去呈芒口，外壁下部及底露胎无釉。淡黄白色胎，坚硬。口径5.8厘米，最大腹径8厘米，足径4.8厘米，高7厘米（图一三四，2）。

标本ⅣM28∶1，圆唇，腹壁缓鼓，最大直径在腹中部微偏上，底呈内圜弧外略平，足端面高低不平。分两次施釉，先是满施稀薄棕红色釉，二次是除外壁下部及以下之外全施浓重的黑色釉，领、肩泛棕红色，釉泽较亮。最后将足端底的釉刮去呈足端白。灰白色胎，坚硬。口径5.8厘米，最大腹径7.6厘米，底径5.2厘米，高6.8厘米（图一三四，3）。

标本ⅢM22∶4，残坏，可复原。圆唇，腹壁缓鼓，最大直径在腹中部，内底中心略突，外底平，足端面高低不平。分两次施釉，先是满施稀薄棕色釉，二次是除外壁下部及以下之外全施浓重的黑色釉，部分釉面有不太明显的棕孔。最后将足端底的釉刮去呈足端白。淡黄白色胎，坚硬。口径5.8厘米，最大腹径7.8厘米，底径5.2厘米，高6.5厘米（图一三四，4）。

C型 5件。折肩消失。分二式。

Ⅰ式：1件，个体稍大。ⅡM12：1，形制、施釉及支烧痕与ⅡM12：4大体相同，区别仅在于肩部的缓折基本消失，由于烧窑温度欠缺而为"生烧"，釉色呈淡土黄色。口径8厘米，最大腹径10.8厘米，足径6.8厘米，高9.1厘米（图一三四，5）。

Ⅱ式：4件，个体略小，除1件隐圈足之外，皆为矮圈足（图版三〇，8）。

标本ⅡM11：1，残坏，可复原。唇顶面略平，领内微弧，腹壁缓鼓，最大直径在腹中部微偏上，底呈内圜弧外较平，隐圈足。内外施黑色釉，领、肩微泛棕色，口沿施釉后再擦去呈芒口，外壁下部及底露胎无釉。淡黄白色胎，坚硬。口径5.6厘米，最大腹径8厘米，足径4.8厘米，高7.8厘米（图一三四，6）。

标本ⅢM16：1，圆唇，腹壁弧曲，最大直径在腹中部偏上，平底，足端面稍微高低不

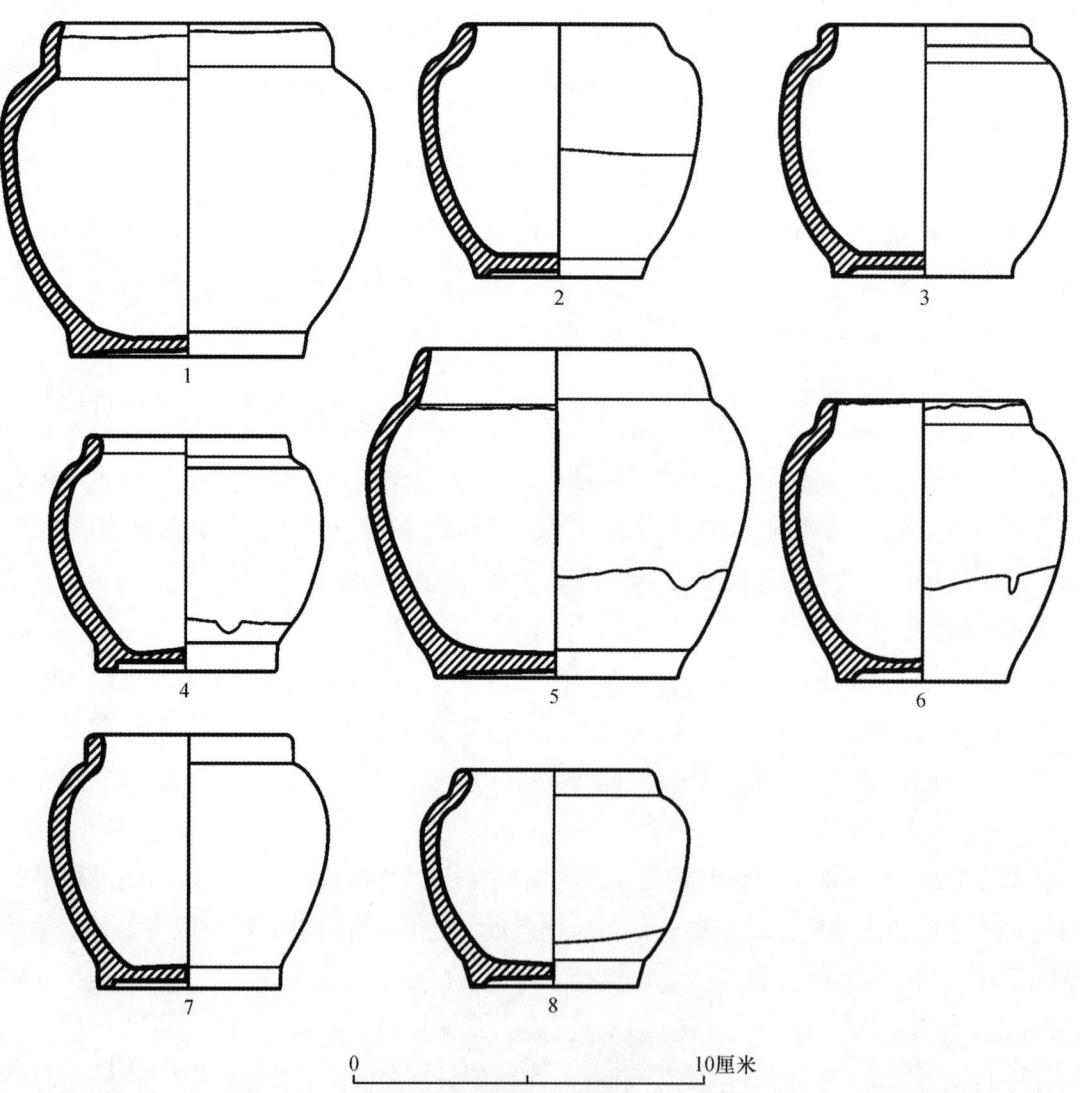

图一三四 清代墓出土瓷器（一）

1. B型Ⅰ式深腹罐（ⅡM12：4） 2～4. B型Ⅱ式深腹罐（ⅣM1：3、ⅣM28：1、ⅢM22：4） 5. C型Ⅰ式深腹罐（ⅡM12：1）
6～8. C型Ⅱ式深腹罐（ⅡM11：1、ⅢM16：1、ⅢM23：4）

平。分两次施釉，先是满施稀薄黄褐色釉，二次是除外壁下部及以下之外全施黑色釉，领、肩的部分地段露出黄褐色釉。最后将足端底的釉刮去呈足端白。淡黄白色胎，坚硬。口径5.9厘米，最大腹径8厘米，底径5.2厘米，高7厘米（图一三四，7）。

标本ⅢM23：4，圆唇，腹壁弧曲，最大直径在腹上部，外底平，足端面稍微高低不平。分两次施釉，先是满施稀薄棕黄色釉，二次是除外壁下部及以下之外全施黑色釉，外部釉面大部分地段露出泛棕红色。最后将足端底的釉刮去呈足端白。淡灰白色胎，坚硬。口径5.6厘米，最大腹径7.6厘米，底径5厘米，高6厘米（图一三四，8）。

矮领鼓腹罐　33件。这类罐的特点是整体矮胖，矮领，鼓腹，假圈足或圈足，深色釉。分三型。

A型　4件。敛口，领下部向外微斜，肩缓弧，圆鼓腹，最大直径在腹上部，平底或外底向上缓凹。内壁及内底施淡赭石色釉，口部内外及外壁施黑色釉，口沿施釉后再擦去呈芒口，在外壁下部的一段及外底露胎无釉。根据底部的变化分二式。

Ⅰ式：1件，平底。ⅢM6：1，腹壁有少量残缺，可复原。圆唇，腹壁弧曲，内底有排齿刮痕，外底平。黑色釉，釉泽明亮。灰白色胎，坚硬。足端有三处支烧时的白碱遗痕。口径8.2厘米，最大腹径12.4厘米，底径8.2厘米，高7.6厘米（图一三五，1；图版三〇，1）。

Ⅱ式：3件。外底向上缓凹。

ⅡM6：1，圆唇，腹壁弧圆，外底略显向上缓凹。黑色釉，釉泽较亮。灰白色胎，坚硬。足端遗留有三个支烧时的白碱痕迹。口径7.9厘米，最大腹径12厘米，底径7.9厘米，高7.4厘米（图一三五，2）。

ⅢM2：1，残缺约1/2，可复原。圆唇，最大腹径在腹的偏上部，外底中部微微向上缓凹。黑色釉，釉泽明亮。灰白色胎，坚硬。口径8.7厘米，最大腹径12.6厘米，底径8.2厘米，高7.4厘米（图一三五，3）。

ⅡM31：1，圆唇，腹壁弧曲，最大腹径在腹上部，外底向上缓凹。黑色釉，浓厚有泪痕，釉泽明亮。灰白色胎，坚硬。足端遗留有三处支烧时的白碱痕迹。口径9.1厘米，最大腹径12.5厘米，底径8.4厘米，高8.4厘米（图一三五，4）。

B型　20件。形制与A型相比，相同处是敛口、缓弧肩、圆鼓腹，不同处是最大直径不在腹上部而转为腹中部（很少一部分略微偏腹上部）、不是假圈足而变为圈足。深色釉，芒口。分三式。

Ⅰ式：9件。矮圈足，足端面较平且较宽。

标本ⅢM7：3，圆唇，腹壁略厚，外底向上缓凹。内壁及内底施较薄的棕色釉，外壁施黑釉，微泛棕色，在外壁下部的一段及外底露胎无釉。淡土黄色胎，坚硬。足端遗留有三处支烧时的白碱痕迹。口径8.8厘米，最大腹径12.8厘米，底径8.6厘米，高8.4厘米（图一三五，5）。

标本ⅡM6：2，小圆唇，外底平。分两次施釉，先是除外底不施釉之外，全施较薄的棕色釉，二次是除内底、内壁及外壁下部的一段之外全施浓重的黑色釉，最后将口沿的釉全擦去呈芒口。灰白色胎，坚硬。足端遗留有四处支烧时的白碱痕迹。口径8.2厘米，最大腹径12厘

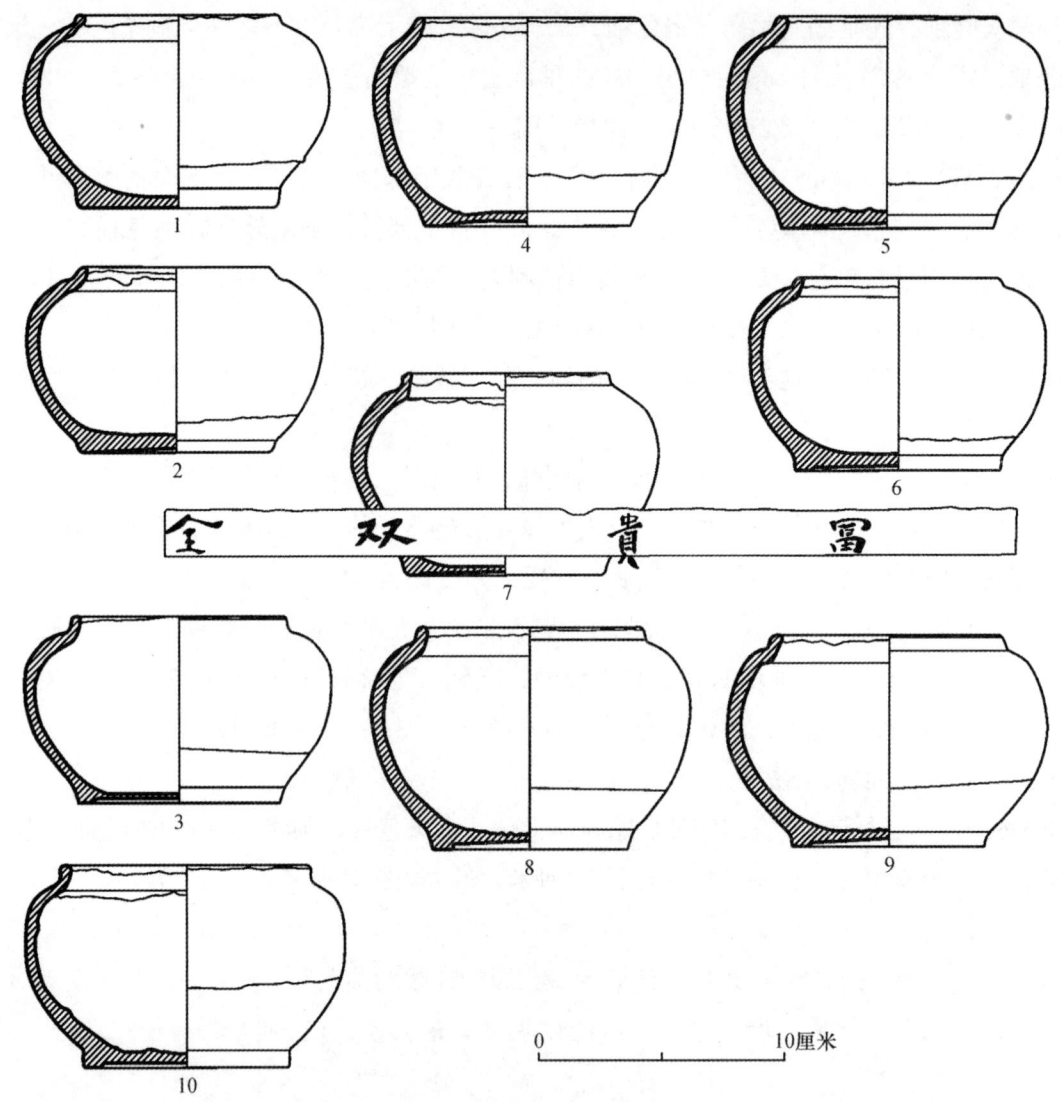

图一三五 清代墓出土瓷器（二）
1.A型Ⅰ式矮领鼓腹罐（ⅢM6∶1） 2~4.A型Ⅱ式矮领鼓腹罐（ⅡM6∶1、ⅢM2∶1、ⅡM31∶1） 5~10.B型Ⅰ式矮领鼓腹罐（ⅢM7∶3、ⅡM6∶2、ⅡM31∶2、ⅡM13∶4、ⅡM3∶5、ⅣM25∶3）

米，底径8.2厘米，高7.7厘米（图一三五，6）。

标本ⅡM31∶2，小圆唇，外底平，圈足极矮。内壁及内底施较薄的棕色釉，外壁施黑釉，领上部微泛棕色，在外壁下部及外底露胎无釉。外壁下部墨书"富贵双全"四字。灰白色胎，坚硬。口径8.5厘米，最大腹径12.5厘米，底径8.3厘米，高8厘米（图一三五，7；图版三〇，2）。

标本ⅡM13∶4，圆唇，内底有排齿刮痕，外底平，圈足略高。内壁及内底施较薄的棕色釉，外壁施灰绿酱色釉，外壁下部及外底露胎无釉。淡土黄色胎，坚硬。足端遗留有三处支烧时的白碱痕迹。口径9.2厘米，最大腹径13厘米，底径8厘米，高8.8厘米（图一三五，8）。

标本ⅡM3∶5，圆唇，唇内为棱缘，圆腹，内底有排齿刮痕，外底中心微缓凹，圈足略高。内壁及内底施较薄的棕色釉，外壁施灰绿色釉，外壁下部及外底露胎无釉。淡土黄色胎，坚硬。足端遗留有三个支烧时的白碱痕迹。口径9.4厘米，最大腹径12.8厘米，底径7.6厘米，高8.4厘米（图一三五，9）。

标本ⅣM25∶3，口略大，圆唇，圆曲腹，内底有排齿刮痕，外底平，圈足端面梢窄。内壁及内底施较薄的棕色釉，釉泽暗淡，外壁施黑色釉，外壁下部及外底露胎无釉，釉泽明亮，釉面有不太明显的棕孔。淡土黄色胎，坚硬。口径10.2厘米，最大腹径13厘米，底径8.4厘米，高8厘米（图一三五，10）。

Ⅱ式：2件。形制同A型Ⅰ式，仅肩部有区别，非缓弧肩而为圆肩。

ⅡM13∶1，小圆唇，腹壁中部一段略微垂直，外底平。内壁及内底施较薄的淡棕色釉，外壁施偏棕色的黑釉，在外壁下部的一段及外底露胎无釉，釉面有不太明显的棕孔。淡黄色胎，坚硬。口径9厘米，最大腹径12.8厘米，底径8厘米，高8.3厘米（图一三六，1）。

ⅢM7∶1，唇内为棱缘，腹壁略厚，外底平。内壁及内底施较薄的棕色釉，外壁施黑釉，微泛褐色，在外壁下部的一段及外底露胎无釉。淡黄色胎，坚硬。足端遗留有三个支烧时的白碱痕迹。口径9.2厘米，最大腹径13厘米，底径7.8厘米，高8.8厘米（图一三六，2）。

Ⅲ式：9件。与上述器物相比，主要变化在足部，呈圈足变为略高、足端面窄且弧圆，次

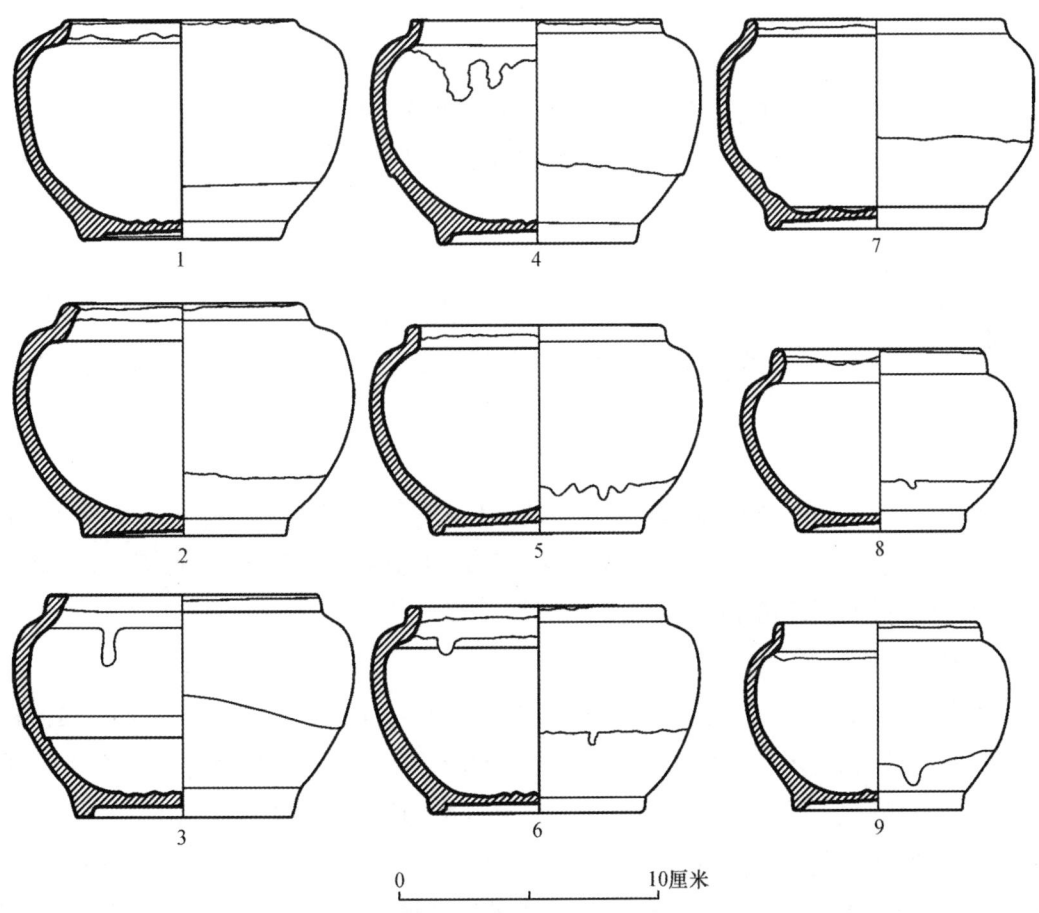

图一三六　清代墓出土瓷器（三）

1、2. B型Ⅱ式矮领鼓腹罐（ⅡM13∶1、ⅢM7∶1）　3～7. B型Ⅲ式矮领鼓腹罐（ⅢM8∶1、ⅡM7∶2、ⅡM8∶3、ⅡM5∶1、ⅣM26∶3）　8、9. C型Ⅰ式矮领鼓腹罐（ⅡM25∶4、ⅡM10∶2）

变化为最大腹径略微偏腹上部。

标本ⅢM8：1，方唇，唇内为棱缘，内壁有轮旋突纹，外底中心向上微缓凹。口沿内外及外壁上部施黑釉，领部泛棕色，最后将口沿的釉擦去呈芒口，釉泽明亮。淡土黄色胎，坚硬。口径10.8厘米，最大腹径13.2厘米，底径8.4厘米，高8.4厘米（图一三六，3）。

标本ⅡM7：2，方唇，外底中心向上微缓凹。内壁及内底施较薄的棕色釉，口沿内外及外壁上部施黑色釉，外壁下部及外底露胎无釉，最后将口沿的釉擦去呈芒口，釉泽明亮。灰白色胎，坚硬。口径9.6厘米，最大腹径12.7厘米，底径7.6厘米，高8.4厘米（图一三六，4）。

标本ⅡM8：3，圆唇，外底中心向上缓凹。分两次施釉，先是满施略稀的黄褐色釉，二次是除外壁下部及以下之外全施浓重的棕黑色釉，最后将足端、唇部的釉擦去呈白足底及芒口，釉泽明亮。黄白色胎，坚硬。口径10厘米，最大腹径12.9厘米，底径8.2厘米，高7.9厘米（图一三六，5）。

标本ⅡM5：1，方唇，略微呈缓弧肩，平底。口沿内外及外壁上部施黑色釉，釉面布满雨水滴状棕色纹，擦去唇部釉呈芒口，釉泽明亮。淡黄白色胎，坚硬。口径10厘米，最大腹径12.9厘米，底径8.6厘米，高7.8厘米（图一三六，6）。

标本ⅣM26：3，圆唇，腹壁中部一段略微垂直，外底中心向上缓凹。口沿内外及外壁上部施黑色釉，领与肩交界处泛棕红色，擦去唇部釉呈芒口，釉泽明亮。淡黄白色胎，坚硬。口径10.2厘米，最大腹径12.4厘米，底径8.6厘米，高7.9厘米（图一三六，7）。

C型　9件。从整体形制看，和A型、B型相近似。其个体明显变小，领部也略微加高。分三式。

Ⅰ式：3件。鼓腹，最大腹径在腹中部。

标本ⅡM25：4，圆唇，圆曲腹，外底平。分两次施釉，先是满施稀薄棕褐色釉，二次是除外壁下部及以下之外全施浓重的深棕色釉，釉泽较亮。最后将口沿、足端底的釉全擦去呈芒口、足端白。灰白色胎，坚硬。口径8.3厘米，最大腹径10.8厘米，底径6.8厘米，高6.9厘米（图一三六，8；图版三〇，3）。

标本ⅡM10：2，口、腹稍残，可复原。圆唇，圆曲腹，外底中心向上微缓凹。口沿内外及外壁上部施黑色釉，领与肩交界处泛棕红色，擦去唇部釉呈芒口，釉泽明亮。灰白色胎，坚硬。口径8厘米，最大腹径10.4厘米，底径6.6厘米，高7.1厘米（图一三六，9）。

Ⅱ式：3件。鼓腹，最大腹径偏腹上部。

标本ⅡM22：1，方唇，弧曲腹，内底有排齿刮痕，外底平。内壁、内底施稀薄棕褐色釉，领内外及外壁上部施较浓的黑棕色釉，釉泽较亮，最后将口沿端的釉擦去呈芒口。淡黄白色胎，坚硬。口径8.2厘米，最大腹径10.2厘米，底径6.4厘米，高7.4厘米（图一三七，1）。

标本ⅡM10：5，圆唇，弧曲腹，内底有排齿刮痕，外底中心有一凹形手指按坑。口沿内外及外壁上部施黑色釉，领上部泛棕红色，唇部釉被擦去呈芒口，釉泽明亮。淡黄白色胎，坚硬。口径8.1厘米，最大腹径10.4厘米，底径6.5厘米，高7.4厘米（图一三七，2；图版三〇，4）。

Ⅲ式：3件。形体近似C型Ⅰ式和Ⅱ式，本式呈缓折肩。

标本ⅣM37：2，圆唇，直领，最大腹径在中部，内底中心有凹坑，外底平。口沿内外及外壁上部施浓淡差别较大的灰黑色釉，泛暗绿色，唇部釉被擦去呈芒口，釉泽明亮。灰白色胎，坚硬。口径7.8厘米，最大腹径10厘米，底径6.6厘米，高7.5厘米（图一三七，3）。

标本ⅣM2：1，圆唇，直领，最大腹径在中部微偏上，内底有排齿刮痕，外底平。口沿内外及外壁上部施黑、棕色兼有的混合釉色，上部偏棕红色，唇部釉被擦去呈芒口，釉泽明亮。淡黄白色胎，坚硬。口径8.1厘米，最大腹径10.4厘米，底径6.4厘米，高7.4厘米（图一三七，4；图版三〇，5）。

双系罐　11件。圆唇，泥条形双系，缓鼓腹，圈足。分二型。

A型　4件。整体呈深腹、瘦高形。根据领、腹鼓的部位、足的变化分二式。

Ⅰ式：2件。敛口，斜领，最大腹径在中部，矮圈足近似平底，足端面较平且较宽。

ⅣM34：1，双系残缺，不能复原。除外壁中部以下无施釉之外，余皆施黑色釉，唇部及

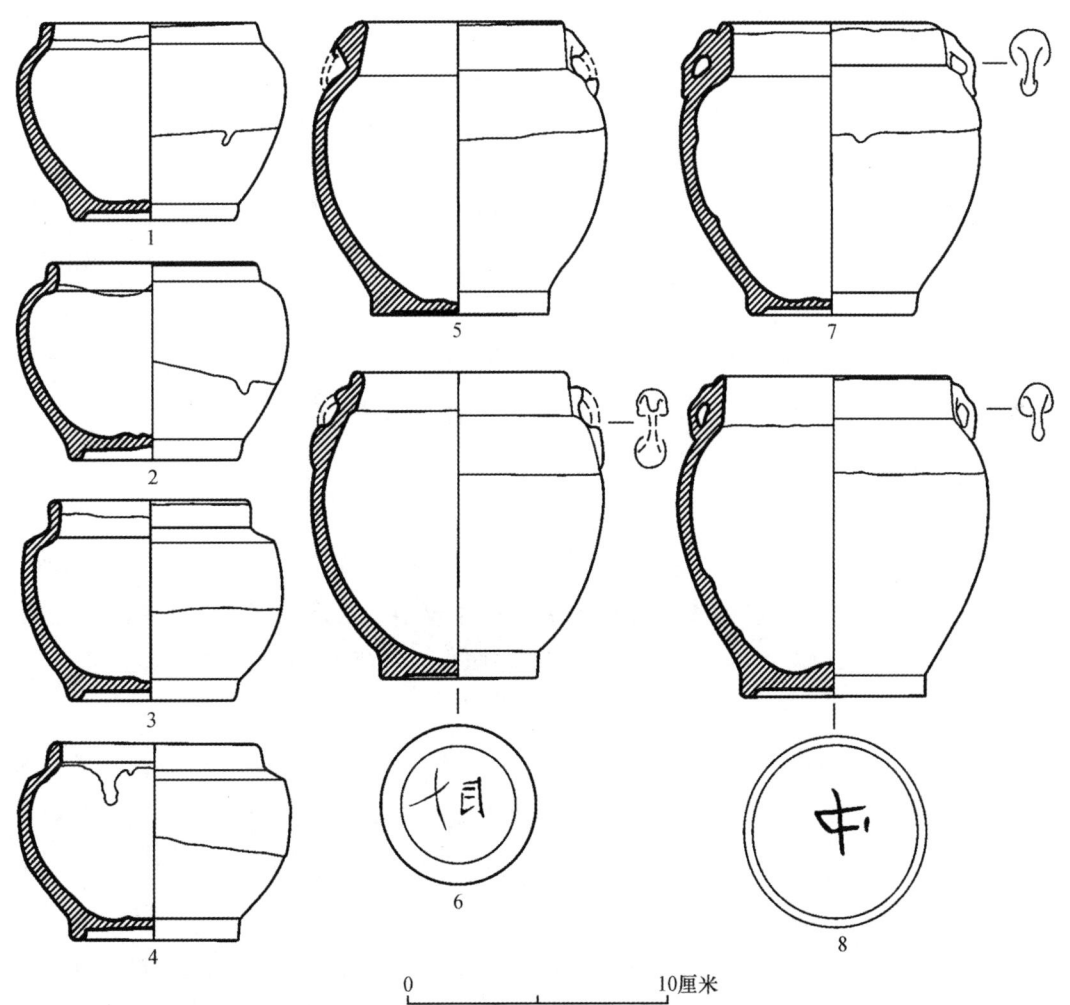

图一三七　清代墓出土瓷器（四）

1、2. C型Ⅱ式矮领鼓腹罐（ⅡM22：1、ⅡM10：5）　3、4. C型Ⅲ式矮领鼓腹罐（ⅣM37：2、ⅣM2：1）　5、6. A型Ⅰ式双系罐（ⅣM34：1、ⅣM8：1）　7、8. A型Ⅱ式双系罐（ⅠM1：2、ⅣM22：1）

领内部的釉被擦去呈芒口，釉泽较亮。外壁中、下部有少量"落砂"。灰白色胎，坚硬。口径8厘米，腹径11.2厘米，底径6.6厘米，高11厘米（图一三七，5）。

ⅣM8：1，双系残缺，不能复原。除外壁中部以下无施釉之外，余皆施黑偏棕色釉，唇部及领内部的釉被擦去呈芒口，釉泽不太亮。外壁中、下部有少量"落砂"。外底有模制突起"十月"二字。灰白色胎，坚硬。口径8.4厘米，最大腹径11.2厘米，底径6.2厘米，高11.4厘米（图一三七，6；图版三一，1）。

Ⅱ式：2件。直领，最大腹径在中部微偏上，圈足稍高，足端面近似弧圆。

ⅠM1：2，残坏，可复原。除外壁中部以下无施釉之外，余皆施酱色釉，唇部及领内部的釉被擦去呈芒口，釉泽较亮。外壁一侧略有"落砂"。灰白色胎，坚硬。口径8.8厘米，最大腹径11.6厘米，底径6.8厘米，高11厘米（图一三七，7；图版三一，2）。

ⅣM22：1，腹、口、系稍残，可复原。除外壁中部以下无施釉之外，余皆施酱色釉，唇部及领内部的釉被擦去呈芒口，釉不匀、较亮。外壁下部有轻微"落砂"。外底有模制突起一"中"字。淡黄白色胎，坚硬。口径9.2厘米，最大腹径12厘米，底径7.2厘米，高12厘米（图一三七，8）。

B型　7件。整体呈矮胖形，鼓腹，足端面近似弧圆。根据肩部变化分二式。

Ⅰ式：2件。缓折肩。

ⅡM23：1，双系残缺，不能复原。口微敛，最大腹径在中部偏上。除外壁中部以下无施釉之外，余皆施黑色釉，釉面有棕孔，釉泽不太亮。淡黄白色胎，坚硬。口径9.1厘米，最大腹径12.3厘米，底径7.5厘米，高9.7厘米（图一三八，1）。

ⅡM18：1，领较直，最大腹径在中部。除外壁中部以下无施釉之外，余皆施黑色釉，釉泽明亮。淡黄白色胎，坚硬。口径8.2厘米，最大腹径11厘米，底径6.2厘米，高8.6厘米（图一三八，2；图版三一，3）。

Ⅱ式：5件。缓弧肩。

标本ⅣM3：5，口微敛，最大腹径在中部偏上。分两次施釉，先是满施稀薄棕色釉，二次是除外壁下部及以下之外全施较浓重的黑色釉，釉泽较暗。最后将足端底的釉全擦去呈足端白。灰白色胎，坚硬。口径8.8厘米，最大腹径11.5厘米，底径7厘米，高9.8厘米（图一三八，3）。

标本ⅢM23：1，口微敛，最大腹径在中部微偏上。分两次施釉，先是满施稀薄灰黄色釉，二次是除外壁下部及以下之外全施较浓的黑色釉，釉面泛棕色，釉泽略暗。最后将足端底的釉全擦去呈足端白。外底有模制突起一"公"字。灰白色胎，坚硬。口径8厘米，最大腹径10.8厘米，底径6.4厘米，高9.2厘米（图一三八，4）。

标本ⅣM29：2，口微敛，最大腹径在中部微偏上。除外壁中部以下无施釉之外，余皆施棕红色釉，釉泽较亮。外底有模制突起一"斗"字形符号。外壁下部有轻微"落砂"。灰白色胎，坚硬。口径8.7厘米，最大腹径10.7厘米，底径6.7厘米，高9~9.4厘米（图一三八，5；图版三一，4）。

四系罐 6件。泥条形四系,有个体大小、圈足与隐圈足之分。分为二型。

A型 5件。圆唇,微敛,深腹缓鼓,圈足。酱色釉,芒口。外壁肩部以下无釉,有不同程度的"落砂"。

标本ⅣM3∶2,一系残缺,可复原。最大腹径在中部微偏上。内壁及底施酱色釉,外壁釉面有"落砂"。淡黄白色胎,坚硬。口径9.3厘米,最大腹径12.4厘米,底径7.2厘米,高12.2厘米(图一三八,6;图版三一,5)。

标本ⅣM20∶1,二系残缺,可复原。最大腹径接近中部。内壁及底施酱色釉,外壁露胎

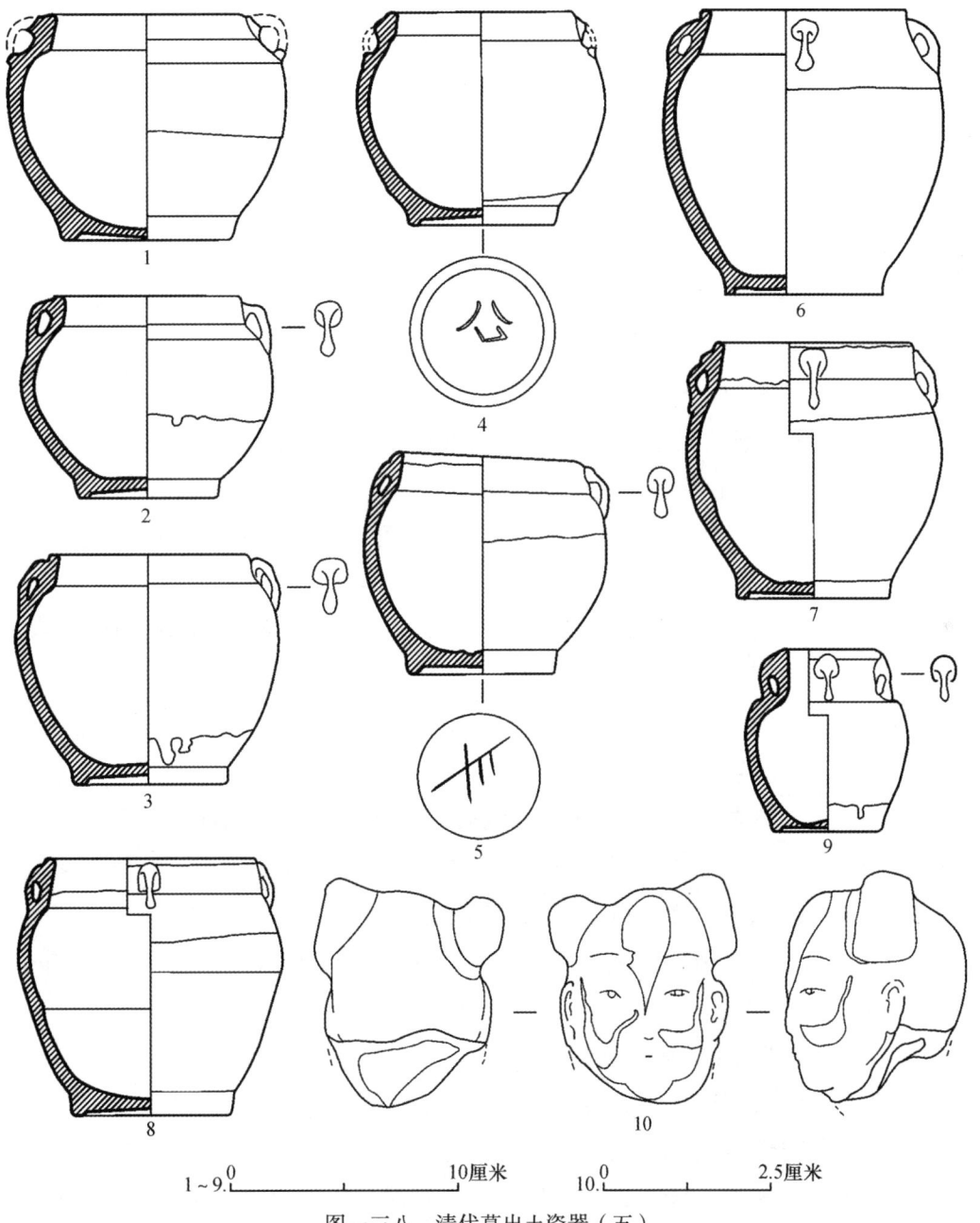

图一三八 清代墓出土瓷器(五)

1、2.B型Ⅰ式双系罐(ⅡM23∶1、ⅡM18∶1) 3~5.B型Ⅱ式双系罐(ⅣM3∶5、ⅢM23∶1、ⅣM29∶2) 6~8.A型四系罐(ⅣM3∶2、ⅣM20∶1、ⅢM22∶1) 9.B型四系罐(ⅣM27∶3) 10.人俑头(ⅣM19∶2)

无釉处有"落砂"。淡黄白色胎，坚硬。口径8.8厘米，最大腹径11.2厘米，底径6.8厘米，高11厘米（图一三八，7）。

标本ⅢM22：1，二系残缺，可复原。最大腹径在上腹部，内外壁皆有一轮旋突楞。内壁及底施酱色釉，外壁釉面大部分地段有"落砂"。灰白色胎，坚硬。口径9.2厘米，最大腹径11.6厘米，底径6.8厘米，高11厘米（图一三八，8）。

B型 1件。ⅣM27：3，个体小。口沿微残，可复原。外突唇，直领，折肩，领和肩之间置四个垂直泥条系，弧曲壁，外底平，隐圈足。分两次施釉，先是满施稀薄棕黄色釉，二次是除外壁下部及以下之外全施较浓的黑色釉，在口沿、系和肩的棱角处泛棕红色，釉泽较亮。最后将足端底的釉擦去呈足端白。灰白色胎，坚硬。口径5厘米，最大腹径7.2厘米，底径5厘米，高7.8厘米（图一三八，9；图版三一，6）。

人俑头 1件。ⅣM19：2，瓷塑双髻童子，白地黑彩（微偏棕色），仅存头部残件，不能复原。模制，中空。头顶两侧的双髻高起，头前（顶）留"鹁（鹄）角"，皆是浓重色彩。面部丰润，五官微微凸显，眼、眉施黑偏棕色彩。面颊施"豆芽"形黑偏淡棕色装饰，类似戏剧脸谱。釉泽较亮。白色胎，坚硬。宽2.8厘米，残存高3.25厘米（图一三八，10）。

（7）料器

11件（套）。其中有扣、珠、环及花形饰等。

扣 6枚。下为球形或近似球形，上有一环形穿鼻，可穿线连缀衣裳。其中有红色、蓝色等。有2枚的扣穿鼻缺失，不能复原（图版三二，6）。

标本ⅣM20：4-1，完整。下为近似椭圆形，紫红色，上有铜质环形穿鼻。直径1～1.3厘米，通高1.6厘米（图一三九，1）。

标本ⅣM20：4-2，完整。整体似灯笼形，下为扁圆形，粉红色，上有铜质环形穿鼻，穿鼻向下穿过扣中心之后再固定。直径0.8～1.2厘米，通高1.8厘米（图一三九，2）。

标本ⅣM20：4-3，扣体之上的铜质环形穿鼻残缺，不能复原。下为不规则椭圆形，淡蓝色。直径1～1.2厘米，残存通高1.2厘米（图一三九，3）。

标本ⅡM3：6，扣体之上的铜质环形穿鼻残缺，不能复原。近似扁圆形，淡蓝色。直径0.8厘米（图一三九，4）。

标本ⅡM15：4-1，完整。近似扁圆形，内为淡蓝色，通体施白衣。上有环形穿鼻，下为近似球形，球形体上端有凹坑与环形穿鼻相粘连。直径0.9～1.2厘米，通高1.6厘米（图一三九，5）。

珠 2枚。有穿孔和无孔之别。

ⅡM32：2，扁圆形，中心有孔，深绿色。直径0.8～1.2厘米（图一三九，6）。

ⅣM25：1，料饰1件。卵形，无孔，墨绿色。直径0.4～0.5厘米（图一三九，7）。

环 1副（2件）。标本ⅡM6：3-1，扁圆形，紫红色，中心有孔。外直径1.1厘米，最大厚度0.4厘米（图一三九，8）。

花形饰 2套（3件）。平板镂刻花饰，通体施白衣，白衣上施透明闪亮液体。可分为折枝

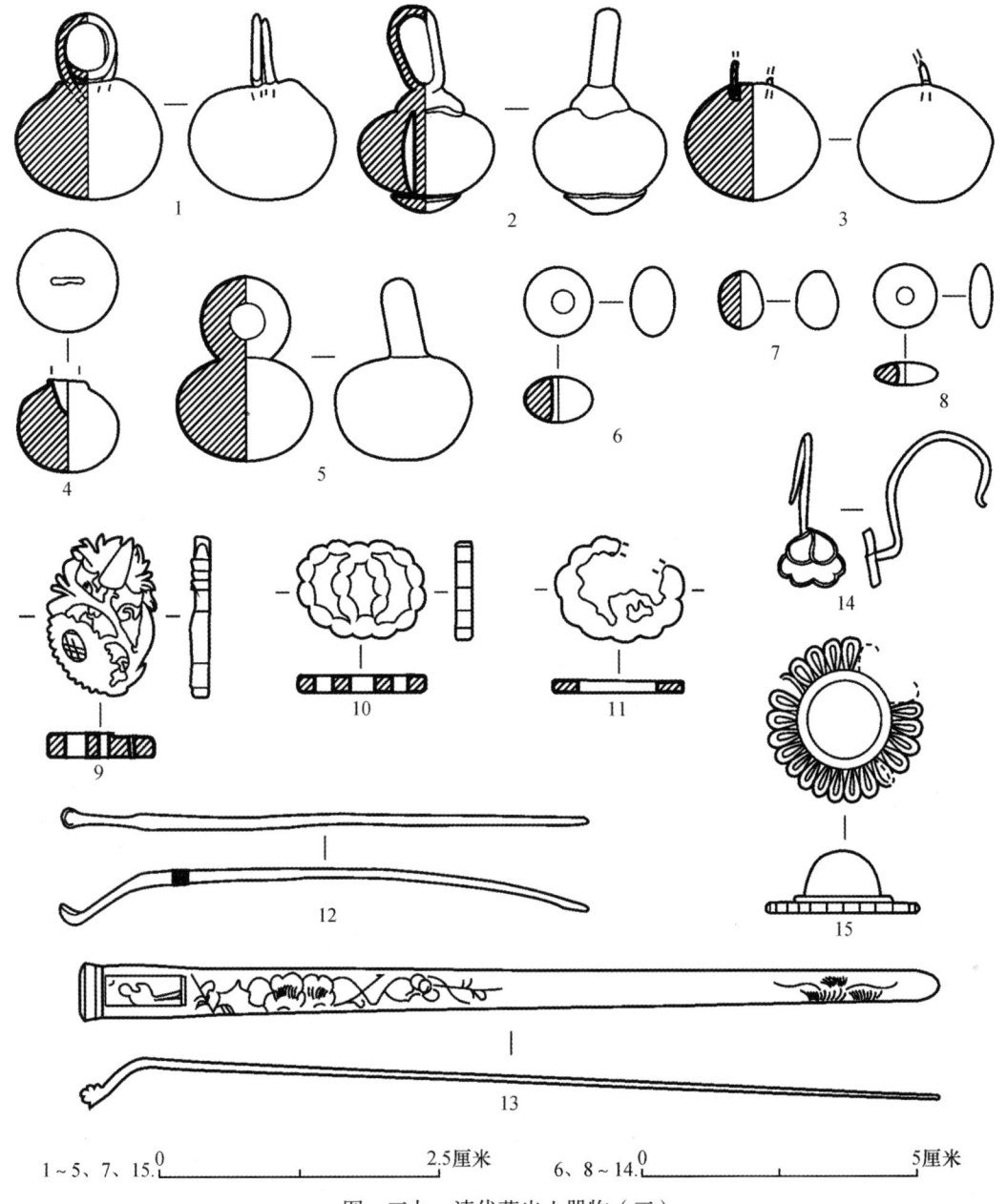

图一三九 清代墓出土器物（三）

1~5. 扣（ⅣM20：4-1、ⅣM20：4-2、ⅣM20：4-3、ⅡM3：6、ⅡM15：4-1） 6、7. 珠（ⅡM32：2、ⅣM25：1）
8. 环（ⅡM6：3-1） 9. 折枝花形饰（ⅡM24：2-1） 10、11. 串珠环形饰（ⅡM24：2-2、ⅡM13：5） 12、13. 银簪
（ⅣM19：5、ⅣM28：4） 14. 银耳坠（ⅢM13：4-1） 15. 铜镶玉饰件（ⅡM25：8）

花形饰、串珠环形饰两种。

折枝花形饰 1件。ⅡM24：2-1，质白色，平面呈近似椭圆形。一弧曲枝，小叶，两花，花为牡丹、葵花。长2.8厘米，宽1.9厘米，厚0.4厘米（图一三九，9）。

串珠环形饰 2件。

ⅡM24：2-2，质白色，平面呈双环形。两环交叉约二分之一，每个环有11个圆形珠串连而成。单环外直径1.7厘米，双环通宽2.3厘米，厚0.3厘米（图一三九，10）。

ⅡM13：5，质白色，仅存一小段珠串，原貌不祥。所存残环近似椭圆形，其外径1.9～2.25厘米，厚0.2厘米（图一三九，11）。

（8）其他

4件（副）。其中银簪2件、银耳坠1副（2件）、铜镶玉饰1件。

银簪　2件。两种形状，一是簪头耳挖形，另一是整体呈扁片长条形，侧面为近似拐杖形。

ⅣM19：5，簪头耳挖形。簪头部与颈部断开，可连接，有锈蚀。簪头耳挖形，整体的正面较直、侧面呈向前弧曲状，簪体的断面除簪尖的一段为圆形之外、大部分呈近似方形。长9.35厘米（图一三九，12）。

ⅣM28：4，整体呈扁片长条形，近似一把出鞘的宝剑，簪头向一侧弯曲，侧面看近似老人的龙头拐杖。较宽的一面刻有纹饰，近簪头处刻有弯月下侧面拱手一人影，簪体刻有折枝桃（杏）花及刚出土的小草。长15.5厘米，簪头宽1厘米（图一三九，13）。

银耳坠　1副（2件）。钉形耳坠。上位是"钉体"，呈环形钩状的细长锥状，作用于穿耳；下位是可摆动的"钉帽"，是为"坠"，为花形装饰。标本ⅢM13：4-1，坠为待放的六瓣花蕾，从侧面看，整体呈根须细长、两芽瓣刚展开的小豆芽。花蕾宽1.2厘米，高1厘米（图一三九，14）。

铜镶玉饰件　1件。ⅡM25：8，由铜丝和玉组合而成。铜丝盘成多个滴水形花瓣，每滴水形花瓣的尖端都朝向内，造型成为一朵团花。团花的中心镶嵌一块肉色馒头形玉，侧面看，就像一个二层台上暴出的眼球。团花直径1.4厘米，玉直径0.75厘米（图一三九，15）。

第四章 结 语

南水北调磁县滏阳营至槐树屯段施工之前，邯郸市文物保护研究所负责区域发掘的这批古墓葬，虽然有一部分已遭到不同程度的破坏，还有迁葬之后遗留的空墓，但形制多样的墓室结构、众多随葬遗物的发现与出土，对研究历代墓葬的划分、丧葬制度及当时居民生存状况仍不失为一批难得的实物资料。

一 墓葬的年代

1. 西汉墓葬

本次发掘的西汉墓葬，均属于小型竖穴土坑墓，没有发现确切纪年遗物。西汉时期的小型竖穴土坑墓，在高于木棺之上的墓室壁面，常有一周或与木棺同向的两侧壁设置有二层台，从台面发现有横向排列的木板来看，是覆盖在木棺之上的（高于棺顶部10～30厘米，不接触木棺，因是盖在木棺顶上的木板，故简称为"盖顶板"），起到封闭墓室的作用，阻挡回填的墓土直接压于木棺，这种横向"盖顶板"就如同生人居住房的房顶。

5座墓葬，除一座的壁面没有二层台（在该墓与木棺同向的两侧壁中部向下出现转折，于转折交界处发现有横向排列的木板灰迹），其余4座墓皆在墓室壁面设置二层台。这种墓葬形制与邯郸市内区域及武安等地常见的基本相同，如邯郸市建设大街[1]、人民路西段北侧[2]、渚河桥[3]、王朗村[4]、午汲古城[5]等地。本次墓葬的随葬遗物，只出1件陶罐的有3座，陶罐与铜带钩相组合的有2座。陶罐的造型有两种，一是球形腹，圜底向内凹，下腹部至底施满横向绳纹；二是近似圆形腹，小平底。铜带钩有琵琶形和曲棍形，钩体较短小，钩纽距尾部较近。铜带钩

---

[1][2] 邯郸市文物保护研究所：《邯郸市建设大街战汉墓葬发掘报告》《邯郸渚河桥汉墓发掘报告》《邯郸市龙城小区墓葬发掘简报》《邯郸市发现的两处魏晋时期墓葬》《邯郸城区唐代墓群发掘简报》《河北鸡泽县唐代墓葬发掘简报》，《文物春秋》2004年第6期。

[3] 邯郸市文物保护研究所：《邯郸市建设大街战汉墓葬发掘报告》《邯郸渚河桥汉墓发掘报告》《邯郸市龙城小区墓葬发掘简报》《邯郸市发现的两处魏晋时期墓葬》《邯郸城区唐代墓群发掘简报》《河北鸡泽县唐代墓葬发掘简报》，《文物春秋》2004年第6期。

[4] 唐云明、江达煌：《邯郸王朗村清理了五十二座汉墓》，《文物》1959年第7期。

[5] 河北省文物管理委员会：《河北武安县午汲古城的周、汉墓葬发掘简报》，《考古》1959年第7期。

的造型流行于战国中晚期至战国后期，陶罐造型流行于战国后期至汉代早期。

根据墓葬形制及出土遗物分析，ⅣM39、ⅣM40的年代应在西汉早期的前段，ⅣM38、ⅣM41、ⅣM42应在西汉早期偏晚阶段。

2. 晋代墓葬

本次4座晋代墓均出土有五铢钱，ⅣM15出土有半两钱，ⅣM14、ⅣM15出土有货泉，ⅣM14、ⅣM16出土有"太平百钱"。

魏元帝景元四年（公元263年），魏灭蜀。咸熙二年（公元265年），魏权臣司马炎夺取魏政权，自称皇帝，国号晋，定都洛阳，史称西晋。大兴元年（公元318年），司马睿在建康（今江苏南京）称帝，史称东晋。从《晋书·食货志》看，西晋不曾铸造新钱，主要沿用汉魏钱。在东晋元帝时期（公元318～323年），铸有一种小型五铢钱，称为沈郎"五朱"。近年来，出自西晋墓葬中的钱币，多为汉钱，间有新莽"货泉""货布""大泉五十"等。本次在ⅣM14、ⅣM16出土有"太平百钱"是最晚的钱币，"太平百钱"流通于三国时期，关于太平百钱的铸造地、国属，在钱币学界颇有争议，迄今未有定论。太平百钱大略铸于东汉末或三国初，目前钱币学者对其铸造年代、铸主，有东汉说、蜀汉说、孙吴说等多种见解。1949年后，考古出土的"太平百钱"多见于我国的南方，北方出土较少。从槐树屯两座墓葬出土有"太平百钱"推测，其时代应在三国以后。

三国以后的晋墓在邯郸境内中、西部发现有比较零散的土洞墓、土穴墓、砖室墓，其中砖室墓多数带有墓道，有单室或前后室，以单室者为多，极少部分带有耳室，逐渐改变了曹魏时期多室墓的做法，个别的还装设有石门，随葬品以日常生活用具和明器为主。本次4座晋代墓除1座竖穴砖室墓（贫民小型墓葬）之外，其余位于槐树屯村西南的3座墓葬，呈东西向并列，不仅方向、形制几乎完全相同，其随葬的器物从种类和形态看也极为接近，可视为家族墓地。以M16为例，该墓总长21米，墓底距开口深6.7米，由墓道、过洞、天井、甬道、墓室几部分组成。天井呈长方形，四壁垂直，长3米左右。墓门砖封，甬道与墓室均为砖砌结构，是砌筑于事先按形状尺寸掏挖好的土洞中，这种建造方法较为少见，是土洞墓与砖室墓相结合的一种形式。墓室偏于墓道中轴线西侧，平面为弧边正方形。墓室底铺设地砖，墓顶为层层叠收的"四面坡"形式。夫妇二人合葬，两具单棺置于墓室西半部。在墓室东半部还砌筑有砖台，砖台上发现有漆器残痕和铜镜残片，其他随葬陶器置于砖台东、南、北三侧。该墓虽经过盗扰，但墓室内仍出土文物40余件，以陶器为大宗，另有少量铜器、铁器、石器。陶器的种类较多，有罐、碗、盘、耳杯、酒樽、背壶等生活器具；奁、果盒等化妆用具；马、牛车等出行工具；井、灶、厕等模型明器；人俑等。加上铜钱、铜镜、铁刀、铁尺、石黛砚等，可谓一应俱全，完全能够满足墓主在另一个世界中美满的生活了。随葬品以果盒、牛车、陶马等为主要特征，是邯郸地区西晋墓葬中比较流行的陶器组合，也是西晋墓中常见的随葬品。如赵王城遗址西边的羊井村西、赵王城遗址西北向的户村西北均发现过果盒、牛车、陶马的组

3. 唐代墓葬

唐代墓2座。其中ⅡM1：1为小型砖室墓（贫民小型墓葬），无纪年遗物，仅出1件泥质灰陶壶，其具口沿外翻、束颈、弧圆肩、深腹、最大腹径略靠上部、平底等特征，与邯郸城区1996年至1999年间发掘的唐代墓M110：3小口壶相近似[2]。另1座ⅣM12随葬有"开元通宝"铜钱及墓志。墓志铭为"大唐故陇西李府君"李九与夫人张氏"以天保元年（公元742年）正月十五日合葬于滏阳县西南一十里之平原礼也"。随葬的泥质陶罐、陶仓也是唐代典型的陶器组合物。铜器腰带饰件的带扣、带銙的出现，也和邯郸城区、鸡泽县唐代墓出土的铜腰带饰件[3]相类似。

4. 宋代墓

宋代墓葬有纪年器物的仅有ⅢM12出土"皇宋通宝""元丰通宝""政和通宝"铜钱各1枚。铸币最晚的"政和通宝"为北宋徽宗赵佶政和年间（公元1111～1117年）铸造。

5座砖室墓均因迁葬而成空墓或遭严重破坏，所留遗物甚少。就纪年遗物的铜钱而言，在人体（骨）外迁或墓葬早毁时，铜钱因体积小是很容易遗留在墓底的，故仅存3枚北宋铜钱。女真贵族建立的金王朝自公元1127年灭掉北宋，直到1219年，即金宣宗完颜珣的兴定三年，蒙古军队（元朝兵马）攻占磁县及周边区域[4]，金王朝占据磁县九十余年，据《金史·食货志》记载，金代铸铜币就有"正隆元宝""大定通宝""泰和通宝""阜昌元宝""崇庆通宝""至宁元宝""贞祐通宝"等多种，在本次发掘的金代及以后的墓葬之中一无所获。

5座墓之中，有3座墓遗留有随葬品（ⅢM12、ⅢM17、ⅣM17）。ⅢM12出土的1件白釉瓷盘、ⅢM17出土的1件内底遗留放射状五个三角形支烧支钉痕的白釉瓷碗，均见于1987年3～7月考古界发掘的观台磁州窑遗址出土金代的同类型器物[5]，由此推测ⅢM12、ⅢM17的年代为金代。与ⅢM12、ⅢM17墓葬形制相同的还有ⅢM18、ⅣM17，也可视为金代墓。

ⅣM18的平面呈近似长柄的圆汤勺形。这种梯形墓道、圆形砖墓室的造型在唐代就已存

---

[1][2][3] 邯郸市文物保护研究所：《邯郸市建设大街战汉墓葬发掘报告》《邯郸渚河桥汉墓发掘报告》《邯郸市龙城小区墓葬发掘简报》《邯郸市发现的两处魏晋时期墓葬》《邯郸城区唐代墓群发掘简报》《河北鸡泽县唐代墓葬发掘简报》，《文物春秋》2004年第6期。

[4] 《金史》卷十五《宣宗本纪》："（兴定三年十一月）已亥，大元兵绚彰德府（当时磁县归属河南彰德府管辖）。"中华书局排印本。

[5] 北京大学考古学系等：《观台磁州窑址》，文物出版社，1997年。（白磁盘，见第76页，图三二，白磁盘：16，Ⅶ型1式Y3①：363；白磁碗，见第57页，图二四，白磁碗：18，ⅨA型Y4②：2，见第63页，图二六，白磁碗：21，ⅩⅩⅢ型1式T7④：22。白磁盘和白磁碗均被划分为第三期，属于金代后期瓷器。）

在，经北宋、金代早期一直延续到元代中期（在磁县周边区域的元代墓，也曾出现少量的竖穴墓道、圆形砖室的墓葬），从金代早期开始的这种长墓道的圆形砖墓，在此后就开始逐渐由圆形发展为六角形、八角形砖墓，由此初步推测ⅣM18可能为北宋至金代早期这一阶段。

5. 元代墓葬

4座元代墓葬有纪年遗物的有3座，均出铜钱。但是所出土的99枚铜钱分别有新王莽时期的"货泉"，唐代的"开元通宝""乾元重宝"，以及北宋早期直至北宋晚期约22种铜钱，唯独不见元代钱文的铜钱。元代虽然实行以纸币为本位制的货币政策，但是，有元一代，统治93年，在强制发行纸币的同时，也兼用少量的铜钱和白银。在元代十一帝中，有八帝都曾多多少少铸行年号钱（有相当一部分属于供养钱性质，即供佛钱），《元史》就有武宗、顺帝铸行新（铜）钱的记载，可惜本次没有发现元代的铜钱。

在本次所发掘的墓葬之中，自汉，经晋、唐、宋，到元代，首次出现由竖穴式墓道和洞室两部分组成的土墓。这种墓葬形制在元代比较流行，往后一直延续到明代及清代。要想推断某一座墓的下限，只能再找其他的佐证。

随葬器物除铜钱及1件陶器（砂锅）之外，瓷器占大宗。4座墓除1座（ⅣM11）没有发现随葬品之外，其余3座墓均出土瓷器。瓷器包括碗、盘、碟、瓶、罐、缸、枕等，均为生活用具。其中ⅣM7∶12的橄榄形瓶与1976年磁县南开河村元代木船出土的陶瓶（1∶370）[①]相同，与1987年观台磁州窑址出土的X形黑釉瓶（Y8火②）[②]也相近似。ⅣM7∶4、ⅣM6∶5两个瓷盘与1999年彭城盐店磁州窑遗址出土的白釉黑花敞口盘、白釉折腹盘[③]相同，ⅣM7∶3、ⅣM6∶6两个瓷碗、ⅣM6∶9碟及ⅣM7∶6罐，均与1999年彭城盐店磁州窑遗址出土的元代白地酱色绘碗、白色釉碟及叶形双耳罐[④]也相近似。ⅣM6、ⅣM7、ⅣM13用于封堵洞室口的酱色釉瓷缸，也能在1999年彭城盐店磁州窑遗址出土的残缸口沿、缸片之中找到相类似的标本。依据上述陶瓷器物分析、对比，ⅣM6、ⅣM7、ⅣM13可推测为元代墓葬。ⅣM11墓葬形制与

---

① 磁县文化馆：《河北磁县南开河村元代木船发掘简报》，《考古》1978年第6期（图七：7陶瓶）。
② 北京大学考古学系等：《观台磁州窑址》，文物出版社，1997年。见215页，图九二，黑釉瓶：6，X型Y8火②：315，该器物被划分为四段后期，属于元代瓷器。
③ 邯郸市文物保护研究所等：《彭城盐店磁州窑遗址发掘简报》（图一○：12.白釉黑花敞口盘、14.白釉折腹盘），《河北省考古文集》（五），科学出版社，2014年。
④ 邯郸市文物保护研究所内部资料。1999年夏季，配合峰峰城区滏阳西路拓展工程建设，文物部门在考古勘探基础上，对彭城盐店磁州窑遗址进行了局部发掘，其中有元代叠压层出土的碗、碟。其中碗：T1⑨∶9，圆唇，口微侈。浅腹，腹部微向内弧曲，矮圈足，足端内着地外抬起。内外施白色釉，外半釉。内部为白地酱色绘，壁中部饰一条环线纹，内底部绘画残缺不全。淡土黄色胎。内底、足端皆遗留有支烧的原料颗粒；T1⑨∶17，碗的造型、施釉同T1⑨∶9，内壁中部饰双环线纹，内底部绘一朵短瓣菊花，口沿施釉后再擦去呈芒口，淡土红色胎。碟：T1⑨∶108，厚唇，腹壁斜曲，外底平。内、外施白色釉，外壁施釉仅限唇处及上腹少部分。淡土黄色胎。双耳罐：H12∶451，直领，鼓腹，领肩之间置对称两个叶形耳，叶面有筋脉。鼓腹，腹下部缓状内收，腹内下部有凹凸轮旋纹。圈足。内部施棕紫色釉，外部施黑色半釉。芒口。灰白色胎。

上述三墓相近似，其时代也同属于元代。

6. 明代墓葬

明代墓18座，随葬品中有纪年的有9座，一是墓志，二为铜钱。

ⅢM5：7出土夫妇合葬墓志1盒。墓主常昆泉"生于嘉靖十六年（公元1537年）九月十一日，卒于万历三十三年（公元1605年）十二月二十一日，享年七十"。

铜钱共105枚，分别出土于9座墓内，因锈蚀严重，钱文多数不清晰。从能识别的钱文来看，有唐代的1枚、宋代的36枚、元代的1枚、明代的6枚。最晚的明代铜钱出土于4座墓，"宣德通宝"出土于ⅣM10、"弘治通宝"出土于ⅣM9、"万历通宝"3枚出土于ⅡM29、"天启通宝"出土于ⅡM28。"宣德通宝"铸造于宣宗朱瞻基宣德八年至宣德九年（公元1433、1434年），ⅣM10的年代上限应在此之后；"弘治通宝"开始铸造于孝宗朱祐樘弘治十六年（公元1503年），ⅣM9的年代上限应在此之后；"万历通宝"开始铸造于神宗朱翊钧万历四年（公元1576年）、"天启通宝"铸行于熹宗朱由校天启年间（公元1621～1627年），ⅡM29、ⅡM28两墓的年代上限较接近，应在各铸币年限之后。

ⅢM5出土万历三十三年墓志，同时还出土朱砂书（绘）板瓦2件。随葬有类似朱砂书（绘）内容及制作形制、尺寸等相近的板瓦，还有ⅡM28、ⅢM9、ⅢM10、ⅣM10，由此推测，这四座墓的时代与ⅢM5相接近，也应是明代。

随葬品的瓷器仅有罐、碗两类。其中罐均为深色釉，其造型延续了元代瓷罐的特征，只是腹部的最大直径微向下移，即根据彭城盐店磁州窑遗址出土的元代瓷罐，其最大腹径在肩部或腹上部，本次出土的瓷罐最大腹径在腹中部略偏上部或腹中部。另外从2件瓷碗分析，均为敞口，斜曲腹，平底，圈足，碗内底施釉后再刮成圈形的支烧技法；ⅣM4：2的腹与底连接处呈微缓折，ⅡM30：1的足端内着地外抬起等特征，均与1999年彭城盐店磁州窑遗址出土的明代黑色釉碗H8：169，H2：348相近似[①]。依上述瓷碗、罐的造型推理，ⅣM4、ⅡM30、ⅣM9、ⅢM5、ⅢM4、ⅣM10、ⅢM10等墓应是明代。

另外，除上述墓志、瓷器推断时代之外，还结合墓葬打破关系及随葬遗物等来推测其时代的早晚，如ⅡM21（明代）被ⅡM17（明代）打破（可分出前后关系），ⅢM5（明代）被ⅢM7（清代）打破，ⅡM28（明代）被ⅡM31（清代）打破，ⅣM9（明代）被ⅣM8（清代）打破（表八）。

---

① 邯郸市文物保护研究所内部资料。1999年夏季，配合峰峰城区滏阳西路拓展工程建设，文物部门在考古勘探基础上，对彭城盐店磁州窑遗址进行了局部发掘，其中有明代时期灰坑堆积出土的2件黑釉瓷碗，如H8：169，敞口，斜曲壁，腹下部折，底较平，圈足，"挖足过肩"。内外施釉，内底刮釉呈圈形，白色胎；H2：348，敞口，斜曲壁，平底，圈足，足端内着地外抬起。内外施釉，内底刮釉呈圈形，白色胎。

7. 清代墓葬

清代墓葬的年代推断，主要依据有年号钱文的铜钱。清代墓62座，其中59座出有纪年铜钱，有铜钱的59座墓中有57座出有清代铜钱（余2座，1座出有宋代铜钱，另1座出有明代铜钱）。铜钱共517枚，因磨损、残碎及锈蚀严重，能识别钱文的有357枚，其中清代有311枚。依照钱文确定墓葬年代上限的有顺治时期的4座、康熙时期的20座、雍正时期的2座、乾隆时期的13座、嘉庆时期的8座、道光时期的8座、光绪时期的2座（表九）。

当代史学界一般将清朝分为两个时期：自1644年的顺治入关至1840年（道光二十年）的鸦片战争为清前期，属于封建社会末期；自1840年至1911年（宣统三年）清王朝被孙中山领导的辛亥革命运动推翻，这一阶段为清后期，属于半封建半殖民地社会。从清入关算起，清朝历十帝共268年。本次发掘的清代墓葬可参照上述分期，划分为顺治、康熙、雍正、乾隆、嘉庆五帝近180年为清前期，这一时期的墓葬47座；道光（咸丰、同治）及光绪以后到宣统三年清王朝亡约90年为清后期，这一时期的墓葬10座；无法分出清代前期或后期的有5座。

ⅡM9、ⅢM19、ⅣM37没有出土纪年遗物，另有ⅡM24出土钱文最晚的为"明崇祯通宝"，ⅣM8出土钱文最晚的为宋"天禧通宝"。5座墓的年代推测参考了相邻、相同或近似的墓葬形制及随葬器物，但只能推测其相对的年代为清代，无法确定其为清代的前期还是后期。

磁县城西清代墓葬，不管从形制还是随葬品上都与冀南地区的清代墓非常接近，显示出当时大一统社会状况下大范围的埋葬习俗都趋于一致。

二 墓葬的葬俗特征

1. 关于墓葬形制的演变

本次共发掘墓葬100座。其时代最早的为西汉早期，最晚的为清代晚期，间距约2100年，虽说中间亦有间隔（或称"间断""剪短"）的朝代，但是如晋、唐、宋、元、明也可作为代表，将其大致串联起来。100座墓葬按照形制，可划分为土坑墓（68座）、竖穴墓道土洞墓（16座）、砖室墓（16座）。因时代有别，在葬俗方面表现的特征，亦应加以比较（图一四〇）。

（1）土坑墓

土坑墓在邯郸地区古代墓葬形制之中是最常见到的、数量最多的、最贫民化的、迄今为止流行时间最长的一种墓。本次发掘的68座土坑墓，占发掘总数的68%。在这68座土坑墓之中，除明代一座带有斜坡式墓道的土坑墓（以下简称"斜坡式墓道土坑墓"）之外，余皆为竖穴式土坑墓（以下简称"土坑墓"）。

在史前时期，人类墓穴的特点为略大于人躯体的长方形，仅能容身而已，单人一次葬或二

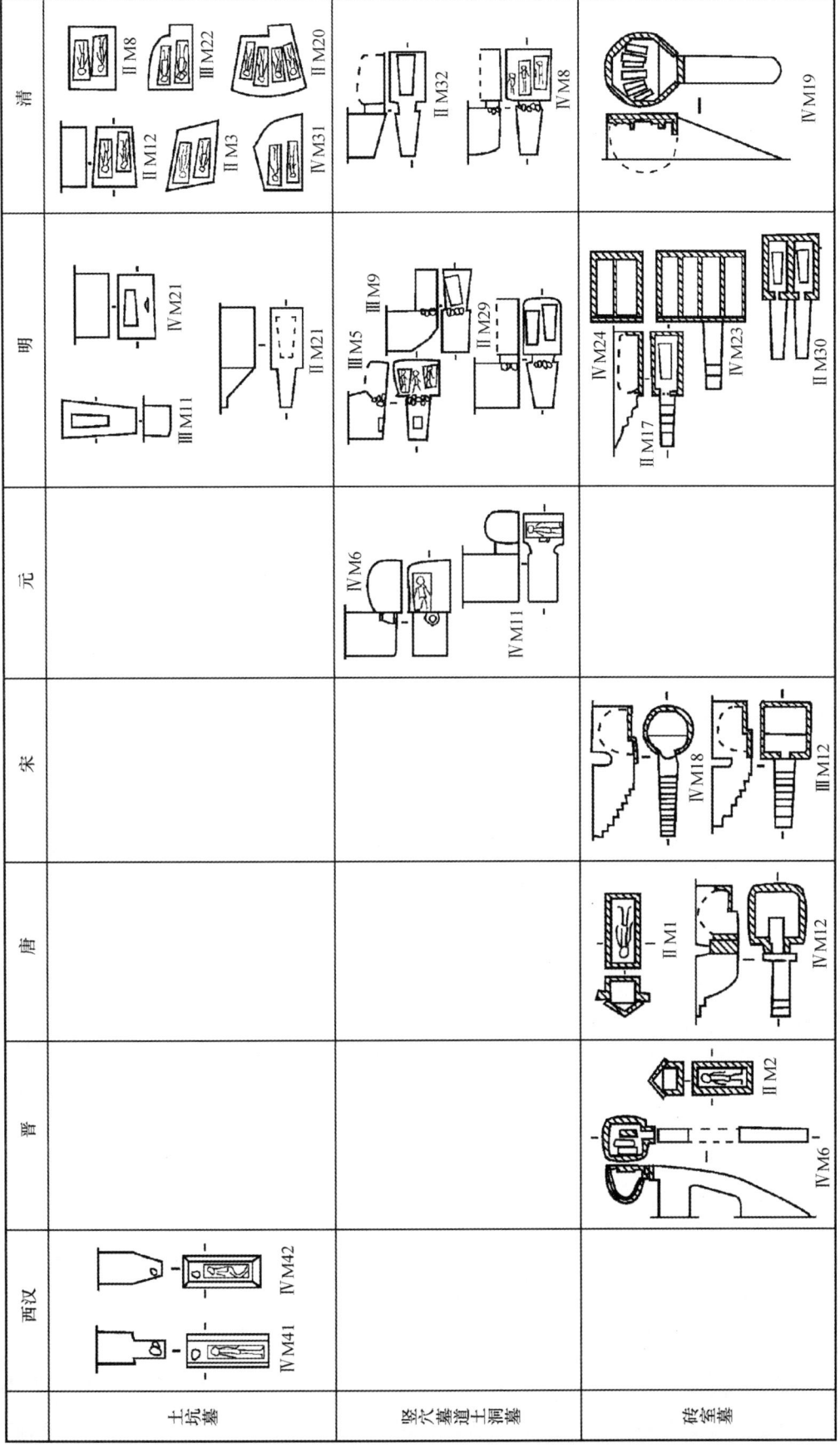

图一四〇 墓葬形制比较图

次葬，仰身直肢者多，不见或很少见随葬品。邯郸地区最早的竖穴土坑墓发现于1986年至1987年发掘的永年石北口遗址，8座墓葬形制为长方形竖穴土坑或圆角长方形竖穴土坑，单人仰身直肢，均不见随葬品。其时代相当于新石器时代中期。

进入奴隶社会之后，特别是商代，建造形式有了一些变化。从邯郸地区发现的近170座竖穴土坑墓来看，皆属于中小型墓葬，小型墓葬较多，墓口平面除长方形、圆角长方形之外，还出现了大量的哑铃形。墓壁大部分都比较垂直，墓壁的四周有生土或活土二层台，墓底多有长方形的腰坑。中型墓葬较少，墓壁也设二层台，前后二层台上置酒器、生活用具，两侧二层台上置殉人或狗，葬具棺外多有椁，棺椁之间置玉器、青铜器。

进入封建社会之后，邯郸地区发现的战国墓除极少数空心砖墓之外，几乎都是竖穴土坑墓，建造形式有了很大的变化。依其形式可分为有墓道和无墓道两类。其一是有墓道者均为大型或部分的中型墓葬，这类墓主人的身份属于王侯或高级贵族，墓室前、后均设一条墓道的谓"中"字形竖穴土坑木椁墓，墓室前只设一条墓道的谓"甲"字形竖穴土坑木椁墓。其中"中"字形竖穴土坑木椁墓发现于赵王陵的周窑1号墓、邯郸市区的西小屯3号墓、郝村9号墓、邯钢新区21号墓。其中邯钢新区21号墓四周有生土二层台。其二是无墓道者均为小型或一少部分中型墓葬，这类墓主人的身份属于中下层及贫苦大众，其墓口的平面形状长宽比例较小，墓室呈口大底小的斗形。墓壁四周多有生土或活土二层台，早、中期墓壁有的有壁龛，二层台和壁龛放置随葬器物，多为鼎豆壶盘匜组合。邯郸地区汉代的竖穴土坑墓，其平面继承了史前时期及奴隶社会的长方形，改变了战国时期接近方形的传统。本次发掘的西汉墓也有其独自的特点。

西汉5座竖穴土坑墓均见于第四发掘区，属于西汉早至中期的前段。史前时期的仅能容身、仅能掩埋躯体的长方形浅葬墓穴，此时已经不见，均变成了深坑葬。较之战国时期接近方形的平面，此时的墓平面长度加长，宽度变窄，即长宽的比例变大了；墓室呈口大底小的斗形基本消失，口部大于底部逐渐变成口与底几近相等。商代、战国时期棺椁的"椁"，也由墓室横向排列的木板所代替。墓室壁面的二层台也改变了商周战国时期二层台上放置殉人、殉狗及器物的功能。

ⅣM38、ⅣM39、ⅣM40、ⅣM41的墓壁顺向两侧有二层台，它延续了商代、战国时期的墓壁四周有生土或活土二层台的做法，只不过是随着岁月的变迁，由"四周"简化到"顺向两侧"而已。从西汉墓"二层台"的台面所见的横向搭建的木板灰迹，近似于商代、战国时期葬具棺椁的盖板，二层台壁面与顶部木板共同在墓底分割出了一个独立空间，用以安放棺木及随葬品，这应是由木椁墓向砖室墓演变历程中出现的一种过渡形式。

ⅣM42，墓室壁面没有二层台，土圹四壁自墓口垂直向下，约到二分之一处突然向内折，呈收缩陡坡态势直至墓底，发掘时在顺向两侧面的转折处发现有横向跨度的木板灰迹，很显然这是利用"转折处"取代了"生土二层台"的设置，也不排除这是"生土二层台"逐渐消失的一种现象。横向木板之上要回填墓土，由于转折处向下窄小，土的压力越大，木板就会越牢固，同时也降低了二层台的坍塌率。此后承载横向木板的墓壁二层台及"转折处"，逐渐由竖穴砖框墓的砖框"顶面"所取代。

土坑墓在晋、唐、宋、元时期没有发现，主要集中于明清时期。

明代的土坑墓只有4座，其中还有一座斜坡式墓道土坑墓（ⅡM21）。明清时期带墓道的土坑墓很少，在此处是一个孤例。土坑墓出现带墓道的现象可能有两种，一是在做带墓道的洞室墓过程中，洞顶坍塌而改为带墓道土坑墓，由于ⅡM21总深度只有1.5米，由此只能排除这一可能性；二是在做有墓道砖室墓的过程中因其他原因（如砖和粘接原料没有到位），而改成了带墓道的土坑墓，这一可能性较大。根据ⅡM21墓室东部（纵向）小于三分之一被ⅡM17（带墓道砖室明代墓）打破，ⅡM21与ⅡM17的墓向、土圹深度都相差无几，两座墓室与墓道的所开挖土圹的大小、形制均完全相同，其区别仅是一为土室，一为砖室，有打破关系只能说明其下葬时间的不同

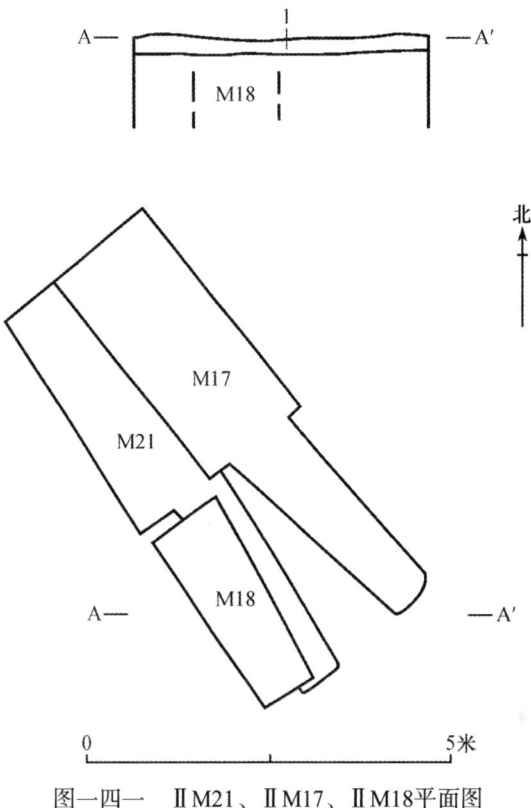

图一四一　ⅡM21、ⅡM17、ⅡM18平面图

（图一四一；图版一五，1）。故推测两墓应是夫妻或有家族血缘关系。本次暂将ⅡM21归类为土坑墓，不再另论。另外，ⅡM18为清代墓，打破了ⅡM21墓道局部。

明代的其他3座土坑墓，按照平面的形状分为长方形2座，梯形1座。平面呈长方形的土坑墓，继承了史前、西汉及本发掘区域之外的其他时期的长方形特征；平面呈梯形的土坑墓，在本次发掘的墓葬之中为首次发现，这种墓穴平面开挖成梯形，应是依据葬具木棺俯视形状而来，中国北方汉族死者所用的棺材，多数为棺前头较宽，向后直到棺尾处渐渐缓窄，棺材的盖顶板尤为明显，木棺在墓穴之内也以其相向，即棺材的前端朝梯形宽处，棺材的尾部朝梯形窄处。4座墓内皆是人骨被早期迁出所遗留的空墓穴，由于二次开挖所造成的墓口或墓的上部壁面均有不同程度的破坏，所保留的壁面较为垂直，墓底较平，比较规整。

清代土坑墓59座，是本次发掘区域的大宗，皆为贫民墓。聚葬的很多，有些打破前朝墓葬者也不在少数（图版一五，2）。从墓穴的平面可分为长方形、梯形、不规则形三大类。

墓穴平面呈长方形，继承了西汉直到明代墓穴平面的开挖形式。墓穴之内放置单棺或双棺，其平面呈前后（纵向）长方形；墓穴之内横排放置三棺或多于三棺，其平面就形成了横向长方形。

墓穴平面呈梯形，继承了明代墓穴平面的开挖形式。墓穴之内人数多寡也会造成梯形各边长短的变化，如单棺墓，横向较窄，其平面呈细瘦长梯形；凡是夫妇合葬墓或木棺数量再增多，在前后（纵向）尺寸变化不大的情况下，其左右（横向）尺寸就加宽，有的墓穴平面长与宽的比例已近似方形。

墓穴平面呈不规则形，由于本次发掘面积有限，不曾发现明代及其以前的平面呈不规则形的墓葬。本文墓穴平面的不规则形是指除长方形、梯形之外的多种形状，形成平面不规则形的主要原因是，两名以上的同穴死者，由于死亡及所开挖墓穴时间的差异，造成了墓穴平面形状的变异，粗略地可划分为菜刀形、菱形、折扇面形、多边形等。

墓穴平面呈长方形的17座、梯形的24座，合计41座，约占土坑墓的69.6%，这些墓葬形制仍保持或继承了自古以来的传统模式。平面呈不规则形的18座，约占土坑墓的30.4%，这些少数的墓葬形制在慢慢地突破传统葬式的清规戒律，不难想象，贫苦大众在遭受明清交界时期的频繁战乱、社会动荡、经济萧条、饥寒交迫的时局之后，人死了顾不上什么"长方形""梯形"的了，也就草草掩埋了事，另从多数迁葬的无棺木而堆放骨架，或用又薄又小的骨匣子（小棺材置于墓壁的小龛之内）也反映了这一特点。

（2）竖穴墓道土洞墓

土洞墓可分为多种类型，如土山脚下掏挖式、丘陵断壁掏挖式、平地掏挖式。前两种土洞墓一般没有墓道，但在山区大、中型的墓有较长的平行式墓道；后一种有竖穴墓道与斜坡墓道之分。在平地掏挖的土洞内再砌筑砖室或石室的墓葬，其墓道多为斜坡式墓道（如ⅣM14、ⅣM15、ⅣM16）。此次叙述的均为竖穴式墓道土洞墓。

竖穴式墓道土洞墓在邯郸地区古代墓葬之中比较常见，如2004年就在涉县台村发现一批宋金、清代的长方形竖穴土洞墓[①]。本次共发掘16座，其中元代墓4座、明代墓10座、清代墓2座。墓地开挖处的地面较平整，墓向120°～200°。形制结构的特点是由洞室、竖穴式墓道两部分组成。在较平坦的地面先挖掘平面呈长方形或长梯形的土坑，垂直向下挖到所需的深度，即成该墓的墓道。然后于墓道下部窄面的一侧，开挖带圆拱式门楣的墓门，在此向里开挖墓室。洞室为长方形，洞室顶为弧形。这一形制的土洞墓无显著区别，稍有区别的地方略述如下：

其一，元代有一座墓（ⅣM11），从平面看，墓室（墓室与人架同向）与墓道的方向呈"丁"字形（棺首朝西棺尾东、墓道南北向）。这是竖穴式墓道洞室墓中出现较早的"丁"字形墓。这种墓葬形制曾在石家庄市郊区、井陉等发掘的明代墓出现过[②]。

其二，明代有一座墓（ⅢM21），洞室掏挖于竖穴墓道长边的一侧，洞室底与墓道底部同一个平面，其长度相同，只是在墓底向上50厘米的高度，多向外开挖了60厘米作为洞室。

其三，自元经明到清的墓葬形制出现了细小的变化。一是，从墓道与墓室平面看，元代墓由两个近似长方形连接组成，明清两代出现墓道的平面略成为长梯形；从明代开始到清墓，在

---

① 河北省文物研究所等：《河北涉县台村宋金及清代墓葬发掘简报》，《河北省考古文集》（三），科学出版社，2007年。

② 河北省文物研究所石太考古队：《井陉南良都战国、汉代遗址及元明墓葬发掘报告》（"M2所出铜钱最晚为'永乐通宝'，因而为明墓"。"单室土洞墓，由（长方形竖穴）墓道、墓门、墓室及龟镇四部分组成"。"墓室平面呈横椭圆形，人架横置"），《河北省考古文集》，东方出版社，1998年。河北省文物研究所石太考古队：《石太高速公路北新城南海山墓区发掘报告》（图二〇 南海山南墓区M19平、剖面及墓门正视图），《河北省考古文集》，东方出版社，1998年。

墓室与墓道之间出现有很小一段（28～40厘米）顺墓向的哑铃形束腰（此结构明墓大部分有、清墓全部都有），可能是安装门框时开挖土圹所留的厚度，因没有发现门及门框，本文暂称为甬道，这种束腰形在其他区域也不多见。次是，从墓道远端的短壁面看，元代墓道远端的短壁面上下垂直，从明代开始到清墓，墓道远端的短壁面在深约二分之一处向内折或缓弧形向内收，即倾斜至墓道底。再是，元、明时期墓道底部是平行或近似平行的，到清代墓道底部变成接近墓门处距地表深、向远端渐渐变浅的斜坡状。通过以上几处细小的墓葬形制的演变过程，为竖穴式墓道土洞墓在元明清三代于该地区的研究补充了新的资料（图一四〇）。

（3）砖室墓

本次共发掘16座，其中晋墓4座、唐墓2座、宋墓5座、明墓4座，清墓1座。砖室墓在邯郸地区最早出现于西汉中期，严格地说应该称砖木墓，其形制为土穴两侧、三面或四周砌筑砖圹，砖圹上横向铺木板，在其之上是回填土、起封土。到西汉晚期才出现砖拱券顶，成为真正的砖室墓。东汉后期至曹魏时期大型多室砖墓开始盛行。西晋及以后时期墓葬规模变小，墓室减少，多为单室，此时的砖室墓多带有墓道，墓室四壁均略向外弧，墓顶为层层叠收的"四面坡"或穹隆顶形式。

本次发掘的3座西晋时期墓葬为一家族墓地，均为单室，墓室平面的四壁外弧，墓顶为"四面坡"形式。皆由墓道、过洞、天井、甬道、砖室五部分组成，最长达21.9米，最深可达6.6米。"天井"结构象征着墓主人的身份，在太行山东西两麓出现于南北朝时期，到隋唐时期才比较盛行。本次槐树屯西晋墓"天井"结构出现的这么早，为研究历代墓葬形制的发展演变过程提供了非常重要的资料。

唐、宋、明、清时期砖室墓的上部皆被破坏，仅存砖框的极少部分，有的只留有几块铺地砖，无法窥见其全貌。

唐、宋时期的墓葬形制由砖室、甬道和墓道三部分组成，除一座平面呈近似长柄的圆汤勺形之外，平面全部呈"甲"字形。这种"甲"字形制，继承了战国时期单墓道竖穴土坑木椁墓的"甲"字形开挖方法。

唐代"甲"字形墓ⅣM12，墓道为不规则形竖穴土圹，甬道、门为砖砌直壁、拱券顶，墓室平面为弧壁方形（南壁基本为直壁，西、北、东壁为弧形），四壁砖框为一"丁"三"卧"平砌、重叠而起，棺床为须弥座、平面呈"凹"字形。唐代的丧葬制度，在唐前期三品以上官员的墓葬为长斜坡墓道的方形单室砖墓，随葬俑在三百件左右；四五品官员的墓葬为单室方形土洞墓，随葬俑很少超过一百件；六至九品官员的墓葬为单室方形或长方形土洞墓，随葬俑四十件左右；无品官的庶人墓葬为单室长方形土洞墓和"刀形"土洞墓，个别墓有很少几件俑随葬。到唐后期三品以上官员的墓，多是长方形土洞墓，有的还是更简陋的"刀形土洞墓"，或竖井式墓道。此时出土俑的墓葬很少。也就是说唐代后期一至三品官使用了前期庶人的墓葬制度，俑类基本退出随葬品的组合之中。本次发掘的ⅣM12，墓主李九为"不事王侯，同西晋之七贤，类南山之四皓"的无官职品阶的庶人，卒于天保元年（公元742年），却使用了方形砖室墓，并随葬有陶俑（由于盗扰仅存一俑头），在唐前期应是三品以上官员的形制。由此可见，刚刚过了开元纪年，由于皇帝亲信的宦官势力抬头，其墓葬僭越，造成了墓葬等级制度的混乱，也反映了唐代自中期开始，无论地位高低、经济实力强弱，散尽家财、大肆铺张的丧葬风气逐渐成为社会普遍的做法，至唐后期越演越烈应是不争的事实。

宋代"甲"字形墓，平面继承了唐代的形式，细部演变差异较大。两代墓形制比较：墓道平面由唐代的长方形逐渐变为长梯形，墓道由不规则形竖穴变为台阶式梯形；甬道除ⅣM17的较长之外，其他墓的甬道都明显变短，平面几乎看不出来，个别的仅由砖室、墓道两部分组成，而且甬道内无砖砌筑；墓室四壁砖框的平面由向外弧变为直线形；棺床平面呈"凹"字形，变为占墓室后部二分之一左右的半圆形或长方形。

明代墓葬形制继承了宋代的砖室、土墓道两部分组成的形制，但是"甲"字形、长柄的圆汤勺形消失了，墓室与墓道的平面成为木柄手榴弹形，即大长方形与小长方形的连接，这种形制多为单墓道单室或双墓道双室。此时还出现了单墓道多室，也有个别的是无墓道双室（或多室）。

清代砖室墓，只有一座（ⅣM19），早期被破坏，残存墓底。墓道平面呈长条宽带状，墓道底为斜坡式。甬道很短，单砖错缝砌筑。墓室土圹呈圆形，其内为砖室，砖室外侧壁跟随土圹呈圆形，砖室内壁面呈八边（角）形。从残存的砖砌断壁看，壁面有多种砖雕图案，墓底铺地砖。墓室地面呈折扇面形状并排放置七口木棺，从只有一棺的前端向前凸出，其余棺皆在一条弧形线上，由此推测，应是一夫六妻合葬墓。墓室之华丽，妻妾之众多，应是家境殷实、门第高大之户，且权势厚重，系不文非武之人。

这种八边（角）形砖室墓，在明、清时期较为少见，较多地出现于宋、金时期，如邯郸市第一医院宋代墓、邢台市广宗县李庄宋代墓、邯郸市连城别苑小区宋至金代墓、邯郸县北张庄金代墓等[①]，本次发掘的ⅣM19，其砖室造型只是室内壁呈八角（边）形，室外壁不是八角形，已经失去了真正八角形的结构，应该说是继承或仿照了宋、金时期八角形砖室墓的形式，只是反映了在建筑结构方面的一种返祖现象。

2. 众多的迁葬反映了当地埋葬习俗的一个重要特征

本次发掘的宋、元、明、清时期墓葬之中，不论是土坑墓、竖穴墓道土洞墓、砖室墓，迁葬现象较多。其中有迁出之后成为空墓的，有从甲地迁到乙地成为二次葬的，也有妇（夫）先死独葬它处，待夫（妇）亡后，妇（夫）再迁来合成的夫妇合葬墓等现象。例如宋代仅有的5座砖室墓、明代仅有的4座土坑墓，都是将墓主人迁出之后遗留的空墓。因此，这种普遍的迁

---

① 李忠义：《邯郸市区发现宋代墓葬》，《文物春秋》1994年第3期（M10、M11）。邢台市文物管理处等：《邢台广宗县李庄宋代砖室墓的发掘》（图三 M2平、剖面图，结语"圆形、八角形仿木结构砖室墓和近长方形砖室墓，代表了邢台地区宋代中晚期墓葬的主要形制"），《河北省考古文集》（五），科学出版社，2014年。邯郸市文物保护研究所：《邯郸市连城别苑古墓发掘简报》，《文物春秋》2004年第6期。河北省文物研究所等：《河北邯郸北张庄金墓发掘简报》，《文物春秋》2001年第1期。

葬习俗是当地埋藏习俗的一个重要特征。

3. 西晋时期墓内"天井""砖台"及刻划字砖

在第四发掘区清理的3座东西并列的西晋时期墓葬，墓向为坐北朝南，南有露天斜坡墓道，中有"过洞"和长方形"天井"，北有甬道，封堵的墓门及土洞内砌筑砖墓室。

"天井"结构是墓主人身份的象征，在以往的考古发现中，最早仅出现于徐州狮子山西汉楚王陵、陕西咸阳汉昭帝平陵内一座东汉墓葬中，十六国时期带"天井"墓葬偶尔见于河西地区，而太行山两麓是从南北朝时期才开始出现"天井"的，如北齐天统三年泾州刺史北尉少卿库狄业墓、北齐武平元年右丞相东安王娄叡墓、北齐武平二年太尉武安王太保尚书令徐显秀墓等。到隋唐时期比较盛行"天井"结构，而且常在一个墓中使用多个天井，以象征墓主生前宅院重重。本次槐树屯西晋墓"天井"结构的出现，从目前考古发掘资料来看，是国内早期带有"天井"的墓葬之一。

"砖台"结构设置于砖室之内：ⅣM14砖台位于墓室地面的东北部，用砖交叉砌筑3层，东西长1.16～1.26米，宽1.05米，高0.22米。ⅣM15砖台位于墓室内东半部，用砖交叉砌筑3层，南北长2.1米，宽0.7米，高0.22米。在砖台的东部还铺设有一个长度相同、宽度略小的一层砖台。ⅣM16砖台位于墓室内东半部，错缝交叉砌筑3层，南北长1.4米，宽0.68米，高0.22米。在砖台的东部还铺设有一个长、宽、高皆略小的二层砖台。根据砖台的尺寸小于木棺、台上又发现有铜镜及漆器残痕这一迹象表明，此时期的砖台并非放置墓主棺木所用，应该是用来放置一些比较贵重的随葬品的，如铜礼器、化妆用具、精美漆器等（是否化妆台，还有待进一步证实）。在二百多年之后的南北朝时期，其墓葬的砖室地面上建起了放置木棺的砖台（相当于现在居室内的炕或床），由此推测，西晋时期出现的这一砖台结构，应该是南北朝时期棺床的早期雏形。

刻划字砖，在揭取ⅣM15砖台和铺地砖时，发现带有"昌邑""宜侯王"字的砖各一块。青灰色，一面为素面，一面为绳纹，与砌筑砖室的砖在制作、装饰、尺寸等方面没有区别。两块砖的字迹均是在未入烧砖窑前、砖坯还有一定湿度之时，刻划于带绳纹的一面，推测应是管理砖厂的人员或制砖匠人所为，当然也不排除是墓主人的家人、家丁所为。

关于"昌邑"。据网载，位于现在的磁县县城东南方向，直线距离约205千米处，今山东省巨野县城南有一昌邑村（地理位置为山东省西南部），据史料记载，此地在春秋战国时期为邑，秦时设昌邑县，属东郡。汉高祖六年，封昌邑人彭越为梁王，都定陶，昌邑属梁国，汉景帝中元六年（公元前144年），封刘定为山阳王，分梁地置山阳国，治昌邑。汉武帝建元五年（公元前136年），改山阳国为山阳郡。天汉四年（公元前97年），改山阳郡为昌邑国，封其子刘髆为昌邑王。东汉建武元年（公元25年）昌邑（县）属山阳郡。三国时的魏朝沿用汉朝郡县制。西晋时把东缗县划入昌邑县，与金乡县同属高平国。东晋属高平郡。追至元朝末期，黄河几次决口，厚厚的泥沙把这座古城湮没在黄土之下，仅留下城郭残垣隐约可见。1992年，昌邑故城遗址被公布为山东省省级重点文物保护单位。"昌邑"城与ⅣM15墓主人以及家族的其他成员有何关系还有待考证。

关于"宜侯王"。"宜"即适宜，"侯"是古代五等爵位的第二等，"王"是指最高统治者。"宜侯王"为古人颂祷（祈祷）之辞，意思是吉祥富贵，能当侯爵一样的大官，非姓名、封爵。

"宜侯王"的词语最早源于西汉时期，当时得以封侯，不仅是个别人的心愿，也是当时社会普遍的追求。此后演变为祈求富贵、吉祥言语，经常出现在汉、魏、晋时期的各种物件之上，充分反映了当时人们的意识和愿望。比较常见的如汉代文字瓦当中有"千秋万岁""长乐未央""大吉祥富贵宜侯王"；铜器的铜镜铭文中有"宜侯""宜侯王""宜王侯""为侯王""如侯王""位至侯王"。合肥杨庙镇汉墓出土双鱼纹铜洗有铭文"富贵昌 宜侯王"。铜钱上也经常看到"吉且羊，宜侯王"；东汉元初六年在宁波余姚曾出过"富贵祥宜侯王并兴乐寿命长"的条形墓砖；织锦上有"大吉昌宜侯王"，在1964年吐鲁番市阿斯塔那39号墓（东晋时期）出土一双丝织鞋，鞋面白色地上用红色丝线织出"富且昌"，用蓝色丝线织出"宜侯王"，用黄色丝线织出"天延命长"十字。在本次ⅣM15发现带有"宜侯王"字的墓砖，也就不足为奇了。

槐树屯的西晋墓"天井"设施、土洞内砌筑砖室结构、砖台设置、刻字墓砖的发现等都非常有特点。这都应该是在社会大变革背景下墓葬形制转型的体现，起着承上启下的作用。这一发现为研究古代墓葬形制在时间和空间上的发展演变过程提供了非常重要的资料。

4. 唐代墓志记载李九的长辈及志末尾所刻的预言

唐代墓ⅣM12，出土有墓志1方，首行为"大唐故陇西李府君墓志铭并序"。志载："君讳九，字行贞，陇西成纪人也。"与夫人张氏"以天保元年（公元742年）正月十五日合葬于滏阳县西南一十里之平原礼也"。李九"曾祖随龙骧将军，府君讳越。祖随雁门郡太守，府君讳宗。父唐朝散大夫，府君讳德，并名高盖代，位重当时"。单从志文来看，李九的曾祖只是随龙骧将军作战，其祖父随雁门郡太守做事，均未提及他俩的官职，在查阅新、旧《唐书》中龙骧将军，雁门郡太守之名人列传没有找到与李越、李宗的相关资料；志文仅言其父李德官衔为"唐朝散大夫"。"朝散大夫"，官品为从五品下，多为文官，很少有主抓一方（区域）或一项工作的实权者。

关于志尾"其墓一千三百年后被庞黄头所发"之预言。我们于2006年12月底至2007年1月初对该墓进行了发掘，发现墓道北边封门砖处、墓室南壁、墓室西壁的北部共有三个盗洞，墓室内残砖、扰土杂乱无章，封门砖的上部、甬道门两侧的砖、砖砌墓室的上部、棺床铺地砖等，皆被早期盗扰破坏。从残存的砖结构还能够清楚看出在墓室多处留有盗扰遗痕，地砖都被翻动而失去原貌。不见葬具及人骨，只从扰土内、残砖之间发现有零星的木、骨残碎片或粉末。该墓何时被破坏，没有确切的纪年遗物。该墓与ⅣM13有打破关系，在墓室西壁上部的北部，被ⅣM13（元代洞室墓）打破，从ⅣM12的平面看，其中一个盗洞就是来自墓室西壁的北部被M13打破（长190厘米、宽60厘米）的地方，盗洞进入ⅣM12室内后呈椭圆形，直径为62～90厘米。由此看来，推测在元代建造洞室墓（ⅣM13）时被人发现了这座唐代的砖室墓（ⅣM12），此后不久该墓遭到多次盗掘。如果这一推测能成立，那么在建墓之后600年前后就遭到了严重的破坏。

综上所述，应验了ⅣM12被人盗掘的预言。但与"其墓一千三百年后被庞黄头所发"的数据相差甚远，按照元代末年"被庞黄头所发"也仅仅才600年，该墓建造于公元742年，到我们发掘清理时也没有1300年；是否"被庞黄头所发"，在本次清理之中，没有发现被庞黄头所盗掘、破坏该墓的证据。该墓被盗是事实，古人皆知"墓葬十室九空"，又何须"预言"被盗掘？关于被盗的时间及盗墓者的姓名是相当不准确的。

5. 关于墓室内的镇符砖、镇符瓦

带有朱书（符）的瓦和砖应为专门用于墓葬的镇煞之物，可称其为镇符砖、镇符瓦。在本次发掘中仅见于明清两代墓葬，除2块镇符砖之外皆为镇符瓦。明墓共18座，其中6座墓发现有6块镇符瓦，清墓共62座，有46块镇符瓦。出土镇符瓦的墓，约占明清时期墓葬的65%。镇符瓦皆为房屋建筑的顶面所铺设的板瓦（有刚从砖瓦窑场拿来的新瓦，也有房屋上用过的旧瓦），还未发现筒瓦及其他类型的瓦。

镇符砖2块，平面呈长方形，泥质青灰色，分别出土于明代墓ⅣM24、清代墓ⅣM28。镇符砖放置于墓底中部（ⅣM24）或木棺之下（ⅣM28）。朱砂书（绘）或墨书与朱砂书（绘）相结合，于板瓦的单面或正、背面者均有，正面多为竖书（绘）三行，中间书"灵符、敕令"之类文字并绘镇煞符，两侧为逝人升仙、生者长寿之类的语言；背面为"长命富贵"等吉祥类语言。

镇符瓦与瓷器的组合与位置。镇符瓦一般都与釉瓷罐为一个组合，相伴出土，这一组合的出土地点有二：一是在棺木的前方立置，如ⅡM28，镇符瓦在棺前方靠洞室墓壁竖置。ⅢM10，双系黑釉瓷罐和镇符瓦在洞室墓的西部放置。ⅡM18，黑釉瓷罐放置在棺的前方，镇符瓦斜竖在瓷罐一侧；二是在木棺的盖板之上放置，如ⅠM1，瓷罐和镇符瓦出土于墓主头部左侧，罐口向下倾倒，在罐口部有黑色板灰印痕；ⅣM34，瓷罐和镇符瓦出土自人胸骨上面。依据这两例的出土现状，推测器物原位置应在棺顶的上部，木棺腐朽之后其上的压力过大而棺顶坍塌，瓷罐和镇符瓦落于现在的位置。镇符瓦的位置，前一种明代较多，清代较少，而后一种清代较多，明代极少。

镇符瓦的书写形式与内容。镇符瓦上的字、符多采用朱砂，也有的是朱砂与墨相结合，单独采用墨书（绘）的极少。字、符多为板瓦凸面设置三竖行，中间为字与绘镇煞符，两侧为逝人安息，生者无灾之类的语言；板瓦凹面带朱书仅见明代墓，有"镇墓大吉"或自中心向四周展开形式的"镇墓"文字。由于本次发掘面积有限，清代墓出土的板瓦凹面不见书、绘镇符的现象，是否在此时期已经消失了，还有待于更多的发掘来证实。

镇符砖、瓦这种葬仪，明代以降，为磁县一带所通行。这些在柩入墓时，由阴阳先生将画有符箓之砖或瓦置于墓中，用作镇墓之术，反映出封建社会后期民间丧葬中，堪舆行事的片断环节。书、符内容，如长条砖竖书三行者，中书："唵、阳圹、生、灵符、护养、律令、敕令"，连带绘有藤条卷曲式镇煞符。两侧书有"头枕祥云，身披北斗；寿堂永固，石枯人来"，也有"身披北斗，头戴三台；寿山永远，石朽人来"等；再如板瓦面朱书或墨书"奉敕令尸煞鬼定"之镇煞符。这种以砖、瓦书画来宣扬道教教义的方式，为明代以前的墓内所不见。按其由来，《阳宅十书·四》记："若犯五鬼年，主人家破财，口舌不绝，镇用市铺土、十字街中土、又用破墓土各三升和泥，泥在门上，泥处贴符吉。"[①]所贴之符"尸—o—o—o 煞鬼"，符形即与砖、瓦符相近。推测用"朱书"或"绘镇煞符"作为丧葬习俗之镇墓作用的砖、瓦，大约出自阴宅之书，意使死者安息，生者无患。

---

① 《中国方术全书》下册之《堪舆部汇考二十八》，上海文艺出版社，1993年。

附表一 滏阳营墓区（I区）墓葬登记表

墓号	方向（度）	形制	墓室长宽深（厘米）	墓主	葬式	葬具	随葬器物									时代	备注
							陶器	铜器	铁器	铅器	骨器	玉、石	瓷器	料器	其他	小计		
1	287	土坑墓	270×110—90	1	仰身直肢	单棺		钱1套（7枚）					罐1			2	清	
2	325	土坑墓	280×152—90	无		二棺		钱2套（6枚）								2	清	迁出
合计								3					1			4		

附表二 湾漳营墓区（Ⅱ区）墓葬登记表

墓号	方向（度）	形制	墓室长宽深（高）（厘米）	墓主	葬式	葬具	陶器	铜器	铁器	铅器	骨器	玉、石	瓷器	料器	其他	小计	时代	备注
1	180	砖室墓	188×55—44	1	仰身直肢	无	壶1									1	唐	
2	187	砖室墓	180×39—38	1	仰身直肢	无	碗1	五铢1套（7枚）								2	晋	
3	330	土坑墓	230×164—105	2	仰身直肢2	二棺		扣1套（6枚）、钱2套（9枚）		环1			罐2、勺1	扣1		8	清	
4	300	土坑墓	270×110—150	无		单棺		钱1套（92枚）					碗1			2	清	迁出
5	333	土坑墓	240×90—90	1	仰身直肢	单棺		扣1套（7枚）、钱1套（3枚）		环1			罐1			4	清	
6	330	土坑墓	250×280—130	3	仰身直肢3	三棺	筒瓦1	扣2套（5枚）、钱3套（9枚）					罐2	环1副（2个）		9	清	
7	340	土坑墓	290×200—140	2	仰身直肢2	二棺		扣1套（2枚）、钱2套（54枚）			扣1套（2枚）		罐2			6	清	
8	325	土坑墓	260×180—36	2	仰身直肢2	二棺		耳环1副（2件）、扣1套（10枚）、饰件1套（2件）、环1、钱1套（3枚）					罐1			7	清	
9	341	土坑墓	190×70—40	1	迁葬	单棺											清	迁来
10	358	土坑墓	240×190—60	2	仰身直肢2	二棺		饰件1、扣2套（20枚）、钱2套（6枚）					罐2			7	清	
11	322	土坑墓	230×150—70	1	仰身直肢	单棺		扣1套（7枚）、钱1套（4枚）					罐1			3	清	

附表二 湾漳营墓区（Ⅱ区）墓葬登记表

续表

墓号	方向（度）	形制	墓室长宽深（高）（厘米）	墓主	葬式	葬具	随葬器物 陶器	铜器	铁器	铅器	骨器	玉、石	瓷器	料器	其他	小计	时代	备注
12	303	土坑墓	240×160—100	2	仰身直肢2	二棺		扣1套（4枚）、钱1套（5枚）					罐2			4	清	
13	330	土坑墓	246×160—144	2	仰身直肢2	二棺		钱1套（12枚）		饰件1			罐2			6	清	
14	326	土坑墓	280×110—125	无		单棺		钱1套（6枚）			饰件1					1	清	迁出
15	145	土坑墓	250×110—120	1	仰身直肢	单棺		扣1套（3枚）、簪1、钱1套（6枚）						扣1套（2枚）		4	清	
16	284	土坑墓	220×120—110	无		单棺		钱1套（2枚）								1	清	迁出
17	138	砖室墓	370×130—170	无		无											明	扰乱
18	330	土坑墓	270×110—80	1	仰身直肢	单棺		钱1套（3枚）					罐1			2	清	
19	300	土坑墓	240×90—90	无		单棺		钱1套（4枚）								1	清	迁出
20	322	土坑墓	252×310—96	4	仰身直肢3	四棺		扣2套（6枚）、钱3套（20枚）					罐2			7	清	
21	149	土坑墓	368×180—150	无	迁葬1						扣1						明	迁出
22	325	土坑墓	240×200—105	2	仰身直肢2	二棺		钱2套（10枚）					罐1			3	清	
23	310	土坑墓	250×190—70	2	仰身直肢2	二棺		钱1套（19枚）、钱2套（10枚）		扣1			罐1			4	清	
24	315	土坑墓	240×80—90	1	仰身直肢	单棺		钱1套（2枚）					罐1	饰件1套（2件）		4	清	
25	304	土坑墓	260×180—40	2	仰身直肢2	二棺		扣2套（19枚）、饰件1、钱2套（7枚）					罐2		铜镶玉饰件1	8	清	
26	330	土坑墓	230×100—94	无		单棺		钱1套（2枚）								2	清	迁出

续表

墓号	方向（度）	形制	墓室长宽深（高）（厘米）	墓主	葬式	葬具	随葬器物									时代	备注
							陶器	铜器	铁器	铅器	骨器	玉、石	瓷器	料器	其他	小计		
27	120	洞室墓	254×120—90	无		单棺												明	迁出
28	128	洞室墓	210×128—130	无		单棺	瓦1	钱2套（48枚）								3	明	迁出
29	130	洞室墓	280×170—90	无		二棺		钱1套（3枚）								1	明	迁出
30	130	砖室墓	360×426—105	2	仰身直肢2	二棺							碗1			1	明	扰乱
31	335	土坑墓	240×180—120	2	仰身直肢2	二棺		簪子1、钱1套（3枚）					罐2	珠1		4	清	
32	123	洞室墓	252×156—94	无		单棺		钱1套（3枚）								2	清	迁出
合计							4	62		3	3	0	28	6	1	107		

附表二 东窑头墓区（Ⅲ区）墓葬登记表

墓号	方向（度）	形制	墓室长宽深(高)（厘米）	墓主	葬式	葬具	陶器	铜器	铁器	铅器	骨器	玉、石	瓷器	料器	其他	小计	时代	备注
1	10	土坑墓	280×180—60	2	仰身直肢1 迁葬1	二棺		扣1、钱1套（5枚）					罐1			3	清	
2	0	土坑墓	240×250—50	4	仰身直肢2 迁葬2	四棺		扣1、钱4套（23枚）					罐1			6	清	
3	10	土坑墓	230×80—50	1	仰身直肢1	单棺		钱1套（5枚）	刀1				罐1			3	清	
4	187	洞室墓	290×280—120	3	仰身直肢3	三棺		簪1、钱2套（21枚）					罐2			5	明	
5	187	洞室墓	270×320—150	4	仰身直肢3 迁葬1	四棺	符瓦2	簪1、钱3套（13枚）				墓志1	罐2			9	明	
6	0	土坑墓	250×210—60	3	仰身直肢2 迁葬1	三棺		钱3套（19枚）					罐1			4	清	
7	10	土坑墓	290×180—130	3	仰身直肢2 迁葬1	三棺		钱2套（13枚）					罐2			4	清	
8	5	土坑墓	260×190—70	2	仰身直肢2	二棺		钱2套（12枚）					罐2			4	清	
9	180	洞室墓	200×120—120	无		单棺	瓦1	钱1套（4枚）								2	明	迁出
10	185	洞室墓	240×176—180	无		无	瓦1						罐1			2	明	迁出
11	15	土坑墓	270×100—56	无		单棺		钱1								1	明	迁出

续表

墓号	方向(度)	形制	墓室长宽深(高)(厘米)	墓主	葬式	葬具	随葬器物 陶器	铜器	铁器	铅器	骨器	玉、石	瓷器	料器	其他	小计	时代	备注
12	190	砖室墓	240×240—250	2	不详		球1	钱1套(3枚)				玉环1	盘1			4	宋	扰乱
13	355	土坑墓	260×170—70	2	仰身直肢2	二棺		扣1套(2枚)、钱2套(15枚)	犁铧1(未采集)				罐1		银耳坠1副(2件)	6	清	
14	355	土坑墓	192×70—86	1	仰身直肢	无		钱1								1	清	
15	335	土坑墓	230×130—80	2	仰身直肢1 迁葬1	二棺		扣1套(3枚)、钱2套(9枚)								3	清	
16	332	土坑墓	220×140—55	2	仰身直肢1 迁葬1	二棺		扣1套(2枚)、钱1套(3枚)					罐1			3	清	
17	190	砖室墓	260×236—190	无									碗1			1	宋	扰乱
18	190	砖室墓	220×180—170	无													宋	扰乱
19	10	土坑墓	220×60—50	1	迁葬	单棺												清	迁来
20	10	土坑墓	270×210—80	无		二棺		钱2套(6枚)								2	清	迁出
21	200	洞室墓	180×60—50	1	仰身直肢	不详												明	
22	135	土坑墓	290×250—110	2	仰身直肢2	二棺		发卡1、扣1、钱2套(8枚)		环1			罐2			7	清	
23	135	土坑墓	270×250—60	2	仰身直肢2	二棺		扣1、钱2套(11枚)					罐2			5	清	
24	150	土坑墓	250×110—90	1	仰身直肢	单棺		钱1套(4枚)					罐1			2	清	
合计							5	43	1	1		2	22		1	75		

附表四 槐树屯墓区（Ⅳ区）墓葬登记表

墓号	方向（度）	形制	墓室长宽深（高）（厘米）	墓主	葬式	葬具	随葬器物 陶器	铜器	铁器	铅器	骨器	玉、石	瓷器	料器	其他	小计	时代	备注
1	295	土坑墓	260×196—90	2	仰身直肢1 迁葬1	二棺	符瓦1	耳环1副（2件）、钱1套（4枚）					罐1			4	清	
2	346	土坑墓	220×139—50	2	仰身直肢 迁葬	二棺	符板瓦1	钱1					罐1			4	清	
3	356	土坑墓	266×250—60	2	仰身直肢2	二棺	符板瓦2	钱3套（5枚）					罐2			7	清	
4	190	土坑墓	240×168—140	无		单棺		钱1套（2枚）	犁铧1							2	明	迁出
5	16	土坑墓	230×100—80	无		单棺		钱1					碗1			1	清	迁出
6	190	洞室墓	220×150—100	1	仰身直肢	单棺	釜1	钱3套（41枚）					缸1、碗1、盘1、罐1、碟1、瓶1			10	元	
7	190	洞室墓	220×170—100	2	仰身直肢2	二棺		钱4套（48枚）					缸1、碗1、盘1、枕1、罐2、碟2、瓶1			13	元	
8	185	洞室墓	240×200—170	3	仰身直肢2 迁葬1	三棺		铃1、钱2套（5枚）					罐2			5	清	
9	185	洞室墓	240×170—70	2	仰身直肢2	二棺		钱2套（10枚）					罐1			3	明	
10	190	洞室墓	226×130—120	无		单棺	符瓦1	钱1套（3枚）					罐1			3	明	迁出

续表

墓号	方向（度）	形制	墓室长宽深（高）（厘米）	墓主	葬式	葬具	随葬器物 陶器	铜器	铁器	铅器	骨器	玉、石	瓷器	料器	其他	小计	时代	备注
11	187	洞室墓	256×140—90	2	仰身直肢迁葬1	单棺											元	合葬
12	185	砖室墓	350×344—464	无		无	罐1、仓5、俑1	钱6套（33枚）、金铺首衔环饰1、铆钉19、带锈1、带扣1	铆钉1、钉1、饰件1			墓志1、碾盘1	碗1			32	唐	扰乱
13	192	洞室墓	213×80—108	1	仰身直肢	单棺		钱4套（10枚）					缸1			5	元	
14	190	砖室墓	274×260—320	1	不详	单棺	罐12、碗2、壶1、盘1、樽1、灶1、盒1、井1、厕所1、俑1	花形饰3套（4件）、钱3套（88枚）	镜1、梨铧1		梳1	云母饰片1套（2片）			朱漆漆器5	39	西晋	扰乱
15	190	砖室墓	270×240—270	1	不详	单棺	罐7、碗4、樽1、耳杯1、勺1、灶1、盘1、盒1、多子盒1、井1、俑1、马1、牛车1、刻字砖2	五铢钱1串（241枚）、叉形饰1	刀1			黛砚2			朱漆漆器5	37	西晋	扰乱

附表四 槐树屯墓区（Ⅳ区）墓葬登记表

续表

墓号	方向（度）	形制	墓室长宽深（高）（厘米）	墓主	葬式	葬具	随葬器物 陶器	铜器	铁器	铅器	骨器	玉、石	瓷器	料器	其他	小计	时代	备注
16	190	砖室墓	266×262—278	2	东棺：仰身直肢 西棺：不详	二棺	罐11、碗3、壶1、盘1、樽1、耳杯2、钵1、盅1、勺1、灶1、多子盒1、井1、厕所1、俑3、马1、牛1	镜3、花形饰3、五铢钱3套（38枚）	条形器1、尺1、刀2			黛砚2			朱漆漆器4	51	西晋	扰乱
17	192	砖室墓	200×180—310	无	不详	不详			铃铛1							1	宋	扰乱
18	198	砖室墓	直径276—330	碎	不详	不详											宋	扰乱
19	100	砖室墓	596×616—200	7	仰身直肢3 迁葬4	七棺		镜1、钱4套（14枚）					人俑头1		银簪1	7	清	
20	10	土坑墓	250×170—90	2	仰身直肢2	二棺	符瓦1	烟斗1、钱1套（2枚）、扣1	镢形器1				罐1	扣1套（3枚）		7	清	
21	355	土坑墓	300×170—210	无		单棺			犁铧1							1	明	迁出
22	0	土坑墓	280×170—100	2	仰身直肢2	单棺		扣1、钱1套（3枚）					罐1			3	清	
23	135	砖室墓	484×286—170	无		四棺										1	明	扰乱
24	115	砖室墓	234×216—92	无		无	符砖1									1	明	扰乱
25	280	土坑墓	260×200—60	2	仰身直肢2	二棺		钱2套（7枚）	犁镜1				罐1	饰件1		5	清	
26	285	土坑墓	268×168—60	2	仰身直肢2	二棺		饰件1、钱2套（4枚）	犁镜1				罐1			5	清	

续表

墓号	方向（度）	形制	墓室长宽深（高）（厘米）	墓主	葬式	葬具	随葬器物 陶器	铜器	铁器	铅器	骨器	玉、石	瓷器	料器	其他	小计	时代	备注
27	195	土坑墓	296×330—60	3	仰身直肢2 迁葬1	三棺		钱2套（7枚）					罐2			4	清	
28	200	土坑墓	280×170—60	2	仰身直肢2	二棺	符砖符瓦1套（2块）	钩1、扣2套（5枚）、饰件1、钱4套（5枚）					罐2		银簪1	12	清	
29	215	土坑墓	300×220—80	2	仰身直肢2	二棺		烟斗1、饰件2、钱3套（6枚）					罐2			8	清	
30	220	土坑墓	320×220—80	2	仰身直肢2	二棺		钱2套（7枚）					罐2			4	清	
31	200	土坑墓	300×228—60	2	仰身直肢2	二棺		饰件2、钱2套（4枚）					罐2			6	清	
32	190	土坑墓	270×218—63	2	仰身直肢2	二棺		发卡1、钱3套（7枚）								6	清	
33	190	土坑墓	250×90—80	1	仰身直肢1	单棺		扣1套（6枚）、钱1套（7枚）					罐1			2	清	
34	290	土坑墓	230×80—100	1	仰身直肢1	单棺		钱1			扣1					3	清	
35	190	土坑墓	210×100—70	1	不详	单棺		钱2								2	清	扰乱
36	195	土坑墓	240×130—50	2	仰身直肢1 迁葬1	二棺		钱1套（3枚）	镰刀1							2	清	
37	193	土坑墓	240×130—62	2	仰身直肢1 迁葬1	二棺							罐2			2	清	

附表四　槐树屯墓区（Ⅳ区）墓葬登记表

续表

墓号	方向（度）	形制	墓室长宽深（高）（厘米）	墓主	葬式	葬具	随葬器物 陶器	铜器	铁器	铅器	骨器	玉、石	瓷器	料器	其他	小计	时代	备注
38	103	土坑墓	250×60—80	1	仰身直肢	单棺	罐1									1	西汉	有二层台
39	16	土坑墓	240×60—180	1	仰身直肢	单棺	罐1	带钩1								2	西汉	有二层台
40	100	土坑墓	199×54—160	1	仰身四肢微屈	单棺	罐1									1	西汉	有二层台
41	13	土坑墓	230×70—190	1	仰身直肢	单棺	罐1	带钩1								2	西汉	有二层台
42	10	土坑墓	180×70—180	1	侧身屈肢	单棺	罐1									1	西汉	无二层台
合计							104	110	17	0	2	7	46	2	16	304		

附表五　明代墓葬出土铜钱统计表

出土地点	编号	钱文及数量（枚）	钱文不清（枚）	小计（枚）	备注
湾漳营（Ⅱ）	ⅡM28:1	开元通宝1，淳化元宝1，皇宋通宝1，治平元宝1，元丰通宝1	1	6	唐、宋
	ⅡM28:2	宋元通宝1，祥符通宝1，天圣元宝2，治平元宝2，熙宁元宝1，元丰通宝3，元祐通宝2，元符通宝2，圣宋元宝2，大元通宝1，天启通宝1	24	42	宋、元、明
	ⅡM29:1	万历通宝3		3	明
东窑头（Ⅲ）	ⅢM4:1	元丰通宝1，元符通宝1	3	5	宋
	ⅢM4:3	治平元宝1	15	16	宋
	ⅢM11:1	元祐通宝1		1	宋
	ⅢM5:1	政和通宝1		1	宋
	ⅢM5:3	元祐通宝1	6	7	宋
	ⅢM5:6	元符通宝1	4	5	宋
	ⅢM9:1	熙宁重宝1，元丰通宝1	2	4	宋
槐树屯（Ⅳ）	ⅣM4:1	咸平元宝1，皇宋通宝1		2	宋
	ⅣM9:2	宋元通宝1	2	3	宋
	ⅣM9:3	景德元宝1，元丰通宝2，弘治通宝1	3	7	宋明
	ⅣM10:1	熙宁元宝1，宣德通宝1	1	3	宋明
合计		44	61	105	

附表六　清代墓葬出土的宋、明时期铜钱标本拓片统计表

序号	名称	标本编号	外直径（厘米）	重量（克）	读法	书体	时代	备注
1	景德元宝共1枚	ⅢM2：5-5	2.4	2.64	旋读	真书	宋	
2	祥符元宝共1枚	ⅣM35：2	2.5	3.3	旋读	真书	宋	
3	天禧通宝共1枚	ⅣM8：5	2.45	4.16	旋读	真书	宋	
4	天圣元宝共3枚	ⅢM23：3-2	2.5	3.55	旋读	真书	宋	
		ⅣM19：6	2.5	2.34	旋读	篆书	宋	
5	嘉祐通宝共1枚	ⅢM23：3-1	2.5	4.19	对读	真书	宋	
6	熙宁元宝共1枚	ⅢM23：3-5	2.4	3.72	旋读	篆书	宋	
7	元丰通宝共2枚	ⅣM8：3	2.4	1.96	旋读	篆书	宋	
		ⅣM31：6	2.5	3.8	旋读	篆书	宋	
8	元祐通宝共1枚	ⅢM23：3-3	2.5	4.56	旋读	行书	宋	
9	圣宋元宝共1枚	ⅡM7：3-3	2.4	3.6	旋读	篆书	宋	
10	万历通宝共10枚	ⅡM4：1-6	2.2	1.36	对读	真书	明	
		ⅡM4：1-7	2.5	4.85	对读	真书	明	
11	天启通宝共3枚	ⅡM4：1-4	2.6	4.55	对读	真书	明	背有"户"
		ⅡM4：1-5	2.45	2.75	对读	真书	明	
12	崇祯通宝共21枚	ⅢM2：5-6	2.9	6.79	对读	真书	明	背有"二"
		ⅡM4：1-1	2.7	4.96	对读	真书	明	
		ⅡM4：1-3	2.5	2.83	对读	真书	明	
		ⅡM24：4	2.25	2.19	对读	真书	明	

附表七　清代墓葬出土的清代铜钱标本拓片统计表

序号	名称	标本编号	外直径（厘米）	重量（克）	备注
1	顺治通宝 共107枚	ⅡM4∶1-11	2.6	4.24	背无字
		ⅡM4∶1-23	2.1	1.8	背有无字看不清
		ⅡM14∶1-1	2.7	4.06	背有满文
		ⅡM4∶1-13	2.6	4.89	背有"户"
		ⅢM2∶3-5	2.6	4.7	背有"户""一厘"
		ⅢM2∶3-4	2.6	4.69	背有"工""一厘"
		ⅡM7∶3-4	2.5	4.34	背有"河""一厘"
		ⅢM6∶2-1	2.5	3.65	背有"浙""一厘"
		ⅡM20∶3-4	2.2	1.94	背有"泉""一厘"
		ⅡM4∶1-21	2.6	3.95	背有"臨"
		ⅢM6∶4-3	2.6	4.55	背有"臨""一厘"
		ⅡM4∶1-18	2.55	4.21	背有"陽"
		ⅢM2∶5-3	2.6	3.94	背有"陽""一厘"
		ⅢM6∶2-2	2.5	4.22	背有"昌""一厘"
		ⅡM4∶1-12	2.7	4.69	背有"宣"
		ⅢM6∶4-2	2.6	5.33	背有"宣""一厘"
		ⅡM4∶1-15	2.6	4.41	背有"東"
		ⅡM13∶2-5	2.8	5.04	背有"東"、满文
		ⅢM6∶4-1	2.6	4.61	背有"東""一厘"
		ⅡM32∶1-2	2.6	3.7	背有"同"
		ⅡM4∶1-20	2.6	4.8	背穿上有"原"
		ⅡM4∶1-16	2.6	4.28	背穿右有"原"
		ⅡM4∶1-10	2.7	4.96	背有一残字"？"
2	康熙通宝 共100枚	ⅡM12∶3	1.85	0.78	背无文
		ⅡM19∶1	1.9	0.98	背无文
		ⅡM20∶7-3	2	1.4	背有满文
		ⅣM19∶7	2.25	2.14	背有满文
		ⅡM3∶4-2	2.4	2.33	背有满文
		ⅢM7∶4	2.9	5.76	背有满文

续表

序号	名称	标本编号	外直径（厘米）	重量（克）	备注
2	康熙通宝 共100枚	ⅡM5：3-1	2.7	4.28	背有满文
		ⅡM6：5	2.9	5.08	背有满文
		ⅠM2：2	2.6	4.06	背有满文
		ⅠM2：1	2.65	4.06	背有满文
		ⅡM18：2-3	2.5	3.05	背有"河"、满文
		ⅡM15：2	2.2	2.19	背有"河"、满文
		ⅡM14：1-2	2.7	4.92	背有"浙"、满文
		ⅡM20：3-3	2.3	1.87	背有"泉"、满文
		ⅡM13：2-2	2.7	4.8	背有"臨"、满文
		ⅡM13：6-2	2.8	4.3	背有"臨"、满文
		ⅡM18：2-1	2.4	3.9	背有"昌"、满文
		ⅢM3：3	2.2	1.28	背有"昌"、满文
		ⅡM14：1-3	2.8	3.33	背有"宣"、满文
		ⅡM7：3-1	2.75	4.27	背有"東"、满文
		ⅡM7：5-1	2.5	2.16	背有"東"、满文
		ⅡM31：4	2.2	1.88	背有"東"、满文
		ⅡM13：2-3	2.6	4.64	背有"寧"、满文
		ⅡM18：2-2	2.4	3.34	背有"廣"、满文
		ⅡM20：3-2	2.3	2.65	背有"蓟"、满文
		ⅢM23：5	2.8	3.78	背有"漳"、满文
3	雍正通宝 共9枚	ⅢM8：4-3	2.8	4.51	背有满文
		ⅢM13：5-3	2.6	4.66	背有满文
4	乾隆通宝 共60枚	ⅢM1：3-1	2.6	4.24	背有满文
		ⅢM15：1-1	2.4	2.91	背有满文
		ⅡM8：7-1	2.4	4.06	背有满文
		ⅣM36：1-1	2.5	3.02	背有满文
		ⅡM8：7-2	2.3	3.32	背有满文
		ⅠM1：1	2.5	3.92	背有满文
		ⅡM25：3-3	2.3	3.34	背有满文
		ⅢM20：2	2.6	4.73	背有满文
		ⅡM22：3-2	2.5	3.63	背有满文
5	嘉庆通宝 共14枚	ⅡM4：1-9	2.5	4.15	背有满文
		ⅢM22：2	2.4	4.25	背有满文
		ⅣM31：3-2	2.5	3.63	背有满文
		ⅡM20：3-1	2.35	3.94	背有满文

续表

序号	名称	标本编号	外直径（厘米）	重量（克）	备注
6	道光通宝 共18枚	ⅣM33：2-2	2.3	3.55	背有满文
		ⅢM23：3-4	2.3	4.55	背有满文
		ⅣM29：8-1	2.5	4.07	背有满文
		ⅣM29：5	2.3	3.5	背有满文
		ⅢM24：2-1	2.6	3.86	背有满文
7	光绪通宝 共3枚	ⅢM24：2-2	2.25	2.67	背有满文
		ⅣM27：4-1	2.2	2.19	背有满文

附表八 滏阳营至槐树屯发掘明代墓葬统计表

分类	形制	分区及编号	墓葬数量	备注
土坑墓	A型	ⅢM11	1	瘦长梯形
	B型	ⅣM4、ⅣM21	2	ⅣM4近似长方形，出土白瓷碗1件，ⅣM21近似长方形
斜坡式墓道土坑墓		ⅡM21	1	早于ⅡM17，ⅡM17打破ⅡM21
土洞墓	A型	ⅡM28	6	ⅡM28出土明代"天启通宝"铜钱，该墓洞室的西壁被清代墓ⅡM31（原号M33）打破，ⅡM31出土"康熙通宝"铜钱
		ⅢM5、ⅢM4、ⅢM9、ⅢM10		ⅢM5被清代墓ⅢM7打破，ⅢM5出土明墓志，瓷罐2件，ⅢM7出土"康熙通宝"铜钱。ⅢM4出土瓷罐2件。ⅢM9出土瓷罐1件
		ⅣM9		ⅣM9出土"弘治通宝"铜钱，瓷罐1件，被清代洞室墓ⅣM8打破
	B型	ⅡM27、ⅡM29	3	
		ⅣM10		出土瓷罐1件
	C型	ⅢM21	1	
砖室墓	A型	ⅣM23	1	
	B型	ⅣM24	1	
	C型	ⅡM17	1	晚于ⅡM21（ⅡM17打破ⅡM21）
	D型	ⅡM30	1	出土瓷黑碗1件

附表九 清代墓葬出土钱文年代最晚的铜钱统计表

钱文出处	顺治通宝	康熙通宝	雍正通宝	乾隆通宝	嘉庆通宝	道光通宝	光绪通宝	小计	备注
淦阳营（Ⅰ区）		ⅠM1	ⅠM2					2	
湾漳营（Ⅱ区）	ⅡM32	ⅡM3、ⅡM5、ⅡM6、ⅡM7、ⅡM12、ⅡM13、ⅡM14、ⅡM15、ⅡM16、ⅡM18、ⅡM19、ⅡM23、ⅡM26、ⅡM31		ⅡM8、ⅡM10、ⅡM11、ⅡM22、ⅡM25	ⅡM4、ⅡM20			22	其他墓葬出土钱文最晚的铜钱有ⅣM8出土来"天禧通宝"、ⅡM24出土明"崇祯通宝"。另外，ⅢM19、ⅣM37没有出土铜钱
东客头（Ⅲ区）	ⅢM2、ⅢM6	ⅢM3、ⅢM7、ⅢM14		ⅢM1、ⅢM8、ⅢM13、ⅢM20	ⅢM15、ⅢM16、ⅢM22	ⅢM23	ⅢM24	14	
槐树屯（Ⅳ区）	ⅣM34	ⅣM5、ⅣM19	ⅣM35	ⅣM1、ⅣM25、ⅣM26、ⅣM31	ⅣM2、ⅣM3、ⅣM28	ⅣM20、ⅣM22、ⅣM29、ⅣM30、ⅣM32、ⅣM33、ⅣM36	ⅣM27	19	
合计	4	20	2	13	8	8	2	57	62
分期	清前期47座墓					清后期10座墓			

附录一　唐代墓葬出土墓志铭文

大唐故隴西李府君墓誌銘并序

君諱九，字行貞，隴西成紀人也。自紫雲垂慶，浮瑞跡於函關，皇祚聿，興居寶圖於粲邑，金枝族茂，遐摽達木之高，玉派曾瀾，迥汎滄溟之濬，玄猷懿（懿）躅編在。

聖謨宗祀勳庸，銘諸彝器。

曾祖隨龍驤將軍，府君諱越。

祖隨鷹門郡太守，府君諱宗。

父唐朝散大夫，府君諱德，並名高盖代，位重當時，著竹帛而傳名，烈雲臺而盡像。

公聲飛霜雪，質耀琳琅，騰千歲而遺萬貫，千齡而播美。公高尚其志，不事王侯，同西晉之七賢，類南山之四皓，優遊墳素偃息業園，不以朝市動其心，不以寵辱驚其志。嗚呼！積善無慶，昊天棐憂，忽纏庚日之災，遂奄漳濱之疾，享年六十有七，終于私弟也。巢公首白，不從堯帝之徵；尚父首龐，竟屈周王之召。夫人清河張氏，四德貞順，六行溫柔，女史題籤，母儀垂訓，鳳凰靈飛，同歸相土之原，琴瑟諧音，共叶丘中之韻，即以天保元年正月十五日，合塋於滏陽縣西南一十里之平原禮也。嗣子希光等號天扣地，肝脛摧裂，甚曾子之悲，逾羔柴之血。迺岁大野烈高墳，刊龍章鐫鳳石，恐遷陵谷，用紀斯文，爰命叟夫迺為銘曰：

肇祖成紀，慶流浚祉，仕漢乘軒，居秦珮璽，金礦之胤，公侯之子，於赫皇宗，保姓受氏。

猗歟府君，蘭桂騰芬，不嚚榮利，志慕正墳，問望摽著，遠近名聞，生涯有極，命也何云！

嗟乎！玄穹不錫，壽終長辭，昭室永沒泉宮，松林苦霧，棘野悲風，百年共盡，曠古皆同。

哀哀父母，生我勞苦，歎彼昊天，嗟夫君士，悲纏五內，痛深六府。記此豐銘，題之窀戶。

其墓一千三百年後被龐黃頭所發

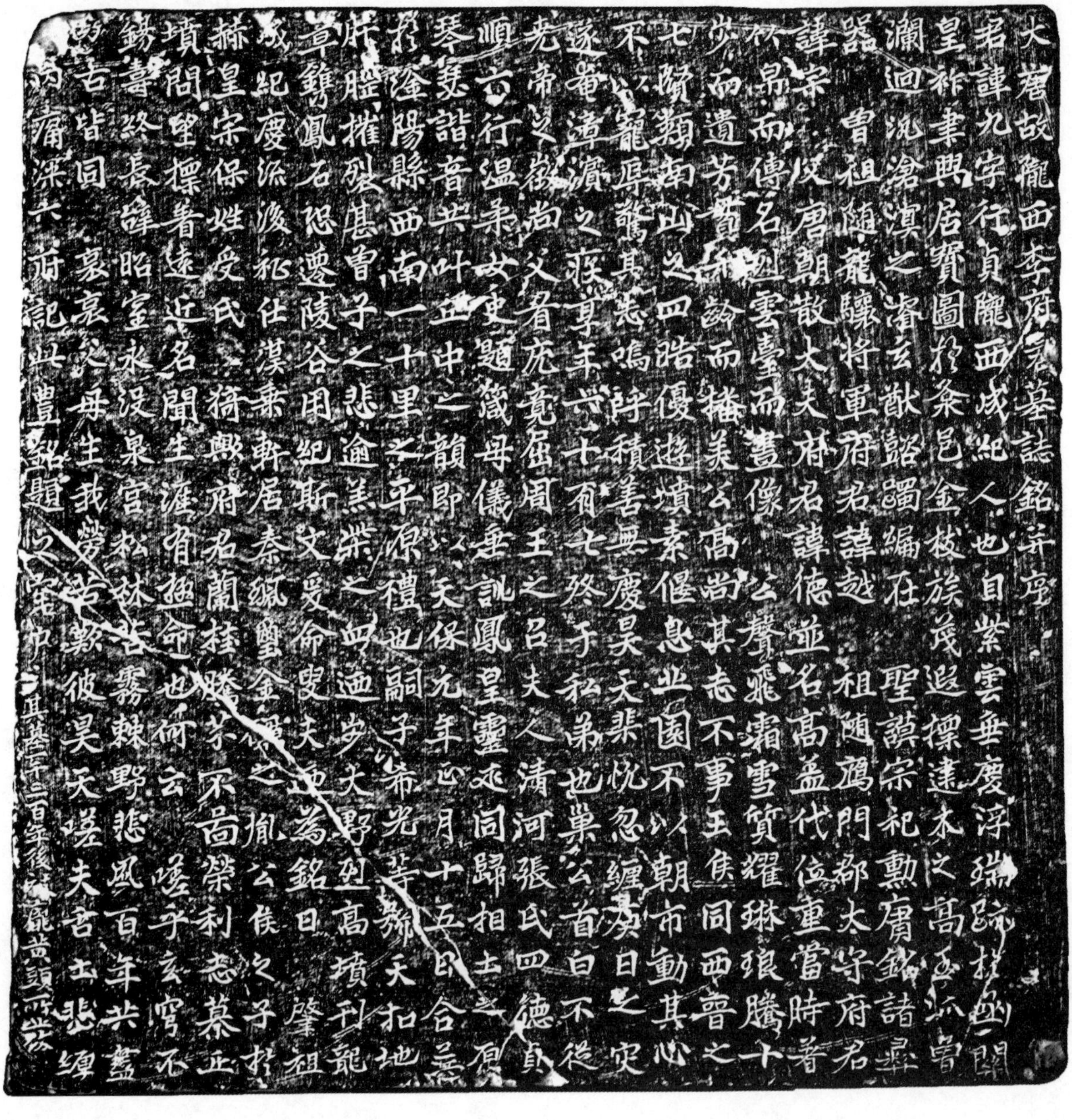

大唐故隴西李府君墓誌銘并序
君諱九字行貞隴西成紀人也自紫雲垂慶浮瑞跡於函關
皇祚聿興居寶圖於桑邑金枝族茂遐標遠本之高玉派曾
瀾迴泓滄溟之濬玄猷[illegible][illegible]編在聖籍宗祀勳庸銘諸鼎
器　曾祖隨龍驤將軍府君諱越　祖隨鷹門郡太守府君
諱宗　父唐朝散大夫府君諱德並名高蓋代位重當時著
於鼎而傳名雲臺而畫像　公聲飛霜雪質耀琳琅騰千
步而遺芳貫今齡而播美　公高尚其志不事王侯同西晉之
七賢類南山之四皓優遊墳素偃息丘園不以朝市動其心
不以寵辱驚其志嗚呼積善無慶昊天棐忱忽纏夢日之灾
遂奄漳濱之疾享年[illegible]十有七終于私第也巢公首白不從
老帝之徵尚父耆龐竟屈周王之召夫人清河張氏四德貞
順六行溫柔女史題箴母儀垂訓鳳皇靈返同歸相土之原
琴瑟諧音共叶五中之韻即以天保元年正月十五日合葬
於滏陽縣西南一十里之平原禮也嗣子希光等號天扣地
肝膽摧裂甚曾子之悲逾[illegible]柴之血泣步大野到高墳刊龍
章鏤鳳石恐遷陵谷用紀斯文爰命良史為銘曰　肇祖
成紀慶流後祀仕漢乘軒居秦[illegible]璽[illegible][illegible]之胤公侯之子於
赫皇宗保姓受氏猗歟府君蘭桂騰芳不尚榮利志慕正
墳問望標著遠近名聞生涯有極命也何云隧乎玄穹不
錫壽終長辭昭室永沒泉宮松林苦霧棘野悲風百年共盡
萬古皆同哀哀父母生我劬勞歎彼昊天嗟夫吾土悲纏
肉痛深六府記此豐銘題之[illegible]

附录二　明代墓葬出土墓志铭文

明磁庠耆德昆泉常先生暨配孺人吳氏和氏合葬墓志銘

賜 進士出身整飭潼関兵備道陝西布政司叅議兼按察司僉事前吏部文選
清吏司主事郡人常守信撰

先生諱遵道，別號昆泉。生於嘉靖十六年九月十一日，卒於萬曆三十三年十二月二十一日，享年七十。嗚呼！先生行止，心事彰彰，在人耳目，一时青衿白叟不啻，榆楊之余生也。稍後，先生之顛末未獲一一覯識，然生平梗槩，得於吾鄉学士大夫所誦述者，亦点评焉。其男應紹以狀跽懇余誌銘，余亦雅慕揚善之芳躅者，焉能無言。先生為磁世族，其父南湖公弦，以布衣致産萬金，居鄉恂恂，與物無競，鄉鄰有争者，多方諭調蘄於息平乃巳。嘗曰：吾与子孫以安，財非所重也。生子二，長曰遵義，號對泉，潔脩好施，卒以耆德臻上壽，沐恩荣。次即先生，少頴卓，嗜讀書，讀多六經、諸子史、兩漢、古今石言。冲齡巳入為磁庠諸生，然讀書只歆（欲）得古人懿行淑規，取為身心砥礪，不喜鑽研，爲舉子業，故終其身不遇。馬督學使至，未嘗不嘉其行誼，奖赏為士類，勸者至再至三。其先南湖公暨母申氏相継歿，先生哀毀柴立幾于滅性，事兄恪謹，即一飯，兄未至不敢先。其先遺業一聽兄裁，处時有以別異勸者，先生正色拒之，曰：兄弟骨肉，奈何以家緑別異效齷齪世人為乎？言者大慚。先生家固腴然，服餙儉素聲色玩好澹如也。先生之族稱繁，推衣推食不鄧所有，為族人贍周計至待之，而舉人者有之，先生固雅善邦大夫竹溪申公，聚则酌酒献棋問賦詩，適情□，不挂人臧否，年益進，德益崇，鄉評重之士類推之，聞之博士，師聞之州守僉謂：朝廷鄉飲酒禮，尊高年，崇有德，舍先生其谁？有司敦請先生，弗肯就至，再懇乃出，以諸生巾服儼然與大典者十有九。

先生素康疆無恙及少疾随，勑其子治後事衣衾棺槨戒勿侈，其儉德不渝，蓋若此。踰月，而先生竟不起，悲夫！先生男一應紹，娶臨潼縣丞楊君四教之女，継楊，又継鄉耆陳君遵之女。女十：一適潞州衛指揮柴君承爵之子武舉慈，次適武清縣主薄劉君之子大學生親仁，三適府判用中申君之子戀學，四十（適）千户延年董君之弟有年，五十（適）蔡　　，六適楊子芳盛，七適生員以臣韓君之子應星，八適楊子芳茂。餘幼孫二：长冲賈，次冲漢。孫女一。應紹將以戌申冬十二月八日　塟先生於湾漳之西先瑩。孺人吳先生二十九年卒，和先生五年卒，佐先生有女德。法宜附書銘曰：

父何所遺子兮，不以財而以安。子何所顯父兮，以賢不以官。魄栖窆兮，精神在天。名光霄壤兮，孝友流傳。先生不朽兮，其以余言。

　　孤哀子常應紹泣血書

明磁摩耆德昆泉常先生暨配孺人吳氏和氏合塟墓誌銘

图 版

图版一

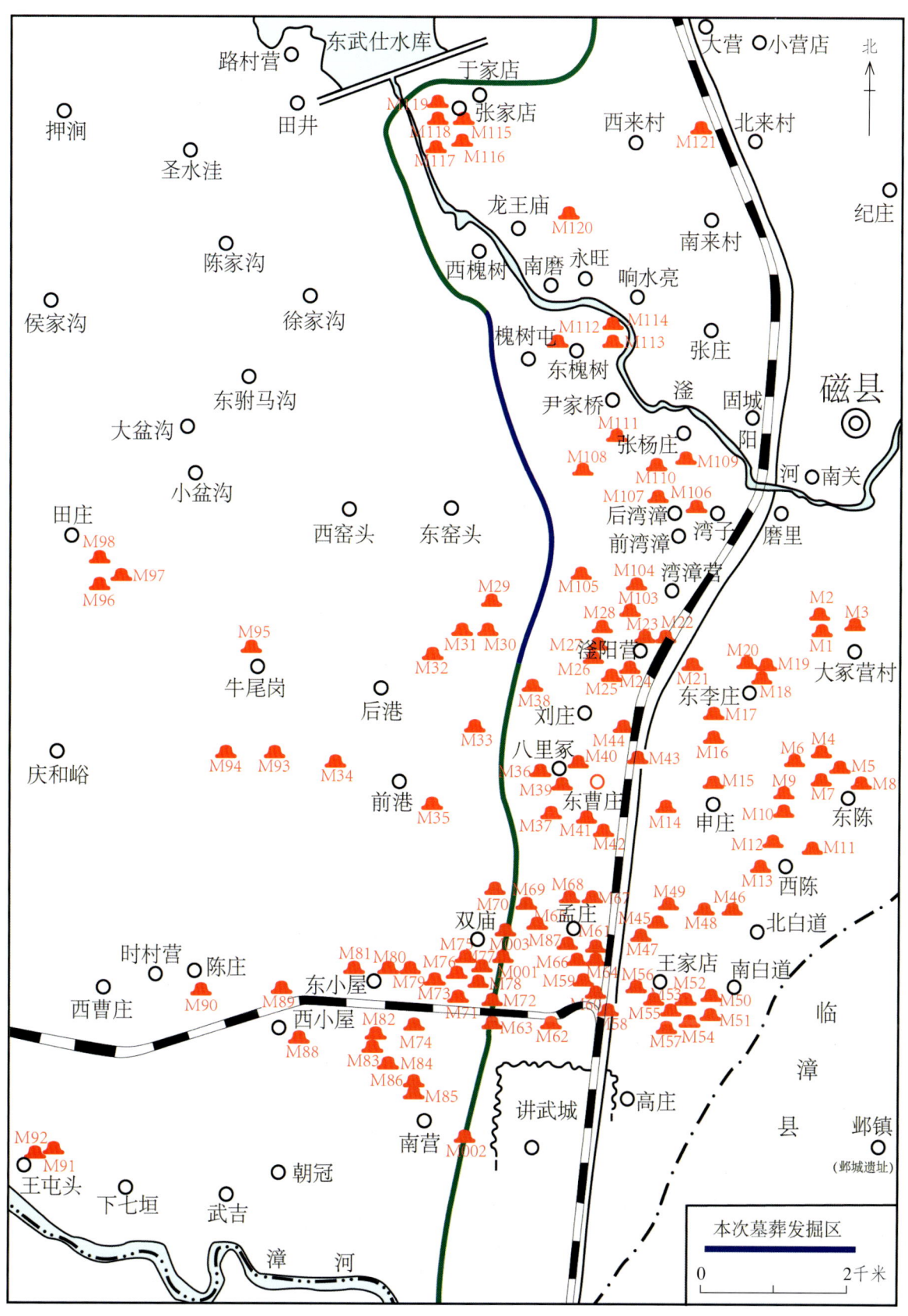

南水北调渠线通过磁县墓群（局部）示意图

图版二

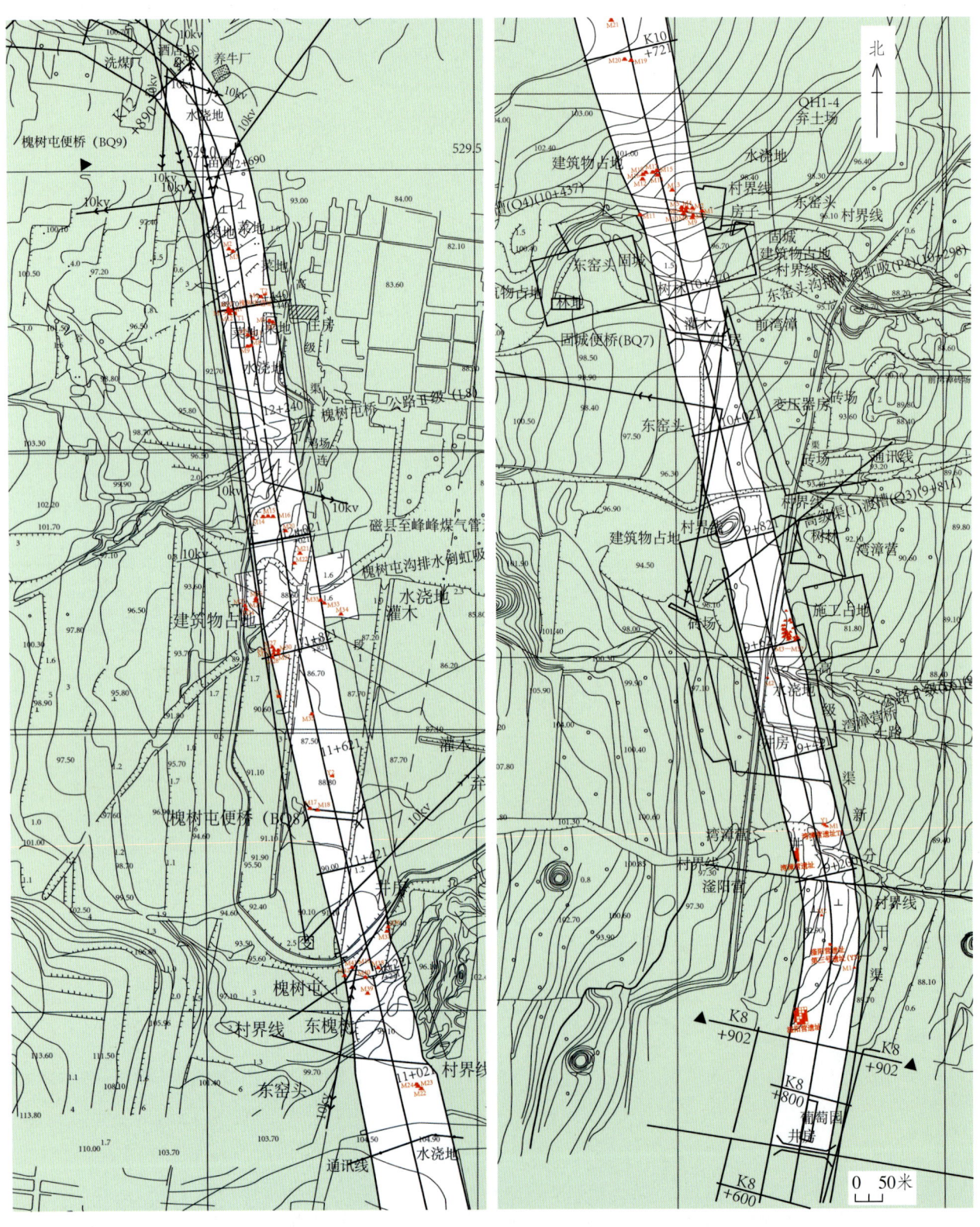

南水北调滏阳营至槐树屯段渠线内遗迹分布总图

图版三

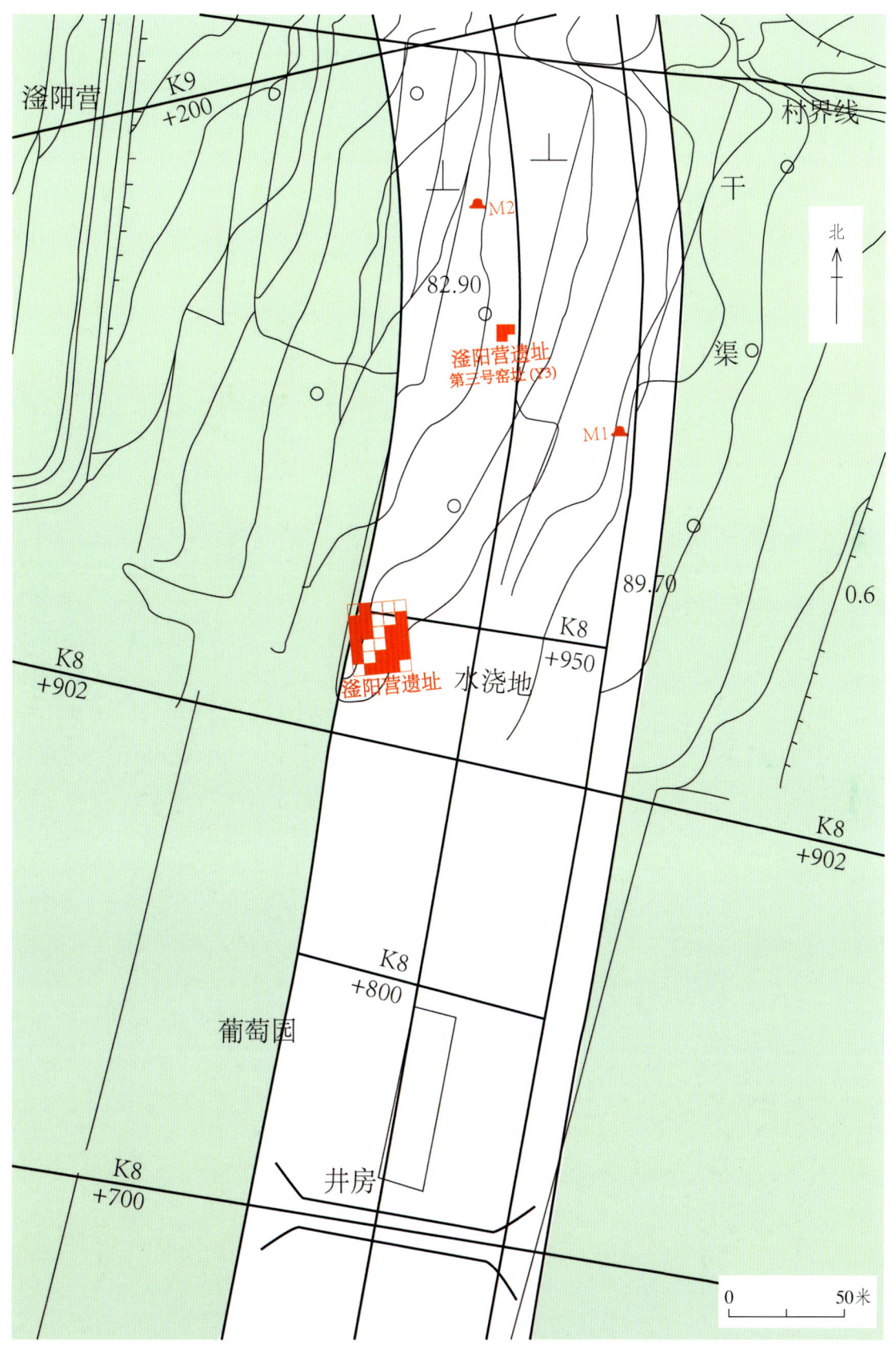

淦阳营墓区（第Ⅰ墓区）遗迹分布示意图

图版四

湾漳营墓区（第Ⅱ墓区）遗迹分布示意图

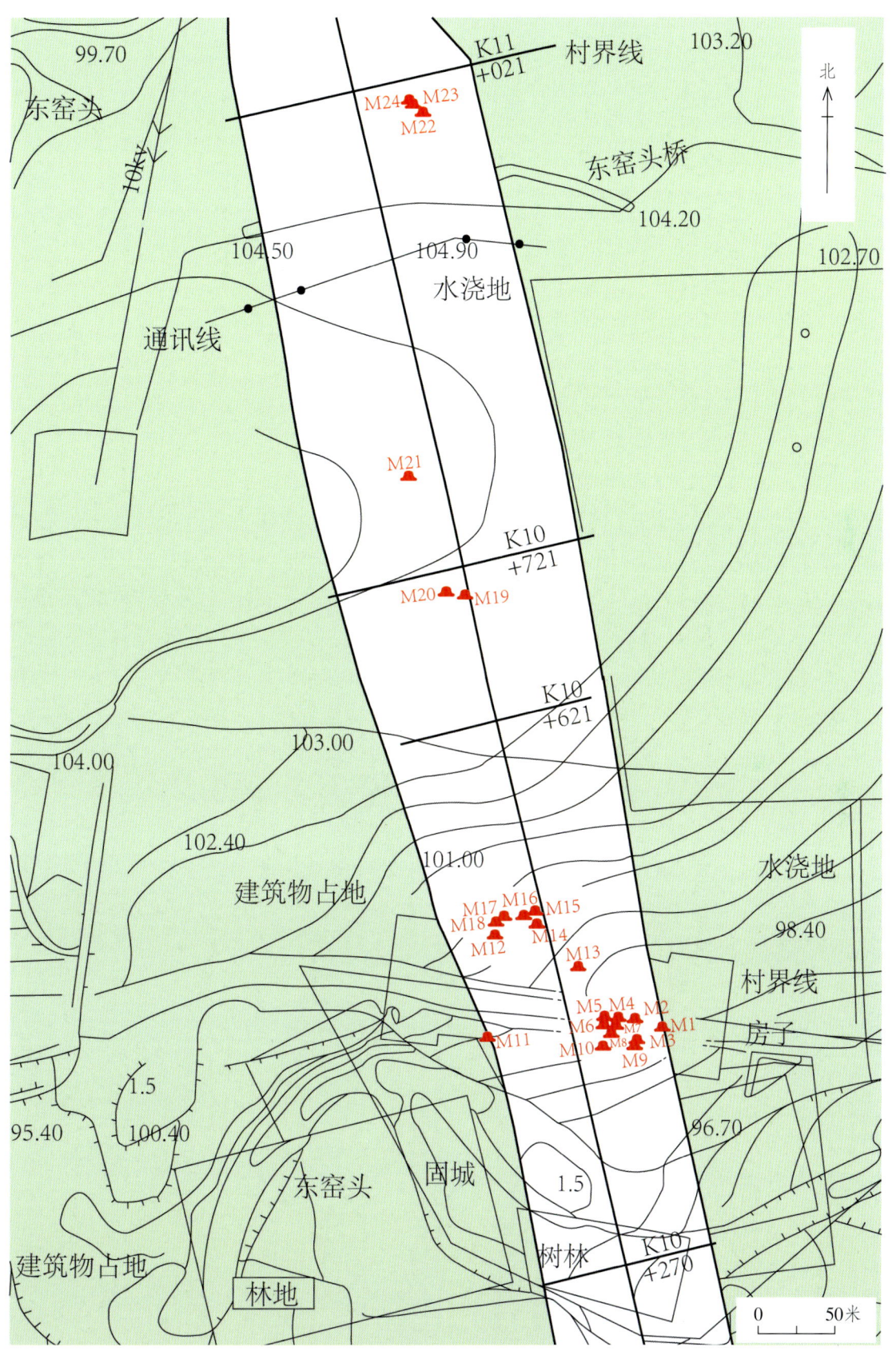

东窑头墓区（第Ⅲ墓区）遗迹分布示意图

图版六

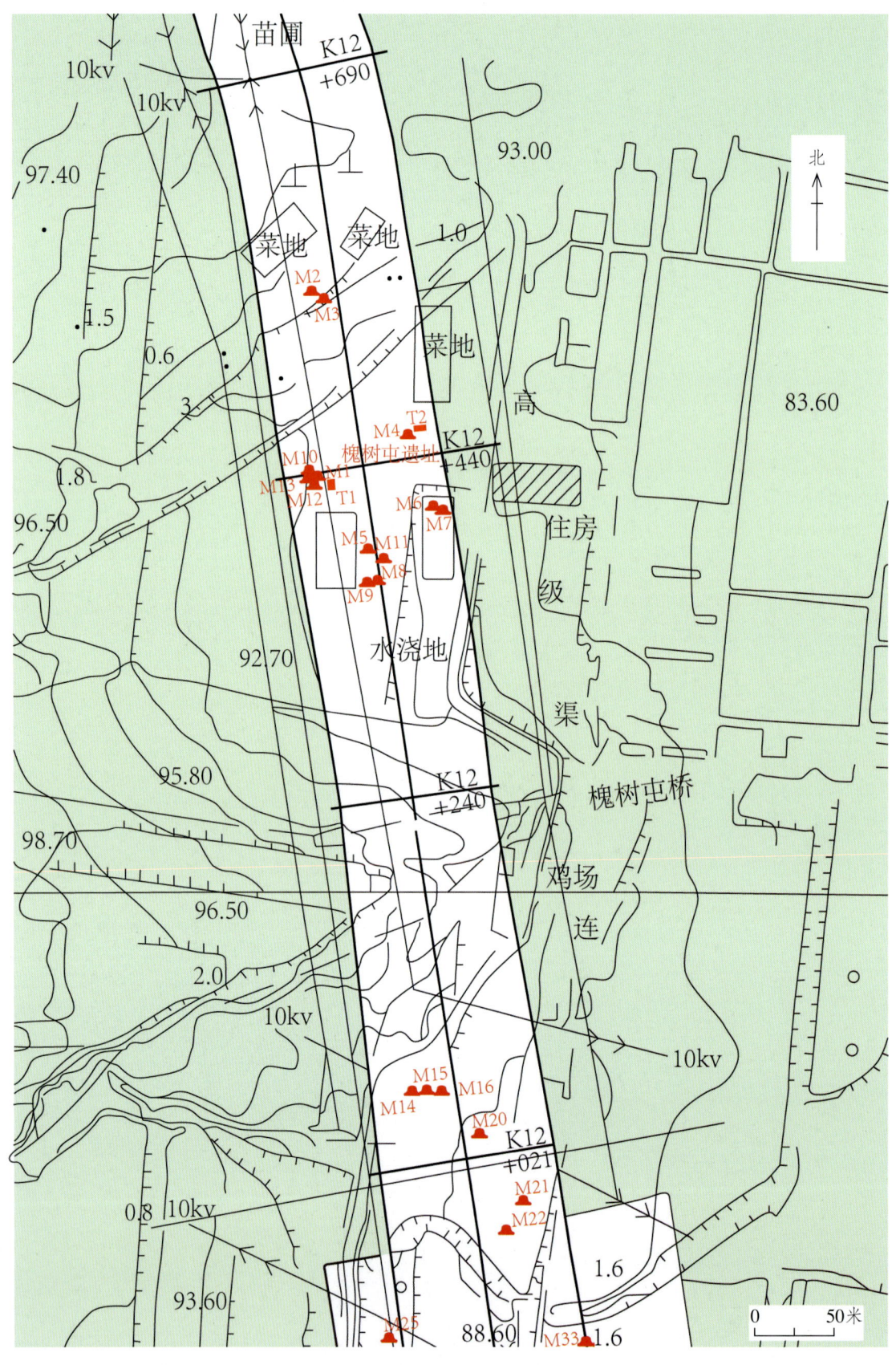

槐树屯墓区（第Ⅳ墓区）遗迹分布示意图（一）

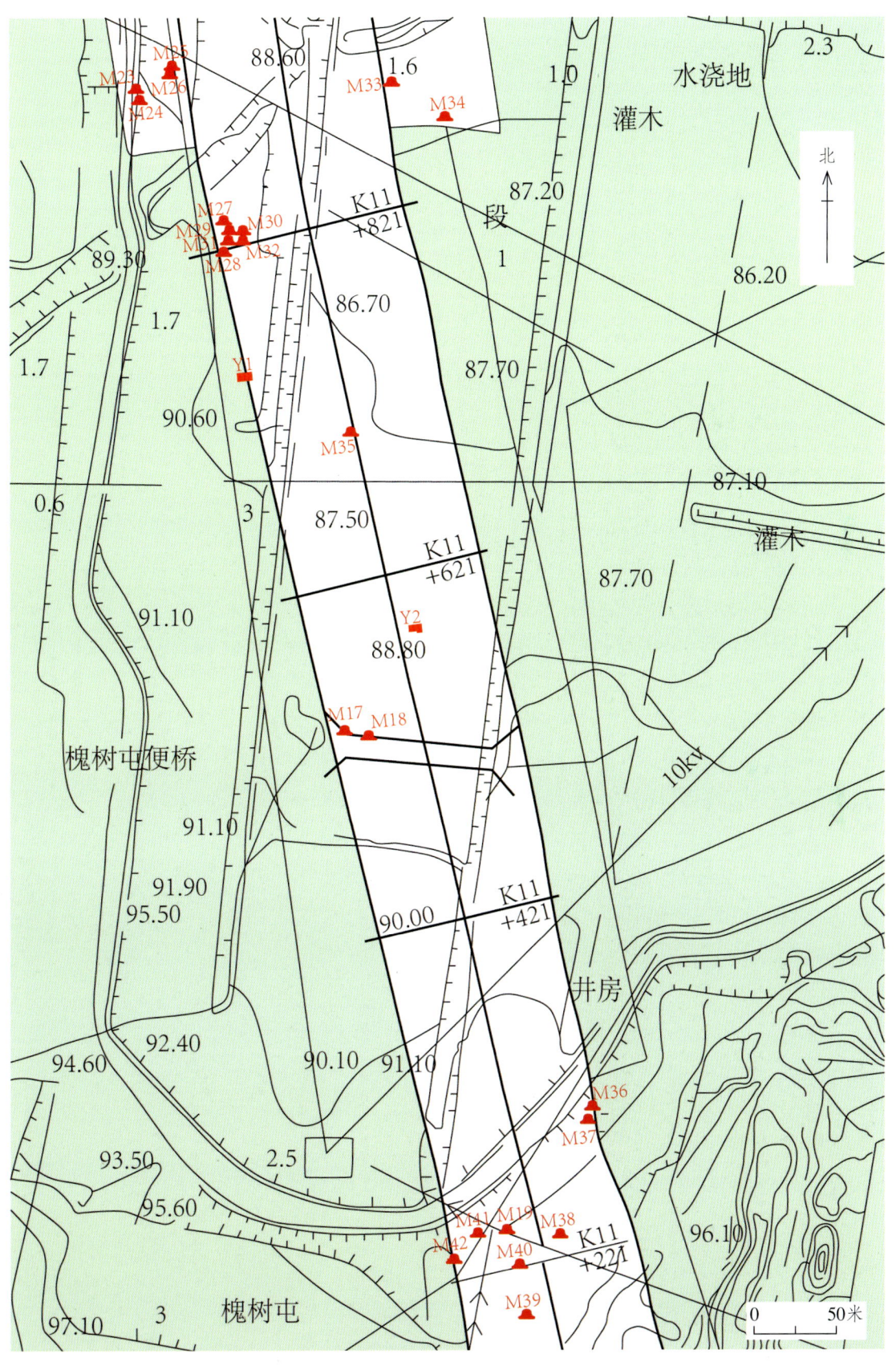

槐树屯墓区（第Ⅳ墓区）遗迹分布示意图（二）

图版八

1. ⅣM41

2. ⅣM40

3. ⅣM39

4. ⅣM42

西汉时期墓葬ⅣM39～ⅣM42

图版九

1. 槐树屯ⅣM14～ⅣM16揭露耕土之后的情景（由西向东）

2. 槐树屯ⅣM16远景（左：由南向北；右：由北向南）

西晋时期墓葬ⅣM14～ⅣM16

图版一〇

1. ⅣM14局部（由西北向东南）

2. ⅣM15俯视（由北向南）

3. ⅣM16俯视（由南向北）

西晋时期墓葬ⅣM14～ⅣM16墓室（局部）

图版一一

1. 槐树屯ⅣM12鸟瞰图（由北向南）

2. 墓道（由南向北）

3. 棺床东侧面（由西向东）

5. 甬道及封门砖（由北向南）

4. 棺床上的墓志（由东北向东南）

唐代墓葬ⅣM12

图版一二

1. ⅣM6局部

2. ⅣM6（由南向北）

3. ⅣM7局部

4. ⅣM7（由南向北）

元代墓葬ⅣM6、ⅣM7

图版一三

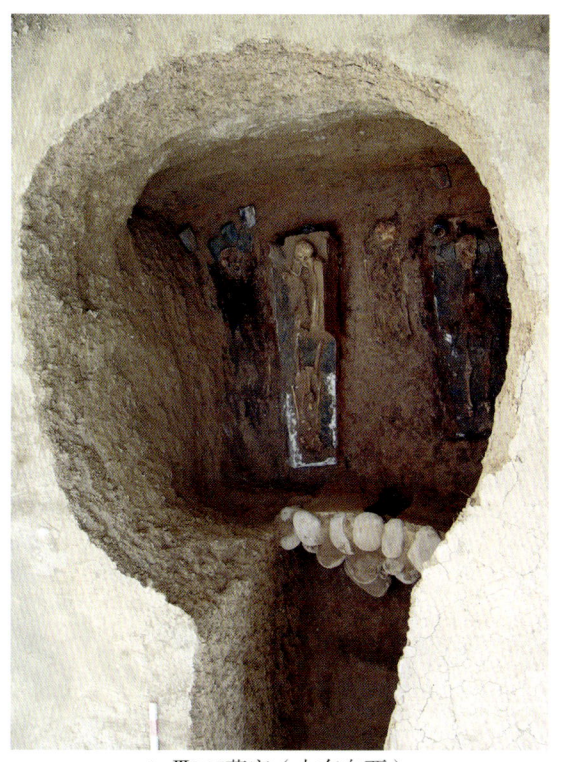

1. ⅢM5墓室（由东向西）

2. ⅢM5墓道

3. ⅣM23（由东南向西北）

4. ⅣM24（由西北向东南）

明代墓葬ⅢM5、ⅣM23、ⅣM24

图版一四

1. 双墓室双墓道（由东南向西北）

2. 墓室内新建墓室

3. 新建墓室的左侧室局部

明代墓葬 ⅡM30

图版一五

1. ⅡM21（明）、ⅡM17（明）、ⅡM18（清）

2. 明清时期墓葬（局部）

明清时期墓葬

图版一六

1. 清代家族墓局部（由北向南）

3. ⅡM4（由东向西）

2. ⅣM32（局部，由西向东）

4. ⅡM9（由南向北）

清代墓葬ⅣM29～ⅣM32、ⅡM4、ⅡM9

图版一七

1. ⅡM13（由东南向西北）

3. ⅣM28（局部）

4. ⅣM28朱符砖

2. ⅣM27（由北向南）

5. ⅣM28（由北向南）

清代墓葬ⅡM13、ⅣM27、ⅣM28

图版一八

1. ⅢM2（由南向北）

2. ⅡM20（由东南向西北）

清代墓葬ⅢM2、ⅡM20

图版一九

1. 墓道与墓室（由东向西）

2. 墓室内人架排列（由西向东）

清代墓葬ⅣM19

图版二〇

1. ⅡM3
2. ⅡM10
3. ⅢM13
4. ⅢM22
5. ⅣM25
6. ⅣM26

清代墓葬ⅡM3、ⅡM10、ⅢM13、ⅢM22、ⅣM25、ⅣM26（局部）

图版二一

1. 陶罐（ⅣM39∶1）

2. 陶罐（ⅣM42∶1）

3. 陶罐（ⅣM40∶1）

4. 陶罐（ⅣM41∶1）

5. 铜带钩（ⅣM41∶2）

西汉时期墓葬出土器物

图版二二

1. 鞍马（ⅣM16:2）

3. 牛车（ⅣM15:10）

2. 俑（ⅣM16:5）

4. 奁（ⅣM16:19）

5. 刻字砖（ⅣM15:31、ⅣM15:32）

6. D型釉陶罐（ⅣM16:45）

7. E型釉陶罐（ⅣM14:1）

8. E型釉陶罐（ⅣM16:32）

9. E型釉陶罐（ⅣM14:2）

西晋时期墓葬出土陶器

图版二三

1. 陶仓组合（ⅣM12）

2. 仓（ⅣM12:24）

3. 仓（ⅣM12:25）

4. 仓（ⅣM12:23）

5. 罐（ⅣM12:27）

6. 俑（ⅣM12:14）

唐代墓葬ⅣM12出土陶器

图版二四

1. 宋 铁铃铛（ⅣM17∶1）

2. 元 夹砂陶釜（ⅣM6∶3）

3. 元 瓷枕（ⅣM7∶5）

4. 元 瓷枕（ⅣM7∶5，后侧面）

5. 元 瓷枕（ⅣM7∶5，底面有"张家造"字样）

宋代、元代墓葬出土器物

图版二五

1. 碗（ⅣM6∶6）

2. 碗（ⅣM7∶3）

3. 盘（ⅣM7∶4）

4. 盘（ⅣM6∶5）

5. 碟（ⅣM7∶8）

元代墓葬出土瓷器（一）

图版二六

1. 橄榄形瓶（ⅣM7∶12）

2. 梅瓶（ⅣM6∶4）

3. A型双耳罐（ⅣM6∶7）

4. B型Ⅱ式双耳罐（ⅣM7∶6）

5. B型Ⅰ式双耳罐（ⅣM7∶10）

元代墓葬出土瓷器（二）

图版二七

1. ⅢM5：01

2. ⅡM28：01

3. ⅢM10：01

明代墓葬出土板瓦

图版二八

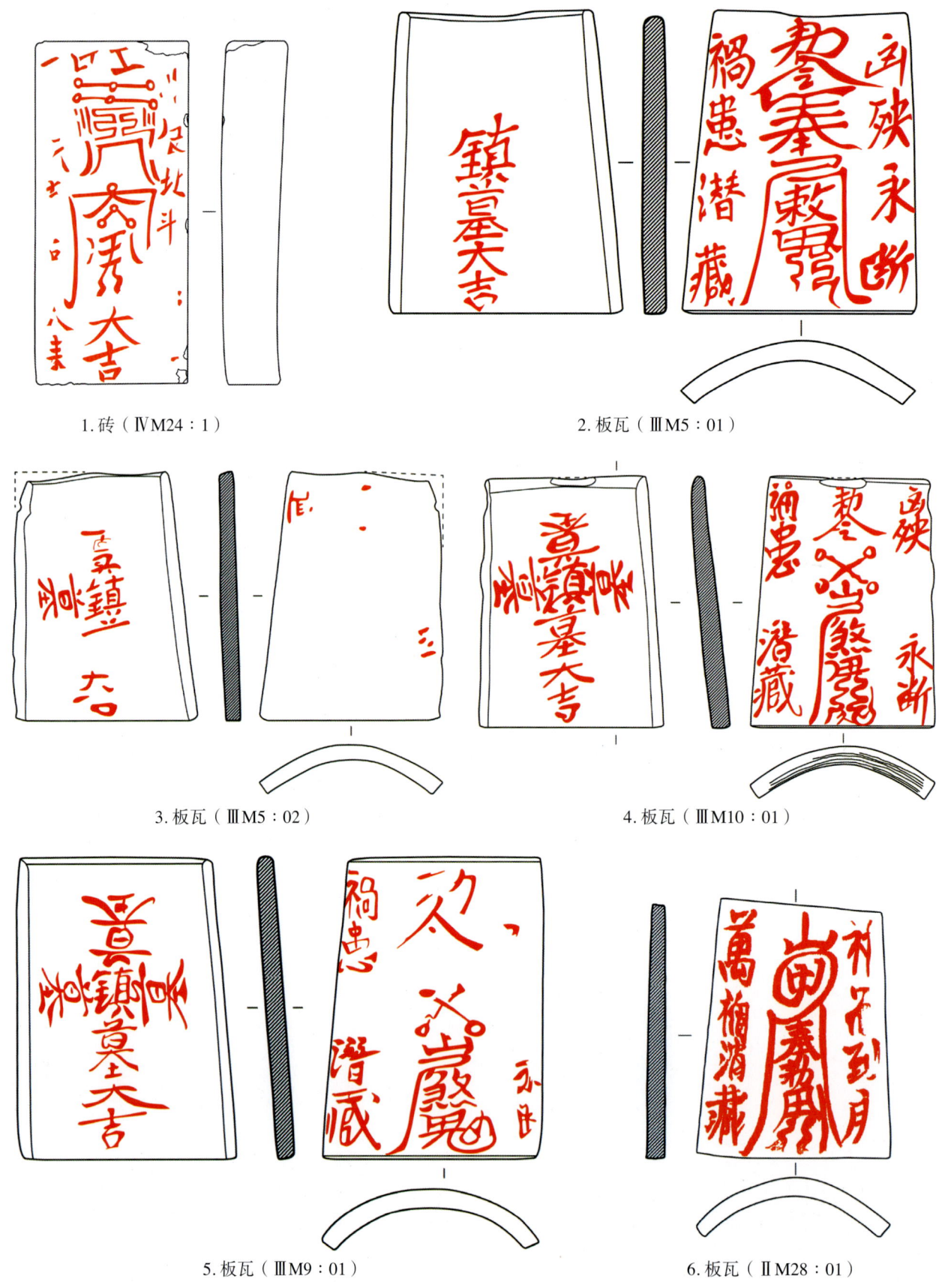

1. 砖（ⅣM24∶1）　　2. 板瓦（ⅢM5∶01）

3. 板瓦（ⅢM5∶02）　　4. 板瓦（ⅢM10∶01）

5. 板瓦（ⅢM9∶01）　　6. 板瓦（ⅡM28∶01）

明代墓葬出土朱符砖瓦

图版二九

1. A型Ⅰ式矮领鼓腹罐（ⅣM9∶1）

2. A型Ⅱ式矮领鼓腹罐（ⅢM4∶4）

3. A型Ⅱ式矮领鼓腹罐（ⅢM5∶5）

4. B型矮领鼓腹罐（ⅢM4∶5）

5. C型矮领鼓腹罐（ⅢM5∶4）

6. 双系深腹罐（ⅢM10∶1，局部）

7. 双系深腹罐（ⅢM10∶1）

明代墓葬出土瓷罐

图版三〇

1. A型Ⅰ式矮领鼓腹罐（ⅢM6∶1）

2. B型Ⅰ式矮领鼓腹罐（ⅡM31∶2）

3. C型Ⅰ式矮领鼓腹罐（ⅡM25∶4）

4. C型Ⅱ式矮领鼓腹罐（ⅡM10∶5）

5. C型Ⅲ式矮领鼓腹罐（ⅣM2∶1）

6. A型深腹罐（ⅣM8∶2）

7. B型Ⅰ式深腹罐（ⅡM12∶4）

8. C型Ⅱ式深腹罐（ⅢM24∶1）

清代墓葬出土瓷罐（一）

图版三一

1. A型Ⅰ式双系罐（ⅣM8:1）

2. A型Ⅱ式双系罐（ⅠM1:2）

3. B型Ⅰ式双系罐（ⅡM18:1）

4. B型Ⅱ式双系罐（ⅣM29:2）

5. A型四系罐（ⅣM3:2）

6. B型四系罐（ⅣM27:3）

清代墓葬出土瓷罐（二）

图版三二

1. 冠顶珠（ⅡM10∶1）

2. 冠顶珠（ⅡM8∶5）

3. 冠饰的缨络基座（ⅣM29∶4）

4. 铜镜（ⅣM19∶1）

5. 铜扣（ⅡM25）

6. 铜扣（左一）、料扣（ⅣM20）

7. 铜扣（ⅡM8）

清代墓葬出土器物